《丹徒年鉴》主审

镇江市丹徒区史志办公室

《丹徒年鉴》编辑部

《丹徒年鉴（2020）》撰稿单位审稿人

（排名不分先后）

赵　斌	汪　洋	包　珩	王正平	朱广昌	唐　维	吴富祥	王　飞
陈　刚	刘佳明	殷　峰	蔡怀根	周　峰	赵中田	戴　伟	张　晖
张叶飞	王　翼	张　军	朱祥洪	陈　杰	徐　俊	孙　铁	徐　洁
段　炼	徐　峰	徐江平	许南江	李世杰	窦云峰	姚恒清	黄　进
汤国生	盛莉莉	殷晓丹	龙　飞	吴林华	邱栋婷	郑　恺	钱立宪
杨　飞	蔡　敏	窦峰云	朱　俊	季道远	韦建云	高超文	张荣健
张　宾	黄育新	朱昌斌	陈　健	洪家同	王　欣	张　蕾	陈東伟
张网保	方俊锡	姚遇平	李　京	刘正国	赵　军	施凯兵	殷一斐
丁东生	方　辰	戴　宁	史武军	李　军	林炳雷	蔡　扬	吴国胜
徐鹏程	傅忠宇	吴宏昱	姚美玲	贾金海	纪桂发	巫东海	王卫方
吴黎红	严　慧	陈亚兴	姚瑞宽	许志涛	曾明泉	徐新祥	万成辉
赵　晨	马　波	张源之	解　冉	李永斌	韩　文	谢　平	姚震刚

丹徒年鉴

2020

丹徒区史志办公室 编

方志出版社
Publishing House of Local Records

图书在版编目（CIP）数据

丹徒年鉴. 2020 / 镇江市丹徒区史志办公室编. -- 北京：方志出版社，2020.9
ISBN 978-7-5144-4309-7

Ⅰ. ①丹… Ⅱ. ①镇… Ⅲ. ①丹徒区—2020—年鉴 Ⅳ. ①Z525.34

中国版本图书馆CIP数据核字（2020）第171628号

丹徒年鉴（2020）

编　　者： 镇江市丹徒区史志办公室
责任编辑： 李静

出 版 者： 方志出版社
地址　北京市朝阳区潘家园东里9号（国家方志馆4层）
邮编　100021
网址　http://www.fzph.org
发　　行： 方志出版社图书经销中心
电话（010）67110500
经　　销： 各地新华书店
印　　刷： 镇江华翔票证印务有限公司

开　　本： 787×1092　1/16
印　　张： 20.5
字　　数： 588千字
版　　次： 2020年9月第1版　2020年9月第1次印刷
印　　数： 0001～1060册

ISBN 978-7-5144-4309-7　定价：280.00元

编辑说明

一、《丹徒年鉴》是丹徒区史志办公室编撰的综合年鉴，是全面实用、信息密集、准确权威的区情资料性工具书，创刊于1993年，每年1期，该期是连续编辑出版的第28期。

二、《丹徒年鉴（2020）》以马克思列宁主义、毛泽东思想、邓小平理论和“三个代表”重要思想、科学发展观、习近平新时代中国特色社会主义思想为指导，系统记述丹徒区2019年度政治、经济、社会、自然等方面的基本面貌、发展状况以及发生的大事、要事、新事，全面反映丹徒区高质量发展进程。

三、《丹徒年鉴(2020)》采用分类编辑法，以篇目、分目、条目组成框架结构的主体部分。全书条目标题统一用黑体加【 】表示。全书设特载、大事记、丹徒概览、中共丹徒区委员会、丹徒区人民代表大会、丹徒区人民政府、政协丹徒区委员会、纪检监察、民主党派·工商联、群众团体、军事、法治、经济管理、人力资源和社会保障、农业·水利、工业·民营经济、开发区和产业集中区、交通·通信、城市建设与住房管理、生态环境、经济贸易·商品流通、财政·税务·金融、科学技术、教育、文化·体育·广电·旅游、卫生、社会生活、镇·街道·园区、人物·名录·荣誉栏、统计资料、附录共31个篇目。全书前有目录，后有索引，具有比较完善的检索系统。为了方便阅读和保存，配备电子版光盘。

四、《丹徒年鉴（2020）》收录部分区领导的重要报告，收录2019年度受表彰的先进集体、个人和组织人事变动情况（时限延至2020年3月）。全书数据以区统计局提供的统计数据为准，区统计局没有提供的以各单位数据为准。书中主要对本地党委、政府提出的缩略语进行解释说明。书中数量单位不完全使用公制，也使用“亩”“公里”等常用数量单位。

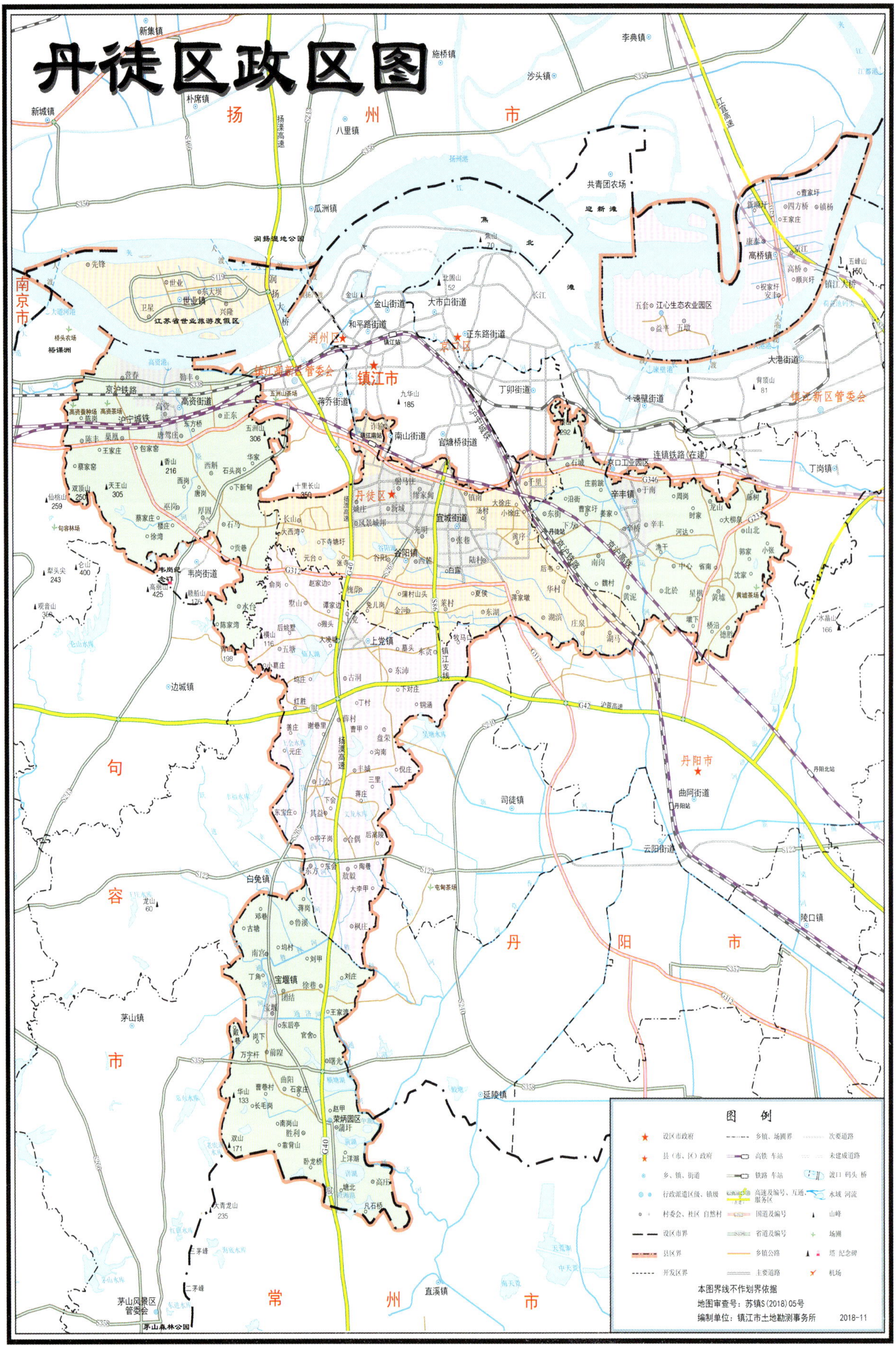
丹徒区政区图
扬州市
南京市
句容市
丹阳市
常州市
镇江市
丹徒区
润州区
京口区
镇江新区管委会
镇江高新区管委会
江苏省世业旅游度假区
江心生态农业园区
世业镇
高资街道
上党镇
宝堰镇
辛丰镇
谷阳镇
宜城街道
高桥镇
荣炳园区
韦岗街道
长江
扬溧高速
沪宁城铁
京沪铁路
连镇铁路(在建)
沪蓉高速
图例
设区市政府
县（市、区）政府
乡、镇、街道
村委会、社区 自然村
设区市界
县区界
开发区界
乡镇、场圃界
高铁 车站
铁路 车站
高速及编号、互通、服务区
国道及编号
省道及编号
乡镇公路
主要道路
次要道路
未建成道路
渡口 码头 桥
水域 河流
山峰
场圃
塔 纪念碑
机场
本图界线不作划界依据
地图审查号：苏镇S(2018)05号
编制单位：镇江市土地勘测事务所
2018-11

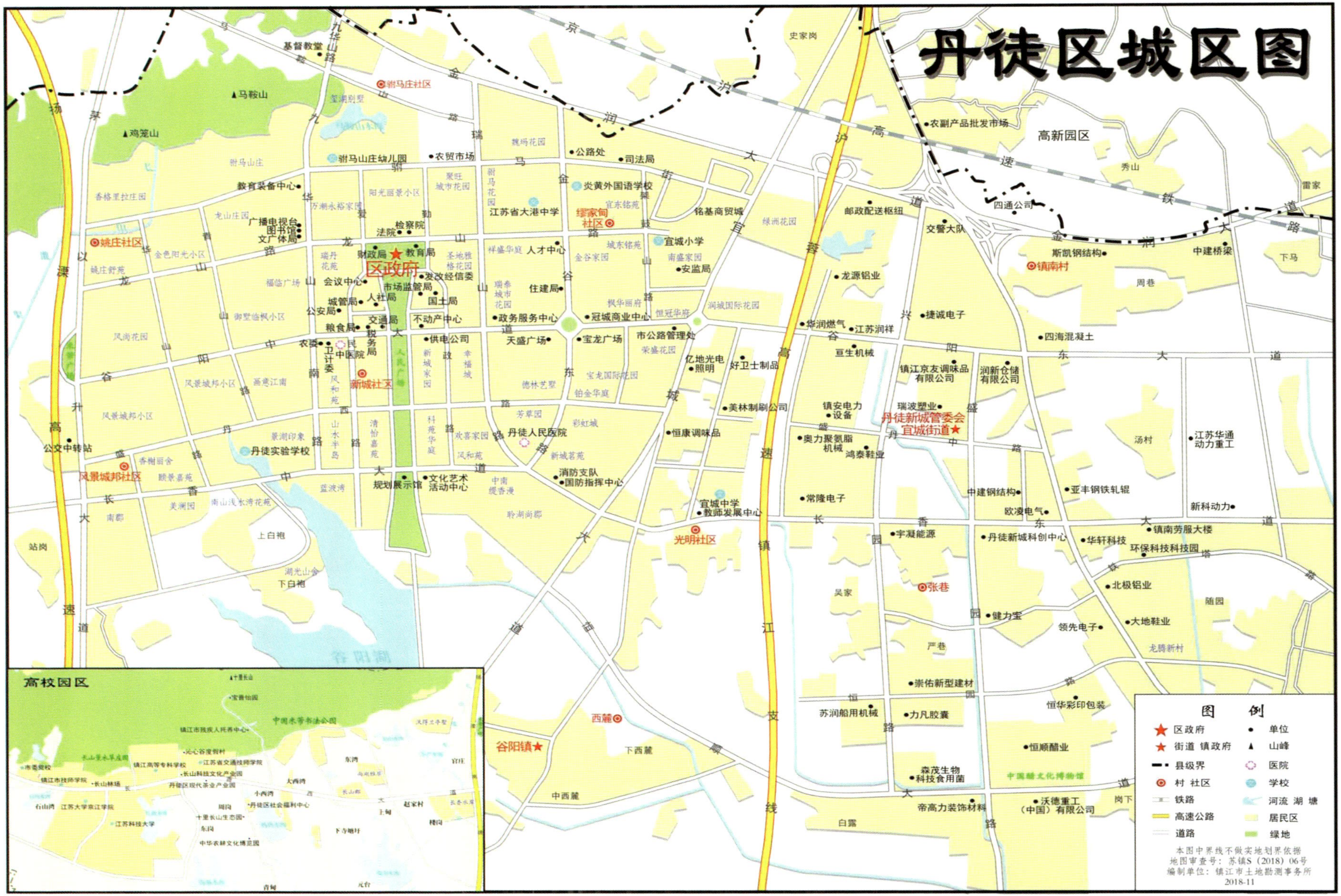

丹徒区城区图
高新园区
区政府
丹徒新城管委会
宜城街道
谷阳镇
驸马庄社区
姚庄社区
新城社区
风景城邦社区
缪家甸社区
光明社区
镇南村
张巷
西麓
马鞍山
鸡笼山
财政局
教育局
检察院
法院
市场监管局
发改经信委
国土局
人社局
城管局
会议中心
公安局
粮食局
交通局
税务局
不动产中心
供电公司
卫计委
中医院
农委
人才中心
住建局
政务服务中心
冠城商业中心
天盛广场
宝龙广场
市公路管理处
公路处
司法局
炎黄外国语学校
江苏省大港中学
宜城小学
安监局
铭基商贸城
丹徒人民医院
消防支队
国防指挥中心
文化艺术活动中心
规划展示馆
丹徒实验学校
驸马山庄幼儿园
农贸市场
教育装备中心
广播电视台
图书馆
文广体局
基督教堂
公交中转站
宜城中学
教师发展中心
农副产品批发市场
四通公司
交警大队
邮政配送枢纽
斯凯钢结构
中建桥梁
龙源铝业
华润燃气
江苏润祥
捷诚电子
四海混凝土
亘生机械
镇江京友调味品有限公司
润新仓储有限公司
瑞波塑业
镇安电力设备
奥力聚氨脂机械
鸿泰鞋业
常隆电子
亿地光电照明
好卫士制品
美林制刷公司
恒康调味品
中建钢结构
欧凌电气
亚丰钢铁轧辊
丹徒新城科创中心
华轩科技
宇凝能源
镇南劳服大楼
环保科技科技园
新科动力
江苏华通动力重工
北极铝业
大地鞋业
健力宝
领先电子
崇佑新型建材
苏润船用机械
力凡胶囊
恒华彩印包装
恒顺醋业
森茂生物科技食用菌
沃德重工（中国）有限公司
帝高力装饰材料
中国醋文化博物馆
高校园区
图例
区政府
街道 镇政府
县级界
村 社区
铁路
高速公路
道路
单位
山峰
医院
学校
河流 湖 塘
居民区
绿地
本图中界线不做实地划界依据
地图审查号：苏镇S（2018）06号
编制单位：镇江市土地勘测事务所
2018-11

1 2 3 北汽麦格纳多客户智能纯电动乘用车项目

1 2 3 4 中建科技装配式建筑产业化研发生产基地项目

1 江苏苏能高性能复合材料项目

2 孟家港国际物流园

3 润祥油气物流园

1 上党制茶车间

2 谷阳合力汽车紧固件车间

3 高桥雪地靴制作生产线

4 辛丰轴承车间

5 谷阳浮玉麻油灌装线

1

2

5

4

3

1 农忙

2 3 丰收

4 世业四季青农业园

5 荣炳蔬菜产业园

1

2

3

1 采茶

2 樱花园

3 捕鱼

4 5 6 果蔬采摘

4

5

6

JIANGSU JIAOTONG COLLEGE
江苏交通技师学院
B-1978
1

2

云霞园
YUNXIA APARTMENT
3

1 2 江苏省交通技师学院

3 江苏大学京江学院

4 江苏科技大学

4

1

3

1 新城广场

2 广场道路

3 新城全貌

1

2

1 新城晨曦

2 晚霞映新城

1

2

3

1 卫星村

2 谷阳村

3 下方村（开仪）

中国米芾书法公园位于丹徒十里长山的东南端，园区占地面积约40.5公顷，是一个主题性书法公园，也是集展示、创作、交流、研讨、培训、旅游和休闲等功能于一体的山水文化名园。2015年2月，中国米芾书法公园获国家AAAA级旅游景区授牌。

1

4

1 “海岳门”石碑坊

2 群玉堂和英光堂及堂前“脱沙石”

3 研亭及“端宜同砚”

4 依山而建的米芾书法刻石碑廊

5 《汉字》展览

6 书法比赛

中国醋文化博物馆位于丹徒新城，由醋史馆、老作坊、陈列馆三个主体展馆和一个体验馆构成，是专业性主题醋文化博物馆，也是集文化遗产、科教、工业旅游等功能于一体的主题展馆。2011年被评定为国家AAAA级旅游景区。

1

4

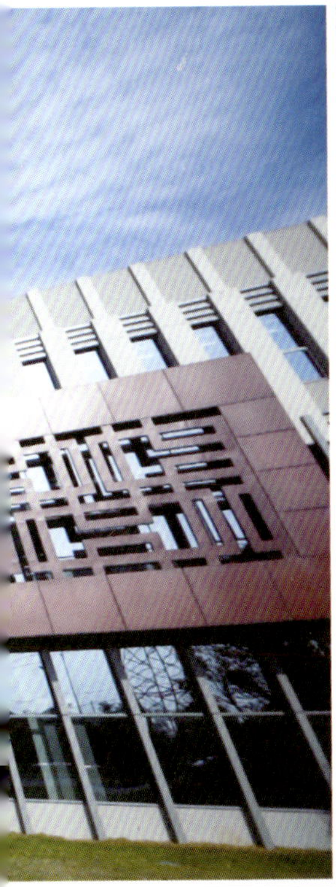

- 1 研发中心
- 2 传统酿造技法
- 3 特色醋产品
- 4 老作坊
- 5 手工醋陈酿区
- 6 参观活动

1

2

4

5

1 4 开心休博园

2 3 5 长山薰衣草庄园

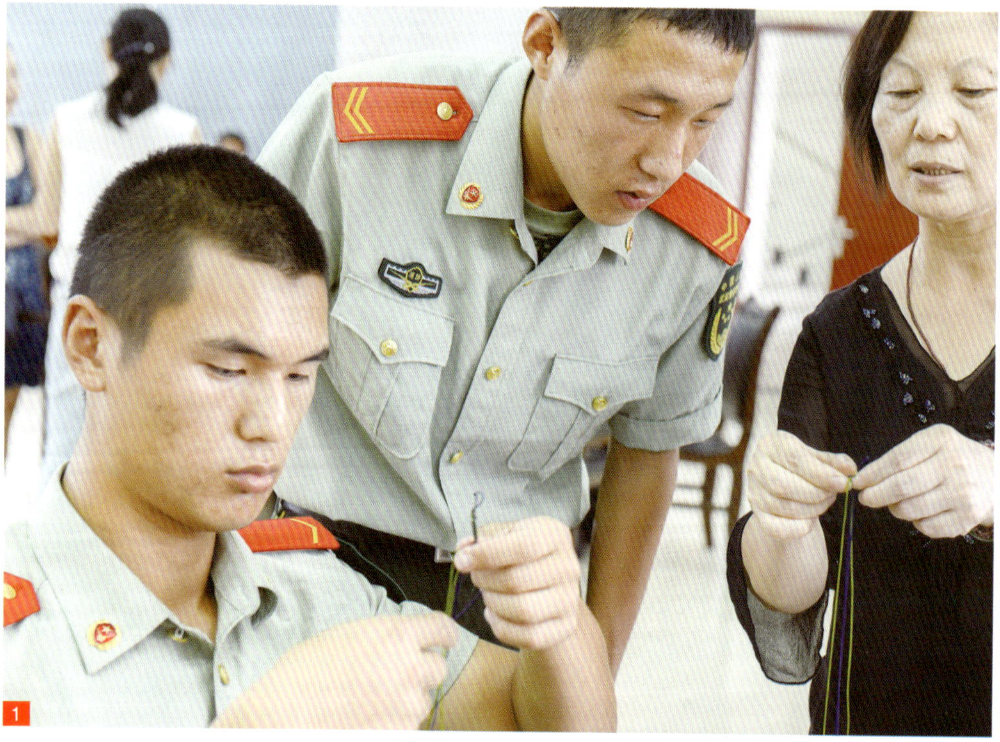
1

2

1 传统文化进军营

2 关爱老人

3 节庆活动

4 99公益活动

5 徒步活动

6 广场戏曲周

7 广场图片展

5

6

3

4

7

1 传统戏服工艺——影剧服饰

2 传统民歌——南乡田歌

3 传统美食——京江饽

4 传统民居——殷氏老宅

5 民间工艺——上党挑花

公共版图片由丹徒区委宣传部、高桥镇政府、辛丰镇政府、上党镇政府、宝堰镇政府、世业镇政府、高资街道办、江心洲生态农业园区管委会、荣炳盐资源区管委会、长山文化产业发展有限公司和贾俊、季翔、韦雪亮等提供

目　录

特　载

大事记

丹徒概览

中共丹徒区委员会

丹徒区人民代表大会

丹徒区人民政府

政协丹徒区委员会

纪检监察

民主党派·工商联

群众团体

军 事

法 治

经济管理

人力资源和社会保障

农业·水利

工业·民营经济

开发区和产业集中区

交通·通信

城市建设与住房管理

生态环境

经济贸易·商品流通

财政·税务·金融

科学技术

教 育

文化·体育·广电·旅游

卫 生

社会生活

镇·街道·园区

人物·名录·荣誉栏

统计资料

附　录

特 载

责任编校 李东东

重要报告摘要

聚焦高质量发展 决胜高水平小康 为开启基本实现现代化新征程积势蓄能

——在中共镇江市丹徒区委十三届八次全会上的报告

（2019年12月29日）

谢继步

同志们：

这次全会的主要任务是：高举习近平新时代中国特色社会主义思想伟大旗帜，深入贯彻党的十九大、十九届二中、三中、四中全会、中央经济工作会议、省委十三届七次全会和市委七届十次全会精神，总结2019年工作，部署2020年任务，动员全区上下聚焦高质量发展、决胜高水平小康，为丹徒开启基本实现现代化新征程积势蓄能。

现在，我代表区委常委会，向全会作报告。

一、高质量发展迈出坚实步伐

今年以来，全区上下深入贯彻落实习近平新时代中国特色社会主义思想，坚持稳中求进工作总基调，扎实做好"六稳"工作，持续推进"三项重点工作""六大攻坚战"，全力打造"五大新动能"，高质量发展迈出坚实步伐。

（一）经济质态总体向好。坚定不移走"产业强区"之路，坚守实体经济不动摇，主要经济指标基本完成预期目标。预计全年完成地区生产总值420亿元，同比增长6.5%；一般公共预算收入23.4亿元，同比增长1.3%，税占比84.2%；完成工业应税销售425亿元，同比增长6%；完成固定资产投资80亿元，同比增长8%，增幅全市第一。主动融入长江经济带、长三角一体化、宁镇扬一体化发展战略，高标准编制全区产业规划。狠抓高质量项目不放松，北汽麦格纳新能源汽车制造合资公司12月26日正式领取营业执照，首辆样车将于明天下线；热电联产、润祥油气物流园、孟家港国际物流园等总投资30亿元以上项目，在推进的重要环节、关键节点上取得重大突破，43个区重点产业项目超额完成年度投资计划。积极开展委托招商、驻点招商、产业链招商，新签约项目40个，其中亿元以上项目32个，先进制造业项目占比70%，国际鲜花产业园、比泽尔空调压缩机、国网思极云数据中心等一批优质项目相继落户，发展动能进一步积聚。

（二）*发展活力不断增强*。平稳有序完成党政机构改革，成立区行政审批局，首批43个权力事项完成集中划转。成立区委全面深化改革委员会，稳步推进各领域改革，丹徒高新园和原丹徒新城实现合并设立，理顺园区和街道管理体制，宜城街道独立运行。实体化运营区长山文化产业发展有限公司和镇江智能汽投公司。探索实施开发区与镇江高新区合作共建产业园。城市社区布局调整顺利完成。推行城市管理“三点六队”(1)综合试点，推动“精美镇江”建设在丹徒有效落地，“文明城市”创建扎实有力。深化“放管服”改革，“互联网+政务服务”不断向基层延伸，“帮你办”服务体系覆盖全区。坚决贯彻减税降费决策部署，截至11月底，全区减税降费4.37亿元。全年引进省“双创计划”9人，市“金山英才计划”17人、“169”工程项目2个、市优秀乡土人才培养计划6人，净增高新技术企业25家。全区共培育省市行业“单打冠军”企业11家、“专精特新”企业7家、科技小巨人企业5家，认定省首台(套)产品14个。

（三）*发展空间得到拓展*。以“共抓大保护、不搞大开发”为导向，依法扎实开展长江干流岸线利用项目清理整治，完成销号类项目5个、拆除类项目6个、整治类项目4个，全面完成省级江豚保护区整改任务。坚决落实“河湖长制”，完成河湖“两违三乱”治理91处。丹徒经济开发区加快提档升级，推动6家企业转型升级、2家企业搬迁关闭。持续开展“263”和“116”专项行动，中央、省环保督察反馈问题整改基本完成，“散乱污”企业整治率达98%，预计PM2.5平均浓度同比下降19%，降幅全市第一，1个国考、3个省考断面水质达标率100%，区域生态环境质量持续改善。深入开展安全生产隐患排查整治，有序推进危化品使用、粉尘涉爆等专项整治行动，整改省交办隐患6个、市交办隐患5个。土地督察整改稳步推进，圆满完成违建别墅清查整治。严格执行“345”项目生成机制(2)，加大闲置低效资源盘活力度，高新园、辛丰、谷阳、上党等地累计盘活闲置厂房约16万平方米、低效工业用地约240亩，引进资源盘活类项目14个，资源要素利用更加高效。

（四）*城乡建设有力推进*。全区总体空间规划编制稳步开展，长山、谷阳湖、世业等重点片区城市设计基本编制完成。连镇铁路、镇江长江大桥、镇江东站、镇江高校园区等重大基础设施建设扎实推进，城市“一体两翼”的空间格局更加明晰。茅以升实验学校建设进展顺利，青少年活动中心、城西公园、朝阳河滨河步道建成并投入使用。启动“智慧城市”(3)建设，“海绵城市”(4)通过国家考核验收。实施城区污水管网修复工程，建成区黑臭水体基本消除，京杭大运河、中心河流域水环境整治有力推进。新型城镇化步伐稳健，宝堰镇完成省级历史文化名镇景观提升工程，上党镇以“产贸结合”提升集镇功能。围绕“四清一治一改”(5)任务，持续推进农村人居环境整治专项行动，世业镇户厕改造工作得到国务院检查组高度肯定。创成省级特色田园乡村3个，辛丰镇，高资水台村、荣炳高庄村、谷阳槐荫村等省级生态文明建设示范镇村创建被推荐公示。

（五）*民生事业稳步发展*。牢固树立以人民为中心的发展思想，统筹推进城乡基本公共服务均等化。精准精细推动脱贫攻坚，2个经济薄弱村、54户105人建档立卡低收入人口实现脱贫，经济薄弱村累计脱贫达标率和贫困人口累计减贫率均达100%。乡村振兴战略10项重点任务、25个重点项目有序实施，建成高标准农田1.95万亩。项目化助推农业产业结构调整，上党黄桃节、江心柑橘节、宝堰美食节、世业草莓节等品牌效应不断放大。全区退役军人服务保障体系建成运行，创成1个省级优秀“退役军人之家”。深入推进平安法治建设，健全完善全要素网格化社会治理体系，办结事项7万余件。“扫黑除恶”专项斗争向纵深推进，共立“九类”刑事案件(6)78起，“二七”专案依法精准定性的做法，被央视《焦点访谈》栏目报道肯定。持续开展安全稳定大排查大整治行动，完善“1+6”调度机制(7)，圆满完成新中国成立70周年大庆安保维稳任务，保持了社会大局的安全和谐稳定。

(六)党的建设坚强有力。扎实开展“不忘初心、牢记使命”主题教育，“重走总书记视察路”初心课堂共迎接区内外参观学习10余万人次，“践行总书记嘱托”五项行动(8)在全市推广。大力推行“一人一重点，领办解难题”机制，全区乡科级以上领导干部共领办解决难题551件。严格落实意识形态工作责任制，广泛开展庆祝新中国成立70周年系列活动，精心组织党的十九届四中全会精神集中宣讲，全面推广应用“学习强国”平台，新时代文明实践中心建设被列入第二批省级试点。建立区委常委、党员副区长联系基层村和党支部制度，高标准推进50个基层党建“书记项目”，完成村(社区)“两委”干部政治体检，多形式培养选拔优秀年轻干部以及“四个一批”选(9)、“四位一体”育(10)村干部等做法形成特色品牌，15个软弱涣散和后进村党组织全部整改销号。扎实做好省委巡视整改“后半篇文章”，协助市委巡察组完成对全区6个村(社区)的提级巡察，实现90个村(社区)区级巡察全覆盖。持续深化监督执纪“四种形态”运用，严肃查处群众身边的“微腐败”。深入推进“基层减负年”工作，精文减会年度目标任务全面完成。

一年来，区人大围绕防范风险、精准脱贫、污染防治等重点工作依法履职尽责，区政协聚焦产业发展、乡村振兴、社会治理等中心任务积极协商议政，各地各部门勇于担当、开拓进取，各民主党派、工商联、人民团体和无党派人士积极主动、服务大局，离退休老领导、老同志热忱关心、大力支持丹徒各项工作，汇聚起推动丹徒高质量发展的强大合力。在此，我代表中共镇江市丹徒区委，向全区各地各部门和广大干部群众，向所有关心、支持和参与丹徒经济社会发展的社会各界人士，表示衷心感谢并致以崇高敬意！

看到成绩的同时，我们也要清醒地认识到存在的问题和不足。主要表现在：对照“深度对标苏南”的要求，丹徒最大的不足是产业竞争力不够强，尤其是龙头型、基地型项目的短缺；对照群众的需求期盼，我们在城乡建设、生态环保、社会治理等方面还有不少短板；对照全面从严治党的新要求，少数党员干部对新思想新理念的认识贯彻不够到位，存在与发展形势脱节的现象，工作作风还不够扎实。对此，我们要高度重视、创新思路、精准施策、努力解决。

二、牢记嘱托，奋力作为

今年是习近平总书记视察丹徒五周年。五年来，最让我们倍增干劲的是总书记视察重要指示精神的持久激励。循着总书记的视察足迹，世业镇创成“省级健康镇”，镇卫生院创成国家“群众满意的乡镇卫生院”，四季春农业园发展成核心面积200余亩的现代农业产业基地，“洪家小院”的美丽风景成为全区农村环境改善的一个缩影。五年来，最让我们倍添信心的是经济发展质态持续优化。全区地区生产总值稳步增长，三次产业结构由5:53.2:41.8调整为4.8:51.7:43.5。高新技术企业数量成功突破百家，规上工业企业中有研发活动企业数占比达51%，高端装备制造、新材料两大主导产业销售收入占规模工业销售比重提高到31.1%。五年来，最让我们倍感振奋的是人民生活水平普遍提高。城乡居民人均可支配收入分别达到52400元、24200元，年均增长8.4%、8.6%，脱贫攻坚任务全面完成。全区公共服务标准化均等化水平不断提高，宝龙广场、丹徒文化艺术活动中心、区人民医院二期等相继建成投入使用。五年来，最让我们倍受鼓舞的是生态文明建设持续深入。创成首批省级生态文明建设示范区，建成省生态文明建设示范镇7个、村11个。空气环境质量、水环境质量持续改善，林木覆盖率达23.4%，东西部生态环境综合整治、长江大保护取得明显进展。五年来，最让我们倍加珍惜的是社会文明程度不断提升。与镇江大市同步创成全国文明城市，扎实推进新时代文明实践中心试点，涌现出了一批先进典型。实现省“双拥模范区”八连冠，社会治理创新、平安法治建设成效显著。

五年来，在习近平总书记视察重要指示精神的激励和鼓舞下，丹徒取得的成绩有目共睹、来之不易。我们要以此为新的起点，始终牢记“一张蓝图绘到底”的谆谆嘱托，鼓足干劲，开拓奋进，统筹谋划好明年及今后一段时期的各项工作。

（一）*要找准发展定位*。立足丹徒实际，坚定不移办好自己的事。一是从宏观形势看。世界经济仍然处在国际金融危机后的深度调整期，低增长、低通胀、低利率、高债务、高风险的“三低两高”特征逐步显现。我国结构性、体制性、周期性问题相互交织，“三期叠加”影响持续深化，经济下行压力加大，但经济稳中向好、长期向好的基本趋势没有改变。我们要以辩证的思维认清形势，拿出决心和勇气，稳定发展预期，提振发展信心，走出一条具有丹徒特色的高质量发展之路。二是从比较优势看。经济发展的空间结构正在深刻变化，尊重客观规律、发挥比较优势将为高质量发展打造新的动能。丹徒处在长三角一体化和宁镇扬一体化等多个战略的叠加区域，连镇铁路、镇江东站、镇江高校园区等一批重大基础设施和载体即将建成，北汽麦格纳、润祥油气物流园、热电联产等一批重大项目加速推进。我们要顺势而为、乘势而上，切实将比较优势转化为现实优势，加快实现苏南“洼地”的高质量崛起。三是从现实基础看。我们始终坚持“发展第一要务”，推动“生态立区、产业强区”，经济社会发展不断向高质量演进。2019年位列全国绿色发展百强区97位、全国新型城镇化质量百强区87位；全面建成小康社会40项已监测指标中，有33项完成度达到100%，其余7项完成度均超过或接近80%。这为我们决胜高水平全面建成小康丹徒，为基本实现现代化开好局奠定了坚实基础。

（二）*要把握四大关系*。坚持实事求是，以系统性思维打好全面建成小康社会决胜战：一是“稳”和“进”的关系。“稳”不代表守成，更不是停滞不前；稳是进的基础，稳住了才能进。我们要通过“稳”，增强战略定力和担当精神，牢牢稳住实体经济这个“压舱石”，为“进”拓展空间，以“稳”保“进”、以“稳”促“进”。二是“点”和“面”的关系。进一步优化、提升丹徒617平方公里范围内的产业布局、功能定位，聚焦先进制造业、现代高效农业、现代服务业，通过各个板块“点”上的差别化、特色化发展，加快形成多点发力、各具特色的板块格局，支撑全区“面”上的高质量发展。三是“当前”和“长远”的关系。一方面，确保明年全面小康指标和“十三五”规划任务圆满收官；另一方面，以现代化标准为丹徒“十四五”规划谋篇布局。无论是做好当前工作，还是谋划长远发展，都要坚持一切从实际出发，突出问题导向、目标导向、结果导向，坚决不能干那些只讨领导欢心、让群众失望的蠢事，坚决不能干那些表面光鲜亮丽、内部问题遍地的傻事，坚决不能干那些自以为是、违背规律的笨事，要让“强富美高”新答卷的每一笔、每一个回答，都得到群众认可，经得起历史检验。四是“主线”和“底线”的关系。“主线”就是认真落实新发展理念，紧紧抓住高质量发展这条主线，找准着力点和突破口，精准发力、久久为功。“底线”就是坚决守住稳定、安全、廉政、生态四条底线，决不许逾越突破，努力营造和谐稳定的社会环境。

（三）*要发挥制度优势*。认真学习贯彻党的十九届四中全会精神，切实把制度优势更好转化为治理效能。一是坚定制度自信。四中全会集中概括的我国国家制度和治理体系的13个显著优势，是“中国之治”的“制度密码”，是坚定制度自信、实现中华民族伟大复兴的现实根基。我们要深入领悟这些制度及其优势的深刻寓意和丰富内涵，把思想和行动统一到四中全会精神上来，把智慧和力量集中到贯彻落实党中央的决策部署上来，落实好全会确定的各项目标任务，切实做好“坚持和巩固”“完善和发展”“遵守和执行”。二是加强制度建设。当前，丹徒正处于爬坡过坎的关键阶段，既要解决好长期积累的深层次问题，也要面对新形势新挑战，需要从建章立制、构建体系的角度去研究解决。我们要无缝对接国家制度体系，聚焦党的建设、经济、生态环境、民生、社会治理等领域，结合丹徒实际创造性落实、创新性发展，注重制度建设的整体性、协同性，推动治理效能全面提升。三是强化制度执行。突出制度的刚性约束和治本功能，结合形式主义、官僚主义整治，杜绝当制度执行的“收发员、播音员、复印员”。持续深化第二次党内规范性文件清理成果，严密党内各项工作制度，推进权力运行程序化和公开透明化。领导干部要带好头、当表率，在制度执行上做到行动先于一般干部、标准高于一般干部、要求严于一般干部，真正实现按制度办事，靠制度管人，用制度管权。

三、坚决夺取高水平全面建成小康丹徒新胜利

明年是全面建成小康丹徒和“十三五”规划收官之年，是贯彻党的十九届四中全会精神开局之年，做好明年的工作至关重要。明年区委工作的总体思路是：以习近平新时代中国特色社会主义思想为指导，全面贯彻党的十九大、十九届二中、三中、四中全会、中央经济工作会议、省委十三届七次全会和市委七届十次全会精神，坚持稳中求进工作总基调，坚持生态立区、产业强区不动摇，坚决打赢三大攻坚战，全面做好“六稳”工作，统筹推进稳增长、促改革、调结构、惠民生、防风险、保稳定，确保高水平全面建成小康丹徒和“十三五”规划圆满收官，为开启基本实现现代化新征程积势蓄能。

明年经济社会发展的主要目标是：地区生产总值增长6.5%；全社会固定资产投资增长8%；一般公共预算收入增长1%；城乡居民收入增长与经济增长同步；全面完成生态环保和节能降耗等约束性指标。实现上述目标，重点要抓好五个方面：

（一）*在壮大实体经济上实现新突破*。大力度推进“产业强区”，以高质量项目支撑高质量发展。抓招商选资。发挥产业规划导向作用，在精准招商上聚焦产业链、深耕价值链、整合创新链。抢抓上海、北京、深圳等先进地区产业疏解机遇，大力开展“驻点”招商、“敲门”招商。建立以“亩产论英雄”的考核机制，将亩均税收、能耗等与配套的政策、提供的资源相匹配。推动各板块之间优势互补、资源共享，建立“项目共建、利益共享”的招商合作机制，确保全年新签约10亿元以上项目3个，亿元以上项目20个。抓项目建设。不断优化“345”项目生成机制，既抓项目签约“前端”，更抓落地见效“后端”。健全区领导挂钩联系重点项目制度，以“一竿子到底”的作风，狠抓总投资247亿元、年度计划投资72亿元的47个区级重点产业项目，确保北汽麦格纳新能源汽车明年7月份全面量产，润祥油气物流园、孟家港国际物流园、热电联产等项目形成产出。加快园区优化整合，激发聚合效应，着力解决现有园区“小、散、低”、产业结构不合理等问题。按照“适度超前、循序开发”的原则推进园区基础设施建设，提升项目承载功能。抓实体培育。一方面结合全区企业发展现状，列出大企业培育梯队，按照年产值10亿、20亿、30亿三个规模层次，精准提供优质服务，形成丹徒的大企业“组团”；另一方面，大力扶持现有成长型企业，实施中小微企业“小进规、小升高、小转精”培育计划，确保全年新增专精特新“小巨人”企业2家以上，新增规上企业15家以上，22个新经济增长点投产达效。鼓励有条件的企业通过股份制改造进军资本市场，努力培育一批有完善治理结构的现代企业和具备开放视野的企业家。充分利用国内外市场低潮的机遇，通过技术转让、品牌合作、并购重组等方式，促进企业更快成长。抓营商环境。把握“亲、清”关系，经常性主动联系服务企业，定期举办“企业家沙龙”，对企业家提出的问题落实专人负责、限期办理，以主动服务的“热度”换取营商环境的“温度”。持续打好减税、降费、融资、用工等精准服务组合拳，拿出真金白银，体现真心实意，确保企业政策红利应享尽享、成本负担应降尽降、合法权益应保尽保。

（二）*在深化改革创新上实现新突破*。坚持从增强内生动力入手，以改革创新增添高质量发展的“成色”。激发活力。紧扣丹徒高质量发展“急需”、民生关切“必备”的制度建设，扎实推进经济体制、文化体制、农业农村等9个重点领域改革，建成区融媒体中心，纵深推进“放管服”改革，实现全区

957项政务服务事项“不见面”审批，探索整合基层“审批、服务、执法”力量，加快构建“集中高效审批、强化监管服务、综合行政执法”的基层治理结构。增强动力。全面统筹科技创新资源，做大做强“材智汇”众创空间、中国食醋产业技术服务中心、国家级科技企业孵化器等创新载体平台。逐步改变传统“定项目、分资金”政策模式，引导中小微企业向高校、科研院所购买技术服务，深度推进校企协同、政产学研协作。积极探索产教融合发展新路径，争创产教融合发展示范区。推进“质量强区”战略，培育质量强企示范企业3家以上，申报省级标准化项目2个以上，力争全区50%以上的“高企”和规上企业拥有自主品牌。要善于运用市场化方式想办法、解难题，推动与镇江高新区共建产业园向纵深发展，完成运营公司组建并实体化运作。招才引智。持续推进“金山英才”计划、“长山人才计划”“乡土人才计划”等，力争新增高层次产业领军人才65名、高技能人才160名、市优秀乡土人才培养计划6人。全面加强新时代产业工人队伍建设，大力培养技术技能型人才。认真落实鼓励和支持高校毕业生就业创业若干政策，充分发挥科技镇长团作用，积极探索“柔性引才”(11)，广泛汇聚智力支持。盘活资源。以提高要素保障能力为目标，把盘活存量土地和低效闲置资源作为重中之重，研究制定处置低效、闲置用地办法措施，通过增减挂钩等渠道对零散地块“化零为整”。认真梳理全区建设用地、存量土地、闲置厂房情况，并根据需求实现精准供给，力争全年盘活闲置厂房10万平方米、闲置土地1000亩。同步考虑全区“散乱污”整治、落后产能淘汰后腾出土地、厂房等资源的有效利用，加强对村(社区)闲置资源的管理，提高使用效率。

(三)在推动城乡融合上实现新突破。以消除城乡二元结构为目标，统筹做好城市、农村“两篇文章”。坚持规划引领。全面启动国土空间规划编制，实现主体功能、土地利用、城乡建设等“多规合一”，明确生态保护、永久基本农田、城镇开发边界三条控制线，优化“生产、生活、生态”空间。依托信息平台构建空间规划“一张图”，逐步实现用途管制的动态监测和评估预警。提升城市内涵。积极呼应连镇铁路、镇江东站以及高校园区建设，适时启动谷阳湖、长山等重点片区功能打造。做好城市有机更新“微改造”，完善道路、管网等基础设施管养机制。结合城市发展的特征和阶段，加快培育总部经济、楼宇经济、商贸经济等现代服务业。深化“精美镇江”和更高水平文明城市创建，突出城市“精细化”管理，在公园公厕、社区服务、菜市场建设、物业管理等方面通堵点、疏痛点、消盲点。推动乡村振兴。抓牢产业兴旺这一根本，大力发展现代高效设施农业，新增市级农业龙头企业2家。制定出台农业产业项目招引系列政策，项目化推动年度“三农”工作。大力培养新型职业农民，做强“一村一品”特色，让农业成为有奔头的产业，让农民成为有吸引力的职业。扎实开展农村人居环境综合整治，加强农业废弃物、农村垃圾、农村公共空间治理，全面启动村庄“沟渠塘坝”清淤攻坚行动，建成1个省级、5个市、区级特色田园乡村，累计建成70个美丽宜居村庄。加速融合发展。统筹城乡“空间、规模、产业”三大结构，与全区生产力布局、城镇化方向互动融合。推进道路通达工程，缩短城乡交通距离，完成老镇荣公路、延茅公路路面改造，积极争创省级“四好农村路”示范区，确保宜城大道三期竣工通车，使之成为丹徒城区与茅山老区的“连心大道”“致富大道”。探索农村“三块地”改革(12)路径，引导更多要素向农村流动。大力开展国家级公共文化服务示范区建设，继续实施“乡村文艺播种计划”(13)，推动城乡文明齐头并进。

(四)在增进民生福祉上实现新突破。以提高群众的幸福感、获得感为目标，推动民生事业发展。巩固脱贫成果。严格落实“两不愁三保障”要求，聚焦因病、因残和因灾致贫等重点人群，健全兜底保障措施和防返贫机制。通过开发公益岗位、强化医疗保障，落实农业补贴、基保、低保和五保提标政策，确保真脱贫、稳脱贫。聚焦达标基础不稳定的村集体，加强动态监测，多措并举，通过统一运营、保底分红、固定收益等多元化形式，有效提升村集体经济“造血功能”。抓好污染防治。加快中央、省环保督察问题整改销号，围绕污染物总量减排、生态环境质量提高、生态环境风险管控三类目标，突出水、大气、土壤污染防治三大领域，持续推进长江干流岸线清理整治，完成4家船厂拆除任务，实施总投资3500万元的长江沿岸(丹徒段)绿化造林工程。以净化主干河流“毛细血管”为主要内容，深化“河湖长制”各项工作。继续加大PM2.5管控力度，稳步提升空气优良天数比例。压紧压实村(社区)第一道防线责任，坚决打击各类非法转移、倾倒、处置危废行为。补齐民生短板。建立稳定的民生投入增长机制，建成茅以升实验学校并投入使用，大力推进宝龙、蓝波湾等小区配套幼儿园建设。稳步提升农村学校办学质量，做到“硬件配置、师资配备、办学能力”三均衡。全力推进安置房建设，切实解决人民群众“急难愁盼”问题。加快医联体、医疗专科联盟建设，让群众在家门口就能享受到专家优质的医疗服务。深化全国居家和社会养老服务改革试点，落实全区养老综合发展政策和“惠老工程”。健全“社会救助、医疗保障、儿童关爱”三项体系建设，织密织牢民生保障网。

(五)在创新社会治理上实现新突破。落实推进市域治理现代化各项要求，拿出基层社会治理的“丹徒方案”。维护公共安全。实现安全生产委员会办公室实体化运行，选调精兵强将组建安全生产执法监察大队，以强监管、严执法，倒逼企业落实安全生产主体责任。深刻吸取响水“3•21”特别重大爆炸事故教训，以“隐患无处不在、成绩每天归零”的心态，聚焦25个重点行业领域，认真对照国务院事故调查组指出的八个方面突出问题，开展全覆盖拉网式的安全生产大检查、大排查、大整治，全面提高本质安全水平。聚焦重点场所和关键环节，加强食品药品监管，确保老百姓“舌尖上”的安全。认真落实中央“扫黑除恶”督导“回头看”反馈意见整改要求，以建章立制巩固专项斗争成果。建立健全网络安全事件应急工作机制，构建可靠稳定的网络环境。推动多元共治。整合党员中心户、平安志愿者等社会力量，建设社会治理共同体。拓展新时代“枫桥经验”，积极开展“阳光信访”，健全信访联合调度、矛盾纠纷多元化解等机制。加强“多网格”资源整合，通过一口受理、资源共享、统一指挥，实现“多网合一、一员多用”。深入推动自治、法治、德治“三治”融合，凝练“村规民约”，倡导“志愿服务”，扎实推进“三务三级公开”，努力构建公开透明、干群和谐、风清气正的基层政治生态。提升法治水平。围绕“法治丹徒”建设目标，完善规范性文件制定程序，强化行政决策合法性审查，全面推行权力责任清单。充分发挥法律顾问在事前咨询、事中审查论证和事后救济的作用，有效防范法律风险。大力推行“公民法律素质提升计划”，涵养全民法治意识，确保“七五”普法工作顺利收官，努力营造自觉守法、遇事找法、化解矛盾用法、解决问题靠法的良好法治环境。

四、用党的建设激发奋斗力量

以推动“不忘初心、牢记使命”主题教育常态长效为目标，引导全区广大党员干部持续守初心、担使命，团结带领各层各级相信奋斗、选择奋斗、依靠奋斗，让奋斗的激情在丹徒竞相涌动。

(一)奋斗的力量，来源于党性的锤炼。党性是党员干部立身、立业、立言、立德的基石。要坚持以政治建设为统领，深入学习贯彻习近平新时代中国特色社会主义思想，及时校正学习的“温差”“落差”“偏差”问题，努力做到学思用贯通、知信行统一。要增强政治定力，坚持实事求是，树立科学的思想方法，在解放思想中统一思想，在尊重规律中把握规律。要严守党的政治纪律和政治规矩，严肃党内政治生活，让干部在党性锤炼中淬火成钢，始终在政治上站得稳、靠得住、信得过。全面压实意识形态工作责任制，将“主导权”越抓越牢、“主旋律”越唱越响、“主阵地”越筑越实。紧扣民心这个最大的政治，以真挚的为民情怀滋养初心，以牢固的公仆意识践行初心。

（二）奋斗的力量，来源于队伍的锻造。忠实践行新时代党的组织路线，把“德才兼备、以德为先”的导向贯穿干部管理全过程，让肯干事、会干事、干成事的干部有舞台、有奔头。要多到一线、火线、前线发现、培养、选拔优秀年轻干部，让他们多做几次“热锅上的蚂蚁”、多啃几次“难啃的骨头”、多接几次“烫手的山芋”。要坚持严管和厚爱结合、激励和约束并重，全面落实“三项机制”，真正为改革创新者遮风避雨、撑腰鼓劲。正确区分过错和违纪的界限，重视对虚构诬陷行为的查处，绝不能让“领头羊”成为“替罪羊”。要冻结无谓的争论与议论，为受到不实反映的干部澄清正名、消除顾虑。对被问责或受处分的干部，不能“一棍子打死”，对能够把问责作为动力、干出工作实绩的，要及时合理使用，表现突出的大胆提拔，努力形成干部为事业担当、组织为干部担当的良好局面。

（三）奋斗的力量，来源于基础的夯实。牢固树立大抓基层导向，扎实推进“五聚焦五落实”(14)基层党建三年行动计划，使每名党员都成为一面鲜红的旗帜，每个支部都成为党旗高高飘扬的战斗堡垒。机关党组织要发挥机关党建的风向标作用，扎实推进“三个表率、一个模范”(15)机关建设，努力实现机关党建和业务工作深度融合、相互促进。村(社区)党组织要深入推进基层党建标准化建设，抓实抓好基本队伍、基本活动、基本阵地、基本制度、基本保障，更好地团结群众、促进和谐。“两新”组织党组织要更好融入生产发展和社会事业，通过党员积极性和创造性的发挥，不断提升生产经营质效和社会组织活力。积极开展村书记专职化管理和“定制村官”工作(16)，严格落实村(社区)干部待遇保障，充分激发基层党建活力。

（四）奋斗的力量，来源于规矩的挺立。纪律严明才能打胜仗。要压紧压实全面从严治党“两个责任”，推动各级党组织书记当好第一责任人、班子成员履行好“一岗双责”。驰而不息加强作风建设，严格执行中央八项规定精神，坚决整治形式主义、官僚主义，叫停“痕迹主义”，防止“责任甩锅”，纠正“问责走样”，将“为基层减负”进行到底。深化标本兼治，运用监督执纪“四种形态”，持续用好党风廉政建设颜色预警机制，做到抓早抓小、防微杜渐。有效发挥巡察“利剑”作用和派驻监督“探头”作用，坚决完成巡视巡察整改“后半篇文章”，形成一批制度成果。始终保持惩治腐败高压态势，巩固“三治理一挂牌”专项行动成果，建立健全村级小微权力清单，紧盯重点领域和关键环节，严肃查处发生在群众身边的“微腐败”，建设政治生态的“绿水青山”。

同志们，目标催人奋进，使命呼唤担当。让我们在习近平新时代中国特色社会主义思想的指引下，永葆初心、勇担使命，众志成城、拼搏奋进，为决胜高水平全面建成小康社会，加快建设“强富美高”新丹徒而努力奋斗！（按原文收入）

【注释】

(1)“三点六队”：“三点”是指三个试点单元，主要任务是围绕城市管理和服务中的痛点难点，统筹社会综治、文明城市创建、社会事务等各项工作，探索城市管理主要问题的解决途径；“六队”包括区级执法部门、街道综合执法大队、社区工作者、机关党员、物业公司、社会志愿者在内的六方力量，围绕“共建、共治、共管、共受益”的目标，统筹法律、道德、公约各项体系，探索城市运转各方力量的组合形态。

(2)“345”项目生成机制：“三个坚决”“四必核”“五必有”，即凡不符合主体功能区规划的项目坚决不上、不符合安全环保要求的项目坚决不上、不符合国家产业政策的项目坚决不上；项目必须经过所在乡镇，区经济发展局和区行政审批局，第三方专业机构以及区委、区政府研究确认；项目必须有可研报告、环境评估报告、土地指标、符合规划条件、法律审核意见。

(3)“智慧城市”：依据智慧镇江“1+1+N”体系中的基础平台和重点应用，以市级层面已建成的硬件资源与政务大数据资源为基础，根据丹徒实际情况，按照急用先行、分期建设、分级分类的思路推进新型智慧城市建设，在特色应用上做延伸，既满足丹徒实际的信息化建设需求，又能满足区级平台产生数据源作为市级平台数据补充的需求，形成业务联动，真正实现市区一体化。

(4)“海绵城市”：是新一代城市雨洪管理概念，是指城市能够像海绵一样，在适应环境变化和应对雨水带来的自然灾害等方面具有良好的弹性，也可称之为“水弹性城市”。

(5)“四清一治一改”：清理垃圾、清理河塘、清理农业废弃物、清除无保护价值的残垣断壁，加大乡村公共空间治理，切实解决占用公共资源私搭乱建、种养放牧、乱堆乱放问题，加快改变农民不良生活习惯，提高清洁卫生意识。

(6)“九类”刑事案件：聚众斗殴罪、强迫交易罪、寻衅滋事罪、敲诈勒索罪、非法拘禁罪、组织卖淫罪、强迫卖淫罪、开设赌场罪、故意毁坏财物罪。

(7)“1+6”调度机制：由分管副区长牵头，会同区信访局、区民政局、区退役军人事务管理局主要负责同志和区委政法委、区公安局、区委办分管负责同志每日会商调度，确保信访问题连夜处置、连夜解决。

(8)“践行总书记嘱托”五项行动：初心课堂、先锋工程、健康小屋、江岛保护、生态农业。

(9)“四个一批”选：以培养储备村党组织书记、副书记为目的，着力引入一批村党组织书记及后备力量，面向全区全日制本科毕业生公开招录一批，从社会化用工人员中公开招考一批，在区镇两级机关择优选派一批，从复员退伍军人、致富能手、外出务工经商返乡人员中选拔一批，尤其是选优配强村党组织书记。

(10)“四位一体”育：党校系统轮训、分类专题点训、一线挂职带训、单位集中研训。

(11)“柔性引才”：在人才引进过程中，突破地域、户籍、身份、档案、人事关系等限制，不改变其户籍(不迁户口)或国籍，不改变人才与原单位关系(不转人事关系)，将人才吸引到本地工作或创业的人才引进和使用方式。

(12)“三块地”改革：农村土地征收、集体经营性建设用地入市、宅基地制度改革。

(13)“乡村文艺播种计划”：推动专业文艺力量服务乡村文化建设、助力乡村文化振兴。

(14)“五聚焦五落实”：聚焦基本组织、基本队伍、基本活动、基本制度、基本保障，“五个基本”一起抓，把党的全面领导、党的坚强力量、党的号召要求、党的纪律规矩、党的关心服务落实到基层。

(15)“三个表率、一个模范”：在深入学习贯彻新时代中国特色社会主义思想上作表率；在始终同党中央保持高度一致上作表率；在坚决贯彻落实党中央各项决策部署上作表率；建设让党中央放心、让人民群众满意的模范机关。

(16)“定制村官”工作：是江苏省委党建创新重点项目之一，面向省内试点县市区的高中毕业生招生，委托省内农业类职业技术学院进行定向培养，3年取得大专学历后回生源地基层一线工作。为基层量身定制符合岗位需求的“一懂两爱”(懂农业、爱农村、爱农民)“三农”工作队伍，培养一批农村发展急需、政治素质好、发展能力强、留得住扎下根的“永久牌”村官，为江苏省大力实施乡村振兴战略提供人才支持。

政府工作报告

——2020年1月3日在丹徒区第十六届人民代表大会第四次会议上

马振兵

各位代表：

现在，我代表区人民政府向大会报告工作，请予审议，并请区政协委员和其他列席人员提出意见。

2019年工作回顾

2019年是新中国成立70周年，是决胜全面建成小康社会的关键之年。一年来，我们以习近平新时代中国特色社会主义思想为指导，深入贯彻党的十九大以及十九届二中、三中、四中全会精神，在市委市政府和区委的坚强领导下，在区人大、区政协的监督支持下，紧紧团结和依靠全区人民，自觉践行新发展理念，持续推进高质量发展，坚决打好"三大攻坚战"，统筹做好改革发展稳定各项工作，较好地完成了区第十六届人大三次会议确定的主要目标任务。预计全年完成地区生产总值420亿元，可比增长6.5%；一般公共预算收入23.4亿元，同比增长1.3%；固定资产投资80亿元，同比增长8%，增幅全市第一；社会消费品零售总额80亿元，同比增长6.8%；城镇和农村居民人均可支配收入分别为52400元、24200元，同比分别增长7.9%、8.1%。

一、过去一年，我们聚焦产业强区，经济质态持续提升

项目建设稳步推进。按照"三个工作法"要求，加快形成"一切围绕项目干"的浓厚氛围，始终保持项目建设的强劲态势。全区43个重点产业项目完成投资70.7亿元，其中16个市重点产业项目完成投资39.2亿元，分别占年度计划的102.2%、102.6%，均超额完成年度投资任务。北汽麦格纳新能源汽车首款产品ARCFOX N60样车下线。热电联产项目获批向镇江东南部地区联合供热。润祥油气物流园项目取得交通运输部港口岸线使用批复。中建科技项目实现当年建设当年试生产。

精准招商取得突破。围绕高端装备、新材料新能源、乡村振兴等六大特色产业，深入推进招商体制改革，积极开展主题招商、委托招商、驻点招商，实现招商数量、质效双突破。全年新签约项目40个，总投资约280亿元，其中，亿元以上项目32个，先进制造业项目占比达到70%。总投资15亿元的比泽尔空调压缩机、一期投资6亿元的国际鲜花产业园、总投资3.6亿元的云数据中心站等项目相继落户。总投资18亿元的千禾味业、总投资10.6亿元的高端汽车铝制品等项目进展顺利，即将签约。

营商环境持续优化。定期召开企业家座谈会、银企对接会等交流活动，搭建政银企合作平台，依托省综合金融服务平台，为221家企业获得授信27亿元，帮助5家中小企业在江苏股权交易中心挂牌。强化历史遗留问题攻坚，帮助18家工业企业办理不动产权证。严格落实减税降费政策，累计减收税费约5亿元。不断优化服务流程，推出不动产登记全流程24小时自助服务，精简行政审批事项34项、暂停45项，做到"清单之外无权力"。

二、过去一年，我们深化改革创新，发展动能持续增强

重点改革统筹推进。全面深化"放管服"改革，"证照分离""证照联办""互联网+政务服务""帮你办"服务体系覆盖全区，新增各类市场主体5592户，新增注册资本103.4亿元。农村集体产权制度改革顺利完成，量化村集体经营性资产4.2亿元，实现全市首笔农村土地承包经营权抵押贷款；扎实推进殡葬改革，全区殡葬设施布局规划全面启动，"两沿"(1)散坟平迁工作基本结束；编制完成全区养殖水域滩涂规划，完成农业"两区"(2)划定30.8万亩。圆满完成行政机构改革，退役军人事务局、地方金融监管局等新组建部门挂牌成立。高新园与原新城管委会完成合并设立，分设宜城街道独立运行。稳步推进生产经营类事业单位改革，区长山文化产业发展有限公司、镇江智能汽车产业投资发展有限公司实体化运营。

创新转型步伐加快。全区高新技术企业突破百家，申报通过率、增长率均为全市第一。培育工业企业"单打冠军"11家、"专精特新"产品7个、科技"小巨人"企业5家，认定省首台(套)产品14个，申报省"双创计划"9人，市"金山英才计划"17人。二重、健力宝、大力液压马达、合力紧固件等骨干企业技改扩能推进有力。通济河汽车部件、百瑞吉等7家企业的落后生产线全部淘汰。镇安电力、威孚锅炉通过国家两化融合管理体系评定。开发区入选省知识产权示范园区，探索推进与镇江高新区合作共建产业园区。高新园盘活奥力机械、辛丰维科精华棉纺织等闲置厂房10万平方米，打造园区"飞地招商"新模式。

产业质态不断提升。着力培育高端装备和先进制造业，促进工业经济提质增效，预计完成工业应税销售收入425亿元、规上工业增加值96亿元，同比均增长6%。大力发展现代农业，新建高标准农田1.95万亩，新增高效设施园艺面积3500亩，打造上党翰雅等"菜篮子"基地634亩，新增省农业龙头企业2家、省级家庭农场8家，培育新型职业农民1560人，创成省级"一村一品"示范村5个。扎实推进全域旅游，举办"宜风韵　生态美"中国丹徒旅游文化节等系列活动，恒顺镇江香醋传统酿造区被认定为第三批国家工业遗产，世业、宝堰成为红色旅游"打卡地"，江心五套村被列入省级乡村旅游重点村名录。完成旅游综合收入83亿元，同比增长13.7%。2019年我区位列全国绿色发展百强区97位、全国新型城镇化质量百强区87位，迈出了绿色低碳发展的坚实步伐。

三、过去一年，我们坚持融合发展，城乡品质持续改善

城乡布局更合理。坚持规划先行，加快"多规合一"，初步完成全区产业规划、乡村振兴战略规划、丹徒总体空间规划以及长山、谷阳湖、世业洲健康岛等重点片区城市设计，丹徒区土地利用总体规划调整获得省政府批复，国土空间规划、村级土地利用规划编制全面启动，完成新一轮城市社区布局调整，城市社区增加到12个，城乡布局不断优化。

乡村环境更优美。有序推进乡村振兴10项重点任务、25个重点项目。深入开展农村人居环境"四清一治一改"(3)行动，清理各类垃圾2.25万立方米，疏浚农村河道50万立方米，改造农村无害化户厕2000座，新(改)建农村公厕33座，建成省级"特色田园乡村"3个，开工建设市、区级"特色田园乡村"5个、"美丽宜居村庄"10个，世业、荣炳农村人居环境整治成效被央视报道推广，辛丰黄墟入选第五批中国传统村落名录。137个村庄生活污水治理"EPC+运维"工程基本完成，进入试运行阶段。有序推进镇荣公路三期建设，实施高红公路、老镇荣公路、谏辛线等县道大中修12.9公里，完成农村公路提档升级20公里，提前一年完成下达任务，全区行政村双车道四级公路通达率实现100%。顺利完成交通干线沿线环境综合整治"五项行动"，扎实推进连镇铁路(丹徒段)绿化和环境整治。持续强化违法用地整改和"大棚房"整治，圆满完成第三次国土调查和违建别墅清查整治，处置闲置土地面积443.5亩、批而未征土地面积2390亩。

城市功能更完善。镇江东站交通枢纽开工建设，镇江高校园区加快收官，市委党校、江苏大学京江学院部分交付使用，江苏科技大学新校区主体建筑基本完成，城市"一体两翼"空间格局更加明晰。加快拆迁安置工作，完成棚户区拆迁改造7.7万平方米，宜东铭苑四期单体封顶，蔡巷铭苑、长香翠庭、高资幸福家园等项目有序推进。实施城区污水管网提质增效工程，完成管网检测修复128公里。城西公园、朝阳河滨河步道建成使用。改造城区公交站亭34座，实现城区标准化站亭全覆盖。智慧城市建设全面启动，海绵城市建设通过国家考核验收。

城市管理更高效。精心实施"精美镇江"建设，顺利通过国家卫生城市、全国文明城市复检。强力推进垃圾分类三年行动，建成可回收分拣中心和有毒有害垃圾暂存库，启动世业镇省级全域垃圾分类试点，全区新增垃圾分类试点村50个、小区73个，垃圾分类覆盖率达到70%。改造提升架鼓山路、谷阳东大道等城市道路5条，新(改)建公共厕所8座，新增公共停车泊位1300个。开展城市综合治理行动，拆除违法建设6万平方米、清理各类“僵尸车”311辆、修复窨井盖1705个。金润大道丹徒段实行市场化管护。永安之星小区被评为省示范物业管理小区。

四、过去一年，我们狠抓污染防治，生态环境持续优化

蓝天保卫战取得实效。整治提升“散乱污”企业53家、内河码头12个，淘汰国Ⅲ柴油车561辆。持续强化西南片区、谏壁片区生态环境综合整治，巩固治理成效。扎实开展餐饮油烟、工地扬尘、联合治超等专项治理，切实加强秸秆禁烧和综合利用，顺利实现禁放区烟花爆竹全年禁放，全区空气质量明显好转。PM2.5年均浓度降到48微克/立方米，同比下降19%，降幅全市第一。新增成片造林2300亩，创成省级“三化”示范村4个、省级生态文明建设示范村3个，区林业技术指导站被评为全国生态建设突出贡献先进集体。

碧水保卫战强势攻坚。深入贯彻长江经济带共抓大保护战略，全面推进长江干流岸线以及“两违三乱”(4)整治、长江沿线绿化造林、废弃露天矿山生态修复等工程，关闭、整改船厂10家、码头4座，整治“两违三乱”91处，完成生态景观防护林带造林500亩，修复废弃露天矿山18个，全力打造长江生态走廊。认真落实河湖长制，完成农业面源污染综合治理4.8万亩，建成长江堤防吴家大坝段防洪能力提升工程，基本完成京杭运河和中心河一期、谷阳湖支河一期、二期水环境综合整治工程以及跃进河、杨溪河、南河边等7条黑臭水体整治，高桥污水处理厂基本竣工，高资污水处理厂即将恢复运行，建成区黑臭水体基本消除，国、省考断面Ⅲ类水达标率实现100%，全区水环境明显好转。

净土保卫战扎实推进。狠抓土壤污染治理与修复，顺利完成农用地土壤污染状况详查、耕地土壤环境质量类别划分等工作，启动上党五塘污染耕地修复试点。加快化工产业安全环保整治提升，完成茂源化工、天龙化工“两断三清”(5)并启动土壤修复。建立健全联动管理机制，扎实开展“清废2019”、固废非法倾倒大排查、废铅酸蓄电池行业整治、重点行业企业26个地块土壤污染状况调查等专项行动，为推动丹徒绿色发展奠定了良好基础。

五、过去一年，我们坚持民生优先，社会事业持续发展

社会保障更加完善。新增城镇就业8733人，帮助失业人员再就业2034人、困难家庭就业110户，城镇登记失业率控制在1.98%以内。全面落实“两不愁三保障”(6)，全区43个经济薄弱村、1608户建档立卡户全部达标脱贫，43个建档立卡危房户改造顺利结束，脱贫攻坚任务提前一年完成。完成困难家庭调剂安置540户、5.1万平方米。完善最低生活保障制度，城乡低保标准提高到每人每月750元，累计发放城乡低保金1817万元。适时提高特困人员供养标准，累计发放供养经费775万元。发放残疾人补贴2300万元、优待抚恤金1200万元，慈善救助支出826万元。

民生实事推进有力。茅以升实验学校主体教学楼全部封顶，青少年活动中心(老年大学)新场馆正式启用。新建标准化居家养老服务中心4个、社区老年人助餐点14个，居家养老上门服务实现全覆盖。深化医疗改革，医联体建设取得成效，代表全省顺利通过国家血吸虫病传播阻断达标评估，儿童预防接种门诊标准化建设实现全覆盖，谷阳槐荫、东湖和辛丰辛桥创成省级示范村卫生室。提升改造文化礼堂21个，新(改)建体育健身公园11个、健身步道8公里，新增公共体育设施面积2万平方米，建成区、镇、村三级应急广播体系，世业洲体育休闲小镇入选江苏省第三批共建体育健康特色小镇。成功举办丹徒区第八届运动会、世业长江国际音乐节、第二届“米芾杯”国际青少年书法大赛等活动，丹徒对外影响力和知名度持续提升。

社会治理扎实有效。全力打好防范化解重大

风险攻坚战，推进区建投公司市场化转型，组建恒瑞高新产业集团，有效转化政府隐性债务。持续开展“清风行动”(7)、打击“套路贷”专项行动，纵深推进“扫黑除恶”专项斗争，顺利办结“一•九”专案，成功侦破镇江特大“矿机”盗电案件，被中央、省、市各大媒体报道。切实加强信访维稳工作，成功化解一批信访积案和历史遗留问题，进京非访大幅下降，圆满完成新中国成立70周年大庆、“一带一路”高峰论坛等安保任务。全面推进全要素网格化治理体系，区级综治中心投入使用，退役军人服务保障体系建成运行。深刻吸取响水“3.21”特别重大爆炸事故教训，全面落实安全生产责任，深入开展安全隐患“大排查大整治”，扎实推进化工企业、城镇燃气“黑气点”和工业企业自建燃气设施等专项整治，全区安全生产形势保持平稳。有效应对和处置“非洲猪瘟”疫情、重大林业有害生物“美国白蛾”疑似疫情，未发生重大疫情事故。狠抓公共安全管理，深入开展道路安全百日整治、食品安全、群租房、根治欠薪冬季攻坚等专项行动，群众安全感和满意度不断增强。

六、过去一年，我们坚持改进作风，效能建设持续加强

切实加强法治政府建设，认真落实学法用法、行政负责人出庭应诉以及党政一体法律顾问等制度，率先在全市实现公共法律服务体系全覆盖。扎实开展“不忘初心、牢记使命”主题教育，圆满完成各项“规定动作”。切实加强党风廉政建设，认真落实“两个责任”，严格执行中央八项规定精神和《准则》《条例》各项要求。深入推进形式主义、官僚主义集中整治，有效落实中央“基层减负年”部署要求，精简政府发文和各类会议分别为42.6%、41.7%，清理规范性文件12件。带头压减一般性支出，“三公经费”下降15%。办理各类审批服务、便民服务事项约22.4万件，受理12345公共服务热线工单约2.5万件，办结率100%，办理市、区两级人大代表议案、建议70件，政协委员提案144件，办结率、满意率均为100%。创成江苏省“双拥模范区”八连冠，完成第四次全国经济普查，获得国家级表彰。政府法制、行政学院、外事侨台、人口计生、机关事务等工作取得新成绩，地方志、气象、供销、科普、老龄、妇女儿童、关心下一代、见义勇为、兴教助学等事业取得新进展，国家安全、国防教育、人民武装、对口协作等工作全面进步，全区上下始终保持同频共振、和谐共进的良好局面。

2019年是习近平总书记视察丹徒五周年。五年来，全区上下始终牢记总书记“镇江很有前途”的殷切期望，始终牢记“一张蓝图绘到底”的谆谆嘱托，鼓足干劲，开拓奋进，“强富美高”新丹徒建设取得阶段性成效，高质量发展迈出坚实步伐。

这些成绩的取得，得益于市委市政府和区委的坚强领导，得益于区人大和区政协的有力监督，得益于全区上下的共同奋斗和顽强拼搏。在此，我谨代表区人民政府，向给予政府工作大力支持的全区人大代表、政协委员和离退休老同志，向各民主党派、工商联、无党派人士，向所有关心丹徒发展的各界人士和各位朋友表示衷心的感谢和崇高的敬意！

在肯定成绩的同时，我们也清醒地看到，当前丹徒经济社会发展还存在一些困难和问题：发展不充分问题依然突出，新旧动能转换和产业升级步伐还不够快；城乡建设、生态环境、安全生产等方面还存在不少短板，民生改善、乡村振兴、社会治理等领域距离群众期盼仍有不小差距；少数干部作风不实、缺乏担当等问题不同程度存在，政府服务效能有待提高。对此，我们将增强忧患意识，突出问题导向，采取有力措施认真解决。

2020年工作思路

今年是全面建成小康社会和“十三五”规划的收官之年。做好今年政府工作，形势特殊、责任重大、意义深远。我们既要清醒地认识到：当前世界形势复杂严峻，国内外风险挑战明显上升，经济下行压力不断加大，但我国经济稳中向好、长期向好的基本趋势没有变，仍处于并将长期处于重要战略机遇期；我们更要清醒地把握住：随着长江经济带建设、长三角区域一体化、宁镇扬一体化等战略深入推进，特别是连镇铁路、镇江东站、镇江高校园区等一批重大基础设施即将建成使用，丹徒将全面进入“高铁时代”“大学城时代”，迎来新一轮重大发展机遇。我们要深刻认清形势，保持战略定力，坚定必胜信心，善于把外部压力转化为内生动力，抢抓机遇，守住底线，做大总量，为新一轮发展积蓄动能和势能，不断开创高质量发展新局面。

今年政府工作的总体要求是：以习近平新时代中国特色社会主义思想为指导，全面贯彻党的十九大和十九届二中、三中、四中全会、中央经济工作会议精神以及省、市和区委决策部署，坚持稳中求进工作总基调，坚持生态立区、产业强区不动摇，坚决打赢“三大攻坚战”，全面做好“六稳”工作，统筹抓好稳增长、促改革、调结构、惠民生、防风险、保稳定各项工作，扎实推进区域治理体系和治理能力现代化，确保高水平全面建成小康丹徒和“十三五”规划圆满收官，为开启“十四五”规划和基本实现现代化新征程奠定坚实基础。

按照区委十三届八次全会的部署，今年全区经济社会发展的主要预期目标为：地区生产总值增长6.5%，固定资产投资增长8%，一般公共预算收入增长1%，社会消费品零售总额增长6.5%，城乡居民人均可支配收入与经济增长同步。全面完成市委市政府下达的高质量发展指标。

今年，我们将重点做好以下七个方面工作：

一、做强实体，着力推进产业强区

坚持产业强区、项目兴区不动摇，锲而不舍抓产业、攻项目、强招商、促转型，不断壮大实体经济，夯实高质量发展根基。

主攻项目做大总量。聚焦总投资247亿元的47个区级重点产业项目，坚持“项目为王”，层层落实项目挂钩机制，以“一竿子到底”的韧劲，确保北汽麦格纳新能源汽车7月底前全面量产，热电联产、装配式建筑研发生产基地、润祥油气物流园、孟家港国际物流园等项目形成产出，力争完成年度投资71.7亿元，33个新建项目今年全部开工。推动生态汽车产业园做大做强，围绕汽车及零部件产业，做好延链、补链、强链文章，打造百亿级汽车产业发展集群。支持恒顺集团、千禾味业优势互补、互利共赢，打造华东片区最大规模的调味品生产基地。

强抓招商培育增量。持续推进“六大产业招商”，牢固树立招商“一盘棋”思想，全面整合全区招商人才和信息资源，促进信息互通、资源互补、成果共享，构建大招商格局。严格执行“345”(8)项目生成机制，强化“亩产论英雄”意识，大力开展“敲门”招商、驻点招商、小分队招商，以“钉钉子”精神确保再引进20个亿元以上高技术制造业、战略性新兴产业、现代农业等优质项目落户丹徒。聚焦比泽尔空调压缩机、高端石墨材料等新签约项目，集中要素资源，加大保障力度，推动尽快落地见效，培育新的经济增长点。

加快转型优化存量。认真贯彻落实中央支持民企“新28条”，持续迸发民营企业发展活力。强化政策扶持，鼓励健力宝、中铸新材等项目技改扩建，引导金海宏业、鹤林水泥等企业转型发展，支持恒顺集团建设中国食醋产业技术服务中心，加速传统产业提档升级。推进“创新型、生态型、服务型”园区建设，大力支持高新园创建省级高新区，经济开发区打造循环经济特色产业园，并加快与镇江高新区合作共建，完成运营公司组建并实体化运作。利用化工企业、“散乱污”企业整治契机，及时淘汰一批“僵尸企业”和低端低效项目，力争全年利用闲置土地1000亩、盘活厂房10万平方米，置换新项目5个以上。

二、集聚动能，着力激活内生动力

持之以恒深化改革开放，加速创新引领，强化人才支撑，为高质量发展注入新动能。

提升发展活力。深入推进9个重点领域改革，积极探索农村“三块地”改革，抓好乡镇财税体制改革，扎实推进高新园科创、城投等平台公司市场化转型，持续释放发展活力。继续深化“放管服”，建立“24小时自助政务服务超市”，实现全区957项政务服务事项“不见面”审批，举办“企业家沙龙”，深化对口挂钩联系企业制度，持续优化营商环境。加快推动外向型经济高质量发展，建立健全外资工作绩效考核办法，继续紧盯北汽新能源、崇佑建材等在手外资项目，加快增资扩股和提档升级，同时加强战略性新兴产业和先进制造业外资利用，确保完成全口径实到外资7500万美元、先进制造业外资3800万美元。

做优创新载体。发挥企业创新主体作用，积极支持企业建设研发机构，提高全社会科技研发经费投入强度。统筹推进国家级科技企业孵化器、高新园“材智汇”众创空间、丹徒环保科技创业服务中心、世业洲农业科技企业孵化器等创新载体平台建设，提高科研成果转化率。实施中小微企业成长培育计划，确保全年新认定高新技术企业5家以上，新增“小巨人”企业2家以上、“规上”企业15家以上。扎实推进“质量强区”，培育“质量强企”示范企业3家以上，力争全区50%以上的高新技术企业和“规上”企业拥有自主品牌。

做强人才支撑。全面加强招才引智，积极探索“柔性引才”(9)，实行人才落户“零门槛”，抓好各项人才政策落地，持续推进“金山英才”“长山人才”“乡土人才”等人才计划，力争新增高层次产业领军人才65名、高技能人才160名、市优秀“乡土人才”培养计划6人。积极承接镇江高校园区科技人才资源“溢出效应”，充分发挥各类高校和科技镇长团作用，全方位深化科技、人才、项目合作交流，引导中小微企业与高校、科研院所等开展“政产学研”合作，打造产教融合示范区。

三、夯实基础，着力加快乡村振兴

依托乡村振兴规划，坚持农业农村优先发展，加速城乡融合，推动农业全面升级、农村全面进步、农民全面发展，走出一条具有丹徒特色的乡村振兴道路。

大力发展现代农业。加快发展高效设施农业，打造生态农业、观光农业示范区，新建高标准农田2.2万亩，新增高效设施园艺面积2500亩，申报绿色优质水稻基地3.9万亩，确保绿色优质农产品比重与农产品质量可追溯率达到50%。推进省级现代农业产业示范园区建设，新增市级农业龙头企业2家。常态化开展乡村产业招商，加快推进花联网、柿叶花洲等一批高质量农业项目。培育新型职业农民1420人，持续打造乡村振兴主力军。

巩固脱贫攻坚成果。紧盯“两不愁三保障”目标，扎实开展脱贫攻坚“回头看”，推动67个专项扶贫资金项目落到实处。按照“四个不脱”(10)要求，全面落实后续帮扶主体责任，构建完善的防返贫机制，持续加大产业扶贫、就业扶贫、教育扶贫、兜底保障等重点工作，全面提高脱贫质量、促进稳定脱贫。紧盯达标基础不稳定的村集体，积极盘活农村闲置资源，通过发展“房东经济”“股东经济”等方式，持续增加村集体经营性收入。

持续改善人居环境。积极探索农村空间治理，持续推进“四清一治一改”，全面完成农村人居环境整治三年计划。扎实开展“厕所革命”，新(改)建农村无害化户厕4500座、农村公厕26座，全面消除农村旱厕。加快村庄沟渠河塘清淤整治攻坚行动，完成83条沟渠、358个河塘清淤整治。继续推进农村污水治理，确保污水处理设施标准化运维、污水达标排放。积极争创省级“四好农村路”达标区，完成高炭线拓宽改造、老镇荣公路和S358省道路面改善，确保镇荣公路三期竣工通车，按时完成连镇铁路(丹徒段)绿化和环境整治。继续深化特色村庄创建，建成省级“特色田园乡村”1个、市、区级“特色田园乡村”5个；新建“美丽宜居村庄”14个，确保年底前达到70个。扎实抓好违法用地整改、“大棚房”清理整治，全面完成年度目标任务。

四、系统治理，着力优化生态环境

生态环境是最宝贵的财富，我们将持续打好污染防治攻坚战，坚持水、土、气、固废等协同治理，污染防治和生态保护同步推进，让丹徒的天更蓝、地更绿、水更清、环境更优美，进一步擦亮生态丹徒名片。

深化攻坚行动。扎实抓好中央环保督察“回头看”、省环保督察巡视反馈问题整改，统筹推进控煤、管车、治气、降尘、禁烧、禁放等工作，深入推进重点行业VOCs(11)整治和提标改造，确保全年空气质量优良天数比例达到72%、PM2.5平均浓度降到47微克/立方米。持续推进“河湖长制”，落实“一河一策”。高标准完成长江干流岸线清理整治，继续巩固河湖“两违三乱”治理成效。全面实施太湖流域城镇污水处理厂提标改造，加快完成辛丰镇污水管网修复改造以及京杭运河辛丰镇、王家桥断面水环境综合整治二期工程，扎实做好西分洪河、双仙河、华村沟等水体治理，实施丹徒污水处理厂中水回用工程，持续改善张露河、跃进河水质，确保国、省考断面地表水质达标率100%。扎实开展土壤污染治理与修复，完成茂源化工、天龙化工土壤修复，实行固体废弃物减量化、无害化和资源化处置，严厉打击"危废"非法转移、倾倒、处置等行为。

加快绿色发展。坚持把化工企业整治作为生态优先、绿色发展的重要拐点，稳步做好长三角精细化工关闭退出、乙炔气厂异地迁建等工作。加快全域旅游示范区创建，启动丹徒全域旅游规划编制，推进世业旅游度假区、米芾书法公园争创低碳旅游区，打造市级以上乡村旅游特色村2个。推进江心洲、世业洲近零碳排放示范区建设，创建省级生态文明建设示范村6个以上。加快推进建筑产业现代化，推广绿色建筑40万平方米、装配式建筑35万平方米，完成建筑垃圾资源化再利用30万平方米。

抓好生态修复。严守生态保护红线，加强山体绿化、宕口修复，加大林地、湿地保护力度，严控各类开发活动。统筹推进长江沿线绿化造林、长江经济带废弃露天矿山生态修复等工程，加快十里长山、辛丰废弃矿山环境治理工程扫尾，全面完成农村基础防汛预报预警体系建设、合作坝水库除险加固工程、人民沟水土保持项目，强化省级长江豚类自然保护区以及江滩、通江河流等重要湿地保护，建立长效保护和生态补偿机制，持续做强生态品牌。

五、深化内涵，着力提升城市能级

以"精美镇江"和文明城市建设为抓手，加快城市内涵式发展，推动城市建设管理各项工作提质提速提效、落细落小落实，不断增强城市能级和核心竞争力。

培育城市经济。深度对接长三角一体化战略，抓紧编制融入长三角一体化实施方案，明晰产业、城市等发展定位。积极应对高校园区带来的人口集聚效应，加快培育楼宇经济、现代服务、现代物流、居家养老、文化旅游等新兴业态，支持冠城、乐达、恒宇、恒基等商业广场错位发展，整合新加州酒店、龙楼广场等闲置资源重新招商，激活城市经济发展活力，力争服务业增加值突破200亿元，增长1.5%以上，占GDP比重增加到43.7%。

加快城市建设。积极呼应连镇铁路、镇江东站以及镇江高校园区建成契机，加快完善与主路、园区连接的道路、管网等配套设施，打通"毛细血管"，主动承接上海、南京等地区"溢出效应"。加强城市规划、设计成果运用，适时启动谷阳湖和长山片区功能打造。继续推进"城中村"拆迁和棚户区改造项目扫尾，完成拆迁改造10万平方米，开工建设谷阳湖、蔡巷铭苑、长香翠庭等安置房95万平方米，力争竣工5万平方米。加快完善城市公共设施，完成茅以升大道、谷阳大道、智慧大道等7条道路维修改造，开工建设尚上城支路一期、二期工程，完成城区雨污水管网修复55公里，新增公共停车位1300个，新(改)建公共厕所4座，深入推进智慧城市建设，启动智慧丹徒一期、智慧停车工程，全面提升城市功能。

推进精细管理。扎实推进"城市修补"，尽快完成《城区户外广告和店招标牌设置专项规划》编制，统筹抓好违法建设、户外广告、占道经营、失管小区、渣土运输、工地扬尘等集中治理，持续加强镇江高校园区周边、恒顺大道两侧、城郊结合部、拆迁工地、收储地块的长效管理，确保顺利通过全国文明城市复审"三年大考"。推进市政基础设施移交，逐步理顺管理机制，明确管理权属。继续抓好垃圾分类处置，完成有机易腐垃圾处置中心建设，探索餐厨垃圾、装潢垃圾处置新模式，确保垃圾分类三年计划顺利完成。

六、严守底线，着力加强社会治理

认真贯彻落实党的十九届四中全会精神，坚持底线思维，坚决打好防范化解风险主动仗，为丹徒高质量发展营造更加和谐稳定环境。

有效防范重大风险。切实加强政府性债务管理，进一步化解存量、控制增量，做到坚定、可控、有序、适度。持续打击非法集资、违规融资担保，深入开展互联网金融专项整治，确保不发生重大风险。扎实抓好"扫黑除恶"专项斗争以及群租房、道路交通、水域等六大领域公共安全专项整治，统筹推进执法办案管理中心、技防"雪亮工程"建设，不断强化犯罪打击、矛盾化解、源头防控，切实保障社会公共安全。扎实推进电子政务外网向村(社区)延伸，强化政府网站安全监管，构建起网络安全的“铜墙铁壁”。

全力抓好安全生产。以国务院安全生产专项督导为动力，全力开展为期一年的安全生产专项整治，围绕25个重点行业领域，坚持标本兼治、重在治本，进一步健全责任体系、强化隐患排查、落实整改措施、严格责任追究，确保高标准完成各阶段整治任务和督导反馈问题，坚决防范遏制各类重特大安全生产事故。抓好区安委会和12个专业委员会实体化运行，成立区安全生产执法大队，核准配齐编制人员12名，持续夯实安全生产基层基础。严格落实“三管三必须”(12)要求，深入推进全区安全生产巡查，强化安全生产专业队伍建设，提高应急处置能力，推动全区安全生产治理水平本质提升。

切实加强共建共治。继续深化平安丹徒、法治丹徒建设，推动网格化服务管理中心实体化运行，全面落实区、镇信访联席会议机制，狠抓源头防控和积案化解，确保信访总量持续下降。开展省级行政执法“三项制度”示范点创建，加强执法规范化建设，推动“七五”普法圆满收官。深化国防动员和双拥工作，做好退役军人事务工作，争创江苏省“双拥模范区”九连冠。强化食品药品监管，保障群众“舌尖上的安全”。完善社会信用体系，持续开展根治欠薪攻坚行动，加强对房地产开发、建筑施工等企业监管，建立负面清单和淘汰曝光机制。高质量开展第七次全国人口普查。进一步做好外事侨台、行政学院、气象、供销、地方志、妇女儿童、关心下一代、见义勇为、兴教助学、对口帮扶等各项工作，营造共建共治的良好氛围。

七、补齐短板，着力改善民生福祉

民心所向，政之所行。我们将聚焦高水平全面建成小康丹徒，持续加大民生投入，着力补短板强弱项，不断提高群众获得感和幸福感。

提高就业创业能力。全力贯彻“稳就业”要求，坚持“双创”驱动，实施创业就业八大行动计划，依托捷诚车载、镇安电力等9家省、市级就业见习基地，帮助失业下岗人员、大学毕业生、困难家庭等群体实现就业。落实稳岗返还、职业能力提升补贴等政策，开展“就业援助月”“民营企业招聘周”等就业创业活动，打造“创业丹徒”品牌。全年提供就业岗位1.1万个，新增城镇就业8800人，带动就业6500人，城镇登记失业率控制在2%以内。

优化公共服务供给。深入推进教育现代化建设，建成茅以升实验学校，宝龙、蓝波湾幼儿园投入使用。深化新时代教师队伍建设改革，努力让教师成为令人羡慕的职业。持续建设健康丹徒，强化专科联盟建设，打造辛丰农村区域性医疗卫生中心，提升公共医疗服务水平。深化全国居家和社区养老服务改革试点，确保城乡社区标准化居家养老服务中心覆盖率分别达到80%和40%。积极推进国家公共文化服务示范区创建，深化大运河文化带建设，新增农村文化礼堂20个、农民健身公园10个、公共体育设施2万平方米。继续高水平办好世业长江国际音乐节、丹徒文化旅游节、中国(镇江)国际青少年书法艺术节等文体活动，让群众生活更加丰富多彩，不断提升丹徒知名度和影响力。

提升社会保障水平。逐步提高城乡低保标准，深入开展城乡低保专项治理，做到“应保尽保，应退尽退”。狠抓社会保险扩面征缴工作，新增参保2500人以上。规范实施特困人员供养，适时启动物价上涨动态补贴机制，提高社会救助水平。开展困难群众慈善救助帮扶，完成重度残疾人家庭无障碍改造38户，支出医疗、助学、儿童大病等慈善救助资金不少于850万元。扎实抓好生猪保供，落实民生“菜篮子”工程，确保今年生猪出栏量达到5万头，新增“菜篮子”基地500亩，全力保障城乡居民生活需求。

各位代表，办好民生实事是政府最大的政绩。本次人代会上，将继续通过票决的方式选出政府今年10件为民办实事项目。我们将全力以赴、善作善成，真正把实事办到百姓的家门口、群众的心坎上，向人民群众交上满意答卷！

全面加强政府自身建设

打铁必须自身硬。新起点、新形势、新任务，对政府自身建设提出了新要求。我们将讲政治、敢担当、抓规范、改作风，更大力度推进政府治理体系和治理能力现代化，守好稳定、安全、廉政、生态四条底线。

一是旗帜鲜明讲政治。自觉以习近平新时代中国特色社会主义思想武装头脑、指导实践，牢固树立“四个意识”，始终坚定“四个自信”，坚决做到“两个维护”。加强学习和调查研究，不断解放思想，严格贯彻落实中央大政方针、省市和区委决策部署，确保政令畅通、令行禁止。加强团结协作，共挑重担，不断提升政府班子凝聚力和战斗力。

二是求真务实敢担当。树立正确的政绩观，不图虚名、不图热闹、不图“数字”，唯真、唯实，严禁弄虚作假、投机取巧。强化执行力，提升公信力，以“钉钉子”精神抓好落实，不开空头支票，一诺千金、言必信、行必果。强化责任担当，大力倡导“主动作为、马上就办”的工作作风，对定下来的事雷厉风行、抓紧实施，对部署了的工作跟踪问效、一抓到底，促进政风行风、行政效能持续提升。

三是依法行政严规范。深入推进法治政府建设，用法治思维加快改革、推动发展、化解矛盾。依法接受党内监督、人大法律监督和工作监督、政协民主监督以及国家监察、司法监督，认真办好人大代表议案、建议和政协委员提案。重视社会监督、舆论监督，加强审计监督，深化重大建设项目、公共资源配置、公益事业领域政务公开，打造阳光透明政府。

四是清正廉洁守规矩。严格落实全面从严治党主体责任和“一岗双责”，带头做到“五个过硬”，推动政府系统党风廉政建设向纵深发展。深入贯彻中央八项规定精神和廉洁从政各项要求，持之以恒纠“四风”、强作风。坚持政府过“紧日子”，严控“三公”经费和一般性支出。深化重点领域、关键环节廉政风险防控，严厉整治发生在群众身边的腐败和作风问题，永葆为民务实清廉的政治本色。

各位代表：大道至简，实干为要。让我们紧密地团结在以习近平同志为核心的党中央周围，在市委市政府和区委的坚强领导下，不忘初心、牢记使命，团结拼搏、砥砺奋进，为决胜高水平全面建成小康社会，加快建设“强富美高”新丹徒而努力奋斗！

（按原文收入）

【注释】

(1)“两沿”：是指铁路、公路(高速、国道)沿线。

(2)“两区”：粮食生产功能区和重要农产品生产保护区。

(3)“四清一治一改”：清理垃圾、清理河塘、清理农业废弃物、清除无保护价值的残垣断壁，加大乡村公共空间治理，切实解决占用公共资源私搭乱建、种养放牧、乱堆乱放问题，加快改变农民不良生活习惯，提高清洁卫生意识。

(4)“两违三乱”：河湖违法圈圩、违法建设，乱占、乱建、乱排。

(5)“两断三清”：断水、断电，清原料、清设备、清场地。

(6)“两不愁三保障”：不愁吃、不愁穿，义务教育、基本医疗、住房安全有保障。

(7)“清风行动”：围绕打击整治非法集资、传销的集中行动。

(8)“345”：“三个坚决”“四必核”“五必有”，即凡不符合主体功能区规划的项目坚决不上、不符合安全环保要求的项目坚决不上、不符合国家产业政策的项目坚决不上；项目必须经过所在乡镇，区经发局和区行政审批局，第三方专业机构以及区委、区政府研究确认；项目必须有可研报告、环境评估报告、土地指标、符合规划条件、法律审核意见。

(9)“柔性引才”：在人才引进过程中，突破地域、户籍、身份、档案、人事关系等限制，不改变其户籍(不迁户口)或国籍，不改变人才与原单位关系(不转人事关系)，将人才吸引到本地工作或创业的人才引进和使用方式。

(10)“四个不脱”：脱贫不脱政策、脱贫不脱责任、脱贫不脱帮扶、脱贫不脱监管。

(11)VOCs：挥发性有机物。

(12)“三管三必须”：管行业必须管安全、管业务必须管安全、管生产经营必须管安全。

专 记

丹徒区“不忘初心、牢记使命”主题教育综述

2019年9月18日，丹徒区召开“不忘初心、牢记使命”主题教育动员部署会，学习贯彻习近平总书记在“不忘初心、牢记使命”主题教育工作会议上的重要讲话精神和中央、省委、市委有关决策部署，全面动员部署全区主题教育工作。

一、高站位谋划，做好开局工作

搭建机构，强化人员准备。按照中央和省市委要求，高规格成立全区“不忘初心、牢记使命”主题教育工作领导小组及办公室，区委书记担任组长，领导小组研究具体方案筹划部署，办公室具体操作实施，层层传导，落实责任。动员大会结束后，当天即召开区委“不忘初心、牢记使命”主题教育指导组培训会暨领导小组办公室全体人员会议，就区委主题教育指导组工作职责、主要任务、工作方法等方面，开展全方位业务辅导。全区抽调40人组成8个指导组，挑选8名经验丰富的正科级干部担任组长，8名副科职干部担任副组长，纪委、组织部和领导小组成员单位有关人员任组员，全程指导各参学单位开展主题教育；抽调22名骨干力量组成综合、联络和宣传3个工作组，由组织部和宣传部3名正科职干部担任组长，协调推进主题教育工作。

把握要求，强化工作准备。在中央和省市委相关文件基础上，丹徒区以高标准、严要求为导向，结合本地实际，就高不就低，就严不就宽，就紧不就松，确保每个文件都是一个工作标准，制定主题教育系列文件37个。重视并开展“一人一重点、领办解难题”工作，把握市委主题教育有关要求，在确定县处级领导领办难题后，第一时间将“一人一重点、领办解难题”工作延伸到乡科级领导干部层面，突出群众可观可感的民生导向，强化为民办实事的工作要求，至8月确定全区领办难题551项。

创新举措，强化载体准备。主题教育中，丹徒区结合本地实际，沿着2014年习近平总书记视察丹徒世业洲的路线，打造“重走总书记视察路”初心课堂。建成世业洲江岛客厅、世业镇卫生院、四季春农业生态园、世业村永茂圩“四位一体”党建教学体系，重点围绕学习贯彻习近平新时代中国特色社会主义思想、深化习近平总书记视察效应、锤炼党员党性3个方面内涵，发挥初心课堂寻初心、悟初心、践初心的重要作用，让每一名参加学习的党员干部身临其境、深受触动。创新实施“先锋谱”学习宣传活动，以开辟电视台专栏、举办先进事迹宣讲等形式，学习宣传群众身边的8位引领发展、爱岗敬业、为民服务、维护稳定、奉献社会“五大先锋”典型人物，激励广大党员见贤思齐、争先创优。

二、高标准落实，推进四项措施

突出“深”字抓学习教育。区委常委会率先举办专题学习班，各镇(街道、园区)和部门单位参照区委常委会安排，在9月底前完成乡科级领导班子集中研讨学习任务。举办全区主题教育专题党课暨年轻干部讲堂，并由区委书记授课。在全市率先举办基层党支部书记主题教育轮训班，区级层面组织500余名支部书记集中轮训。组建60名“百姓名嘴”宣讲团巡回宣讲，为党员义务“讲学”；组织“学习强国”知识竞赛和“微宣讲”比赛，激励党员“赛学”；通过送书上门、手机推送等方式，为流动党员“送学”；170个党建指导员分赴非公企业和社会组织义务“导学”；200名年轻党员干部走街串户，结对服务年老体弱党员“帮学”。全区各参学单位组织开展学习活动2814场，其中专家授课152场，现场教学621场，集中研讨1177次。

突出“细”字抓调查研究。全区乡科级以上领

导干部围绕查找自身问题和解决实际问题，以“四不两直”（不发通知、不打招呼、不听汇报、不用陪同接待、直奔基层、直插现场）形式开展调研，新收集各类群众切身问题1300余件，一并列入主题教育待解决问题清单，限时解决。走访群众3680余户15200余人，企业和个体工商户1020余家，收集群众意见建议1730余条。区四套班子和74个科级领导班子按要求召开调研成果交流会，545名科级以上党员领导干部按要求上好一堂专题党课。

突出“准”字抓检视问题。全区各级党员干部按照“四个对照”（对照新时代中国特色社会主义思想和党中央决策部署；对照党章党规；对照人民群众新期待；对照先进典型、身边榜样）、“四个找一找”（找一找在增强“四个意识”、坚定“四个自信”、做到“两个维护”方面存在哪些差距；找一找在知敬畏、存戒惧、守底线方面存在哪些差距；找一找在群众观点、群众立场、群众感情、服务群众方面存在哪些差距；找一找在思想觉悟、能力素质、道德修养、作风形象方面存在哪些差距）要求，对照“十八个是否”，通过上级点、群众提、同事谈、自我找相结合等方式方法，听取基层党员群众、工作服务对象、身边同事、上级领导的意见建议，实事求是检视自身存在的问题，建立问题、任务、责任、标准“四清单”。

突出“实”字抓整改落实。制定下发《关于在“不忘初心、牢记使命”主题教育中开展专项整治的工作方案》等方案，明确职责分工、任务清单以及时间节点。围绕整治基层党组织软弱涣散、党员教育管理宽松软等问题，区委书记带领区委常委摸排情况，确保全区11个软弱涣散基层党组织和5个软弱后进村党组织“一村一策”落实整改。公开选拔20名村书记和副书记。推进专职组织员队伍建设，增强基层党组织工作力量。部署村、社区办公场所“牌子乱象”整治工作，在规定时间内全部清理到位。围绕整治违反中央八项规定以及省委、市委、区委各项规定精神，对群众利益默然处之、办事不公、侵害群众利益等问题，开展区委驻村巡查反馈意见整改“回头看”工作，逐一落实问题整改，防止群众身边不正之风和“微腐败”问题，维护群众切身利益。

三、高效率组织，做好督导工作

强化组织领导。落实常委会专题议事、领导小组工作例会、办公室和指导组联席会议制度，定期分析活动进展情况，查找存在问题和不足，制定推进措施和应对办法，把握各项工作主动权。各参学单位采取切实可行的措施，做到主要领导亲自抓，分管领导具体抓，党员领导包支部、支委成员包党员、骨干党员“一帮一”，形成层层督导、齐抓共管的格局。

强化跟踪督导。建立指导组定期交流、工作周报以及问题反馈、谈心谈话等制度，编制活动进度表，及时跟踪部署的各项工作，确保主题教育做到位、不走样。区级层面召开动员部署会1场，推进会3场，指导组培训会1场、工作座谈会3场，联络员交流座谈会9场。各指导组分别对指导单位开展主题教育情况进行评价和反馈，评价结果纳入年底高质量考核。

强化精准指导。针对不同层级、不同领域、不同对象，实行分类指导。抓住县处级以上领导干部“关键少数”，分期分发学习计划表、工作提醒函；面向区直机关、企事业单位、乡镇(街道、园区)等学习主体，每周下发指导组督导提纲；针对村(社区)基层党组织、非公经济和社会组织党组织，把全区228个非公经济和社会组织党组织同步纳入主题教育，完成各领域党组织书记轮训工作；面向老弱病残、流动党员群体，以通讯讲解、网上送学、看望慰问、上门送学等方式，开展学习教育。

四、高质量完成，确保成效

筑牢党员干部守初心担使命思想根基。提升理论修养，全区发放规定学习书目4.5万本，党员干部通过读原著、学原文、悟原理，学深、学精新思想。坚定理想信念，党员干部重走“总书记视察路”，体验“初心课堂”，不断检视思想，强化政治意识、政治纪律和政治规矩。增强担当作为，突出先进典型榜样力量，引导党员干部发扬斗争精神，提振干事创业精气神，2万余名党员切实履行承诺为群众办好事实事，敢担当、能作为、勇争先在全区蔚然成风。强化发展使命，全区党员干部用行动把学习教育的成果转化为推动高质量发展的动能，深化改革，破解短板，改善民生福祉。

专项整治取得实质效果。将专项整治工作与主题教育统筹推进，落细落实专项整治方案要求，46家参与单位制定序时任务表，推进整治工作，52项专项整治措施全部完成；建立工作机制24项，出台规章制度40个。全区查处违反中央八项规定精神问题12起，处理17人，给予党纪政务处分9人，通报曝光6批7起；查处形式主义、官僚主义问题38件，处理43人，给予党纪政务处分13人；印发《解决形式主义突出问题切实为基层减负的意见》，以区委、区政府名义印发文件、召开会议均同比下降超过50%；制定出台《丹徒区关于全面推行村级重点小微权力清单制度实施意见(试行)》；组织治安集中清查10余次，实施行政处罚158人次；查处"保护伞"6人、涉恶腐败11人、留置6人、工作推动不力4人。

解决领办难题。自开展"一人一重点、领办解难题"活动以来，全区确定并完成县处级领导干部领办难题29项、乡科级领导干部领办难题522项，551项领办难题全部完成，为群众解决一大批操心事、烦心事和揪心事。

发挥党员作用。主题教育期间，结合"书记项目"的实施，推进"党建+网格化社会治理"，2200余名党员"向网格报到、在网格服务"，做到事件发现在网格、任务交办在网格、问题解决在网格。依托852个"党员中心户"，建立治安巡逻员、矛盾纠纷调解员、社工服务员3支队伍，开展排查小隐患、控制小苗头、调处小纠纷、解决小困难、提供小服务、整治小环境"六小活动"和党员承诺制、党员设岗定责、春晖行动、共产党员户挂牌"四项行动"，为群众解决了43426件大小难题，办结率99.48%。全区60个市、区级"党员示范岗"亮证上岗，党员亮出承诺7万余项，开展集中志愿服务活动960余场，为群众做好事实事2万余件。

图1　　2019年9月18日，丹徒区召开"不忘初心、牢记使命"主题教育动员部署会　　(丹徒区委组织部)

2019年丹徒区党政机构改革概述

2019年2月19日，镇江市丹徒区召开区级机构改革动员部署会议。按照经省委、省政府批准的《镇江市丹徒区机构改革方案》，至4月底，完成规定的各项改革任务。

全区设置党政机构36个：党委机构11个，其中纪检监察机构1个、工作机关10个；政府工作部门25个。与改革前相比，撤销机构16个、垂直管理机构1个，组建机构9个，保留机构28个，净减少正科级机构12个。全区调整职责94项，其中部门间划出职责34项，部门间划入职责47项，新增职责2项，加强职责3项，上划职责8项；内设机构数由改革前的243个调整为改革后的234个，净减少9个；分配到部门的行政编制总数控制在上级下达的行政编制总额以内。

具体改革情况见下图：

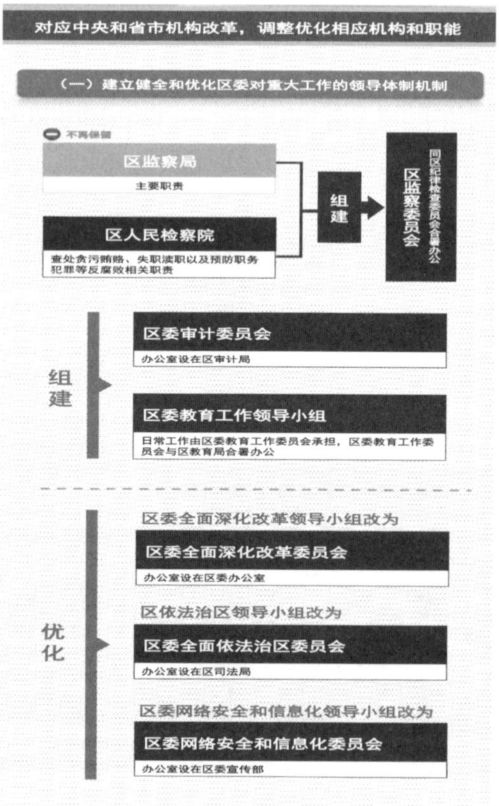

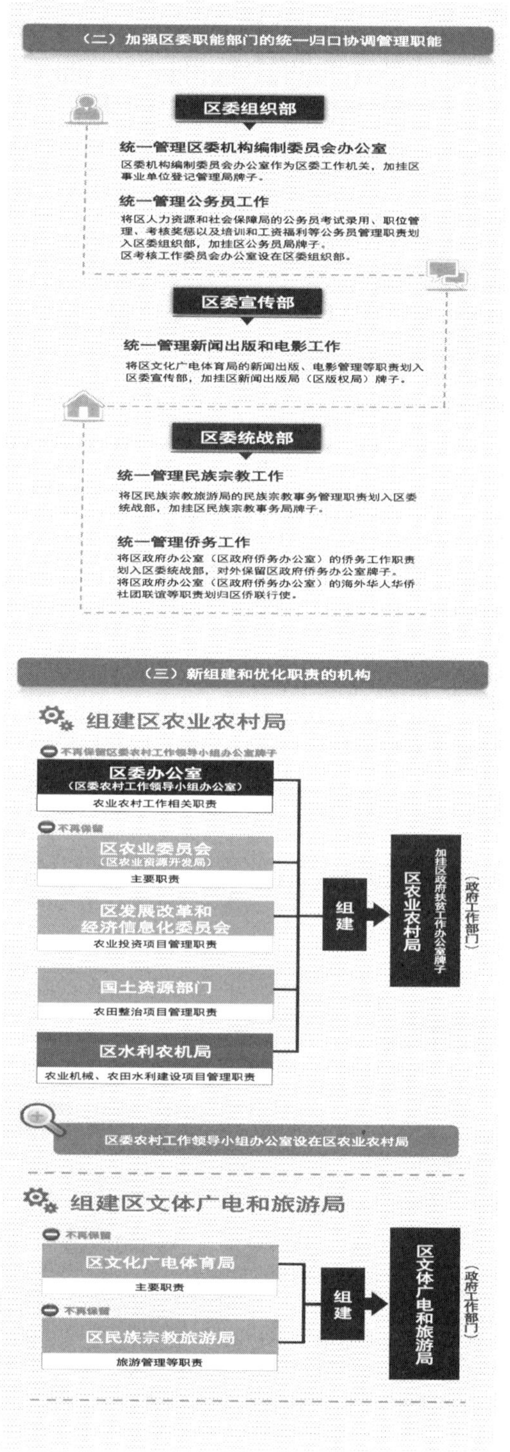

组建区卫生健康委员会

不再保留
- **区卫生和计划生育委员会**：主要职责
- **区民政局**：区老龄工作委员会办公室职责
- **区安全生产监督管理局**：职业安全健康监督管理职责

组建 → **区卫生健康委员会**（政府工作部门）

保留区老龄工作委员会，日常工作由区卫生健康委员会承担

组建区退役军人事务局

- **区民政局**：双拥工作、退役军人优抚安置职责
- **区人力资源和社会保障局**：军官转业安置职责

组建 → **区退役军人事务局**（政府工作部门）

组建区应急管理局

不再保留
- **区安全生产监督管理局**：主要职责

不再保留
- **区应急管理委员会办公室**：主要职责
- **区公安局**：消防管理相关职责
- **区民政局**：救灾职责
- **国土资源部门**：地质灾害防治相关职责
- **区水利农机局**：水旱灾害防治相关职责
- **区农业委员会**：森林防火相关职责
- **区地震局**：抗震救灾相关行政职能
- **防汛防旱、减灾、抗震救灾、护林防火等指挥部（委员会）职责**

组建 → **区应急管理局**（政府工作部门）

重新组建区司法局

- **区司法局**：主要职责

不再保留区政府法制办公室牌子
- **区政府办公室（区政府法制办公室）**：法制工作相关职责

重新组建 → **区司法局**（政府工作部门）

优化区审计局职责

- **区发展改革和经济信息化委员会**：重大项目稽察职责
- **区财政局**：预算执行和其他财政收支情况的监督检查职责
- **区政府国有资产监督管理部门的相关经济责任审计和区级国有企业监事会职责**

划入 → **区审计局**（政府工作部门）

优化区市场监督管理局职责

不再挂区知识产权局牌子
- **区科学技术局（区知识产权局）**：知识产权保护协调和专利管理职责
- **区发展改革和经济信息化委员会（区物价局）**：价格监督检查相关职责
- **区商务局**：打击侵犯知识产权和假冒伪劣商品、参与反垄断调查等相关职责

划入 → **区市场监督管理局**（挂区知识产权局牌子）（政府工作部门）

保留区食品安全委员会，不再保留区食品药品监督管理局牌子，日常工作由区市场监督管理局承担

环保垂管体制改革具体工作按中央有关改革部署实施

（四）其他不再设立的机构

不再设立
区社会治安综合治理委员会及其办公室

不再设立
区维护稳定工作领导小组及其办公室

职责交由 → 区委政法委员会

区委防范和处理邪教工作领导小组及其办公室

职责交由 → 区委政法委员会（指导协调有关工作）

职责交由 → 区公安局（承担具体业务工作）

与中央和省市机关基本对应的其他机构和因地制宜设置的机构

（一）与中央和省市机关基本对应的其他机构

区委工作机关

- 区委办公室
- 区委区级机关工作委员会
- 区委巡察工作办公室
- 区委老干部局

区政府工作部门

- 区政府办公室
- 区经济发展局
- 区教育局
- 区科学技术局
- 区公安局
- 区民政局
- 区财政局
- 区人力资源和社会保障局
- 区住房和城乡建设局
- 区交通运输局
- 区水利局
- 区商务局
- 区统计局
- 区信访局
- 区地方金融监督管理局

优化区委办公室职责

将区委机要保密局（区国家保密局、区国家密码管理局）并入区委办公室，挂区委机要局、区国家保密局、区国家密码管理局牌子。

将区档案局（区档案馆）的行政职能划归区委办公室，加挂区档案局牌子。区档案馆作为区委直属事业单位。

不再保留区委机要保密局。

将区委区级机关工作委员会由区委派出机关调整为区委工作机关

调整区委老干部局管理体制

区委老干部局由区委组织部管理的机关调整为区委工作机关，归口区委组织部管理，保留区委离退休干部工作委员会牌子。

优化区政府办公室职责

区政府办公室加挂区大数据管理局牌子，承担大数据政策制定、开放共享、统筹管理等职责。

组建区经济发展局（政府工作部门）

将区发展改革和经济信息化委员会（区物价局）和区粮食局的职责，以及区商务局、区民政局等组织实施重要物资和应急储备物资收储、轮换和日常管理职责等整合，加挂区粮食和物资储备局牌子。

不再保留区发展改革和经济信息化委员会（区物价局）、区粮食局。

优化区教育局职责

将区政府教育督导室由在区教育局挂牌调整为设在区教育局。

优化区住房和城乡建设局职责

将区地震局的抗震设防等相关行政职能划归区住房和城乡建设局，挂区人民防空办公室、区地震局牌子。

将区拆迁管理办公室的行政职能划归区住房和城乡建设局。

不再保留区地震局。

优化区科学技术局职责

将区人力资源和社会保障局的引进国外智力和外国专家管理职责划入区科学技术局。

优化区财政局职责

区财政局加挂区政府国有资产监督管理办公室牌子。

优化区交通运输局职责

将区运输管理处、区公路管理处、区航道管理处除行政执法以外的其他相关行政职能划归区交通运输局。

将区水利农机局更名为区水利局

调整区信访局管理体制

将区信访局由区委办公室、区政府办公室的部门管理机构调整为区政府工作部门。区委信访局与区信访局合署办公，实行一套工作机构、两个机关名称。

组建区地方金融监督管理局（政府工作部门）

将区政府办公室（区政府金融工作办公室）的金融工作相关职责，以及区商务局的典当行、融资租赁公司、商业保险公司监管职责，区发展改革和经济信息化委员会的融资担保公司监管职责，区农业委员会的从事信用互助的农民专业合作社管理职责等整合，保留区政府金融工作办公室牌子。

（二）因地制宜设置的机构

区委台湾工作办公室 —— 区委工作机关

不再保留区城市管理行政执法局牌子

区城市管理局加挂区综合行政执法局牌子

组建区行政审批局

政府相关部门的有关行政许可职责

不再保留
区政务服务管理办公室（行政职能）

组建 → 区行政审批局（政府工作部门）加挂区政务服务管理办公室牌子

统筹推进相关领域改革

深化区人大机构改革

- 健全人大组织制度和工作制度，完善人大专门委员会设置，更好发挥其职能作用。

深化区政协机构改革

- 推进人民政协履职能力建设，加强人民政协民主监督，不断优化政协专门委员会设置，更好发挥其作为专门协商机构的作用。

深化群团组织改革

- 抓好区总工会、团区委、区妇联等群团机关改革方案落实。

深化区党委政府直属事业单位改革和承担行政职能的事业单位改革

- 将承担行政职能事业单位改革纳入党政机构改革，统筹推进、同步实施。将完全、主要和部分承担行政职能的事业单位，全部纳入改革范围。在全面清理职能的基础上，将行政职能回归机关。改革后保留的事业单位，名称不再称“委、办、局”。

深化综合行政执法体制改革

- 贯彻落实中央和省深化综合行政执法改革部署要求
- 大力推进科学执法
- 大幅减少执法队伍
- 下沉执法力量
- 加强执法队伍建设
- 严格规范执法行为

深入推进审批服务便民化改革

- 严格贯彻落实中央和省委要求
- 大力推进简政放权
- 强化事中事后监管
- 全面推行“不见面审批服务”改革
- 统一明确各部门信息共享的种类、标准、范围、流程

加强基层政权建设

- 深入推进基层政权建设
- 借鉴经济发达镇行政管理体制改革做法

强化机构编制管理刚性约束

- 强化区委对机构编制工作的统一领导
- 加强和规范机构编制管理
- 认真做好部门“三定”工作
- 坚决查处各类机构编制违纪违法行为

机构改革后，共设置党政机构36个。
党委机构11个，政府工作部门25个。

中共镇江市丹徒区委机构设置表
纪律检查委员会监察委员会机关
办公室
组织部
宣传部
统一战线工作部
政法委员会
全面深化改革委员会办公室（设在区委办公室）
全面依法治区委员会办公室（设在区司法局）
网络安全和信息化委员会办公室（设在宣传部）
机构编制委员会办公室
审计委员会办公室（设在区审计局）
农村工作领导小组办公室（设在区农业农村局）
台湾工作办公室
区级机关工作委员会
巡察工作办公室
老干部局

镇江市丹徒区人民政府机构设置表
办公室
经济发展局
教育局
科学技术局
公安局
民政局
司法局
财政局
人力资源和社会保障局
住房和城乡建设局
城市管理局
交通运输局
水利局
农业农村局
商务局
文体广电和旅游局
卫生健康委员会
退役军人事务局
应急管理局
审计局
行政审批局
市场监督管理局
统计局
信访局
地方金融监督管理局

（丹徒区委编办）

丹徒区政府10件民生实事情况

2019年丹徒区十六届人大三次会议上，丹徒区人大代表票选出10件民生实事，涵盖交通、教育、养老、扶贫、就业、城市管理等方面。

十件实事分别是：

1.“四好农村路”（建好、管好、护好、运营好）建设，年内完成农路提档升级路面改造20公里，行政村双车道四级公路覆盖率达到100%。

2.茅以升实验学校建设。

3.全区老年人优待和服务工作。全区普通型社区居家养老服务中心覆盖率达到100%，提档升级标准化居家养老服务中心2个，新建社区老年人助餐点14个，完成居家养老上门服务全覆盖。

4.污水管网建设。完成137个村庄的生活污水EPC整治工程。

5.完成“强村富民”达新标行动。实施并完成各类扶贫项目建设，市定经济薄弱村和建档立卡低收入户“双八”达标率100%。

6.开展创业就业帮扶活动。设立就业补助资金1482万元，全年新增就业8090人，其中帮扶困难家庭106户。

7.垃圾分类管理。配备垃圾分类果壳箱3200个，购置垃圾分类处置车辆2辆，城乡生活垃圾分类投放设施覆盖率分别达到60%、50%。

8.推进基层“互联网+政务服务”和“e办事”平台建设。加快推进基层“互联网+政府服务”体系建设，完善“e办事”平台功能，年底将“e办事”自助服务终端延伸至全区全镇、园区、街道和具备条件的村、社区。

9.文化礼堂、文化广场和小微文化广场建设。建成村级文化礼堂21个，提升2个镇级和5个村级文化广场，改造自然村小微型文化广场70个。

10.高标准农田建设，新开工建设高标准农田1300公顷(1.95万亩)。

至年底，10件民生实事项目基本完成，部分项目超额完成，兑现年初承诺。

完成情况为：

1.“四好农村路”（农路提档升级）建设方面，完成20公里农村道路提档升级任务，行政村双车道四级公路覆盖率达到100%；

图2　2019年，改造后的农村道路
（丹徒区委宣传部）

2.12月底，茅以升学校主体教学楼全部封顶。该项目依据江苏省教育现代化学校标准进行建设，学校占地面积5.73公顷(86亩)，建筑面积3.5万平方米，学校规模为6轨54个班级，可容纳在校学生2400人。

图3　2019年12月，茅以升学校主体教学楼封顶
（丹徒区教育局）

3.关于做好全区老年人优待和服务工作方面，全区普通型社区居家养老服务中心覆盖率达到100%，全年提档升级标准化居家养老中心2个，新建社区老年人助餐点14个，完成居家养老上门服务全覆盖；

4.在污水管网建设方面，137个试点村完成污水处理设施主体建设，区农村生活污水治理运维中心建成，实现管理智能化、精准化；

5.2019年强村富民达新标行动中，全区43个经济薄弱村申报和实施各类财政扶贫资金项目67个，总投资7500万元，申请扶贫资金5904万元，每年可产生收益408.3万元；截至12月，完成全区2019年脱贫攻坚任务，43个经济薄弱村、1608户3262人全部达标脱贫；

6.在开展创业就业帮扶活动中，全区累计新增就业8733人。年初设立就业补助资金1482万元，年内完成发放395万元；

7.垃圾分类方面，在城区范围内科学合理配备3200个分类式果壳箱，并购置垃圾分类处置车2辆，建设完成生活垃圾分类收集亭348组，完成年度建设任务目标。完成并实施城区73个住宅小区生活垃圾分类市场化项目，覆盖居民31355户；

图4 2019年12月，茅以升学校主体教学楼封顶 （丹徒区教育局）

8.基层"互联网+政务服务"和"e办事"平台建设方面，在丹徒区政务中心大厅、10个镇(街道、园区)以及辛丰镇石城村、宜城街道西麓村，两批次共13台自助终端部署到位，全年通过"互联网+为民服务"办理镇村事项1.3万余件；

图5 2019年，"e办事"自助服务终端延伸至丹徒区各镇、园区、街道和具备条件的村、社区 （丹徒区委宣传部）

9.在文化礼堂、文化广场和小微型文化广场建设方面，建成村级文化礼堂21个，提升2个镇级和5个村级文化广场，改造自然村小微型文化广场70个；

10.在高标准农田建设方面，全年向上争取财政资金6825万元，新建高标准农田5个，建设面积1300公顷(1.95万亩)。

图6 2019年，新开工建设高标准农田 （丹徒区委宣传部）

大事记

责任编校 刘 芳

1月

3～5日 镇江市丹徒区第十六届人民代表大会第三次会议在丹徒新城会议中心举行。

3～5日 中国人民政治协商会议镇江市丹徒区第十届委员会第三次会议在丹徒新城会议中心举行。

10日 生态环境部第二次全国污染源普查工作办公室技术组组长景立新一行到丹徒区开展食品行业产排污系数调研。

15日 麦格纳卫蓝新能源汽车技术(镇江)有限公司揭牌暨新能源汽车试验中心奠基活动在丹徒区举行。

17日 丹徒区首家“邮爱驿站”揭牌投入使用。

25日 丹徒区2019年度文化、科技、卫生“三下乡”活动启动仪式在辛丰镇举行。

2月

13日 江苏省人大常委会农业和农村工作委员会副主任陈惠娟率队到丹徒区调研长江岸线保护立法工作，并到高桥镇振兴船厂了解废料堆所以及污染设施清理工作情况。

19日 镇江市丹徒区召开区级机构改革动员部署会议。按照经省委、省政府批准的《镇江市丹徒区机构改革方案》，至4月底，完成规定的各项改革任务。

3月

3日 2019年丹徒区首期年轻干部复旦大学综合素质提升班动员会在区政府会议室召开。区委书记张映桥出席会议并讲话。

6日 区委书记张映桥在丹徒新城会议中心会见日本瑞德株式会社社长锅谷阳介一行。

18日 江苏润祥集团长山旅游度假酒店项目开工仪式在丹徒区举行。

27日 江苏省节水教育基地揭牌仪式在丹徒区文化活动中心举行。

29日 丹徒区2019年重大产业项目集中开工仪式在丹徒经济开发区举行，区委书记张映桥、区长谢继步等出席活动。共4个重大产业项目，其中中建科技装配式建筑构件与制造基地项目开工仪式在丹徒经济开发区举行，来威利创意产业一期项目开工仪式在丹徒高新园举行，云龙现代商业广场开工仪式在上党镇举行，镇江远东集成房屋项目开工仪式在谷阳镇举行。

4月

11日 镇江《壹周》报纸整版报道丹徒—澄城对口协作成效。

同日 山西省侨联副主席范安龙到丹徒区参观交流。

12日 广播连续剧《诗人闻捷》首播暨“新时代歌咏”全国首届闻捷诗歌奖创作大赛发布仪式

在丹徒文化艺术活动中心举行。市委常委、宣传部部长孙晓南和区委书记张映桥等领导出席活动。

13日 2019年中国·丹徒旅游节启动。活动至12月结束。

16日 江苏振光电力设备制造有限公司与国网思极紫光(青岛)云数科技有限公司战略合作协议签订仪式在丹徒区举行。区委书记张映桥出席活动并致辞。

26日 镇江“智慧农业”创新发展论坛暨“2019高校院所丹徒行”活动举行。活动前期,60名专家和学者到丹徒区世业镇、高资街道调研企业25家。

27日 2019年长江(世业洲)国际徒步旅游大会在省级旅游度假区世业洲举行。

29日 丹徒区庆祝“五一”大会暨职工文艺展演在丹徒区文化艺术活动中心举行。

30日 丹徒区在区文化艺术活动中心举办“纪念五四100周年”颁奖典礼暨青春分享会。

5月

6~7日 浙江金华市金东区委书记李雄伟率领党政代表团到丹徒区考察交流。区委书记张映桥和区委副书记、区长谢继步出席活动。

9日 来自荷兰格鲁夫贝克中学的15名师生到江苏省大港中学开展交流活动。来访期间,在丹徒区参观醋文化博物馆、丹徒高级中学。

7~10日 区委书记张映桥率领高新园、宜城街道、世业镇负责同志和相关招商人员,赴福建省福州市、厦门市和广东省佛山市、四川省眉山市开展招商考察活动。

10日 主体工程部分位于丹徒区境内的镇江长江大桥主缆索股架设完成。

18日 丹徒区第八届运动会开幕式在江苏省大港中学举行。区委书记张映桥,区委副书记、区长谢继步,市体育局局长戚亚新出席开幕式。活动至11月结束,并举行闭幕式和颁奖仪式。

23日 CCTV-7农业节目《美丽中国乡村行》首播《乡村振兴看中国——探奇寻宝游丹徒》。

6月

10日 江苏大学法学院与丹徒区纪委监委合作协议签约仪式暨江苏大学法治人才培养基地揭牌仪式在丹徒会议中心举行。江苏大学党委常委、纪委书记高庆国,区委书记张映桥,江苏大学法学院院长刘同君和区委常委、纪委书记、监委主任李莉珺出席活动。

19日 海纳川海拉电子项目签约仪式在丹徒新城会议中心举行。

21日 丹徒区宜农扶贫基金会成立。大会产生第一届理事会。

29日 携程旅游丹徒主题店落户丹徒,在丹徒宝龙广场举行开业仪式。

30日 丹徒区召开庆祝中国共产党成立98周年大会。

7月

3日 丹徒区举办“不忘初心 执着前行”道德讲堂暨庆祝新中国成立70周年主题活动。

5日 江苏省队运动员陆祎凤(辛丰镇人)获2019年亚洲少年摔跤锦标赛女子69公斤级比赛冠军。

9日 为期四天的全省武术散打项目晋级一级裁判员培训班在丹徒区体校开班,来自全省各地38名裁判员参加培训。

10日 江苏省委常委、组织部部长郭文奇率队到丹徒区现场推进挂钩联系的北汽麦格纳项目。

12日 2019年中国·丹徒新材料创新创业大

赛新闻发布会暨重点产业项目签约仪式在丹徒高新技术产业园举行。

23日　2019年镇江汽车零部件产业合作恳谈会在丹徒区举行。

24日　丹徒区人民政府与南京林业大学合作协议签约仪式在世业镇举行。

27日　中国共产党镇江市丹徒区第十三届委员会第七次全体会议在丹徒新城会议中心举行。

28日　吉林大学赴江苏科技镇长团工作座谈会暨科技服务镇江行活动在丹徒区举行。吉林大学党委书记杨振斌、江苏省委组织部副部长洪浩出席活动。

29日　镇江市米芾文化研究会第一次会员大会在丹徒区召开。清华大学教授、全国教育书画协会副会长、文化部中国国际书画艺术研究会会长言恭达，市委常委、宣传部部长孙晓南，区委书记张映桥出席活动。

31日　普洛斯镇江物流及综合产业园项目投资签约仪式在丹徒新城会议中心举行，丹徒区人民政府与普洛斯投资(上海)有限公司现场签约。

8月

20日　区委书记张映桥会见中建科技有限公司董事长叶浩文一行，双方就装配式建筑构件研发与制造基地项目合作相关事宜沟通交流。

9月

4日　台湾茶农到丹徒区参观茗缘茶叶专业合作社。

16日　总投资2亿元的多立克(江苏)新型集成墙体材料项目签约仪式在丹徒区举行。区委书记张映桥出席活动并致辞。

18日　丹徒区“不忘初心、牢记使命”主题教育动员部署会在丹徒新城会议中心召开。

19日　丹徒区—澄城县项目推介暨对口协作联席会在丹徒区召开。区委书记张映桥、澄城县委书记王万庆出席会议。

20～28日　“活力长三角　奋进新时代”长三角四市(区)摄影作品联展(镇江站)在丹徒区美术馆展览，展出摄影作品160幅。

23日　区委书记张映桥在丹徒新城会议中心会见西班牙英赛德集团董事长胡里奥·阿斯蒂加拉加一行，双方就英赛德(镇江)耐火材料项目有关合作事项沟通交流。

同日　丹徒区举行“壮丽七十年，奋斗新时代”丹徒区庆祝新中国成立70周年文艺演出活动。区委书记张映桥出席活动并致辞。

10月

12日　闻捷诗歌馆开馆仪式在丹徒区举行。

同日　丹徒区组织500名镇(街道、园区)和机关工作人员赴南京国际博览中心参观江苏省庆祝中华人民共和国成立70周年成就展。

18日　民建中央副主席吴晓青到丹徒区参观冷遹纪念馆。

同日　江苏省政协主席黄莉新率领调研组就“优化沿江产业布局，推动长江大保护”课题，到丹徒区世业镇开展集中调研。

23日　丹徒区举行“英烈桥”烈士雕像落成仪式。两名烈士分别是孙祥华(辛丰镇人)、刘木林(宝堰镇刘甲村人)。

24日　江苏省副省长费高云到丹徒区查看世业洲生态整治提升工程，了解生态环境整治和高效设施农业发展情况。

29日　丹徒区在区文化艺术活动中心举行“退役不褪色　建功新时代”首届“丹徒最美退役军人”颁奖典礼。活动现场为“十名最美退役军人”

和“十名最美退役军人提名奖”获得者颁奖。

11月

2日　省、市体育总会和丹徒区政府主办的奔跑江苏•2019镇江世业洲“四分马”比赛在丹徒区世业洲举行。

6日　人民日报社、中国网、新华网、环球网、央广网等近20家国内重点网络平台的记者、编辑参加“网眼看丹徒　感知新民生”活动，先后参观丹徒区新时代文明实践中心、上党墅香茶场(壹零捌茶叶专业合作社)、高资街道水台村水青水稻专业合作社、闻捷诗歌馆。

9日　2019第十三届中国镇江金山文化旅游节——首届“美丽镇江乡村游”嘉年华暨第十二届江心洲柑橘节在江心洲生态农业园区开幕。副市长曹丽虹、区委书记张映桥等领导和嘉宾出席活动。

11日　“2019年中国•丹徒新材料创新创业大赛”总决赛在丹徒区举行。

15日　丹徒区召开企业家座谈会。区委书记张映桥，区委副书记、区长谢继步，区人大常委会主任李幸福、区政协主席徐新祥出席会议。

19日　来自美国、澳大利亚、加拿大、德国、芬兰、新加坡、日本等国家的10名侨商参加2019•华侨华人创新创业丹徒区对接洽谈会，围绕新型建材、医疗卫生、文化创意、汽车制造等行业的相关项目开展洽谈。

22日　中国民主促进会镇江市丹徒支部成立。

27日　江苏省退役军人事务厅副厅长陈旭率队到丹徒区检查“全国双拥模范城”创建工作。

同日　江苏省见义勇为基金会理事长弘强到丹徒区慰问身患重病的“省见义勇为英雄”刘金城，市、区领导记许文、陈金观、李茂川、彭忠东、张映桥、姚恒清陪同慰问。

28日　中国关工委主任顾秀莲到丹徒区世业村校外辅导站调研。

12月

6日　丹徒区—澄城县对口协作联席会议在丹徒区召开。区委书记张映桥和澄城县委副书记、代县长高成文出席活动并讲话。

7日　江苏省皮革协会年会暨第三届高桥雪地靴文化节在丹徒区高桥镇举行。

11日　“2019年中国•丹徒新材料创新创业大赛”总决赛在丹徒区举行。

29日　中国共产党镇江市丹徒区第十三届委员会第八次全体会议在丹徒新城会议中心举行。

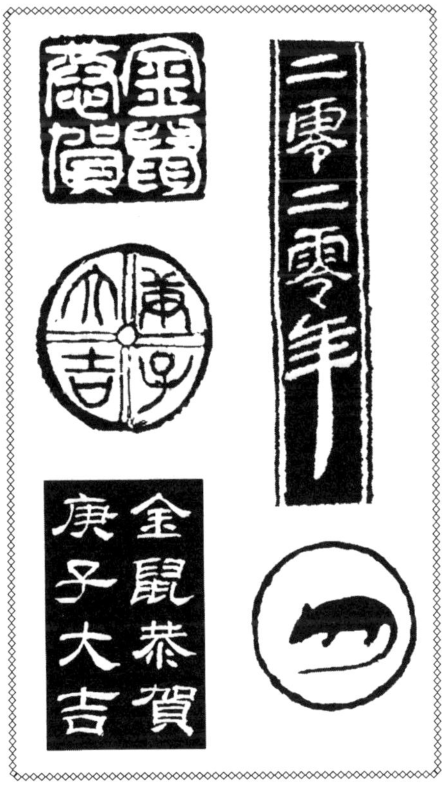

图7　　郭振邦篆刻作品

丹徒概览

责任编校 刘 芳

地情概况

【建置沿革】 丹徒历史悠久，最早称“宜”，是3000多年前周康王封给虞侯的领地。春秋时属吴国，名朱方。战国时属楚，更名谷阳。秦始皇二十六年(前221年)实行郡县制，谷阳为县。秦始皇三十七年(前210年)改名丹徒。三国吴嘉禾三年(234年)改名武进。西晋太康三年(282年)复名丹徒。隋开皇九年(589年)废丹徒入延陵。唐高祖武德三年(620年)复置丹徒县。后历朝均置丹徒县。民国17年(1928年)7月，改名镇江县。1949年初，复置丹徒县。1958年3月，丹徒撤县并入镇江市。1962年3月市县分置，恢复置丹徒县。新中国成立后，丹徒隶属镇江地区(专区)。1983年实行市管县后，丹徒县属镇江市。中共丹徒县委、丹徒县人民政府均驻镇江市城区。1995年丹徒县规划建设新城。2002年4月，经国务院批准撤销县制，设立丹徒区。2002年9月，中共丹徒区委、区政府迁入位于谷阳镇的丹徒新城行政中心。

【地理地貌】 丹徒区位于江苏省西南部镇江市境内，长江下游南岸，地理坐标为北纬31度15分至32度16分、东经119度15分至119度45分。东邻镇江市大港新区，西接句容，南连丹阳、金坛，境北长江中有3座洲岛，分别与扬州市仪征区和邗江区隔江相望。整个区域呈火炬状，环绕镇江市京口区、润州区。地处宁镇山脉东段，全境西南高、东北低，南有茅山余脉、中属宁镇丘陵，北部为沿江圩区，长江中有洲地，地貌大致可分为低山、丘岗、丘间谷地和冲积圩区四大类型。境内地面高程最低为黄海2.5米，最高为长山主峰，海拔349.7米。

【交通枢纽】 丹徒区是长江下游重要的水陆交通枢纽，长江和京杭大运河在丹徒交汇，构成“十字黄金水道”，沪宁高速公路、扬溧高速公路、312国道、京沪高速铁路、沪宁城际铁路横贯境内，距西边的南京禄口国际机场和东边的常州机场均不足1小时路程，形成铁路、公路、水路相连，港航衔接的多层次、立体式运输交通格局。丹徒区境内两大货运港口，高资港是长江中下游的重大件联运中心，主要运输煤炭、水泥、管桩以及危险品等，货物年吞吐量1000万吨以上；高桥港具备装卸仓储、中转换装、运输组织、现代物流和临港工业等功能，主要服务长江沿线和苏北部分地区物资转运，以散货和杂货运输为主，兼顾油品运输。

【行政区划】 2019年末，丹徒区辖6个镇(高桥镇、辛丰镇、谷阳镇、上党镇、宝堰镇、世业镇)、2个街道(宜城街道、高资街道)和2个园区(江心洲生态农业园区、荣炳盐资源区)。有88个村(居)民委员会、1884个村(居)民小组。另设有江苏丹徒经济开发区、江苏省世业洲旅游度假区、镇江市丹徒高新技术产业园、镇江市丹徒区长山科教文化产业园。

【面积、人口】 2019年末，丹徒区总面积617.08平方公里，其中水面75.5平方公里。耕地面积36.09万亩。全区总户数103526户，总人口290163人，其中男142172人、女147991人。全区出生人口1817人，人口出生率6.26‰；死亡人口1900人，人口死亡率6.55‰。人口净增率-0.29‰。

【民族】 丹徒区境内民族以汉族为主，少数民族有回族、蒙古族、满族、高山族、布依族、彝族、苗族、羌族、朝鲜族等32个、1080余人，有民族村、民族社区各1个。

【自然资源】 土地资源：丹徒属宁镇丘陵和沿江平原地带低山区，丘陵区以马肝土、黄土为主，平原地带大多为黄泥土和马肝土，沿江圩区则分布为黄沙土、漏沙土和夹沙土。全区土地土层厚，土质肥沃，适宜多种农作物栽植生长。

水资源：丹徒境内河流纵横，水源丰富。长江沿北境流过，境内长68.8千米，流域内有大小河道26条，总长84千米；京杭大运河穿境而过，境内长11.8千米，流域内有支流10条，总长33.8千米。另有通济河、中心河、高资河等主骨干河道3条，总长44.5千米。境内有大、小湖泊10余座，水面约418.3公顷。全区水源总量约为6.9亿立方米。

生物资源：丹徒境内树木有松、柏、桑、樟、楸、柳、榆、栎、橹、冬青、香椿、槲栎、棕榈、杨骨、乌桕、枫杨等110余个品种。20世纪90年代初被林业部评定为全国宜林荒山和平原绿化双达标县。野生药材有丹桂、桔梗、夏枯草、丹参、益母草等700余种。野生动物陆地主要有野兔、水獭、野鸡等，江河湖塘盛产青、草、鲢、鳙、鳊、鲫、鲤等鱼类和虾、蟹、鳖等水产品近百种。特别是境内长江还产刀鱼、鲥鱼、河豚等珍贵鱼类和中华鲟、白鳍豚等珍稀物种。

矿产资源：丹徒境内多为非金属矿产，已发现的有金、铜、铁、磷、煤、宕盐、耐火黏土、珍珠岩、钾长石、沸石、膨润土、方解石、花岗石、大理石、白云石、石灰石等矿产20余种，主要分布在香山、巢凰山、十里长山、马迹山及上党、高资、荣炳等地区。

【气候】 丹徒区属北亚热带季风气候。2019年，丹徒区气温偏高，年降水量偏少，日照时数偏少。

气温。全年(1～12月，下同)平均气温为17.1℃，比常年平均气温偏高1.4℃，属偏高年份。冬季(2018年12月～2019年2月，下同)平均气温4.8℃，比常年同期偏高0.7℃，其中，2018年12月、2019年1月平均气温分别比常年同期偏高0.9℃、1.4℃，2月平均气温比常年同期偏低0.3℃。春季(3～5月，下同)平均气温16.7℃，比常年同期偏高2.0℃，3月、4月、5月平均气温分别比常年同期偏高2.9℃、1.6℃、1.4℃。夏季(6～8月，下同)平均气温27.4℃，比常年同期偏高1.0℃，6月、7月、8月平均气温分别比常年同期偏高1.1℃、0.4℃、1.4℃。秋季(9～11月，下同)平均气温19.0℃，比常年同期偏高1.7℃，9月、10月、11月平均气温分别比常年同期偏高1.1℃、1.3℃，2.6℃。

降水。全年总降水量736.6毫米，比常年同期偏少369.4毫米，属偏少年份。冬季降水量265.5毫米，比常年同期偏多126.2毫米，2018年12月、2019年1月、2019年2月分别比常年同期偏多87.7毫米、11.9毫、26.6毫米。春季降水量97.0毫米，比常年同期偏少147.8毫米，3月、4月、5月分别比常年同期偏少70.1毫米、24.2毫米、53.5毫米。夏季降水量352.9毫米，比常年同期偏少172.7毫米，6月、7月、8月分别比常年同期偏少67.5毫米、86.8毫米、18.4毫米。秋季降水量76.6毫米，比常年同期偏少119.7毫米，9月、10月、11月分别比常年同期偏少41.9毫米、51.6毫米、26.2毫米。

日照。全年日照1836.7小时，比常年同期偏少189.0小时。冬季日照为214.0小时，比常年同期偏少21.0小时，2018年12月、2019年1月、2月分别比常年同期偏少74.6小时、49.3小时、86.1小时。春季日照为489.3小时，比常年同期偏少37.6小时，3月比常年偏多14.0小时，4月、5月分别比常年偏少36.8小时、14.8小时。夏季日照为541.2小时，比常年同期偏少28.6小时，其中6月、8月比常年偏多4.2小时、2.7小时，7月比常年偏少35.5小时。秋季日照为518.3小时，比常年同期偏多13.3小时，其中，

9月、11月分别比常年同期偏多22.1小时、6.5小时，10月比常年同期偏少15.3小时。

梅期。全区6月18日入梅，7月21日出梅，共历时33天。梅雨量138.3毫米，比历年平均值偏少113.5毫米。

经济和社会事业

【综合经济】 2019年，丹徒区实现地区生产总值404.89亿元，按可比价计算增长5.5%。其中第一产业增加值20.71亿元，比上年增长1.2%；第二产业增加值208.32亿元，比上年增长7.9%；第三产业增加值175.87亿元，比上年增长3.1%。三次产业结构由上年的4.8∶51.9∶43.3调整为5.1∶51.5∶43.4。人均地区生产总值125625元，比上年增长4.7%。

全年完成一般公共预算收入23.41亿元，其中税收收入完成19.7亿元；完成一般公共预算支出30.65亿元，其中交通运输、住房保障、社会保障和就业、节能环保支出分别比上年下降41.5%、43.2%、23.8%、39.3%。

全年新增城镇就业人口8733人，新增转移农村劳动力800人。

【农业、农村】 2019年，丹徒区粮食作物播种面积1.94万公顷(29.1万亩)，比上年减少3386.67公顷(5.08万亩)，下降14.9%。粮食总产量13.68万吨，比上年减少1.81万吨，下降11.7%。其中，夏粮总产量3.13万吨，比上年减少1.24万吨，下降28.5%；秋粮总产量10.55万吨，比上年减少0.57万吨，下降5.1%。全年油料总产量0.69万吨，比上年增长32.7%。蔬菜总产量11.47万吨，比上年增长1.2%。全年肉类总产量1.52万吨，比上年下降19.1%；水产品产量1.65万吨，比上年下降2.9%；禽蛋产量0.55万吨，比上年增长27.9%；牛奶产量0.4万吨，比上年减少32.2%；茶叶产量345.5吨，比上年增长2.1%。

全区有农业龙头企业29家，其中国家级1家、省级5家、市级16家、区级7家。有绿色食品基地183.87公顷(2758亩)，有机农产品基地134.67公顷(2020亩)，省级绿色优质农产品基地3520公顷(5.28万亩)。至年底，全区种植业绿色优质农产品比重为23.4%。

全年开工建设高标准农田项目6个，项目总投资4915万元。年末农业机械总动力25.4万千瓦，大中型拖拉机1027台，小型拖拉机1147台，排灌动力机械7737台，水稻插秧机1020台，联合收获机527台。农用化肥施用量(折纯)7526吨，比上年下降9.9%。农村用电量49183万千瓦时。

【工业、建筑业】 整体经济下行压力依然存在，丹徒区工业经济运行保持平稳增长。2019年，全区规模以上企业完成产值354.0亿元，比上年增长1.3%。采矿业产值3.87亿元，比上年增长4.8%；制造业产值325.2亿元，比上年增长1.5%；电力、热力、燃气及水生产和供应业24.9亿元，比上年下降6.1%。按经济类型分：国有工业产值0.58亿元，比上年增长11.8%；国有独资公司工业产值14.07亿元，比上年下降22.0%；其他有限责任公司工业产值78.3亿元，比上年增长6.0%；股份有限公司工业产值19.94亿元，比上年增长10.7%；私营独资企业工业产值2.74亿元，比上年下降15.7%；私营有限责任公司工业产值145.5亿元，比上年增长3.6%；私营股份有限责任公司工业产值9.32亿元，比上年下降24.0%；港澳台工业产值45.19亿元，比上年增长15.2%；外商投资企业工业产值38.26亿元，比上年下降12.1%。在总计中，18家大中型企业工业产值156.14亿元，比上年增长8.4%，大中型企业比上年减少2家。

受市场需求影响，全区主要工业产品产量有增有减。其中食醋278053吨，比上年增长6.3%；服装975.24万件，比上年增长3.2%；钢材6977吨，比上年增长18.2%；饮料酒53629千升，比上年增长35.7%；酱油2719吨，比上年下降17.6%；原盐1567960吨，比上年增长81.7%；饲料17398吨，比上年增长69.9%；铸铁件5535吨，比上年增长48.9%；商品混凝土437163立方米，比上年下降12.0%；滚动轴承1411.46万套，比上年下降70.3%；砖13313万块，比上年增长3.4%。

全区规模以上工业企业实现销售收入362.9亿元，比上年下降2.0%。实现利税总额35.8亿元，比上年增长8.3%，其中利润总额24.9亿元，比上年增长11.5%。规模以上工业企业亏损面为18.3%，比上年上升5.5个百分点。

年末全区列统的资质以上建筑业企业42家，从业人员15952人；全年完成建筑业总产值143.33亿元；房屋施工面积303.3万平方米，房屋竣工面积98.23万平方米，营业收入145.54亿元。

【固定资产投资、房地产】 2019年，丹徒区完成固定资产投资81.69亿元，其中工业投资47.72亿元，制造业投资45.26亿元，高技术制造业投资9.15亿元，服务业投资33.97亿元，工业技改投资30.52亿元。56个计划总投资亿元及以上项目完成投资59.57亿元。

全年房地产开发投资20.55亿元，比上年下降18.2%；商品房施工面积59.41万平方米，其中住宅46.87万平方米；商品房竣工面积53.45万平方米，其中住宅40.11万平方米；商品房销售面积22.09万平方米，其中住宅18.78万平方米；商品房销售额18.42亿元，其中住宅15.85亿元。

【国内贸易、开放型经济】 2019年，丹徒区实现社会消费品零售总额63.62亿元，比上年增长11.1%。按行业分：批发业14.03亿元，零售业41.01亿元，住宿业0.58亿元，餐饮业8亿元。按规模分：限额以上单位零售额15.86亿元，限额以下单位零售额47.76亿元。

年末拥有年成交额亿元以上的商品交易市场2个，完成成交额7.34亿元，比上年增长2.3%。

全年实际利用外资4595万美元。全区完成外贸进出口总额70116万美元，比上年下降9.8%；其中，完成出口总额65610万美元，比上年下降8.3%，完成进口总额4506万美元，比上年下降27.4%。

【交通】 2019年，丹徒区交通基础设施投资2.5亿元。干线公路和支线公路路况好路率分别达到100%和81.83%。全区等级公路总里程1055.734公里。其中，一级公路103.338公里，二级公路97.834公里，三级公路111.28公里，四级公路743.282公里。全区城乡公交全覆盖，镇村公交全覆盖。全区拥有营运车辆2876辆35950吨位，全年新增货车358辆4365吨位。全区境内公路客运量190万人次，客运周转量10315万人公里；公路货运量1445万吨，货运周转量161289万吨公里；水路货物运输量192万吨，货运周转量32919万吨公里；内河港口货物吞吐量450万吨。

【城镇建设、环境保护】 2019年，丹徒区城市功能更加完善。镇江东站交通枢纽开工建设，镇江高校园区推进后期工作，市委党校、江苏大学京江学院部分交付使用，江苏科技大学新校区主体建筑基本完成，城市“一体两翼”空间格局更加明晰。加快拆迁安置工作，完成棚户区拆迁改造7.7万平方米，宜东铭苑四期单体封顶，蔡巷铭苑、长香翠庭、高资幸福家园等项目有序推进。实施城区污水管网提质增效工程，完成管网检测修复128公里。城西公园、朝阳河滨河步道建成使用。改造城区公交站亭34座，实现城区标准化站亭全覆盖。智慧城市建设全面启动，海绵城市建设通过国家考核验收。

全区城市管理更高效。实施“精美镇江”建设，通过国家卫生城市、全国文明城市复检。推进垃圾分类三年行动，建成可回收分拣中心和有毒有害垃圾暂存库，启动世业镇省级全域垃圾分类试点，全区新增垃圾分类试点村50个、小区73个，垃圾分类覆盖率70%。改造提升架鼓山路、谷阳东大道等城市道路5条，新(改)建公共厕所8座，新增公共停车泊位1300个。开展城市综合治理行动，拆除违法建设6万平方米、清理各类“僵尸车”311辆、修复窨井盖1705个。金润大道丹徒段实行市场化管护。永安之星小区被评为省级示范物业管理小区。

全区生态环境保护工作成效明显。围绕“改善环境质量和打好污染防治攻坚战”两大核心目标，持续开展水、大气和土壤环境综合整治，做好中央、省环保督察问题整改工作，推进生态文明建设。全区空气环境质量达到二级标准以上天数比例为69%，$PM_{2.5}$平均浓度为46微克/立方米，国控、省控断面地表水好于Ⅲ类水质的比例均为100%，完成各项减排任务。全年完成造林面积144.73公顷(2171亩)，林木覆盖率23.39%。年内，辛丰镇通过生态文明建设示范镇(街道)的考核验收。

【科技、教育】 2019年，丹徒区通过认定高新技术企业44家，新认定27家，至年底总量为102家，获批省高新技术企业入库49家；新认定市级研发机构10家，全区累计研发机构省级以上54家、市级92家。

全区继续推进教育现代化建设，优化教育资源配置。开工建设茅以升实验学校、丹徒高级中学风雨操场、宝龙幼儿园、蓝波湾幼儿园。完成青少年活动中心装修并投入使用。江苏省大港中学、宜城小学、宝堰实验小学、石马中心小学创成“全国青少年校园足球特色学校”。

全区年末拥有各级各类学校64所，其中普通高中3所、初中10所、小学12所、九年一贯制学校4所(含1所民办学校)、幼儿园26所(含7所民办园)、开放大学1所(含社区培训学院)、社区教育中心10所。中小学、幼儿园有在校(园)生33625人，其中普通高中3763人、初中6528人、小学15341人、幼儿园7993人。

【文化、旅游】 2019年，丹徒区文化基础设施提档升级。推动文化民生实事项目，全年新(改)建23个农村文化礼堂，完成2个镇文化广场、5个村文化广场提升工程及区图书馆一楼改造提升工程；区文化馆成立第一届法人治理理事会，并建成10个文化馆分馆；70个自然村小微型文化广场建成并投入使用，成为村民文体活动的重要阵地。

全区凸显传统民俗文化特色，打造丹徒文旅品牌，丰富文化惠民活动。先后举办“乐活丹徒”和宜文读书节启动仪式、“清风雅韵”广场戏曲周等品牌文化活动20余场(次)，全年累计开展全民艺术普及活动84余场，其中艺术讲座15场、培训20期、展示活动41场、文化指导员培训70余场、其他活动8场；落实“2131”电影放映工程，全年配送电影1212场。

全区文化遗产保护措施有力。新四军纪念馆升级“智慧消防系统”，冷遹旧居完成线路改造和翻修，同时两馆结合“不忘初心 牢记使命”主题教育，与市、区60余家党组织开展红色文化共建，累计接待培训班32批次，开展各类活动300余场次；年内，殷氏宗祠、笃行堂被公布为省级文保单位，黄墟村入选中国传统村落名录。

全区旅游经济联动效益凸显。以建立“旅游+”融合发展模式为中心，通过举办中国·丹徒旅游文化节系列活动、组织参加旅游展宣活动等方式，推动“旅游+文化”“旅游+农业”等业态融合，丰富全区旅游业态格局和旅游产品供给，丹徒旅游实现从“单季游”“景点游”向“全季游”“全域游”的转变，促进全区旅游要素的充分配套和旅游行业的健康成长。年内，丹徒区被中国互联网新闻中心授予“新时代·中国最佳宜居宜游文化名城”和“2019年度最受旅行者满意的中国旅游目的地”，丹徒区文体广旅局被中国镇江金山文化旅游节组委会评为“优秀组织奖”，世业洲体育休闲旅游线路被评为“2019江苏省最美跑步线路”和“2019十一黄金周体育旅游精品线路”，丹徒区开心农场获批江苏省农业厅颁布的2019年江苏省主题创意农园。

【体育、卫生】 2019年，体育竞技事业再创新高。在省青少年县组田径锦标赛取得11金6银3铜，奖牌数位列第一、团体总分位列第二，顺利晋级甲级队；在江苏省青少年武术(散打)锦标赛取得1金1银和体育道德风尚奖，创全市省级散打项目历史最佳成绩；在镇江市少儿田径比赛取得17金15银20铜，团体总分位列第二，并打破1项年龄组市级记录，4名运动员达到国家二级运动员标准。

年内，丹徒区完成体育彩票销售收入10024万元，实现连续两年体彩销售额突破亿元大关。

全区卫生事业健康发展。有各级各类医疗卫生机构118所，其中二级综合医院、二级中医院、疾病预防控制中心、卫生监督所、卫生进修学校、妇幼保健计划生育服务中心各1所，乡镇卫生院12所，社区卫生服务中心1所，村卫生室(社区卫生服务站)53所，民营精神病医院1所，门诊部(诊所)27所，企(事)业单位医务室(卫生所)9所，护理站9所。

全区医疗机构实有病床总数773张，拥有各类卫生专业技术人员1266人，其中执业(助理)医师526人，注册护士494人，全科医师162人。全区平均每千人口病床数2.40张，每千人口执业(助理)医师数1.63人，每千人口注册护士数1.53人，每万人口全科医师数5.03人。

【人口、民生保障、社会管理】 2019年末，丹徒区常住人口32.23万人，城镇化率64.16%。年末户籍总户数10.35万户，户籍人口29.02万人。

全区人民生活水平稳步提高。根据住户抽样调查，丹徒区全体居民人均可支配收入39527元，比上年增长8.4%；全体居民人均消费支出24392元，比上年增长6.2%。按常住地分，城镇常住居民人均可支配收入51907元，比上年增长7.8%，其中工资性收入31271元，比上年增长6.5%；经营净收入6209元，比上年增长2.7%；财产净收入5737元，比上年增长12.9%；转移净收入8690元，比上年增长13.5%，城镇常住居民人均消费支出30011元，比上年增长5.5%；农村常住居民人均可支配收入24136元，比上年增长8.2%，其中工资性收入14855元，比上年增长7.6%；经营净收入4799元，比上年增长4.7%；财产净收入1104元，比上年增长11.8%；转移净收入3378元，比上年增长14.8%。农村常住居民人均消费支出17261元，比上年增长6.2%。

全区社会保障更加完善。全年新增就业8733人，帮助失业人员再就业2034人、困难家庭就业110户，城镇登记失业率控制在1.98%以内。落实“两不愁三保障”，全区43个经济薄弱村、1608户建档立卡户全部达标脱贫，43个建档立卡危房户改造结束，脱贫攻坚任务提前一年完成。完成困难家庭调剂安置540户、5.1万平方米。全区城乡职工基本养老保险覆盖率98%以上，基本医疗保险覆盖率98%以上，失业保险覆盖率98%以上，城镇登记失业率控制在2%以内；年内企业退休人员人均养老金调增至2120元/月，企业最低工资调增至2020元/月，完善最低生活保障制度，城乡低保标准提高到每人每月750元，累计发放城乡低保金1922.91万元。适时提高特困人员供养标准，累计发放供养经费774.02万元；发放残疾人生活补贴3343.64万元，护理补贴524.15万元；发放优待抚恤金1200.9万元，慈善救助支出605.11万元。全区居家养老服务中心覆盖率100%。全区年末拥有养老床位3377张，每千名老人拥有养老床位数43.5张。

全区年末实有社会组织377家，其中社会团体205家、民办非企业单位172家，每万人拥有社会组织数13个；全区城乡和谐社区综合达标率98.9%。

全区民生实事推进有力。推进茅以升实验学校主体教学楼建设，青少年活动中心新场馆启用。新建标准化居家养老服务中心4个、社区老年人助餐点14个，居家养老上门服务实现全覆盖。深化医疗改革，医联体建设取得成效，通过国家血吸虫病传播阻断达标评估，儿童预防接种门诊标准化建设实现全覆盖，谷阳槐荫、谷阳东湖和辛丰辛桥创成省级示范村卫生室。新(改)建文化礼堂23个，新(改)建体育健身公园11个、健身频道8公里，新增公共体育设施面积2万平方米，建成区、镇、村三级应急广播体系，世业洲体育休闲小镇入选“江苏省第三批共建体育健康特色小镇”。举办丹徒区第八届运动会、世业长江国际音乐节、第二届“米芾杯”国际青少年书法大赛等活动，持续提升丹徒对外影响力和知名度。

（丹徒区统计局及相关部门）

中共丹徒区委员会

责任编校 李东东

综 述

【概况】 2019年，中共镇江市丹徒区委员会(简称丹徒区委)以习近平新时代中国特色社会主义思想为指导，贯彻中共十九大以及十九届二中、三中、四中全会精神，践行新发展理念，持续推进高质量发展，打好“三大攻坚战”（防范化解重大风险、精准脱贫、污染防治)，统筹做好改革发展稳定各项工作，完成区第十六届人大三次会议确定的主要目标任务。全年完成地区生产总值404.89亿元，比上年增长5.5%；固定资产投资81.69亿元，增长10.4%，增幅全市第一；社会消费品零售总额76.47亿元，增长6.2%；城镇和农村居民人均可支配收入分别为51906.7元、24136元，分别增长7.8%、8.2%。

（周文婧）

【党的建设】 2019年，丹徒区开展“不忘初心、牢记使命”主题教育，“重走总书记视察路”初心课堂迎接区内外参观学习10余万人次，“践行总书记嘱托”五项行动(初心课堂、先锋工程、健康小屋、江岛保护、生态农业)在全市推广。推行“一人一重点，领办解难题”机制，全区乡科级以上领导干部领办解决难题551件。落实意识形态工作责任制，开展庆祝新中国成立70周年系列活动，组织中共十九届四中全会精神集中宣讲，推广应用“学习强国”平台，新时代文明实践中心建设被列入第二批省级试点。建立区委常委、党员副区长联系基层村和党支部制度，高标准推进50个基层党建“书记项目”，完成村(社区)“两委”（村、社区中国共产党员支部委员会和村民自治委员会）干部政治体检，多形式培养选拔优秀年轻干部以及“四个一批”（以培养储备村党组织书记、副书记为目的，着力引入一批村党组织书记及后备力量，面向全区全日制本科毕业生公开招录一批，从社会化用工人员中公开招考一批，在区镇两级机关择优选派一批，从复员退伍军人、致富能手、外出务工经商返乡人员中选拔一批，尤其是选优配强村党组织书记。）选村干部、“四位一体”（党校系统轮训、分类专题点训、一线挂职带训、单位集中研训)育村干部等做法形成特色品牌，15个软弱涣散和后进村党组织全部整改销号。做好省委巡视整改“后半篇文章”，协助市委巡察组完成对全区6个村(社区)的提级巡察，实现90个村(社区)区级巡察全覆盖。深化监督执纪“四种形态”（第一种形态：党内关系要正常化，批评和自我批评要经常开展，让“咬耳扯袖”“红脸出汗”成为常态；第二种形态：党纪轻处分和组织处理要成为大多数；第三种形态：对严重违纪的重处分、作出重大职务调整应当是少数；第四种形态：而严重违纪涉嫌违法立案审查的只能是极少数)运用，严肃查处群众身边的“微腐败”。推进“基层减负年”工作，完成“精文减会”年度目标任务。

（周文婧）

【经济发展】 2019年，丹徒区按照“三个工作法”（一线工作法、挂图作战法、督查考核法)要求，形成“一切围绕项目干”的氛围，保持项目建设的强劲态势。全区43个重点产业项目完成投资70.7亿元，其中16个市重点产业项目完成投资45.4亿元，均超额完成年度投资任务。北汽麦格纳新能源汽车首款产品ARCFOX N60样车下线。热电联产项目获批向镇江东南部地区联合供热。润祥油气物流园项目取得交通运输部港口岸线使用批复。中建科技项目实现当年建设当年试生产。全年新签约项目40个，总投资280亿元，其中亿元以上项目32个，先进制造业项目比重为70%。总投资15亿元的比泽尔空调压缩机、总投资3.6亿元的云数据中心站等项目相继落户。定期召开企业家座谈会、银企对接会等交流活动，搭建政银企合作平台，依托省综合金融服务平台，帮助221家企业获得授信27亿元，帮助5家中小企业在江苏股权交易中心挂牌。解决历史遗留问题，帮助18家工业企业办理不动产权证。落实减税降费政策，累计减收税费约5亿元。优化服务流程，推出不动产登记全流程24小时自助服务，精简行政审批事项34项、暂停45项，做到“清单之外无权力”。（周文婧）

【生态环境】 2019年，丹徒区整治提升“散乱污”企业53家、内河码头12个，淘汰国Ⅲ柴油车561辆。持续强化西南片区、谏壁片区生态环境综合整治，巩固治理成效。开展餐饮油烟、工地扬尘、联合治超等专项治理，加强秸秆禁烧和综合利用，实现禁放区烟花爆竹全年禁放，全区空气质量明显好转。$PM_{2.5}$(环境空气中空气动力学当量直径小于等于 2.5 微米的颗粒物)年均浓度降到每立方米46微克，比上年降低19%，降幅列全市第一。新增成片造林144.73公顷(2171亩)，建成省级“三化”(生产专业化、生活社区化、环境田园化)示范村4个、省级生态文明建设示范村3个，区林业技术指导站被评为“全国生态建设突出贡献先进集体”。贯彻长江经济带共抓大保护战略，推进长江干流岸线以及“两违三乱”(“两违”指河湖违法圈圩、违法建设；“三乱”指乱占、乱排、乱建)整治、长江沿线绿化造林、废弃露天矿山生态修复等工程，关闭、整改船厂10家、码头4座，整治“两违三乱”91处，完成生态景观防护林带造林33.33公顷(500亩)，修复废弃露天矿山18个，打造长江生态走廊。落实河湖长制，完成农业面源污染综合治理3200公顷(4.8万亩)，建成长江堤防吴家大坝段防洪能力提升工程，基本完成京杭运河和中心河一期、谷阳湖支河一期、二期水环境综合整治工程以及跃进河、杨溪河、南河边等7条黑臭水体整治，高桥污水处理厂基本竣工，高资污水处理厂完成运行准备工作，建成区黑臭水体基本消除，国、省考断面Ⅲ类水达标率实现100%，全区水环境明显好转。推进土壤污染治理与修复，完成农用地土壤污染状况详查、耕地土壤环境质量类别划分等工作，启动上党五塘污染耕地修复试点。推进化工产业安全环保整治提升，完成茂源化工、天龙化工“两断三清”(断水、断电，清除原料、清除产品、清除设备)并启动土壤修复。建立健全联动管理机制，开展“清废2019”、固废非法倾倒大排查、废铅酸蓄电池行业整治、重点行业企业26个地块土壤污染状况调查等专项行动，推动丹徒绿色发展。（周文婧）

【社会民生】 2019年，丹徒区持续完善社会保障各项工作。新增城镇就业8733人，帮助失业人员再就业2034人、困难家庭就业110户，城镇登记失业率控制在1.98%以内。落实“两不愁三保障”(稳定实现农村贫困人口不愁吃、不愁穿；保障其义务教育、基本医疗和住房安全)，全区43个经济薄弱村、1608户建档立卡户全部达标脱贫，43个建档立卡危房户改造全部结束，提前一年完成脱贫攻坚任务。完成困难家庭调剂安置540户、5.1万平方米。完善最低生活保障制度，城乡低保标准提高到每人每月750元，发放城乡低保金1922.91万元。提高特困人员供养标准，发放供养经费774.02万元。发放残疾人补贴3343.64万元、优待抚恤金1200.09万元，慈善救助支出605.11万元。茅以升实验学校主体教学楼封顶，青少年活动中心(老年大学)新场馆启用。新建标准化居家养老服务中心4个、社区老年人助餐点14个，居家养老上门服务实现全覆盖。深化医疗改革，医联体建设取得成效，代表江苏省通过国家血吸虫病传播阻断达标评估，儿童预防接种门诊标准化建设实现全覆盖，谷阳镇槐荫村、东湖村和辛丰镇辛桥村创建成为“省级示范村卫生室”。提升改造文化礼堂21个，新(改)建体育健身公园11个、健身步道8公里，新增公共体育设施面积2万平方米，建成区、镇、村三级应急广播体系，世业洲体育休闲小镇入选江苏省第三批“共建体育健康特色小镇”。举办丹徒区第八届运动会、世业长江国际音乐节、第二届“米芾杯”国际青少年书法大赛等活动，提升丹徒对外影响力和知名度。打好防范化解重大风险攻坚战，推进区建投公司市场化转型，组建恒瑞高新产业集团，有效转化政府隐性债务。持续开展“清风行动”、打击“套路贷”专项行动，推进“扫黑除恶”专项斗争，办结“一・九”专案，侦破镇江特大“矿机”盗电案件，获中央、省、市各大媒体报道。加强信访维稳工作，化解一批信访积案和历史遗留问题。推进全要素网格化治理体系，区级综治中心投入使用，退役军人服务保障体系建成运行。吸取响水“3•21”(2019年3月21日14时48分许，位于江苏省盐城市响水县生态化工园区的天嘉宜化工有限公司发生特别重大爆炸事故，造成78人死亡、76人重伤，640人住院治疗，直接经济损失19.86亿元)特别重大爆炸事故教训，落实安全生产责任，开展安全隐患“大排查大整治”，推进化工企业、城镇燃气“黑气点”和工业企业自建燃气设施等专项整治，全区安全生产形势保持平稳。有效应对和处置“非洲猪瘟”疫情、重大林业有害生物“美国白蛾”疑似疫情，未发生重大疫情事故。开展道路安全百日整治、食品安全、群租房、根治欠薪冬季攻坚等专项行动，群众安全感和满意度不断增强。 (周文婧)

【作风效能】 2019年，丹徒区加强法治政府建设，落实学法用法、行政负责人出庭应诉以及党政一体法律顾问等制度，在全市范围内率先实现公共法律服务体系全覆盖。开展“不忘初心、牢记使命”主题教育，完成各项“规定动作”。加强党风廉政建设，落实“两个责任”(中共十八届中央委员会第三次全体会议提出，落实党风廉政建设责任制，党委负主体责任，纪委负监督责任，制定实施切实可行的责任追究制度)，严格执行中央“八项规定”精神和《准则》《条例》(《关于新形势下党内政治生活的若干准则》《中国共产党廉洁自律准则》《中国共产党纪律处分条例》《中国共产党问责条例》《中国共产党党内监督条例》《中国共产党巡视工作条例》)各项要求。推进形式主义、官僚主义集中整治，落实中央“基层减负年”部署要求，分别精简政府发文和各类会议42.6%、41.7%，清理规范性文件12件。压减一般性支出，“三公经费”(财政拨款支出安排的出国(境)费、车辆购置及运行费、公务接待费)降低15%。办理各类审批服务、便民服务事项约22.4万件，受理“12345”政府热线工单24403件，办结率100%，办理市、区两级人大代表议案、建议70件，政协委员提案144件，办结率、满意率均为100%。完成江苏省“双拥模范区”创建“八连冠”，完成第四次全国经济普查并获国家级表彰。政府法制、行政学院、外事侨台、人口计生、机关事务等工作取得新成绩，地方志、气象、供销、科普、老龄、妇女儿童、关心下一代、见义勇为、兴教助学等事业取得新进展，国家安全、国防教育、人民武装、对口协作等工作取得进步，全区上下形成和谐共进的良好局面。 (周文婧)

重要决策和会议

【重要决策】 2019年，丹徒区重要决策有：2月3日，丹徒区委、区政府颁布《区委办公室 区政府办公室关于转发，市委办公室 市政府办公室关于印发〈2019年“作风效能建设年”工作要点〉的通知》，阐述全年全市作风效能建设主要抓好的10个方面工作；2月18日，丹徒区委、区政府颁布《区委办公

室 区政府办公室关于做好区级机构改革有关事项的通知》，从总体要求、基本原则、重点任务、组织保障4个方面阐述和部署区级机构改革。4月8日，丹徒区委、区政府颁发《区委办公室 区政府办公室关于转发，市委办公室 市政府办公室关于印发〈镇江市加快推进乡村振兴战略重点工作实施方案(2019-2020)〉的通知》，阐述该实施方案的工作目标、重点工作、保障举措，并分解任务。9月16日，丹徒区委颁发《中共丹徒区委印发〈关于开展"不忘初心、牢记使命"主题教育的实施方案〉的通知》，详细阐述实施方案的目标要求、行动内容、检视整改和组织领导。11月6日，丹徒区委、区政府颁布《区委办公室 区政府办公室关于解决形式主义突出问题切实为基层减负的通知》，细化落实中央、省委、市委相关部署和工作措施。12月17日，丹徒区委颁发《关于印发〈镇江市丹徒区安全生产专项整治行动工作方案〉的通知》，阐述工作方案的总体要求、基本原则、整治重点、时序安排、工作要求，并分解任务。 （周文婧）

【中共丹徒区十三届七次全委(扩大)会议】 2019年7月27日，中国共产党镇江市丹徒区第十三届委员会第七次全体会议在丹徒会议中心召开。区委副书记、区长谢继步主持会议，区领导李幸福、徐新祥、韩宏亮、马振兵、陈平才、刘东、包荣军、李莉珺、洪伟、朱彤参加会议，549人与会。会议听取和讨论丹徒区委书记张映桥代表丹徒区委常委会所作的《不忘初心 牢记使命 奋力开创高质量发展新局面》工作报告，并审议通过《中国共产党镇江市丹徒区第十三届委员会第七次全体会议决议》。全会以习近平新时代中国特色社会主义思想为指导，学习贯彻省委十三届六次全会和市委七届九次全会精神，总结上半年工作，部署下半年任务。

（周文婧）

【中共丹徒区十三届八次全委(扩大)会议】 2019年12月29日，中国共产党镇江市丹徒区第十三届委员会第八次全体会议在会议中心举行。全会由区委常委会主持，会议听取和讨论区委书记谢继步代表区委常委会作题为《聚焦高质量发展 决胜高水平小康 为开启基本实现现代化新征程积势蓄能》的工作报告，并审议通过《中国共产党镇江市丹徒区第十三届委员会第八次全体会议决议》。区领导马振兵、李幸福、徐新祥、韩宏亮、黄子来、陈平才、包荣军、李莉珺、朱彤、贺文、陈勇出席会议，599人与会。全会贯彻中共十九大，十九届二中、三中、四中全会，中央经济工作会议、省委十三届七次全会和市委七届十次全会精神，总结2019年工作，部署2020年任务。 （周文婧）

组织工作

【概况】 2019年，中国共产党镇江市丹徒区委组织部(简称丹徒区委组织部)以习近平新时代中国特色社会主义思想为指导，落实全国省市组织部长会议精神和区委部署要求，开展各项工作。全年中央、省市委领导到丹徒区专题调研组织工作16次，国家级媒体介绍经验做法10次。推行党务村务财务公开，破解乡村治理难题经验做法被中组部《党建研究》刊发；发现培养选拔优秀年轻干部的经验做法被中组部《组工研讨》刊发。"四个一批"选(从全日制本科毕业生公开招录一批，从社会化用工人员中公开招考一批，从区镇两级机关择优选派一批，从复员退伍军人、致富能手、外出务工经商返乡人员中选拔一批)、"四位一体"育(党校系统轮训、分类专题点训、一线挂职带训、单位集中研训)村干部等举措被《中国组织人事报》刊发。全区推进"践行总书记嘱托"五项行动(初心课堂、先锋工程、健康小屋、江岛保护、生态农业)，被中央电视台等媒体报道，创新开展"重走总书记视察路"教学活动在全市推广，"切实发挥支部主体作用 做实主题教育"经验被中共江苏省委"不忘初心、牢记使命"主题教育《简报》刊发。构建"三位一体"(培训机构、授课教师、参训学员)干部培训考核体系的做法被《江苏组工信息》刊发。电教片《的哥老韩》获全省“初心·使命”党员教育全媒体作品大赛二等奖。全年组织工作综合考核获全市组织系统一等奖。 （刘震霆）

【**干部队伍建设**】 2019年，丹徒区委组织部围绕“五突出五强化”（突出岗位分析，强化以事择人；突出研判动议，强化多维比选；突出政治体检，强化精准识人；突出结构优化，强化整体功能；突出程序从严，强化责任担当）选人用人机制，建设适应新时代发展要求的高素质年轻化、专业化干部队伍。开展区管领导干部“政治体检”，做好领导班子和领导干部综合分析研判工作。评选“好班子”30个、“好干部”72名。选派52名优秀年轻干部参加为期3个月的年轻干部复旦大学培训班。先后举办五期年轻干部讲堂。开展推荐选拔副科职领导干部工作。选派新一轮43名干部与43个重点项目结对挂钩，选派7人到信访部门锻炼。完成区委选人用人专项巡察工作。走访慰问全区援疆援陕干部家属及患重病科级干部，送去组织温暖。至年底，全区设置党政机构36个，优化调整职责94项，内设机构数净减少9个，完成机构改革各项任务。制定全区四套班子和全体机关职级设置方案并完成核定审批，5类人员完成套转职级。 （刘震霆）

图8 2019年4月14日，举办第五期年轻干部讲堂
（丹徒区委组织部）

表1 **2019年丹徒区党的基层组织数量情况和换届情况** 单位：个

项目		总数	党委	总支部	支部	项目		总数	党委	总支部	支部
甲		A	B	C	D	甲		A	B	C	D
党的基层组织数	1	1055	43	113	899	事业单位	9	107	2	7	98
任届期满	2	431	19	47	365	机关	10	276	23	14	239
本年换届	3	431	19	47	365	中央一级	11	–	–	–	–
城市街道	4	71	2	10	59	省（区、市）一级	12	–	–	–	–
乡镇	5	642	8	80	554	市（地、州、盟）一级	13	–	–	–	–
企业 国有经济控制	6	47	5	–	42	县（市、区、旗）一级	14	276	23	14	239
企业 集体经济控制	7	7	–	–	7	社会组织	15	3	–	–	3
企业 非公有经济控制	8	184	–	6	178	其他		431	13	86	332

注：截至于2019年12月31日 （刘祎楠）

表2 **2019年丹徒区中共党员基本情况** 单位：人

项目		党员数	项目		党员数
总计		21269	入党时间	1937年7月7日至1945年9月2日	5
预备党员		242		1945年9月3日至1949年9月	10
女性		4726		1949年10月至1966年4月	906
少数民族		56		1966年5月至1976年10月	2392
				1976年11月至2002年10月	10260
年龄	35岁及以下	3648		2002年11月及以后	7696
	36岁到45岁	3853	学历	研究生	370
				大学本科	4939
	46岁到55岁	4720		大学专科	3606
				中专	1450
	56岁到60岁	2088		高中、中技	4216
	60岁及以上	6960		初中及以下	6688

注：截至于2019年12月31日 （郑子怡）

【**基层组织建设**】 2019年，丹徒区委组织部围绕“五聚焦五落实”（聚焦基本组织，把党的全面领导落实到基层；聚焦基本队伍，把党的坚强力量落实到基层；聚焦基本活动，把党的号召要求落实到基层；聚焦基本制度，把党的纪律规矩落实到基层；聚焦基本保障，把党的关心服务落实到基层）基层党建三年行动计划，提升基层组织建设水平。采取“四个一批”办法，选拔20名村干部，举办定额村干部和村（社区）党组织书记专题培训班。建立并落实加强村书记区镇共管、村“两委”（村党组织委员会、村民委员会）候选人联审机制、村（社区）干部队伍建设的十条规定、发展党员联审机制，清退不合格人员17名。完成村（社区）办公场所“牌子乱象”整治工作。高质量建成标准化党群服务中心62个，建立262人的专业化组织员队伍。推动49个党建“书记项目”落地见效，丹徒区委“党建+网格化社会治理”书记项目被评为全市优秀党建“书记项目”。全区创建“五星”先进党支部13个、省市级党支部书记工作室和党员教育实境课堂示范点10个。建立“四个一”（一名区委常委联村、一名镇领导班子成员包村、一名第一书记驻村、一个区以上机关单位结对）联动机制，15个软弱涣散和后进村党组织全部整改销号。 （刘震霆）

【**招才引智工作**】 2019年，丹徒区委组织部围绕“五坚持五提升”（坚持党管人才，提升政治引领力；坚持产才融合，提升人才驱动力；坚持工程引领，提升人才集聚力；坚持改革创新，提升人才创造力；坚持优化服务，提升环境竞争力）人才工作体系，提升全区人才工作。全年立项江苏省“双创计划”（江苏省高层次创新创业人才引进计划）9人，其中“双创人才”1人、“科技副总”8人；立项市“金山英才”计划（镇江市组织实施的高层次人才引进计划）17人，其中顶尖项目1人；立项市“169工程”（镇江市于1998年开始实施的“169跨世纪学术技术带头人培养工程”）科研项目2个，入选“镇江市优秀乡土人才培养对象”27人。举办第二届丹徒新材料创新创业大赛，开展“智慧金融”“智慧农业”“智慧健康”等“智慧镇江”系列活动，以及“高校院所丹徒行”“吉林大学科技服务镇江行”等主题活动，为企业自主创新、解决融资难等问题提供平台。

（刘震霆）

宣传工作

【概况】 2019年，中国共产党镇江市丹徒区委宣传部(以下简称丹徒区委宣传部)围绕学习宣传贯彻习近平新时代中国特色社会主义思想首要政治任务，以庆祝新中国成立70周年为工作主线，服务中心大局，完成新一轮机构改革，推进增强“四力”(脚力、眼力、脑力、笔力)教育实践工作，在全市宣传思想文化工作目标管理考核中获第一等次。以“不忘初心、牢记使命”主题教育为契机，以党委(党组)理论中心组为抓手，以《习近平新时代中国特色社会主义思想学习纲要》读本、“学习强国”学习平台为载体，推进新一轮“大学习”热潮，开展中共十九届四中全会精神集中宣讲100余场；开展“百姓名嘴村村行”活动，丹徒区代表队获全市基层主题宣讲比赛一等奖。年内，丹徒区再获“全省党员冬训工作示范区”称号，宝堰镇获党员冬训“省级示范镇”称号。制定镇(园区、街道)、区级机关部门、区级重点职能部门、村(社区)党组织意识形态工作责任清单，开展“扫黄打非”五大专项行动，“扫黄打非基层站点”标准化规范化建设率均为100%。完成72家党组织意识形态专项检查，掌握意识形态工作主动权，全年没有发生重大意识形态事件。

2019年，丹徒区委宣传部举办第二届“米芾杯”青少年国际书法大赛、“新时代歌咏”全国首届闻捷诗歌奖创作大赛，先后建成华夏汉字研学馆、闻捷诗歌馆，广播剧《诗人闻捷》在中央、省人民广播电台展播；公共文化服务体系不断完善，丹徒区美术馆、丹徒区非遗展示馆完成布馆，应急广播系统建设通过省级验收；“乡村文艺播种计划”作为全市试点项目，获评全省“四力”教育实践创新案例；“乐活丹徒”文化惠民活动、“壮丽七十年 奋斗新时代”庆祝新中国成立70周年文艺演出顺利举办；加强改进新闻出版工作，全区文化站、行政村农家书屋通借通还率均为100%；“宜风韵·生态美”丹徒旅游文化节影响力不断扩大。年内，江南牡丹园等3个市级文化产业重点项目有序推进，6个文化产业项目陆续落地丹徒，提升文化和旅游融合度。

（黄智勇）

【新闻宣传】 2019年，丹徒区委宣传部以庆祝新中国成立70周年为工作主线，开展“壮丽70年 阔步新时代”主题宣传、“我和我的祖国”群众性主题宣传教育活动；建立重大主题宣传策划工作机制，在中央电视台发稿7条、中央级媒体发稿10条、省级媒体发稿36篇(条)，在“学习强国”平台发稿70条；提升媒体融合传播能力，做好热点问题和突发事件引导工作，推出“‘花舞乡村 山水荣炳’油菜花节”、“快闪”微视频等一批融媒体精品，激发全区向上向善正能量。

（黄智勇）

【网络管理】 2019年，丹徒区委宣传部创新管网用网，组织召开区委网络安全与信息化委员会第一次会议，下发《党委(党组)网络安全工作责任制实施细则》等规章制度，深化网络内容建设和网络综合治理；组织开展“2019国家网络安全宣传周”、“清朗2019”专项行动等系列活动，审查注册地在丹徒的1300余家网站，举办“网络信息安全”专题培训班，妥善处置20余起重点舆情。年内，丹徒区委网信办被表彰为“全市网信工作优秀单位”。

（黄智勇）

【新时代文明实践服务中心建设】 2019年，丹徒区委宣传部盘活阵地资源，强化组织保障，抓好工作实效，建成500平米的丹徒区新时代文明实践中心和“一云五屏一播”文明实践云中心系统(文明实践中心管理云平台和电视屏、电脑屏、手机屏、综合户外大屏、云数据分析指挥大屏以及农村应急广播)，推动建设镇级实践所10个、村级实践站90个、实践基地20个。整合理论、教育、文化、科技、卫生服务资源，建成五大服务平台，成立区文明实践志愿服务总队和“理论宣讲、教育服务、文化服务、科技服务、健康促进、爱心帮扶、乡风文明”专业志愿服务队7支及基层志愿服务队70余支，实现志愿服务网络全覆盖。开展“百姓名嘴村村行”理论宣讲活动、乡村文艺播种计划、“乐活丹徒”文化惠民活动、关爱留守儿童“蓝梦行动”等各类文明实践活动620余场。10月，丹徒区被列为第二批新时代文明实践中心建设省级试点地区。

（黄智勇）

【新中国成立70周年庆祝活动】 2019年，丹徒区委宣传部组织组织系列活动，庆祝新中国成立70周年。学习宣传习近平总书记国庆系列重要讲话精神，在丹徒区各传统媒体、网络媒体、新媒体统一开设“壮丽70年 阔步新时代”专栏(题)，持续刊播系列报道稿件100余篇(条)，创新开展“网眼看丹徒”“快闪”献礼等网络文化活动，展示新中国成立70年来丹徒区发展成就。开展“我和我的祖国”群众性主题宣传教育，各地举办升国旗仪式近1万场次，悬挂国旗2万余面，组织“共话祖国好 奋进新时代”主题宣讲近30场次。9月23日，“壮丽七十年 奋斗新时代”丹徒区庆祝新中国成立70周年文艺演出在大港中学体育馆举行，同庆新中国华诞。

（黄智勇）

【核心价值观教育实践】 2019年，丹徒区推进社会主义核心价值观建设。以贯彻落实《新时代爱国主义教育实施纲要》《新时代公民道德建设实施纲要》为契机，组织第七届全国和江苏省道德模范推荐评选活动，1人获江苏省道德模范提名奖，1人当选“江苏最美人物”，3人当选“江苏好人”，2人获“镇江大爱之星”及提名奖，6人当选“镇江好人”，总数位居辖市区前列。组织系列道德模范与身边好人现场交流活动，讲好美德故事、传播道德正能量。建成区道德讲堂总堂，开展道德讲堂活动420场。深化未成年人思想道德建设，开展“在国旗下成长”系列教育实践活动，组织“你是我的英雄”网上讲故事征集展示活动，编创《“八礼四仪”养成教育读本》，持续打造“童”系列美育活动品牌，引导广大青少年“扣好人生第一粒扣子”。推进志愿服务制度化，建立新时代文明实践志愿总队和7支专业志愿服务队，建成丹徒志愿者之家，组队参加第四届江苏志愿服务展示交流会，6个单位和个人当选年度全省全市学雷锋志愿服务“四个100”先进典型。推进诚信建设制度化，强化诚信缺失问题专项治理，开展诚信示范街区创建。

（黄智勇）

【群众性精神文明创建】 2019年，丹徒区推进群众性精神文明创建。深化文明城市创建，完善长效管理机制，巩固创建成果。开展“道德新风·文明进万家”示范楼道创建行动，打造“道德新风·文明进万家”示范楼道12个。在镇村、机关单位建成标准化“善行义举榜”示范点10个。开展2016～2018年度江苏省文明村镇、文明单位、文明校园申报推荐工作。组织开展2016～2018年度江苏省文明村镇、文明单位、文明校园评选；组织参评第二届江苏省文明家庭、第二届镇江市文明家庭，评选表彰一批2019年度丹徒区“文明家庭”“最美家庭”。推进移风易俗，弘扬时代新风，开展文明出行、文明旅游、文明餐桌活动。

（黄智勇）

机构编制管理

【概况】 2019年，中共镇江市丹徒区委机构编制委员会办公室(简称丹徒区委编办)有序推进各项工作，严格机构编制管理，统筹推进党政机构改革和行政管理体制改革，深化“放管服”改革，加强事业单位日常登记管理，严格用编管理，确保财政供养人员只减不增。截至年底，全区行政编制核定数为1752名，实有数为1598名；事业编制核定数为5658名，实有数为5159名。加强全区事业单位人员编制管理，10月底，启动2020年事业单位编制使用计划申报工作，收到有用编需求的单位25家，按

照“不空编不进人、无减员不进人”的原则，提出用编建议，形成调研报告。（徐 伟）

【党政机构改革】 2019年，丹徒区委编办按照中央、省委、市委关于深化地方机构改革的决策部署，结合丹徒实际，设置党政机构36个、党委机构11个(其中纪检监察机构1个、工作机关10个)、政府工作部门25个。按照优化协同高效原则，科学配置机构职能编制，强化部门内部职责和业务整合，规范履职行为，确保权责一致，重新制定34个部门“三定”（职能配置、内设机构和人员编制）规定，设置内设机构234个，比改革前净减少9个。（徐 伟）

【事业单位改革】 2019年，丹徒区委编办完成10家承担行政职能事业单位的机构、职能和人员编制调整工作，核销事业单位2个，核减事业编制5名，分流安置人员3人。采取公司化改造的方式，改革全区从事生产经营活动的事业单位4家，按照续时进度，推进改制立项、审计评估、制定方案、变更登记工作落实，做好改革后有关事业单位机构和人员编制调整的工作。（徐 伟）

【综合行政执法体制改革】 2019年，丹徒区委编办按照减少层次、整合队伍、提高效率的原则，梳理和精简行政处罚、行政强制事项，减少执法队伍，锁定人员队伍编制底数，清理规范临时人员和编外聘用人员。整合区市场监管领域执法队伍，综合设置生态环保领域执法队伍，设立区市场监督管理局综合执法大队，配合市级机构编制部门完成区环境监察大队机构、职能和人员编制的上划工作。（徐 伟）

【“放管服”改革】 2019年，丹徒区委编办依据江苏省委编办《关于对江苏省行政权力清单进行动态调整的通知》要求，结合党政机构改革和有关法律法规修改情况，完成全区36个部门5476项行政权力事项动态调整工作，其中行政许可282项、行政处罚4432项、行政强制188项、行政奖励74项、行政征收46项、行政确认101项、行政裁决7项、行政给付44项、行政征用1项、其他权力301项。会同区行政审批局，征求各涉及部门意见与建议，拟定首批全区8家单位的43项行政审批事项划转至行政审批局，实现“一枚公章”管审批。（徐 伟）

【机构编制管理】 2019年，丹徒区委编办优化机构编制配置，整合职责任务相近、设置重复分散、规模过小的事业单位，利用调剂和精简下来的编制，优先保障民生和重点领域。全年完成45个机构编制调整事项，其中机构调整12项，编制调整25项，职数调整8项。（徐 伟）

【事业单位日常登记管理】 2019年，丹徒区委编办落实事业单位登记管理流程，办理设立登记事业单位5家，变更登记事业单位92家，注销登记事业单位4家，证书补领1家，参加年度报告公示的单位239家，公示率100%。印发《关于开展2018年度事业单位信用等级评价工作的通知》，全区230家单位参加事业单位信用等级评价，全部为A级(守信单位)。至年底，丹徒区注册中文域名387家，域名管理费到期385家，上缴中央机构编制委员会办公室 域名管理中心费用7.7万元，完成续费工作。216家单位申请网上开办主体资格审核，全部挂标成功。（徐 伟）

统战工作

【概况】 2019年，中国共产党镇江市丹徒区委员会统一战线工作部(以下简称丹徒区委统战部)围绕庆祝新中国成立70周年活动、“不忘初心、牢记使命”主题教育活动、干部学习培训、示范点建设工作，引导统战对象发挥作用，凝聚爱国力量。侨务工作特色鲜明，相关经验做法被中央统战部在全国推广，获得镇江市统战工作实践创新成果一等奖。民族工作有序推进，有效推动少数民族地区加快发展。开展党外代表人士“政治体检”活动，党外领导干部每人形成一份“政治体检”报告。协助建立“农工之家”“盟员之家”“无党派人士联谊之家”3个党派之家，开展“一党派一特色”活动，打牢各党派基层组织基础。各党派、工商联、无党派人士提交政协集体提案21件、个人提案78件。落实工商联所属商会改革工作，成立丹徒区家居装饰商会，成立丹徒区新的社会阶层人士联谊会和丹徒区家居装饰商会联合党支部，推动建立高桥镇裘皮鞋业行业商会党总支。完成第二届江苏发展大会暨首届全球苏商大会镇江行和丹徒行活动的组织保障工作，协助市委完成第十一届华侨华人创新创业镇江洽谈会，组织开展华侨华人创新创业丹徒洽谈会，多个项目落户镇江和丹徒。推动本地企业参与丹徒区与澄城县合作，共谋两地发展。制定出台《在全区民主党派和无党派人士联谊会中开展结对帮扶活动的实施方案》，要求全区各民主党派、无党派人士联谊会推进结对帮扶工作。

3月，丹徒区委统战部发文，在全区所有民主党派中推广民建丹徒基层委员会“十个一”（每季组织一次支部活动，选准一个调研主题，精研一份学习材料，上报一篇新闻稿件，形成一份社情民意，组织一次圆桌会议，提交一份集体提案，树立一名标杆，打造一个特色品牌，规范一本台帐）机制经验做法。6月，丹徒区委统战部常务副部长、区工商联党组书记唐维带队赴陕西省澄城县开展“不忘协作初心、丹澄同心筑梦”统一战线深度交流考察调研活动。（杨　燕）

【“庆祝新中国成立70周年·风雨同舟携手前行”成果展】 2019年9月24日，丹徒区委统战部在区政府一楼大厅举办各民主党派、无党派人士联谊会，庆祝新中国成立70周年。丹徒区委统战部常务副部长、区工商联党组书记唐维出席开幕式并讲话，各民主党派、无党派人士联谊会主委和10名代表出席开幕式。民盟丹徒委员会主委徐俊致辞。该次活动从思想建设、组织发展、参政议政、社会服务等方面，展示丹徒区各民主党派发展历程。（杨　燕）

【冷遹研究会第二届会员大会】 2019年10月20日，冷遹研究会第二届会员大会在镇江市丹徒区冷遹中学召开。江苏省政协副主席、民建省委主委、省中华职教社主任洪慧民，丹徒区委常委、统战部部长朱彤出席会议并讲话。会议选举产生第二届理事会，洪慧民、朱彤、黄选能(镇江市政协原主席)、於瑞庭(原黑龙江伊春军分区副政委、大校)、柏新民(冷遹先生外孙)任研究会顾问，江灿当选为会长。会议还就冷遹职业教育思想论文开展研讨交流活动。（杨　燕）

【全区党外人士培训班】 2019年11月27～29日，丹徒区委统战部联合区委党校，在江苏省检察官学院举办2019年全区党外人士培训班，各民主党派、无党派人士33人参加学习培训。该次培训班旨在加强党外人士培养，提高党外人士政治把握能力、参政议政能力、组织协调能力、合作共事能力和解决自身问题的能力。（杨　燕）

【丹徒区留学人员亲属协会成立】 2019年12月28日，镇江市丹徒区留学人员亲属协会一届一次会员大会暨成立大会在丹徒区行政中心举行。会议选举张永生为丹徒区留学人员亲属协会会长。丹徒区委常委、统战部长朱彤出席会议并讲话，镇江市留学人员亲属协会会长朱建新出席会议并致贺词。（杨　燕）

保密工作

【概况】 2019年，丹徒区国家保密局落实习近平总书记关于保密工作重要指示批示精神，抓好上级各项决策部署，推进保密责任体系建设，规范全区载体销毁工作，组织保密检查，开展保密教育培训，推动全区保密工作实现高质量发展。

（周明波　茅九煊）

【保密责任体系建设】 2019年，丹徒区国家保密局有序开展全区保密责任体系建设。3月，根据《关于进一步加强机构改革期间保密管理工作的通知》要求，丹徒区国家保密局现场督促指导8家涉及机构撤并的单位，防止失泄密事件发生。5月，召开丹徒区委保密委员会全体(扩大)会议，贯彻落实习近平总书记关于保密工作重要指示批示精神，部署全年保密工作，落实领导干部保密工作责任制，建立健全保密管理组织体系和工作体系，推动全区各部门保密机构协同推进、形成合力。

（周明波　茅九煊）

【保密宣传教育培训】 2019年，丹徒区国家保密局开展各类保密宣传教育培训工作。4月，协同丹徒区委国家安全委员会办公室、丹徒区司法局等部门，在丹徒宝龙广场开展保密教育宣传活动，现场发放《中华人民共和国保守国家秘密法》《中华人民共和国国家安全法》等相关资料，接受市民咨询，增强公民保密意识。5月，在丹徒区退役军人事务局、丹徒高新技术产业园等单位，针对性开展“点对点”菜单式保密培训。同月，开展保密专题培训，学习贯彻保密违法违纪行为相关处分建议办法等文件，讲解重点案例，播放警示教育片，在全区机关干部职工中树立“知敬畏、守法纪、保安全”的保密红线意识。（周明波　茅九煊）

【依法行政】 2019年7月，丹徒区国家保密局按照“放管服”(简政放权、放管结合、优化服务)改革要求，动态调整行政权力清单，梳理4大类10项行政权力。组织全局工作人员学习行政执法相关规范，参加江苏省行政执法人员资格考试并取得《江苏省行政执法证》，提升依法行政能力。

（周明波　茅九煊）

【载体销毁工作】 2019年8月，丹徒区载体销毁中转库房建成并投入使用。丹徒区国家保密局下发载体销毁工作规范，就工作标准和流程召开相关会议，系统辅导各单位保密员，加强运行管理，提供业务咨询等服务，规范全区载体销毁工作。（周明波　茅九煊）

【保密检查】 2019年9月，丹徒区国家保密局在丹徒区委宣传部、丹徒区文体广电和旅游局、丹徒区电视台开展专项保密检查，就发现的问题，要求迅速整改，消除失泄密隐患。（周明波　茅九煊）

机关党建工作

【概况】 2019年，中共镇江市丹徒区委区级机关工作委员会(以下简称丹徒区级机关工委)贯彻落实丹徒区委区政府各项决策部署，深化“基层党建三年提升行动”，将党建工作与机关效能建设有机结合，推进机关党建工作取得新成效，增强机关党组织政治功能和服务功能。年末，丹徒区级机关工委有直属机关党委3个、党总支部16个、党支部42个、党员2486人。

开展发展党员工作，举办第30期入党积极分子培训班，培训来自区级机关和企事业单位的入党积极分子61名。年内新发展党员25人，预备党员转正34人。优化党员队伍结构，新发展党员中35岁及以下青年和大专及以上学历占比分别为77%和100%。

3月，组织召开丹徒区机关党建工作会议，向各机关党组织印发《2019年区级机关党建工作要点》《2019年度区级机关党建目标责任书》，要求机关党组织书记切实承担党建主体责任，形成齐抓共管的工作合力。

继续联合丹徒区级机关党员人数在15人以下的10个党支部，组建“小支部大联盟”。依据年初制定的全年活动方案，每月确定1个学习主题，每个支部承办1次活动，联合开展大党课教育。全年依次开展活动10次。

开展全区作风效能督查，从优化队伍建设、聚焦重点领域、加强日常考核等方面入手，优化效能监督员队伍，建立常态化明查暗访工作机制，每季度开展作风效能建设日常考核，点对点通报被扣分部门，并将考核结果纳入年度区级机关服务高质量发展综合考核。

规范开展年度社会各界评议区级机关工作，从2907人的评议人员数据库中，合理抽取1013人作为评议人员，采用无记名专用信函问卷方式进行评议，推进机关作风效能建设，评议结果纳入年度区级机关服务高质量发展综合考核。 （张辰昕）

【“税务杯”习近平新时代中国特色社会主义思想微宣讲比赛】 2019年6月5日，丹徒区级机关工委举办“税务杯”习近平新时代中国特色社会主义思想微宣讲比赛，推动党的创新理论成果深入普及。经过发动和推荐申报，全区25家区级机关部门的32名选手参加比赛。经过宣讲培训、理论学习、编写讲稿、进行宣讲等环节，参赛选手从不同维度、不同视角表达对习近平新时代中国特色社会主义思想的理解。最终比赛评选出一等奖1名，二等奖2名，三等奖3名。 （张辰昕）

【纪念中国共产党成立98周年】 2019年6月26日，丹徒区级机关工委召开纪念中国共产党成立98周年大会，并通过多种形式开展纪念活动：组织新党员入党宣誓，组织党员重温入党誓词；开展“习近平新时代中国特色社会主义思想”宣讲活动；表彰2018年度丹徒区级机关优秀共产党员、优秀党务工作者和先进基层党组织；向全区机关党组织学习传达市委《关于进一步加强全市机关党的建设的意见》文件精神，并提出具体要求。 （张辰昕）

【丹徒区级机关党组织集中换届选举】 2019年4月起，丹徒区级机关工委组织丹徒区级机关党组织结合新一轮机构改革，开展集中换届选举。丹徒区级机关工委下发《关于做好区级机关党总支、党支部统一换届选举工作的通知》，指导换届选举的方法步骤，并对各党组织落实领导责任、严肃换届纪律提出严格要求，营造风清气正的换届环境。年内，全区有55个区级机关党组织完成换届。 （张辰昕）

【区级机关基层党组织书记党性教育培训班】 2019年8月26～31日，丹徒区级机关工委和丹徒区委党校联合举办丹徒区级机关基层党组织书记党性教育培训班，全区58名基层党组织书记及党务工作者参加培训。培训采用专题讲座、现场教学、体验教学、情景教学、音像教学等多种方式，促使学员了解“自力更生、艰苦创业、团结协作、无私奉献”的红旗渠精神，接受精神洗礼和党性教育。 （张辰昕）

【党建带群建】 2019年，丹徒区级机关工委继续坚持党建带群建原则，发挥群团组织在机关党建中的作用。关注妇女权益，开展关爱女性健康检查；组织丹徒区级机关的83位运动员参加丹徒区第八届运动会；组织机关干部职工参加长江(世业洲)国际徒步旅游大会；联合团区委开展“纪念五四运动100周年”系列活动；举办“体彩杯”自行车慢骑和跳绳比赛等系列文体活动，活跃干部职工文化生活；组织机关青年参加无偿献血、志愿服务、读书分享会，促进青年干部全面发展。 （张辰昕）

党 校

【概况】 2019年，中国共产党镇江市丹徒区委员会党校(以下简称丹徒区委党校)贯彻习近平在全国党校工作会议上的讲话精神，落实《中国共产党党校工作条例》，将“党校姓党”贯彻于干部教育培训、理论研究和自身建设之中。年内，选派多人次参加省委党校、市委党校组织的专题培训。全年发表理论文章15篇，其中1篇发表于国家级刊物，5篇发表于省级刊物，9篇发表于市级刊物。2018年的申报省级课题1项，市级课题2项，均于年内结项。围绕建国70周年开展系列理论研究，在镇江党政干部论坛建国70周年专刊上发表相关文章。 （彭 莹）

【干部教育培训】 2019年，丹徒区委党校结合区委、区政府中心工作，加大改革创新力度，提高教学培训质量效益，打造党员干部接受思想政治教育的“红色课堂”。在干部教育培训工作中，围绕“党校姓党”原则，优化培训模式。全年举办主体班2期，联合办班21期，培训2000余人次。首次对外举办澄城县“苏陕交流学习”专题培训班、澄城县第十八届人民代表学习培训班。联合相关部门，举办全区离退休党支部书记培训班、丹徒区党外人士培训班、2019年度全区“百姓名嘴”培训班、“网络信息安全”专题培训班、2019年度发展对象培训班、丹徒区区级机关基层党组织书记党性教育培训班、丹徒区税务系统党支部书记及专职党务干部党性修养培训班、年轻干部讲堂等班次。在教学效果反馈调查中，满意率均为95%以上。（彭　莹）

【年轻教师培养】 2019年，丹徒区委党校加大年轻教师培养力度，通过开展交流会、研讨会、集体备课、试讲等活动，在科研过程中吸纳年轻教师参与，锻炼年轻教师的理论功底和教学水平。4月，年轻教师每周到社区实践锻炼1天，通过具体实践培养人才，壮大党校后备力量。（彭　莹）

老干部工作

【概况】 2019年，中国共产党镇江市丹徒区委员会老干部局(以下简称丹徒区委老干部局)贯彻全国、全省、全市老干部局长会议精神，以政治建设为统领，以提升组织力为重点，以正能量活动为载体，以精准服务为保障，推动各项工作开展。开展“我看新中国成立70周年新成就”“谈祖国新成就，话丹徒新发展”专题调研等活动，分别于4月24日、11月13日，组织老干部参观上党现代茶叶产业园、江心洲生态农业园区。7月，丹徒区荣炳盐资源区老干部党支部、辛丰镇辛丰老干部党支部、世业镇老干部党支部获评镇江市首批“六有一提升”(有党的领导、有支部班子、有工作制度、有组织活动、有作用发挥、有工作保障、提升支部组织力)市级示范党支部。至年底，丹徒区有离休干部79人(含垂直系统4人)，其中抗日战争前期参加革命工作3人，抗日战争后期参加革命工作11人，解放战争时期参加革命工作65人；行政40人，事业11人，企业28人；年龄90周岁以上53人，80周岁～89周岁26人；享受地市级待遇3人，县处级待遇40人，科级待遇36人。（杨　琳）

【丹徒区离退休干部党建工作会议】 2019年4月3日，丹徒区委老干部局、离退休干部工委在局会议室组织召开全区离退休干部党建工作会议，贯彻落实全国、全省老干部局局长会议和镇江市组织部部长暨老干部局长会议精神，部署2019年全区老干部党建工作，并表彰2018年度全区老干部工作。会上，荣炳盐资源区老干部党支部、辛丰镇辛丰老干部党支部、世业镇老干部党支部、上党镇上党老干部党支部、卫健委机关离退休老干部党支部、区级机关党群口离退休干部党支部获老干部工作“先进党支部”称号，孙瑞华、郑贤荣、卢善荣、严京龙、史修成、王茂淼获老干部工作“先进个人”称号。荣炳盐资源区老干部党支部书记殷长辉，就该支部创建市级“六有一提升”示范点的过程和做法作经验介绍。全区近40名离退休干部党支部书记参加会议。（杨　琳）

【离退休干部党支部书记培训班】 2019年12月12～13日，丹徒区委老干部局、离退休干部工委在丹徒区委党校举办全区离退休干部党支部书记培训班。该培训班旨在贯彻党的十九届四中全会精神，把“不忘初心、牢记使命”主题教育在全区离退休干部党支部中推向深入。各镇(街道、园区)和区级机关部门近40位离退休干部支部书记参加培训。培训班邀请市委党校副校长孙文平为学员们解读十九届四中全会精神，组织全体学员赴泰州新四军黄桥战役纪念馆开展实境教学，接受革命传统教育。（杨　琳）

【离退休干部党支部统一开展主题党日活动】 2019年，丹徒区委老干部局在全区离退休干部党支部统一开展“谈祖国新成就，话丹徒新发展，讲初心好故事”主题党日活动，庆祝新中国成立70周年。活动结合“不忘初心、牢记使命”主题教育，发挥各离退休干部党支部主体作用，通过集中学习交流、就近就地参观成就、重温入党誓词的方式开展主题党日活动。丹徒区区级机关党群口离退休干部党支部“‘看丹徒、赞丹徒’系列主题党日”被评为全市离退休干部党支部十佳“主题党日”优秀案例。（杨　琳）

【老干部情况通报会】 2019年，丹徒区2次召开老干部情况通报会，向老干部通报情况。7月27日，常务副区长马振兵，丹徒区委常委、组织部部长陈平才向老干部们通报2019年上半年全区经济社会发展各项目标任务的完成情况，以及重大项目建设、大党建方面组纪宣工作、干部人才队伍建设、新城老干部活动中心筹建情况等方面工作情况。12月29日，丹徒区委副书记韩宏亮，区委常委、组织部部长陈平才向老干部们通报2019年全区经济社会发展各项目标任务的完成情况，以及党政机构改革、职务与职级并行、年轻干部的选拔运用、政治体检、“不忘初心、牢记使命”主题教育、村级基层组织建设等方面工作情况。（杨　琳）

图9　2019年7月27日，丹徒区召开老干部情况通报会（丹徒区委老干部局）

【老干部走访慰问】 2019年，丹徒区委老干部局坚持经常性的走访慰问老干部制度，在重大节日、高温季节、老干部生病住院期间上门看望慰问100余人次，并通过走访摸清老干部身体、生活状况，主动征求意见和建议。国庆、重阳两节期间，结合庆祝中华人民共和国成立70周年纪念章发放，分别走访看望居住在无锡、南京等地的离休干部；为4位90岁、2位100岁离休干部祝寿；为生活在养老院、护理院的老干部送去学习资料，并开展集体祝寿活动。（杨　琳）

【为老干部办实事】 2019年，丹徒区委老干部局为全区老干部办好各项实事。7月4日，联合丹徒区人民医院为部分离休干部开展健康咨询和义诊活动，邀请上海专家开展免费义诊活动。10月，组织全区离休干部和县处级退休干部近120人参加针对性健康检查活动。会同丹徒区财政局明确困难单位离休人员医保统筹费的筹集分担比例，对10个特困单位的11名离休人员和3个困难单位的4名离休干部，分别确定50%和10%的承担比例，支付医保统筹费近32万元，落实改制和破产企事业单位离休干部的医疗待遇。（杨　琳）

【“三有一落实”工程】 2019年，丹徒区委老干部局坚持推进离休干部看病就医“三有一落实”（有就医绿色通道、有家庭签约医生、有医疗特困帮扶机制，落实好离休干部提高享受医疗待遇政策）服务举措，健全丹徒区人民医院离休干部就医绿色通道，为离休干部提供方便快捷、安全畅通的诊疗服务。丹徒区人民医院在市区设立离退休干部方便机关门诊2处，为老干部提供健康咨询、日常取药等服务。离退休干部的家庭医生签约率为100%，解决部分离休干部行动不便的实际问题。落实离休干部医疗特困帮扶机制，精准帮扶困难离休干部29人、遗属13人，发放帮扶资金10万元。为3名享受厅局级待遇的离休干部落实自费部分再报销30%的医疗待遇。（杨　琳）

【“银发生辉”工程】 2019年，丹徒区委老干部局依托离退休干部党支部、涉老协会，成立离退休干部“银发生辉”志愿服务队，参与志愿者240余人，在关心下一代、兴教助学、科技服务、扶贫帮困、文化下乡等方面作出贡献。发挥先进典型的示范带动作用，持续开展“寻找身边的正能量先锋”活动，全年寻找正能量先锋16人，其中林庆龙、姚瑞宽等4人的事迹在《镇江日报》上刊载。（杨　琳）

【老干部诗词创作】 2019年，丹徒区委老干部局组织老干部诗词协会外出采风创作，庆祝新中国成立70周年。4月29日，赴高资街道参观美丽乡村建设，11月20日参观赵亚夫事迹馆。12月，丹徒区委老干部局精选会员们创作的38首优秀作品，并汇编成册。（杨　琳）

台湾事务

【概况】 2019年，中共镇江市丹徒区委台湾工作办公室(以下简称丹徒区委台办)贯彻落实习近平总书记在《告台湾同胞书》发表40周年纪念会上的重要讲话精神，推动海峡两岸关系和平发展，推进祖国和平统一进程。陆续接待台湾新北市“瑞芳里里长参访团”一行在内的台湾团队6批，近200人次；江苏省台办副主任李卫华一行考察调研镇江李长荣高性能材料有限公司；9月21日由丹徒区台办主办，台商投资企业协会和台属联谊会承办，在宝堰实验小学开展“月圆中秋 爱在校园”贫困生资助活动。此次活动向宝堰实验小学的贫困学生和留守儿童送去慰问金、学习用品和课外书籍，并表达节日的问候。（宋雅静）

【两岸交流】 2019年4月18日，接待台湾长亿集团董事长、朝阳科技大学创始人杨天生一行，参观走访崇佑建材；5月20日，接待新北市蒋根煌一行，参观醋文化博物馆；5月29日，接待新北市瑞芳区访问团，参观恒顺醋文化博物馆；8月14日，组织两地中小学参加“家校联动 共助成长”教育交流活动，在丹徒三山小学参观学校农耕博物馆、学唱南乡田歌，体验民族音乐。（宋雅静）

【台企台属服务工作】 2019年4月25日，丹徒区委台办组织“全区台资企业新税法解读答疑座谈会”，邀请区税务局业务骨干与台企的财务人员和部分台商，开展零距离的沟通和交流；累计办理台湾居民居住证29人次；为全区台企聘请律师担任常年法律顾问，提供免费咨询服务。（宋雅静）

党史·地方志工作

【概况】 2019年，镇江市丹徒区史志办室(以下简称丹徒区史志办)发挥存史、育人、资政作用，推进党史、地方志工作跨越发展，为丹徒经济社会事业发展贡献力量。

党史方面。收集整理全区党史资料，包括中共丹徒区(县)委在领导全区(县)人民进行革命和建设的过程中，留下的党史资料(包括党的重要机构旧址；重要党史人物的故居、旧居、活动地；重要事件、重大战役战斗遗址；具有重要影响的革命烈士事迹发生地或墓地等，包括各类纪念馆、展览馆等纪念设施等)。完成全区革命遗址保存状况实地勘察、评估，收集遗址及相关设施的照片，为推进革命遗址保护利用及研究工作提供必要依据。推进并指导《丹徒区革命老区发展史》编撰工作，与该书的承编单位丹徒区老区开发促进会强化沟通，在各个编写时段进行了具体业务指导，确保写出本地特色和特点。

年鉴编撰。制定下发《年鉴编撰意见》落实组稿任务，细化年鉴编辑部内部分工，优化年鉴框架结构内容，提高彩页版面设计水平和图片质量，提升年鉴资料的层次水平和使用价值；分组召开年鉴业务交流推进会，与部分重点单位撰稿人面对面交流，在栏目设置和编写内容等方面给予指导，讨论常见问题和难点问题，促进年鉴稿行文的进一步规范和整体质量的提升；选派骨干参加全省综合年鉴培训会议等，把握年鉴编撰的最新规定和要求，学习年鉴框架设计、条目编写、装帧设计等方面好的经验做法和创新理念。11月，《丹徒年鉴(2019)》编撰完成，12月出版，印刷900余册，对外发行400余册。（李东东　刘　芳）

【《中国共产党江苏省丹徒历史第二卷(1949—1978)》出版发行】 2019年4月,《中国共产党江苏省丹徒历史第二卷(1949—1978)》出版发行,三卷本启动。《中共江苏省丹徒历史第二卷(1949—1978)》按照"尊重历史,求实存真"的原则,坚持"广征、核准、精编、严审、及时"的编纂工作方针,2016年7月完成初稿。经过几轮核实、完善,多方征集意见、建议,数易其稿,2018年10底终审定稿。全书31万字,上限自1949年丹徒解放,下限至1978年中共十一届三中全会召开。2019年5月,丹徒区史志办正式启动地方党史三卷本编撰工作。（李东东　刘　芳）

【《丹徒年鉴(2019)》编撰出版】 2017年12月,丹徒区人民政府主办、丹徒区史志办编撰的《丹徒年鉴(2019)》由方志出版社出版。该期年鉴是连续编辑出版的第27期,全面系统记述丹徒区2018年政治、经济、社会、自然等方面的基本面貌、发展状况以及年度大事、要事、新事。全书设篇目31个、分目160个、条目740个,表格63个,随文插图照83幅,全书50万字,并随书附赠电子版。（李东东　刘　芳）

档案工作

【概况】 2019年,镇江市丹徒区档案馆(以下简称丹徒区档案馆)加强档案服务利用效能建设,提高档案服务社会、服务民生的能力。2月,根据《镇江市丹徒区机构改革方案》,丹徒区档案局完成机构改革,原档案局行政职能划归为丹徒区委办公室,并加挂档案局牌子;档案馆作为区委直属全额拨款事业单位,继续承担档案收集、整理、编研、利用等职能。档案馆全年接待查档4589人次,调阅案卷4199卷册,复制利用7129页。（夏　欢）

【档案资源建设】 2019年,丹徒区档案馆开展档案征集和接收进馆工作,构建突出丹徒地方特色的档案资源体系。根据《中华人民共和国档案法》规定,在机构改革中,接收10个撤销单位的相关档案11445件,其中永久保管期限档案6533件,30年保管期限档案4912件;接收区卫健委移交的新生儿档案4000件;接收区民政局移交的2018年婚姻登记档案4013件。（夏　欢）

【档案安全建设】 2019年,丹徒区档案馆成立档案馆安全保卫工作小组,配备安全员。对照"八防"(防高温、防潮、防盗、防火、防鼠、防光、防尘、防虫)要求,每天巡查库房并填写库房检查记录表,监控库房恒温恒湿系统工作情况,发现问题及时解决。制定"库房钥匙借用登记表",限定专人进出并做好记录,为库房新添置灭火器9组,保障档案实体安全。投入9.8万元,建成档案管理核心数据库系统,馆藏所有电子档案信息实现物理隔离和整体备份,确保电子档案的长期有效性、完整性和可用性。（夏　欢）

【档案数字化建设】 2019年,丹徒区档案馆重视加强档案数字化加工质检工作,发现问题及时整改,确保档案数字化质量。新增馆藏档案全文数字化扫描171.66万页,馆藏档案累计全文数字化扫描682.52万页,累计著录案卷目录和卷内目录254万条。利用率较高的婚姻档案做到当年进馆、当年数字化,当年进馆的丹徒区民政局2018年婚姻档案全部完成数字化,并实现全文挂接。（夏　欢）

【档案宣传工作】 2019年5月,丹徒区档案馆开展庆祝新中国成立70周年及第12个"6•9"国际档案日活动,举办"新中国的记忆——档案•丹徒记忆"馆藏图片主题展,展出图片98幅。该主题展结合展览主题,挖掘馆藏资料,围绕丹徒行政机构历史沿革、丹徒经济建设中心工作取得的成绩、丹徒文化建设的成果、丹徒城乡面貌的变化和档案馆历史与概况等方面,从档案的视角见证新中国成立以来丹徒的发展变化。活动举办期间,接待参观200人次。（夏　欢）

丹徒区人民代表大会

责任编校 李东东

综 述

【概况】 2019年，镇江市丹徒区人大常委会(以下简称丹徒区人大常委会)以习近平新时代中国特色社会主义思想为指引，围绕中心大局，主动担当作为，依法履职行权。全年举行常委会会议9次、主任会议12次，听取和审议“一府一委两院”专项工作报告19项，作出决议、决定8项，组织人大代表开展考察、调研等活动32次，依法任免干部24人次，接受4名代表辞去代表职务、1名常委会委员辞去委员职务，推进经济社会发展和民主法治建设。

聚焦重点工作。围绕高质量发展，加强跟踪监督经济运行情况，审议2019国民经济和社会发展及财政、审计等工作报告；作出批准财政预算、决算、预算调整等决定。推进预算联网监督工作，专题听取国有资产管理工作报告，推动国有资产保值增值。围绕“十三五”规划中期评估，调研、分析研判、提出建议。督办“推进民营经济高质量发展”和“关于加快京杭运河辛丰镇国考断面水体达标综合整治工程”重要建议。听取和审议精准扶贫专项工作报告、“乡村振兴”实施情况的报告、农村“三资”(农村集体经济中的资金、资产、资源)管理和“粮食生产全程机械化示范区”创建情况、2018年度环境状况和环境保护目标完成情况等工作报告，督促区政府加快补齐发展短板，确保年度目标顺利实现。

担当监督职责。顺应人民群众对公平正义的更高期待，专题审议《关于派出监察员办公室工作情况的报告》，持续监督推进监察体制改革情况，跟踪“回访”审议意见落实情况，促进监察制度优势转化为廉政治理效能。专项审议《区法院防范化解金融风险工作的报告》，推动审判机关强化金融案件司法审判，加大民间融资法制规范力度，协同联动防范金融风险。专题审议《区检察院职务犯罪检察工作》，推动检察机关严格贯彻《中华人民共和国监察法》和修订后的《中华人民共和国刑事诉讼法》，完善“捕诉合一”工作机制，加强与监委的办案衔接，促进反腐工作法治化、规范化，提高检察工作质效。

践行为民情怀。以实施民生实事项目票决制为着力点，推动民生改善，增进民生福祉，促进丹徒发展更有“温度”，人民幸福更有“质感”。督办2019年“十大民生实事”项目，统筹老年人优待和服务工作，新建标准化居家养老服务中心4个、社区老年人助餐点14个；推动开展农村人居环境治理行动、城市管理专项治理行动、交通干线沿线综合整治行动；督促政府部门开展农村“三资”管理、“e办事”平台向基层延伸、创业就业帮扶等工作，推动落实一批群众关注关心的问题。坚持常委会组成人员联系代表、代表列席常委会制度；依托10个人大代表工作站、28个人大代表联络工作室开展工作，一线调研、走访群众、反映民意成为工作常态。全年处理群众来信、来访25件次，在化解社会矛盾、促进社会和谐中发挥积极作用。(俞 倩)

重要会议

【镇江市丹徒区第十六届人民代表大会第三次会议】 2019年1月3～5日，在丹徒新城会议中心举行。大会实有代表182名，应到会代表181名，实到代表181人，组成11个代表团。区政府组成人员、区级机关及有关单位负责人，部分省、市人大代表等116人列席会议。区政协委员列席大会开幕式及第三次全体会议，原担任区人大常委会领导和委办负责人的离退休人员应邀列席大会开幕式。大会听取和审议区人民政府区长谢继步所作的《政府工作报告》，区人大常委会主任李幸福所作的《镇江市丹徒区人民代表大会常务委员会工作报告》，区人民法院院长汤国生所作的《镇江市丹徒区人民法院工作报告》，区人民检察院检察长黄进所作的《镇江市丹徒区人民检察院工作报告》。审查区人民政府《镇江市丹徒区2017年国民经济和社会发展计划执行情况与2018年计划(草案)的报告》《关于丹徒区2017年财政预算执行情况和2018年财政预算草案的报告》，并作出相应决议。通过投票选举，张云凤、郑桂琴当选为丹徒区第十六届人民代表大会常务委员会委员。

会议通过《镇江市丹徒区第十六届人民代表大会第三次会议选举办法》《政府民生实事项目票决办法》；会议票决产生2019年度政府10件民生实事项目，分别为“四好农村路”（建好、管好、护好、运营好）建设、茅以升实验学校投入使用、做好全区老年人优待和服务工作、污水管网建设、完成“强村富民”达新标行动、开展创业就业帮扶活动、垃圾分类管理、推进基层“互联网+政务服务”和“e办事”平台建设、文化礼堂、文化广场和小微文化广场建设、高标准农田建设。

会议期间，收到代表10人以上联名提出的议案13件。其中，属于生态治理方面的3件、交通建设方面的3件、文教事业方面的3件、企业发展方面的2件、城市建设方面的2件。根据议案处理办法，经大会秘书长会议审查，主席团会议通过，确定魏国平代表提出的“关于大力推进民营经济高质量发展的建议”和刘苗苗等10位代表提出的“关于加快京杭运河辛丰镇国考断面水体达标综合整治工程的议案”作为重要建议，交由区人大常委会主任会议研究处理。会议期间还收到代表提出的建议、批评和意见53件，其中52件建议、批评和意见，连同作为建议处理的12件议案，大会秘书处在会议结束后，交区人民政府及有关部门，按照区人大常委会《关于办理区人大代表建议、批评和意见的办法》的规定，办理后书面答复代表。（俞　倩）

图10　2019年1月3~5日，镇江市丹徒区第十六届人民代表大会第三次会议在丹徒新城会议中心举行（丹徒区人大办）

【丹徒区十六届人大常委会会议】 2019年1月5日，丹徒区十六届人大常委会举行第十六次会议，审议通过《区人大常委会2019年工作要点、工作计划》。

2月25日，区十六届人大常委会举行第十七次会议，听取区长谢继步所作的《关于区政府机构改革有关情况的说明》；会议通过有关人事任免；随后组织新任命人员、常委会委员等赴镇江市党纪教育馆现场开展党纪教育。

3月15日，区第十六届人大常委会召开第十八次会议，听取和审议“一府一委两院”关于2018年区人大常委会审议意见落实情况的报告，并进行票决；听取和审议，区环保局局长窦云峰受区人民政府委托作《区政府2018年度环境状况和环境保护目标完成情况的报告》，并进行票决；表决通过有关人事任免。

5月30日，区第十六届人大常委会召开第十九次会议，听取和审议区委常委、副区长马振兵所作的《丹徒区国民经济和社会发展第十三个五年规划实施情况的中期评估报告》；评议区政府工作部门开展2019年专项工作；表决通过有关人事任免。

7月31日，区第十六届人大常委会召开第二十次会议，听取和审议区委常委、区政府副区长马振兵所作的《2019年上半年国民经济和社会发展计划执行情况以及下半年执行意见的报告》；听取和审议区财政局局长殷一斐受区人民政府委托所作的《2019年上半年预算执行和2018年度财政决算情况的报告》；听取和审议区审计局局长张宾受区人民政府委托所作的《2018年度预算执行和其他财政收支的审计工作报告》，并作出相应的决定；听取和审议区民政局局长姚遇平受区人民政府委托所作的《关于〈中华人民共和国老年人权益保障法〉贯彻实施情况的报告》；表决通过有关人事任免。

9月27日，区第十六届人大常委会召开第二十一次会议，听取和审议区委常委、政府副区长马振兵所作的《区十六届人大三次会议代表建议办理情况的报告》；听取和审议区农业农村局局长孙铁受区人民政府委托作《“乡村振兴战略”实施情况的报告》；听取和审议区财政局局长殷一斐受区政府委托所作的《关于丹徒区行政事业性国有资产管理情况的报告》；听取和审议区人民法院院长汤国生所作的《依法防范化解金融风险工作情况的报告》；表决通过有关人事任免。

11月29日，区第十六届人大常委会召开第二十二次会议，听取和审议区委常委、副区长马振兵所作的《丹徒区人民政府关于2019年预算调整方案(草案)的议案》；听取和审议区财政局局长殷一斐受区人民政府委托所作的《丹徒区2019年1～10月份财政预算执行情况及预算调整方案(草案)议案的说明》；听取和审议区审计局局长张宾受区人民政府委托所作的《关于2018年度丹徒区本级财政预算执行和其他财政收支审计查出问题整改情况的报告》；听取和审议区委常委、纪委书记、区监委主任李莉珺所作的《关于派出监察员办公室工作情况的报告》；听取和审议区人民检察院检察长黄进所作的《开展职务犯罪检察工作情况的报告》；讨论召开区十六届人大四次会议筹备工作意见并作出相应的决定；表决通过有关人事任免。

12月26日，区十六届人大常委会举行第二十三次会议，听取和审议区财政局局长殷一斐受区人民政府委托所作的《关于2020年预算(草案)编制情况的报告》；审议区政府《关于将丹徒经济开发区化工企业关闭及环境治理项目采用政府购买服务方式列入财政预算的议案》并进行票决；听取丹徒选区市人大代表的述职报告，并进行测评；听取和审议区政府督查室主任袁斌受区人民政府委托所作的《关于2019年民生实事候选项目的报告》，并进行票决；对政府工作部门和“一委两院”效能建设测评；讨论通过区十六届人大四次会议有关事项；讨论《区人大常委会工作报告》；补选镇江市第八届人民代表大会代表；表决通过有关人事任免。（俞　倩）

表3　**2019年丹徒区十六届人大常委会主任会议情况**

时间	会议名称	会议内容
1月5日	区十六届人大常委会第二十五次主任会议	讨论通过《区人大常委会2019年工作要点、工作计划》
2月22日	区十六届人大常委会第二十六次主任会议	讨论区十六届人大三次会议重要建议办理交办意见；讨论有关人事任免
3月13日	区十六届人大常委会第二十七次主任会议	听取区政府2018年民生实事项目、重点项目、重点工程完成情况及2019年计划安排情况的汇报；讨论有关人事任免

续表

时间	会议名称	会议内容
4月19日	区十六届人大常委会第二十八次主任会议	讨论2019年专项工作评议事宜；讨论五级人大代表调研“扫黑除恶”专项斗争工作事宜；讨论有关人事任免
5月27日	区十六届人大常委会第二十九次主任会议	听取区政府城市管理工作的汇报；听取区政府农村“三资”管理情况的汇报；讨论《争做最美人大代表实施意见》；讨论有关人事任免
6月27日	区十六届人大常委会第三十次主任会议	听取区政府关于卫生系统人才队伍建设情况的汇报；讨论有关人事任免
7月29日	区十六届人大常委会第三十一次主任会议	听取区委常委、区政府副区长马振兵所作的关于政府工作报告承诺清单及民生实事项目推进实施情况的汇报。讨论召开的五级人大代表专题询问会筹备工作；讨论有关人事任免
9月25日	区十六届人大常委会第三十二次主任会议	学习交流学习研讨习近平总书记重要讲话和《纲要》精神；讨论有关人事任免
11月5日	区十六届人大常委会第三十三次主任会议	听取区政府关于十六届人大三次会议重要建议办理情况的汇报；讨论五级人大代表接待选民工作安排；讨论有关人事任免
11月27日	区十六届人大常委会第三十四次主任会议	听取区政府关于法律援助工作情况的汇报；研究讨论区十六届人大四次会议的筹备工作；讨论有关人事任免
12月24日	区十六届人大常委会第三十五次主任会议	听取讨论区委常委、副区长马振兵所作的关于将丹徒经济开发区化工企业关闭及环境治理项目采用政府购买服务方式列入财政预算的情况汇报；审阅《2019年区政府民生实事项目展播》专题片，听取和讨论区政府关于2020年民生实事候选项目的汇报；讨论区人大常委会工作报告；讨论区十六届人大常委会第二十三次会议议程；讨论有关人事任免

（俞　倩）

重点工作

【专题询问形成特色】 2019年9月5日，丹徒区人大召开五级代表专题询问会暨信息发布会，在全市首次以“专题询问+信息发布”的形式开展专题询问工作，《新华日报》等省、市媒体全程参与，群众知情问政不再局限于会场。全国人大代表聂永平、市人大代表万敏、区人大代表付玉香等7名代表围绕人代会目标和全区10件民生实事，江苏卫视、金山网等媒体就精准扶贫、垃圾分类、茅以升实验学校建设、农村公路建设养护等方面，向区政府进行“询问”。区政府领导现场诚恳答复，使询问会成为政府与人大代表良性互动、共谋发展的履职平台，成为丹徒民主法治建设的特色作法，“学习强国”、《人民代表报》等诸多媒体予以关注。（俞　倩）

【民生票决“丹徒模式”】 2019年，丹徒区十六届人民代表大会第三次会议首次尝试政府民生实事项目代表票决制，票决出“四好农村路”等10件民生实事；在该届大会上，纳入票决的事项还有2019年民生实事项目满意度、2020年民生实事候选项目。民生实事票决制建立健全“党委领导、人大主导、政府主办、代表主体”的工作机制，其中“做实决定工作、做深监督工作、做活代表工作”等经验做法，受到省、市人大的肯定。（俞　倩）

【信息宣传】 2019年，丹徒区人大继续强化信息工作，注重把握舆论导向，提升宣传质效，突出履职行权、代表工作、乡镇人大工作等宣传重点；建立定期策划制度，实行目标责任制度，推行稿件通报制度，激发内部活力，强化出稿工作。年内，在省级以上媒体用稿77篇，在市级以上媒体用稿265

篇，信息宣传工作在全市排第一，在全省排前五。
（俞　倩）

图11　2019年1月3日，人大代表票决民生实事
（丹徒区人大办）

【全国人大常委会办公厅专刊推广丹徒人大建议办理经验】 2019年，丹徒区人大常委会在镇级人大开展"一对一"指导，鼓励镇级人大创新创优。按照"继承、巩固、提高"的思路，区人大常委会构建和完善以"公示、督办、评判、问责"为主的闭环工作机制，打通代表建议办理的"最后一公里"。高桥镇人大"向整治要地、帮贫困村脱贫"、宜城街道人大工委依托"代表之家"服务选民等举措，受到省、市人大高度关注。该项工作的经验做法，被全国人大常委会办公厅以专刊形式推广，成为镇江基层人大工作在全国推广的首例。（俞　倩）

【专项工作评议】 2019年，丹徒区人大常委会依据《镇江市丹徒区人大常委会2017～2021年专项工作评议实施方案》，自3月起，启动对区文广体电和旅游局、区经发局、区商务局、丹徒国土分局、区公安局、区水利局6个部门的专项评议工作，刚性化开展评议。各评议组提出建议、批评和意见30余条。被评议部门直面不足、严肃整改，部门工作责任被进一步压实，彰显人大监督力度。（俞　倩）

【五级人大代表统一接待选民】 2019年11月15日，丹徒区人大常委会组织开展人大代表统一接待选民活动，407名省、市、区、镇人大代表前往53个选民接待点，"零距离"听取群众的意见和建议。活动当天，各级人大代表接待选民1235人，收集意见建议469件，现场解答251件，经整理归纳上报市人大督办的建议20件、提交区人代会建议41件、交办镇(街道、园区)237件。（俞　倩）

议案和重要建议

【概况】 2019年，丹徒区十六届人大三次会议期间，代表提出建议、批评和意见53件，10人以上联名提出议案转建议办理的13件，共计66件，涉及道路交通、教育、城市管理、环境保护、社会保障等一批与群众利益密切相关的热点难点问题。至年底，建议已经解决或基本解决28件，占42.42%；正在解决或列入解决计划30件，占45.45%；难以办理8件，占12.12%。代表对建议办理满意47件，基本满意19件，满意、基本满意率100%。（俞　倩）

【《关于大力推进民营经济高质量发展的建议》】 2019年，魏国平代表在区十六届人大三次会议上提出的《关于大力推进民营经济高质量发展的建议》被确定为重要建议。主要内容：建议政府从融资、劳动力组织培训等方面采取切实有效的措施，优化营商环境，帮助民营企业共渡难关，提振业主信心，激发民营企业内生动力和活力，促进民营经济又好又快可持续发展，实现区域经济高质量发展。（俞　倩）

【《关于加快京杭运河辛丰镇国考断面水体达标综合整治工程的议案》】 2019年，刘苗苗等10位代表代表在区十六届人大三次会议上提出《关于加快京杭运河辛丰镇国考断面水体达标综合整治工程的议案》。主要内容：建议区政府把京杭运河辛丰镇国考断面水体达标工程作为全区打好污染防治攻坚战的主要工作，把生态环境保护和生态文明的理念贯穿于经济社会发展全过程、全领域；建立健全水体达标工程保障机制；加强组织领导，上下联动，明确整治目标，和时序进度；强化督查考核、推进落实，在加快建立和完善多元投入机制的同时，加大财政投入，健全绩效考评、责任追究机制等制度体系；加紧落实京杭运河水环境质量达标；依法推进打好污染防治攻坚战。（俞　倩）

丹徒区人民政府

责任编校 李东东

综 述

【概况】 2019年,丹徒区践行新发展理念,推进高质量发展,统筹做好改革发展稳定各项工作,全年完成地区生产总值404.89亿元,比上年增长5.5%;一般公共预算收入23.4亿元,增长1.3%;固定资产投资81.69亿元,增长10.4%,增幅全市第一;社会消费品零售总额63.62亿元,增长11.1%;城镇和农村居民人均可支配收入分别为51907元、24136元,分别增长7.8%、8.2%。(倪羽娟)

【项目建设】 2019年,丹徒区43个重点产业项目完成投资70.7亿元,其中16个市重点产业项目完成投资45.4亿元,均超额完成年度投资任务。北汽麦格纳新能源汽车首款产品ARCFOXN60样车下线,热电联产项目获批向镇江东南部地区联合供热,润祥油气物流园项目取得交通运输部港口岸线使用批复,中建科技项目实现当年建设当年试生产。(倪羽娟)

【精准招商】 2019年,丹徒区全年新签约项目40个,总投资280亿元。其中,亿元以上项目32个,先进制造业项目比重为70%。总投资15亿元的比泽尔空调压缩机、一期投资6亿元的国际鲜花产业园、总投资3.6亿元的云数据中心站等项目相继落户。总投资18亿元的千禾味业、总投资10.6亿元的高端汽车铝制品等项目达成合作意向。(倪羽娟)

【创新转型】 2019年,丹徒区高新技术企业达到102家,申报通过率、增长率均为全市第一。培育工业企业“单打冠军”11家、“专精特新”产品7个、科技“小巨人”企业5家,认定省首台(套)产品14个,申报省“双创计划”(江苏省高层次创新创业人才引进计划)9人、市“金山英才计划”17人。二重、健力宝、大力液压马达、合力紧固件等骨干企业技改扩能推进有序。通济河汽车部件、百瑞吉等7家企业完成落后生产线淘汰工作。镇安电力、威孚锅炉通过国家“两化融合”(信息化和工业化)管理体系评定。丹徒经济开发区入选省知识产权示范园区,探索推进与镇江高新区合作共建产业园区。丹徒高新园盘活奥力机械、辛丰维科精华棉纺织等闲置厂房10万平方米。(倪羽娟)

【产业质态】 2019年,丹徒区着力培育高端装备和先进制造业,促进工业经济提质增效,完成规模以上工业销售收入362.9亿元,比上年下降2%。发展现代农业,新建高标准农田1300公顷(1.95万亩),新增高效设施园艺面积233.33公顷(3500亩),打造上党翰雅等“菜篮子”基地42.27公顷(634亩),新增省农业龙头企业2家、省级家庭农场8家,培育新型职业农民1560人,创成省级“一村一品”(以村为基本单位,发挥本地资源优势,使一个村拥有一个市场潜力大、区域特色明显、附加值高的主导产品和产业)示范村5个。推进全域旅游,举办“宜风韵·生态美”中国丹徒旅游文化节等系列活动,恒顺镇江香醋传统酿造区被认定为第三批国家工业遗产,世业、宝堰成为红色旅游“打卡地”,江心五套村被列入省级乡村旅游重点村名录。完成旅游综合收入83亿元,增长13.7%。2019年,丹徒区

位列全国绿色发展百强区97位、全国新型城镇化质量百强区87位。（倪羽娟）

【乡村环境】2019年，丹徒区有序推进乡村振兴10项重点任务、25个重点项目。开展农村人居环境“四清一治一改”（清理垃圾、清理河塘、清理农业废弃物、清除无保护价值的残垣断壁，加大乡村公共空间治理，切实解决占用公共资源私搭乱建、种养放牧、乱堆乱放问题，加快改变农民不良生活习惯，提高清洁卫生意识）行动，清理各类垃圾2.25万立方米，疏浚农村河道50万立方米，新建农村无害化户厕2000座，新(改)建农村公厕33座，建成省级“特色田园乡村”3个，开工建设市、区级“特色田园乡村”5个、“美丽宜居村庄”10个，世业、荣炳农村人居环境整治成效被央视报道推广，辛丰黄墟入选第五批中国传统村落名录。137个村庄生活污水治理“EPC+运维”工程基本完成，进入试运行阶段。有序推进镇荣公路三期建设，实施高红公路、老镇荣公路、谏辛线等县道大中修12.9公里，完成农村公路提档升级20公里，提前一年完成下达任务，全区行政村双车道四级公路通达率100%。完成交通干线沿线环境综合整治行动，推进连镇铁路(丹徒段)绿化和环境整治工作。持续强化违法用地整改和“大棚房”整治，完成第三次国土调查和违建别墅清查整治，处置闲置土地面积29.57公顷(443.5亩)、批而未征土地面积159.33公顷(2390亩)。（倪羽娟）

【城市功能】2019年，丹徒区城市功能进一步完善。镇江东站交通枢纽开工建设，镇江高校园区加快收官，市委党校、江苏大学京江学院部分交付使用，江苏科技大学新校区主体建筑基本完成。完成棚户区拆迁改造7.7万平方米，宜东铭苑四期单体封顶，蔡巷铭苑、长香翠庭、高资幸福家园等项目有序推进。实施城区污水管网提质增效工程，完成管网检测修复128公里。城西公园、朝阳河滨河步道建成使用。改造城区公交站亭34座，实现城区标准化站亭全覆盖。智慧城市建设全面启动，海绵城市建设通过国家考核验收。（倪羽娟）

【民生实事】2019年，丹徒区推进各项民生实事。茅以升实验学校主体教学楼全部封顶，青少年活动中心(老年大学)新场馆启用。新建标准化居家养老服务中心4个、社区老年人助餐点14个，居家养老上门服务实现全覆盖。深化医疗改革，医联体建设取得成效，代表全省通过国家血吸虫病传播阻断达标评估，儿童预防接种门诊标准化建设实现全覆盖，谷阳槐荫、东湖和辛丰辛桥创建成为“省级示范村卫生室”。提升改造文化礼堂21个，新(改)建体育健身公园11个、健身步道8公里，新增公共体育设施面积2万平方米，建成区、镇、村三级应急广播体系，世业洲体育休闲小镇入选江苏省第三批“共建体育健康特色小镇”。举办丹徒区第八届运动会、世业长江国际音乐节、第二届“米芾杯”国际青少年书法大赛等活动，丹徒对外影响力和知名度持续提升。（倪羽娟）

【政务公开】2019年，丹徒区以深化政务公开为主线，以依法行政、提高效能、建设服务型政府为目标，推进政务公开工作，做好主动公开工作，在“生态丹徒”政府门户网站主站发布各类新闻、图片、资料及动态信息5700余条，其中区政府文件160余件，区政府部门、镇(园区、街道)子站发布信息3800余条。将社会公益事业建设等重点领域作为政务公开工作的重要内容，在政府网站主站及部门子站上分专栏公开。年初，在区政府政务公开栏分二期公开“2018年丹徒区政府重点工作建设成果”“2019年区政府66项重点工作任务分解方案”。（倪羽娟）

【侨务工作】2019年，镇江市丹徒区人民政府侨务办公室(简称丹徒区侨办)按照江苏省、镇江市侨务工作会议要求，推动全区侨务工作高质量发展。全年走访慰问困难归侨、侨眷和留学生亲属46户(次)，发放困难归侨定补5万余元，全区困难归侨保障率100%。春节期间，组织看望困难归侨，发放爱心年夜饭及慰问金500元。端午节前，丹徒区侨办联合镇江市、丹徒区两级侨联在高资街道西斛村开展“走进侨村，爱心助侨”侨爱心系列活动，组织市级医疗专家团队为村里归侨侨眷进行义诊，开展爱心理发、侨法宣传等系列送爱心活动。7月，镇江市侨办、丹徒区侨办、丹徒区卫健委、高资街道在高资卫生院联合举办“镇江市农村困难归侨‘暖侨关爱’活动”举行，邀请镇江市瑞康医院知名专家教授，为23名困难归侨和60名侨眷属提供医疗咨询义诊，赠送就诊卡、药品、耗材共计1.68万元。11月，丹徒区侨办组织全区镇(街道、园区)和华商会企业参加2019年度镇江华侨华人创业发展洽谈会，邀请海外嘉宾参加丹徒分会，开展投资环境推介和对接交流活动，签约投资项目2个。推动高资街道西斛村“为侨服务示范点”创建工作，依托西斛村党群服务中心，新建图书阅览室、乒乓球活动室、象棋室和多功能厅等“侨胞之家”活动中心，建成归侨侨眷文化长廊、健身广场、公园等场所，为侨眷侨属提供学习、娱乐、交流活动场所。开展侨法宣传活动，开设法治宣传咨询点，向群众发放《侨务法律法规汇编》等宣传资料300余份。(杨燕)

【外事工作】 2019年，丹徒区因公出国(境)团组17批，出国30人次；邀请外国人来华9批，15人次。接待来访4批共计17人；办理APEC商务旅行卡3批共7张。 (倪羽娟)

表4 **2019年邀请外国人到丹徒区访问情况**

序号	邀请单位	国籍	人数（人）	时间
1	上豪包装机械（镇江）有限公司	阿塞拜疆	2	2019.3
2	镇江利好食品有限公司	叙利亚	1	2019.3
3	江苏力帆胶囊有限公司	巴基斯坦	1	2019.4
4	江苏力帆胶囊有限公司	孟加拉	1	2019.4
5	江苏力帆胶囊有限公司	巴基斯坦	1	2019.5
6	镇江畅海进出口有限公司	伊朗	1	2019.5
7	镇江大力液压马达股份有限公司	土耳其	2	2019.8
8	江苏润合智能装备有限公司	伊拉克	1	2019.8
9	镇江艾力升电缆有限公司	土耳其	5	2019.12

（倪羽娟）

表5 **2019年丹徒区因公出国（境）人员情况**

序号	派遣部门	出访国家（地区）	出访任务	人数（人）	出访时间
1	丹徒区政府	瑞士、奥地利	经贸团组	1	2019.3
2	丹徒区政府	日本	经贸团组	4	2019.4
3	丹徒区政府	丹麦、挪威	文化交流团组	1	2019.5
4	丹徒区商务局	希腊、葡萄牙	服务外包	1	2019.5
5	丹徒经济开发区	英国、爱尔兰	商务团组	1	2019.5
6	丹徒区环保局	日本	环保合作、推介	1	2019.6

续表

序号	派遣部门	出访国家（地区）	出访任务	人数（人）	出访时间
7	江苏省大港中学 丹徒高级中学	泰国	学术交流	2	2019.8
8	丹徒区商务局	巴西、阿根廷	经贸团组	1	2019.8
9	丹徒区政府	德国、奥地利	经贸团组	2	2019.9
10	丹徒实验学校	芬兰	中小学管理者研修班	1	2019.9
11	丹徒高级中学	美国	高中英语教师培训	1	
12	丹徒经济开发区	德国	全省高质量发展培训	1	2019.10
13	丹徒区三山中心小学	澳大利亚	小学英语教师培训	1	2019.10
14	镇江市宜城中学 丹徒实验学校 黄墟中心小学	澳大利亚	镇江市德育教师培训	3	2019.12
15	镇江市宜城中学 镇江市宝堰中学 上党中心幼儿园 西麓中心小学	美国	镇江市骨干教师培训	4	2019.12
16	丹徒区政府	德国	经贸团组	4	2019.12
17	丹徒区人大	丹麦、古巴	经贸、文化团组	1	2019.12

（倪羽娟）

【麦格纳卫蓝新能源汽车技术(镇江)有限公司揭牌暨新能源汽车试验中心奠基活动】 2019年1月15日，麦格纳卫蓝新能源汽车技术(镇江)有限公司揭牌暨新能源汽车试验中心奠基活动在丹徒区举行。市长张叶飞、麦格纳斯太尔汽车技术及工程全球总裁卡尔•斯特雷克、北汽新能源总经理郑刚出席活动并致辞，市、区领导陈可可、杭祝鸿、张映桥、谢继步、韩宏亮出席活动。该公司计划开发ARCFOX品牌高端电动汽车产品，打造高端电动汽车整车平台核心技术，建立整车全新开发体系流程、机制与知识管理体系，建设具有国际竞争力的汽车研发与服务企业。（倪羽娟）

图12　2019年1月15日，麦格纳卫蓝新能源汽车技术（镇江）有限公司揭牌暨新能源汽车试验中心奠基活动在丹徒区举行　（丹徒区委宣传部）

【丹徒区2019年重大产业项目集中开工仪式】 2019年3月29日，丹徒区2019年重大产业项目集中开工仪式暨中建科技装配式建筑构件与制造基地项目开工仪式在丹徒经济开发区举行。区委书记张映桥出席活动。活动中，张映桥等领导和嘉宾共同为项目开工按动启动球。丹徒经济开发区和项目方代表分别作表态发言和项目情况介绍。2019年以来，丹徒区坚持新发展理念，围绕做强实体经济，把“项目建设”作为打造高质量发展新动能的关键一招，以“开局就是决战、起步就要冲锋”的姿态，围绕先进制造、高端装备等主导产业，严把质量关口，突出“亩均产出”，做好项目招引、规

划布局和转型升级等工作，以高质量的项目支撑高质量发展，赢得广大投资者的青睐和企业家的肯定。 (倪羽娟)

图13 2019年3月29日，丹徒区举行重大产业项目集中开工仪式 (丹徒区委宣传部)

【镇江长江大桥主缆架设完成】 2019年，主体工程部分位于丹徒区境内的镇江长江大桥工程建设有序推进。5月10日，镇江长江大桥两根长1934米、重达46吨的主缆索股从连镇铁路镇江长江大桥北岸放索区索引过江，704根主缆索股全部架设完成。 (倪羽娟)

重要会议

【丹徒区政府常务会议】 2019年，镇江市丹徒区人民政府(以下简称丹徒区政府)先后召开常务会议12次。

1月23日，会议审议有关事项，听取5个单位的事项汇报，研究区政府2019年重点工作任务分解方案等事宜；1月24日，会议审议《北汽麦格纳项目扶持资金筹措方案》《丹徒区新能源汽车产业创新发展资金管理暂行办法》等事宜；2月16日，专题研究丹徒化肥厂下属全资国有子公司资产(镇江市丹徒区日飞汽车运输有限公司)处置事宜；3月5日，会议审议有关事项，研究重点产业项目、政府投资项目推进方案、2019年区政府民生实事项目实施方案等相关事宜；4月26日，会议审议有关事项，传达学习吴政隆在省政府常务会议上的讲话精神并听取全区安全生产工作情况汇报等相关事项，研究《丹徒区耕地占补平衡项目考核管理办法》《丹徒区增减挂钩项目资金管理办法》，研究区政府与国控集团关于北汽麦格纳项目合作等相关事宜；6月5日，会议审议有关事项，听取8个单位的工作情况报告，研究《2019年度区政府重大行政决策事项目录》并原则通过；7月16日，会议审议有关事宜，听取区委政法委关于全区“扫黑除恶”专项斗争的情况汇报和天龙化工关停工作情况汇报，研究丹徒区“十三五”生态环境保护规划实施方案和2019年工作计划等相关事宜；8月16日，会议听取区交通运输局关于2019年度县道大中修工程的汇报，原则同意区交通运输局工作方案，研究7个单位的有关事宜；9月12日，会议审议有关事宜，学习《政府投资条例》，听取全区安全生产工作情况等相关汇报，研究《镇江市丹徒区化工产业安全环保整治提升实施方案》、茂源化工土壤修复详细调查和厂房拆除、购置住房公积金中心服务用房等事宜。11月8日，会议审议有关事宜，研究长江经济带废弃露天矿山生态修复项目安排方案、行政审批局首批权力事项划转等事宜。12月20日，会议审议有关事宜，学习习近平总书记关于安全生产工作的重要指示，听取区应急管理局关于全区安全生产工作情况的汇报，研究丹徒区安全生产巡查工作方案并原则同意，研究2020年重点产业项目投资计划、2020年国民经济和社会发展主要指标安排，研究北汽麦格纳项目第二批人才奖励资金拨付等事宜；12月27日，会议审议有关事宜，听取全区消防工作汇报、公安工作汇报，研究丹徒区人民政府工作报告并原则通过，提交区委常委会研究。 (倪羽娟)

【丹徒区区长办公会议】 2019年，丹徒区政府召开区长办公会议1次。会议于2月11日召开，区长谢继步主持会议，常务副区长韩宏亮，副区长贺文、贺丽娟、陈静、梅放、邵建海、张军(挂职)、张莅(挂职)，区政府办公室主任戴益峰出席会议。会议明确2月工作重点和当前工作要求，并交流重点工作推进落实情况。会议要求全年工作早谋划、早部署，赢得主动权，并要求区政府班子全体人员认真履职，加强工作全过程管理，确立正确工作思路，采取有效工作方法。（倪羽娟）

行政审批

【概况】 2019年，丹徒区行政审批局贯彻落实国家、省、市、区“放管服”改革各项决策部署，聚焦改革所向、企业所需、群众所盼，开展各项工作。建立企业家座谈长效机制，构建覆盖全区的“帮你办”服务新体系，整合窗口资源，推行“不见面”审批等改革举措，助推全区高质量发展。年内，丹徒区行政审批局被区委、区政府评为“区级机关绩效管理考核优胜单位(单项工作突出贡献奖)”“‘五好五争’先进典型”“项目服务先进单位”。

年内，丹徒区政务服务中心各窗口受理业务108690件，办结108690件，办结率100%，其中，本着让企业“最多跑一次的”原则，现场为北汽蓝谷麦格纳汽车有限公司换发营业执照，完成内资转外资变更手续，助力北汽高端新能源汽车落户丹徒；“12345”政府热线承办工单24403件，办结率100%，按时办结率99.84%，综合满意率90%。公共资源交易中心完成工程类交易项目56项，交易金额34.34亿元，节约资金4.93亿元，节约率12.55%；政府采购类完成交易项目523项，节约金额2283万元，节约率13.84%；农村产权交易平台完成区级交易283笔，交易面积2068.18公顷(31022.65亩)，交易金额8010万元。（徐　超）

【丹徒区行政审批局挂牌】 2019年2月28日，丹徒区行政审批局召开转隶组建工作布置会，丹徒区委常委、常务副区长、区政法委书记韩宏亮参加会议并讲话。在该次机构改革中，新组建丹徒区行政审批局，作为区政府工作部门。丹徒区整合政府相关部门的有关行政许可职责、区政务服务管理办公室的行政职能，划转到丹徒区行政审批局，丹徒区公共资源交易中心、丹徒区e办事服务中心整建制也转隶到丹徒区行政审批局。（徐　超）

【企业登记身份管理实名验证系统上线】 2019年4月30日，丹徒区政务服务中心落实国家工商总局工作部署，完成全国企业登记身份管理实名验证系统上线工作。该实名验证系统要求申请办理企业设立登记的法定代表人、股东、主要负责人、高管、经办人等相关自然人进行实名验证，并全部通过联网查验，逐步实现企业登记信息“一经注册验证、全国联网应用”的目标。该实名验证系统能有效防控冒用他人身份骗取企业登记注册，防范企业相关自然人身份虚假申报现象。（许梦佳）

【丹徒区公共资源交易中心“不见面开标”系统启动】 2019年6月21日，丹徒区完成首例网上“不见面开标”项目。该项目为丹徒区人民法院为民服务中心工程，招标人、投标人及其他相关人员通过登录网上“不见面开标”大厅，完成开标准备、投标人名单公布、远程签到、评标办法抽取、投标文件在线解密、商务标报价等操作。“不见面开标”系统将传统的实体开标场所搬到网上，能够大幅缩减开标会议时间，提高开标运行效率，降低投标单位投标成本，有效防止围标、串标现象的发生，打通“互联网+公共资源交易”的“最后一公里”。（汤　峰）

图14　2019年6月21日，丹徒区公共资源交易中心“不见面开标”系统启动　（丹徒区行政审批局）

表 6　**2019 年度丹徒区政务服务中心各窗口办件情况**

报窗口	项目受理件数					项目办结件数
	总件数	其中				
		即办件	承诺件	补办件	上报件	
经济发展局窗口	319	0	319	0	0	319
商务局窗口	0	0	0	0	0	0
税务局窗口	9431	9431	0	0	0	9431
市场监管局窗口	6827	0	6827	0	0	6827
自然资源和规划局	342	0	342	0	0	342
住建局窗口	709	0	709	0	0	709
交通局窗口	5095	5095	0	0	0	5095
卫健委窗口	333	0	333	0	0	333
气象局窗口	0	0	0	0	0	0
人防办窗口	121	0	121	0	0	121
人社局窗口	4	0	4	0	0	4
城管局窗口	164	0	164	0	0	164
财政局窗口	81	0	81	0	0	81
银行归口收费	356	356	0	0	0	356
住房公积金中心	5055	5055	0	0	0	5055
水利局窗口	401	0	401	0	0	401
民政局窗口	100	0	100	0	0	100
农业农村窗口	435	435	0	0	0	435
公安窗口	69	69	0	0	0	69
公安出入境窗口	8643	8643	0	0	0	8643
华润燃气窗口	10572	10572	0	0	0	10572
消防窗口	49	49	0	0	0	49
三证合一窗口	8189	0	8189	0	0	8189
烟草局窗口	178	0	178	0	0	178
应急管理局窗口	39	39	0	0	0	39
公交IC卡窗口	49550	49550	0	0	0	49550
印章备案	811	811	0	0	0	811
公共资源交易中心	539	0	539	0	0	539
农村产权交易窗口	278	0	278	0	0	278
合计	108690	90105	18585	0	0	108690

（张书华）

机关事务管理

【概况】 2019年，镇江市丹徒区机关事务管理局按照机构改革相关部署，更名为丹徒区机关事务管理中心。年内，丹徒区机关事务管理中心按照高质量发展要求，落实职能任务，推进管理科学化、保障法制化、服务规范化，推动机关事务工作履职能力升级。（夏晶莲）

【安全保障】 2019年，丹徒区机关事务管理中心落实安全防范各项制度，制定物业管理服务监督考核办法，进一步细化、量化日常工作和重点工作，实现全年安全责任“零事故”。定期检查行政中心消防安全管理、水电设施设备运行、安全保卫、用水用电安全等工作，确保安全保障到位。强化监控室、电梯、机房、中央空调设备房等重点部位的设施设备维护，提升应急管理能力。升级改造行政中心安防系统，强化隐患排查，安装监控、门禁系统，“启动智慧后勤”APP平台内部测试。（夏晶莲）

【公务用车管理】 2019年，丹徒区机关事务管理中心加强公务车编制管理，结合企事业单位车改，将公车更新程序审核延伸至机关部门下属事业单位，严把车辆购置关，严格公车配备审批程序。制定公务用车标识化及平台化管理办法，通过网络平台实时监督事业单位公车使用情况，不定期抽查车辆行驶轨迹。每月向用车单位通报发现的问题，推进车辆监管常态化长效化，提升车辆管理规范化水平。（夏晶莲）

【办公用房管理】 2019年，丹徒区机关事务管理中心制定全区机构改革办公用房调整安排方案，推动13家涉改单位搬迁到位，确保工作正常运转。配合镇江市办公用房督查组，采用定期检查和不定期抽查方式，督查全区党政领导干部办公用房使用情况，防止超标违规问题反弹回潮。完成全区党政机关27幢大楼情况摸底，为办公用房调剂、分配工作奠定基础。召开信息统计工作培训会，依托全省党政机关办公用房管理信息系统，完成本级党政机关及乡镇、街道办公用房基础信息填报工作。（夏晶莲）

【后勤服务管理】 2019年，丹徒机关事务管理中心以“你的满意就是我的追求”服务理念，推进后勤服务管理各项工作。机关食堂方面，严格管理食品原材料验收关、检测关、复检关，保障食品安全；完成就餐卡系统升级，新增二楼自助餐，采用低价格、高品质的服务模式，改善机关食堂就餐环境，缓解就餐人数增加的压力；通过定期开展食堂员工技能比拼、召开机关干部座谈会、每季度发放满意度调查问卷等方式，改进菜品式样，提升服务质量。会务接待方面，通过招标程序，外包丹徒区行政中心会议和弱电系统维保工作，聘请专业人才负责会议室音响设备的控制和维护，优化会议环境，提高会务服务质量。（夏晶莲）

【公共机构节能】 2019年，丹徒区机关事务管理中心开展“节能节水示范单位”创建活动，丹徒区文广体局、丹徒区教育局、丹徒区行政中心3家单位创建成为“2018年度省级节水型单位”，丹徒区卫健委创建成为“2018年度省级公共机构节能示范单位”，丹徒区住建局为“2019年度省公共机构节能示范创建单位”。制定《党政机关生活垃圾分类工作实施方案》，推进垃圾分类工作。施行照明灯具LED和新式节能步进式开水炉改造工作，提升党政机关节能改造水平。完成公共机构能源资源消费统计工作，推进机关办公建筑用能管理提升工程，实现能源消费分项、分类计量、能耗数据实时监测。开展“节能宣传周”等系列活动，引导干部职工树立“创新、协调、绿色、开放、共享”发展理念，培育机关干部职工绿色低碳意识。（夏晶莲）

政协丹徒区委员会

责任编校 李东东

综 述

【概况】 2019年，中国人民政治协商会议镇江市丹徒区委员会(简称丹徒区政协)以政协系统党的建设为引领，以服务丹徒改革发展稳定大局为重点，做实履职成果，创新履职思路，突破履职能力，推动丹徒高质量发展。

以强化党的领导为核心，协助区委召开全区政协工作会议和区委政协工作会议，制定下发《关于加强和改进新时代人民政协工作的若干意见》，转发镇江市委《关于深入学习贯彻中央和省委政协工作会议精神的通知》，为全区上下正确把握人民政协的性质定位和人民政协工作的总体目标提出新要求。召开全区政协系统党建工作专题会议，制定实施《关于加强新时代全区政协系统党的建设工作的实施意见》，使政协系统党建思路更加清晰明确。坚持重大事项和重点工作向区委请示报告制度，在区委领导下谋划和推进工作。执行关于党内政治生活的各项规定，坚持党组理论学习中心组每月学习一次，完善《党组工作规则》，规范“三重一大”决策程序，建立区政协党组“双联双促”工作机制，指导政协机关党支部完成换届工作，创成“四星级”党支部。

通过座谈交流、联系走访等方式，主动与各民主党派、工商联和无党派人士互通情况、交流意见，凝聚共识。优先搭建履职平台，安排民主党派、工商联和无党派人士代表参加政协重要会议、重要活动。建立“丹徒籍海外华人微信群”，组织“新生代”华侨开展联谊活动，凝聚侨心、汇聚侨力。举办“政协开放日”活动，组织社会各界人士走进政协机关，参与政协活动。全年赴外地政协考察学习6批次，接待外地政协团组来丹徒学习考察15批次。

(陈珍娜)

【政治协商】 2019年，丹徒区政协开展多层次协商活动。全年召开政府政协联席会议1次；召开政协常委会议5次，围绕“基层社区治理能力现代化建设”和“培育乡村经济发展新动能”开展重点协商2次；围绕“发挥侨力，助推丹徒高质量发展情况”“如何服务民营经济发展情况”等内容，开展主席会议专题协商7次，其中专题议政性主席(扩大)会议2次；围绕调研和视察课题开展部门对口协商10次。 (陈珍娜)

【参政议政】 2019年，丹徒区政协全体委员和政协各参加单位，运用提案形式建言献策，围绕全区发展大局和人民群众普遍关心的热点、难点问题，提交提案151件，经审查立案144件，其中集体提案28件。丹徒区政协课题组以及各委员活动小组、各党派团体结合实际，开展调查研究，形成高质量调研报告3篇、大会发言材料13篇。加大反映社情民意信息工作力度，全年上报社情民意信息36条，并选择重点内容，向区委、区政府及相关职能部门报送《社情民意信息专报》3期。 (陈珍娜)

【民主监督】 2019年，丹徒区政协制定实施《关于加强和改进人民政协民主监督工作的实施意见》，确保政协民主监督有方向、有内容、有规章。组织委员围绕校外培训机构规范化管理、机构改革效能建设以及运河、中心河水环境整治等6个课题，开展监督，形成报告和建议案报区委、区政府及相关部门。在区政府确定的民生实事中，选择“强村富民”达新标行动完成情况和落实国家降低社保税费、减轻企业负担情况，组织委员开展专项监督。组织委员参与市政协“助力蓝天保卫战”主题活动，民主监督丹徒片区35个环境整治项目开展情况，助推项目整改到位。（陈珍娜）

重要会议

【丹徒区政协十届三次会议】 2019年1月2～5日，中国人民政治协商会议镇江市丹徒区第十届委员会第三次会议在丹徒区会议中心举行。会议应出席委员161人，实到委员154人。会议听取并讨论区委书记张映桥代表中共镇江市丹徒区委所作的讲话。会议赞同区长谢继步所作的《政府工作报告》，对区政府2018年取得的成绩表示满意。会议审议通过《丹徒区政协十届三次会议关于常务委员会工作报告的决议》《丹徒区政协十届三次会议关于提案工作情况报告的决议》。会议要求，丹徒区政协、全体政协委员和区政协各参加单位要以习近平新时代中国特色社会主义思想为指导，为决胜高水平全面建成小康社会，开启丹徒现代化新征程而奋斗。（陈珍娜）

图15　2019年1月2～5日，中国人民政治协商会议镇江市丹徒区第十届委员会第三次会议在丹徒区会议中心举行（丹徒区政协）

【丹徒区政协常委会议】 2019年，丹徒区政协召开常委会议5次。

1月3日，召开十届十二次常委会议第一次全体会议，听取各讨论组学习讨论情况的汇报。1月4日，召开十届十二次常委会议第二次全体会议，听取各讨论小组学习讨论情况的汇报，讨论并通过《丹徒区政协十届三次会议关于提案审查情况的报告(讨论稿)》，讨论并通过《丹徒区政协十届三次会议决议(草案)》《丹徒区政协十届三次会议关于常务委员会工作报告的决议(草案)》《丹徒区政协十届三次会议关于提案工作情况报告的决议(草案)》。

3月7日，召开十届十三次常委会议。会议审议通过《丹徒区政协2019年工作要点》，动员部署区政协2019年“践行新时代要求，建言高质量发展”委员主题活动，分解落实区政协各项工作任务，布置重点工作。

9月3日，召开十届十四次常委会议。会议听取和讨论了区政府关于“2019年上半年国民经济和社会发展情况及下半年主要工作安排”的情况通报，区政协经济科技委员会就通报情况作专题发言；听取和讨论区政府关于“基层社区治理能力现代化建设”的情况通报，区政协“基层社区治理能力现代化建设”调研课题组成员作专题发言。

11月1日，召开十届十五次常委会议。会议听取和讨论丹徒区政府关于“培育乡村经济发展新动能”的情况通报；听取和讨论丹徒区政府关于提案办理的情况的通报；听取丹徒区政府相关部门关于提案办理情况的汇报，并开展民主评议。本次常委会作为“政协开放日”的载体，邀请十余名不是政协常委的部分委员以及界别群众列席会议，共同参与民主评议提案，并且观摩整场会议。

12月27日，召开十届十六次常委会议。决定丹徒区政协十届四次会议于2020年1月2日开幕、1月5日上午闭幕。会议审议并原则通过《丹徒区政协常委会工作报告(征求意见稿)》《丹徒区政协常委会关于提案工作情况的报告(征求意见稿)》，审议并原则通过丹徒区政协十届四次会议议程(草案)和日程(草案)，原则通过丹徒区政协十届四次会议大会报告

人建议名单和大会秘书处工作机构及负责人名单，审议通过有关人事调整事项。（陈珍娜）

【丹徒区政府、政协联席会议】 2019年12月18日，丹徒区政府与区政协召开联席会议，区委副书记、区长谢继步出席并讲话，区政协主席徐新祥主持会议。会上，徐新祥通报区政协2019年主要工作及2020年工作思路。区委常委、常务副区长马振兵通报区政府2019年主要工作及2020年工作打算。谢继步与区政府各副区长围绕区政协2020年协商议政课题提出建议。副区长贺丽娟、姚恒清、卢英敏，区政协副主席叶向东、李晓娟、任金华，党组成员刘镇，秘书长蔡怀根出席会议。（陈珍娜）

【丹徒区政协工作会议】 2019年2月22日，丹徒区召开全区政协工作会议。区委书记张映桥、区人大常委会主任李幸福、区政协主席徐新祥出席会议，区委常委、组织部部长陈平才主持会议。区委常委，区政府、区政协负责人，区法院、区检察院主要负责人，各镇(街道、园区)党(工)委、区级机关各部门、各直属单位主要负责人，区政协委办负责同志、委员活动小组组长，区各民主党派、工商联、无党派人士联谊会主要负责人参加会议。会上，张映桥、徐新祥发表讲话。世业镇党委、辛丰镇政协联络委、政协第九委员活动小组、民建丹徒区基层委员会在大会作交流发言。会议印发《关于加强和改进新时代人民政协工作的若干意见》《关于加强新时代全区政协系统党的建设工作的实施意见》等文件。（陈珍娜）

【丹徒区委政协工作会议】 2019年12月9日，丹徒区委召开政协工作会议，学习习近平总书记在中央政协工作会议暨庆祝中国人民政治协商会议成立70周年大会上的重要讲话精神，贯彻落实中央、省委和市委有关精神，研究部署加强改进丹徒区人民政协工作。区委书记张映桥出席会议并讲话，区委副书记、区长谢继步主持会议。区委常委、区人大常委会主任、区政协领导、区法院院长、区检察院检察长，各镇(街道、园区)党(工)委书记参加会议。（陈珍娜）

重要活动

【“践行新时代要求，建言高质量发展”主题活动】 2019年，丹徒区政协在全体政协委员中开展“践行新时代要求，建言高质量发展”主题活动，重点围绕习近平总书记关于加强和改进人民政协工作的重要思想、在中央政协工作会议暨庆祝中国人民政治协商会议成立70周年大会上的讲话，开展大学习、大讨论，形成一批理论成果，向市政协报送理论文章4篇。（陈珍娜）

【“政协委员之家”建设】 2019年，丹徒区政协在全区范围内开展“政协委员之家”建设，建成“政协委员之家”12家。2月，江苏省政协主席黄莉新到镇江调研，视察并肯定丹徒“政协委员之家”的建设成果。“政协委员之家”的建设为委员履职提供固定场所和全新平台，进一步拉近委员与基层以及界别群众的距离。（陈珍娜）

【“政协委员接待日”活动】 2019年，丹徒区政协着力为民发声、为民解困，组织开展“政协委员接待日”活动。依托“政协委员之家”平台，通过政协领导接待政协委员、省市区三级政协委员共同接待界别群众、区政协委员接待界别群众的方式，与基层委员和界别群众开展面对面交流协商。开展协商活动16场，委员参与79人次，接待群众86人，收集关于企业用工、交通出行、村庄环境、税收新政对企业的影响等各类问题88条，现场解决的20条，其余问题均移交到相关单位和部门予以解决。（陈珍娜）

【“丹青绘盛世”书画篆刻摄影展】 2019年9月，丹徒区政协举办“丹青绘盛世”丹徒政协书画篆刻摄影展，庆祝新中国成立七十周年和人民政协成立七十周年。活动征集摄影作品18幅、书法作品23件、篆刻作品5件、绘画作品48件，先后在丹徒文化艺术活动中心美术馆和丹徒会议中心一楼大厅展出，得到社会各界好评。（陈珍娜）

纪检监察

责任编校 李东东

综 述

【概况】 2019年，中国共产党镇江市丹徒区纪律检查委员会、镇江市丹徒区监察委员会(以下简称丹徒区纪委监委)落实习近平总书记系列重要讲话指示精神，协助党委推进全面从严治党，巩固发展反腐败斗争压倒性胜利，为建设“强富美高”新丹徒提供坚强保障。

持续深化纪检监察体制改革，8家区属国有企事业单位纪检监察体制改革顺利完成；完善纪检监察工作机制，分类制定镇(街道、园区)纪(工)委、派驻机构、委机关各室的年度高质量考核办法；推进纪检监察队伍建设，组织专题党课、现场教学、集中研讨等各类学习活动51场次，全区纪检监察干部签订《作风建设承诺书》并填报个人有关事项；完善惩治和预防腐败体系建设，反腐倡廉工作取得阶段性成效，区纪委监委被评为“江苏省扫黑除恶先进单位”。 (包 珩)

【纪检监察体制改革】 2019年，丹徒区纪委监委持续深化纪检监察体制改革各项工作。年内，丹徒区纪委监委重点学习研究中央纪委《纪检监察统计分析指标体系(试行)》，依据《关于深化镇江市丹徒区纪委监委派驻机构改革的实施意见》《关于区属国有企业、部分区属事业单位纪检监察机构设置有关事项的意见》，完成8家区属国有企事业单位纪检监察体制改革。 (包 珩)

【纪检监察工作机制建设】 2019年，丹徒区纪委监委先后建立留置案件审理提前介入机制、监督检查协同组机制、派驻机构案件审理小组机制、案件会商机制和巡察汇报旁听机制，完善留置案件“9+1+1”(九名办案人员+案件承办室分管常委(委员)+分管审查调查的副书记)专案组办案模式，强化工作协同配合和监督制约。分类制定镇(街道、园区)纪(工)委、派驻机构、委机关各室的年度高质量考核办法，强化目标引领，以“考”促“干”，促进“干”出新作为。 (包 珩)

【纪检监察队伍建设】 2019年，丹徒区纪委监委推进纪检监察队伍建设各项工作。年内，组织专题党课、现场教学、集中研讨等各类学习活动51场次；开展“一人一重点、领办解难题”(第二批“不忘初心、牢记使命”主题教育活动中，镇江市建立“一人一重点、领办解难题”机制，通过个人自主申报、组织审核把关，领导干部每人领办解决1个事关本职领域、与群众关系密切的难题)专题调研，解决领办难题42件；召开全区纪检监察系统作风建设专项教育大会，全区纪检监察干部签订《作风建设承诺书》并填报个人有关事项；围绕“打铁必须自身硬”专项行动，带头建设模范机关，成立“丹清”志愿者服务队，1人当选“丹徒最美退役军人”；邀请江苏大学法学院专家，围绕刑事诉讼法、监察法等专题授课8次，编印下发《监察体制改革试点期间规范性文件汇编》等工具书，坚持“以案代训”“以信代训”(抽调新进人员、年轻干部、基层纪检干部参加留置案件、信访接待等工作，在实践中丰富专业知识，提高工作能力)；参与上级纪委监委专案34

人次，抽调基层纪检监察干部到区纪委监委一线室(组)参与实战30人次。（包 珩）

【执纪执法成效】 2019年，丹徒区纪委监委不断完善惩治和预防腐败体系建设，反腐倡廉工作取得阶段性成效，区纪委监委被评为“江苏省扫黑除恶先进单位”。运用监督执纪“四种形态”处置309人次，其中“第一种形态”“第二种形态”占比为89.6%，监督执纪进一步由“惩治极少数”向“管住大多数”拓展。全年立案147件，比上年增长20.6%，涉及乡科级领导干部15人，采取留置措施12人，移送司法机关12人。向问题单位发出纪律检查建议3件、监察建议1件，实施“一案双查”(既要追究当事人责任，又要追究相关领导责任)12起15人，通报曝光典型案例16批26起。以“打伞破网”(即涉黑涉恶的“关系网”“保护伞”)为重点，优先办理涉黑涉恶问题线索，查处涉黑涉恶腐败4人、“保护伞”2人，推动工作不力4人。（包 珩）

重要会议

【中共丹徒区第十三届纪律检查委员会第四次全体会议】 2019年2月1日，中国共产党镇江市丹徒区第十三届纪律检查委员会第四次全体会议在丹徒新城会议中心礼堂举行。全会以习近平新时代中国特色社会主义思想和中共十九大精神为指导，落实中央纪委三次全会和省、市纪委四次全会以及省、市、区党代会部署，总结2018年全区纪检监察工作，部署2019年任务。区四套班子领导出席会议，区委书记张映桥讲话；全会审议通过区委常委、区纪委书记、区监委主任李莉珺代表区纪委常委会所作的《忠诚履职尽责，勇担时代重任，稳步推动丹徒纪检监察工作高质量发展》的工作报告。（包 珩）

【全区领导干部警示教育大会】 2019年12月27日，丹徒区领导干部警示教育大会在丹徒新城举行。该会议由丹徒区纪委监委协助区委组织召开，全区副科职以上领导干部，各村(社区)党组织书记、主任约600人参加会议。会上，全区领导干部观看警示教育片《失重的誓言》。会议要求，全区领导干部“要以案为鉴筑牢思想防线，要严以用权不碰法纪红线，要务实担当树立行为高线，要夯实责任坚守廉政底线”，为推动高质量发展、决胜高水平全面建成小康丹徒提供坚强政治保证。（包 珩）

【全区纪检监察系统作风建设大会】 2020年1月17日，丹徒区纪委监委在区财政局六楼会议室召开全区纪检监察系统作风建设大会。丹徒区纪委监委领导班子全体成员，区委巡察机构、区纪委监委各派驻组人员，区级机关纪工委书记、镇(街道、园区)纪(工)委书记以及委机关全体干部，部分人大代表、政协委员和特约监察员共126人参加会议。会议印发开展专项教育的通知，并组织与会人员观看警示教育片《失重的誓言》，签订作风建设承诺书。会上，丹徒区委常委、区纪委书记、区监委主任李莉珺围绕“作风再锤炼、形象再提升”主题作讲话。（包 珩）

【全区纪检监察组织“扫黑除恶”专项斗争座谈会】 2019年10月21日，丹徒区委常委、区纪委书记、区监委主任李莉珺主持召开全区纪检监察组织“扫黑除恶”专项斗争座谈会，听取各镇(街道、园区)纪(工)委、区纪委监委各派驻纪检监察组“扫黑除恶”专项斗争开展情况汇报。李莉珺要求要落实中央扫黑除恶第17督导组督导江苏的督导整改要求和下沉督导镇江期间的反馈意见，把反馈意见整改要求落到实处；要强化“监督的再监督”工作定位，发挥巡察、派驻“零距离”监督优势，做好执纪监督“后半篇文章”，用好纪律检查建议和监察建议，督促各地各部门堵塞漏洞，扎紧制度的笼子；要深挖问题线索，把“打伞破网”作为主攻点，严肃查处涉黑涉恶腐败和“保护伞”案件。（包 珩）

【区纪委常委会议】 2019年，丹徒区纪委召开常委会议39次。常委会议围绕区纪委主要工作展开讨论，主要包括区纪委“三重一大”(重大事项决策、重要干部任免、重要项目安排、大额资金的使用)事项、立案情况、重要案件审理情况、纪检监察文件起草制定等。区纪委常委会议定期开展中心组学习讨论，重点学习贯彻中共十九大及十九届二中、三中、四中全会精神、习近平总书记系列重要讲话精神，贯彻上级纪委和区委对纪检监察工作的要求，落实党风廉政建设和反腐败工作的要求和部署。

（包　珩）

审查调查

【概况】 2019年，丹徒区立案147件，比上年增长22.5%，自办案件101件，占立案总数68.7%。其中纪委立案112件、监委立案43件、纪委监委双重立案8件，涉及乡科级领导干部15人。对12人采取留置措施，移送司法机关依法处理12人。推进反腐败斗争向纵深发展，重点审查中共十八大以来不收敛、不收手，问题线索反映集中、群众反映强烈的领导干部，严肃查处政治问题和经济问题相互交织形成利益集团的腐败案件；在“扫黑除恶”专项斗争中，强化监督执纪问责与监督调查处置，把“扫黑除恶”与反腐“拍蝇”结合起来，为打赢“扫黑除恶”专项斗争提供纪律保障；围绕重点领域和关键环节，解决建档立卡户脱贫情况督查、减税降费政策落实、安全生产专项整治、人防系统腐败问题治理、村级大额提现问题整治、工程建设领域专项治理、公务用车运行管理等方面腐败问题。（包　珩）

【正风肃纪工作】 2019年，丹徒区纪委监委查处违反中央八项规定精神问题12起17人，给予党纪政务处分9人，诫勉谈话8人，通报曝光6批7起。针对形式主义、官僚主义积弊，针对污染防治、精准脱贫、征地拆迁等领域，督促全区各部门列出问题清单及整改措施214条，专题通报典型案例3批6起。严惩群众身边腐败，下发“村级小微权力清单”，查处“三资”(农村集体资金、农村集体资产和农村集体资源)管理、涉农资金发放等领域群众身边的腐败和作风问题112件145人，党纪政务处分52人，运用“第一种形态”处置93人。针对容易发生安全生产事故的薄弱环节开展专项督查，严肃追究安全生产监督管理不力的部门和个人相关责任，给予党内警告1人、诫勉谈话1人。在全市纪检监察系统“监督的再监督”专题工作会议上，作经验交流发言。（包　珩）

【运用“四种形态”工作】 2019年，丹徒区运用监督执纪“四种形态”处置309人(次)。其中，“第一种形态”191人(次)，占61.8%；“第二种形态”86人(次)，占27.8%；“第三种形态”9人(次)，占2.9%；“第四种形态”23人(次)，占7.5%。前两种形态占比超过89%，监督执纪由“惩治极少数”向“管住大多数”逐步拓展。年内，丹徒区纪委监委收接信访举报398件(次)，其中业务范围内为374件(次)。初次举报268件(次)，占比71.7%，比上年下降4.2%；署名举报112件(次)，占比29.9%，上升4.5%；署名举报反馈满意的为46件(次)，占比41.1%，上升22.7%。（包　珩）

【“扫黑除恶”专项斗争】 2019年，丹徒区纪委监委贯彻落实上级开展“扫黑除恶”专项斗争部署，确保落实到位。推动“扫黑除恶”专项斗争监督执纪问责工作，压缩黑恶势力滋生蔓延的空间，为打赢专项斗争提供纪律保障。严肃查处恶势力“保护伞”案件6起，涉及公安民警1人，村(社区)干部5人；完成2017年1月以来涉黑涉恶腐败和“保护伞”问题线索“大起底”“回头看”工作；摸底排查全区所有村(社区)“两委”成员及其他工作人员近10年有无违纪违法问题，清退“问题人员”8人，给予党纪处分5人、诫勉谈话2人。（包　珩）

监督执纪

【概况】 2019年，丹徒区各纪检监察组织围绕区委、区政府中心工作，聚焦落实中央八项规定精神、“三大攻坚战”（精准脱贫、污染防治、防范化解重大风险）、安全生产、“扫黑除恶”等重点工作，加强监督执纪问责，纠正贯彻党中央决策部署工作中态度不坚决、工作不扎实等现象。加大专项督查和执法监察工作力度，向相关单位发出“监督意见书”1份、“纪律检查建议”3份、“监察建议”1份。强化派驻工作“嵌入式”监督，以党风廉政建设“两个责任”（党委负主体责任，纪委负监督责任）清单为重点，聚焦主责主业，运用监督执纪“四种形态”，推进巡察整改“后半篇文章”，提升监督质效。（包 珩）

【“两个责任”贯彻落实】 2019年，丹徒区纪委监委协助区委制定“两个责任”清单和全程记实考核细则，明确主体责任、监督责任2大类3张清单，共21项工作任务、46条工作措施和目标要求。对责任落实不力的党组织和党员干部问责12件，涉及党组织3家、党员干部15人；对履职履责不力的领导干部问责18件19人，党纪政务处分9人；对审查调查和巡察工作中发现的突出问题，严格执行“一案双查”（既要追究当事人责任，又要追究相关领导责任）12起15人次。（包 珩）

【监督力量向基层延伸】 2019年，丹徒区纪委监委向12个镇（街道、园区）综合派出3个监察员办公室，分别驻在上党镇、宜城街道和辛丰镇，配备专职监察员9人，明确镇（街道、园区）纪（工）委书记、纪检干部任兼职监察员25人，派出监察员办公室成为党风廉政建设和反腐败工作的“前沿哨兵”，将监督监察的触角延伸到“神经末梢”。（包 珩）

巡察工作

【概况】 2019年以来，丹徒区委巡察工作始终把握政治巡察工作总方向，结合“不忘初心、牢记使命”主题教育活动，以“发现问题、形成震慑”为核心，展开第八、九、十轮巡察，分别对上党镇、宝堰镇、世业镇等7个镇（街道、园区）下辖的52个村（社区）以及区科技局、区财政局、区教育局等20家区级机关单位进行巡察。针对巡察已满1年的党组织，开展2轮专项督查，形成督查报告10份、督查通报1份。（包 珩）

【巡察交流】 2019年4月，中巡办检查江苏省对村（社区）巡察工作会议上，丹徒作为代表展示区委巡察工作综述及一线巡察照片专题展板。5月下旬，中共江苏省委巡视办将丹徒区2份对村（社区）巡察典型案例收录进《利剑护航——江苏对村（社区）巡察案例选编》。7月底，丹徒区作为全省首批10家先进巡察机构之一，赴中共江苏省委巡视办，就对村（社区）巡察前期准备工作进行视频培训，并通过网络向全省13个市96个县（市、区）同步播出。（包 珩）

【巡察成果运用】 2019年，丹徒区委巡察机构发现突出问题278个，向相关部门移送问题线索45件，转立案13件，给予党纪政务处分13人，对3人采取留置措施。分析研判系统性、区域性、基础性、倾向性问题，形成《农村集体“三资”管理》《村（社区）干部队伍建设》等2份专题报告，供丹徒区委决策参考。（包 珩）

【巡察整改】 2019年，丹徒区委巡察机构在巡察实践中，重点围绕“主体责任落实、整改任务落实、整改组织落实、满意度测评、综合评价”5项指标，量化评估被巡察党组织整改情况。将巡察整改情况列入党风廉政预警监测机制内，进行综合打分、分析研判。全年发出书面提醒函3件（次），区纪委书记约谈镇党组织主要负责人1件（次），区委领导约谈镇、街道党组织主要负责人3件（次）。（包 珩）

民主党派·工商联

责任编校 刘 芳

民革丹徒总支

【概况】 2019年是新中国成立70周年、人民政协成立70周年，也是决胜全面建成小康社会的关键之年。民革丹徒总支以习近平新时代中国特色社会主义思想为指导，学习贯彻民革十三届二中全会精神，结合支部实际情况，组织开展各类活动，推进各项工作开展，发挥民主党派应有作用。民革丹徒总支现有2支部，党员34人。6月25~26日，民革丹徒一支部、二支部、总支及江大一支部完成换届选举工作。年内，民革丹徒一支部被评为民革江苏省“示范支部”，民革丹徒一支部“中山博爱之家”被评为民革江苏省优秀“中山博爱之家”；党员赵爱华被民革江苏省委评为“社会服务工作先进个人”，党员徐俊奇被评为省先进个人，党员谢瑜获“优秀班主任”称号，党员王柏平获“镇江市绘本剧视频评比一等奖”。（徐俊奇）

【总支活动】 2019年，民革丹徒总支开展各类活动10次。开展专题政治学习3次，增强党员对中国特色社会主义的道路自信、理论自信、制度自信、文化自信，增强参与多党合作的能力；为每名党员订阅《团结报》，鼓励自主开展理论学习。民革丹徒总支组织党员走访区内台资企业，关心企业发展状况，为台资企业排忧解难；民革丹徒一支部组织党员赴常州武进区恒立集团开展调研活动，通过听取汇报和相互交流，就如何因地制宜推动镇江民营企业高质量发展开展讨论；民革丹徒二支部组织党员参观孙中山故居纪念馆，接受党性教育。（徐俊奇）

图16 2019年2月3日，民革丹徒总支组织党员走访台资企业（民革丹徒总支）

【参政议政】 2019年，民革丹徒总支建立“支部主委亲自抓、分管委员主动管、骨干党员积极干”的工作氛围，履行参政议政职能。党员在镇江市“两会”上提出建议8条、议案3条，在丹徒区“两会”上提出建议7条、提案9条。民革丹徒二支根据“利用优势、联结特色、找准切入点、打造亮点”的工作思路，开展“中医药传承和发展”专项调研活动。市政协八届三次会议期间，由民革丹徒一支部向民革镇江市委会报送的调研报告转化为集体议案《关于加强我市网络安全管理建设、促进和谐网络环境的建议》，得到中共市委网信办重视。民革丹徒总支党员向民革镇江市委会上报社情民意信息11篇，其中7篇被省委统战部录用，在民革镇江市委会微信公众号发表文章信息18篇。（徐俊奇）

【社会活动】 2019年，民革丹徒总支筑牢“博爱”品牌，履行民主党派的社会职责。民革丹徒总支助力民革镇江市委"民革党员之家"建设，充实"民革书屋"，共收到捐赠书籍百余册；参与纳雍县爱心捐款活动，党员共捐款16.7万元。民革丹徒一支部联合综合支部、江苏科技大学支部在中山业余学校开展"健康知识讲座"，向所属党员和现场群众科普健康知识和养身保健的重要科学常识；党员贾梅萍的手机摄影作品《欲与天公试比高》在江苏民革纪念"五四"青年节手机摄影比赛中获优秀奖。　（徐俊奇）

民盟丹徒委员会

【概况】 2019年，民盟镇江市委丹徒委员会(简称民盟丹徒委员会)有盟员44人，年内新增盟员4人。盟员中有教师20人、政府机关及事业单位工作人员15人、民营企业从业人员7人；有市人大代表1人，市政协委员2人，丹徒区政协常委2人、委员6人。年内，民盟丹徒委员会三支部被民盟镇江市委评为"组织工作先进集体"和"社会服务工作先进集体"。盟员徐俊、盛景俊、卢实、吴丹、焦红风获"2019年镇江市优秀盟员"称号，盟员姜松亭被民盟镇江市委评为"参政议政工作先进个人"。民盟丹徒委员会副主委的先进事迹被江苏省人大常务委员会官网刊登，文章标题为《创业成就梦想——记镇江市人大代表肖涛》。　（徐海燕）

【支部活动】 2019年，民盟丹徒委员会发挥自身特点，开展支部活动，服务社会大众。1月23日，组织盟员参加新成立的民盟省江苏国风书画院镇江分院揭牌仪式，参观书画和雕刻展览。7月，民盟丹徒委员会以"不忘初心，携手共进"为主题，开展爱国主义专题教育活动，纪念新中国成立70周年和人民政协成立70周年，3个支部分别开展盟史教育知识竞赛活动和"不忘初心"主题教育活动；7月4日，民盟丹徒委员会组织骨干盟员赴丹阳总前委旧址纪念馆，开展"忆往昔峥嵘岁月　迎建国七十周年"教育实践活动。7月10日，民盟丹徒委员会赴荣炳胜利村开展脱贫攻坚帮扶活动，慰问留守儿童，并为胜利村贫困户及残疾人解决就业困难等问题。8月22日，由民盟镇江市委主办，民盟丹徒委员会承办的"我和我的祖国——庆祝中华人民共和国暨人民政协成立70周年书画展"在江苏语诣光电科技有限公司开展，共展出书画摄影作品100余件。9月9日，为庆祝新中国成立70周年和人民政协成立70周年，推动"不忘合作初心　继续携手前进"主题教育活动，民盟丹徒委员会全体盟员参加区委统战部组织的参政议政能力提升培训班。9月24日，制作展板参加区委统战部在丹徒新城会议中心举行"庆祝新中国成立70周年风雨同舟携手前行成果展"，展示民盟丹徒委员会服务全区社会民生工作的成绩和盟员风采；同日，民盟丹徒委员会在民盟镇江市委"不忘合作初心　继续携手前进"动员会上获得民盟镇江市委表彰，赴陕西渭南支教的盟员吴进获得表彰。11月16日，民盟丹徒委员会参加民盟镇江市委组织的镇江民盟第二届趣味运动会，获两项团体冠军和两项个人冠军。　（徐海燕）

图17　2019年7月4日，民盟丹徒委员会组织参观丹阳总前委旧址纪念馆　（民盟丹徒委员会）

【参政议政】 2019年，民盟丹徒委员会履行参政议政职能，关注社会热点和难点问题，组织部分盟员开展调查研究，在区"两会"上提交《关于丹徒教育品牌打造发展的建议》和《关于优化职业教育助力丹徒实体经济的建议》2个党派提案。担任市、区政协委员和人大代表的盟员撰写《关于优化企业征信服务切实助力实体经济发展的提案》《关于禁止非标型电动车道路行驶的建议》等提案，为丹

徒的经济发展和民生工程献计献策。全年提出各级个人提案或议案11件。（徐海燕）

民建丹徒区基层委员会

【概况】2019年，中国民主建国会丹徒区基层委员会（简称民建丹徒区基层委员会）下辖综合支部5个，年内发展新会员1人。至年底，共有会员65人（男44人、女21人），平均年龄50.5岁；全日制研究生1人，高级职称13人，其余均为本科学历或中级职称；担任市、区人大代表或政协委员15人，其中市、区两级政协委员1人，区人大代表1人，区政协委员14人，区政协常委3人；担任副科以上领导职务2人。

全年向民建江苏省委会网站投递新闻稿件20余份，向市委会提交稿件10篇。全年向民建镇江市委、中共丹徒区委统战部、丹徒政协等部门上报各类社情民意信息20余篇。会员王荣在各级各类报刊杂志、网站上发表文章50余篇，其中，《赶上了改革开放好时代》获民建中央2017～2018年度新闻宣传工作评比优秀作品奖，《与改革开放同行的四秩春秋，偕民建相随的十载芳华》获民建中央“纪念改革开放40周年”征文优秀作品奖，《赶上了改革开放好时代》获中宣部《党建》杂志社主办的“改革开放记忆”征文一等奖，《与“社院”的邂逅与执着》获中央社会主义学院“我和社院”征文优秀作品奖，《姚桥区政府的收条》在中共镇江市委宣传部开展的“共同记忆，见证巨变”征集活动中入选“镇江解放70周年珍藏记忆”，《我辈尚未老，奋发犹若童》获上海中华职业教育社“我和心中的祖国”征文优秀作品奖。年内，王荣被中共镇江市委统战部评为2018年度全市统战宣传先进个人。（纪桂发）

【支部活动】2019年，民建丹徒区基层委员会开展会员活动12次，各支部开展活动10余次。年内，到丹徒区荣炳盐资源区曲阳村现场调研耕地占补平衡项目情况，了解复垦项目的规模和意义；开展加强思想政治建设主题教育活动，参观丹徒区检察院廉政警示教育基地；召开“不忘合作初心，继续携手前进”主题教育活动动员大会，传达民建镇江市委“不忘合作初心，继续携手前进”主题教育活动方案，集中讨论2019年集体提案；开展重阳节登高活动，到丹徒区星火技术密集区调研，参观镇江仙妻味业有限公司；到扬州市宝应县参观江苏宝胜电气集团，与民建宝应基层委员会开展学习交流；到淮安市参观周恩来纪念馆和周恩来故居，接受革命传统教育；到宿迁市调研江苏洋河酒厂股份有限公司，了解企业发展情况；到安徽省宿州市调研文化旅游产业项目，参观宿州萧县文化旅游产业——皇藏峪国家森林环境教育实践基地，与宿州民建市委就民建组织建设开展学习交流；到安徽省蚌埠市参观蚌埠市博物馆，了解淮河流域文化形成的历程；与民建张家港市基层委员会结成友好基层组织关系，就加强基层组织建设开展经验交流；与民建浙江省嘉兴市港区支部就加强基层组织建设和发展地方经济开展座谈交流；先后到江苏省宝应、淮安、宿迁和安徽省宿州、蚌埠5个市（县），实地调研企业，开展互动交流；与丹徒区国土局、丹徒区商务局、丹徒区住建局等对口联系单位开展多种形式的交流。民建丹徒区基层委员会一支部到扬州亚星客车股份有限公司考察交流，二支部到世业洲旅游度假区开展“长江大保护”主题调研活动，一支部、二支部、四支部联合到上党春沁茶叶合作社调研，三支部、五支部组织参观镇江科技产业园区。（纪桂发）

图18　2019年11月8日，组织会员到扬州市宝应县参观江苏宝胜电气集团　（民建丹徒区基层委员会）

【参政议政】 2019年,民建丹徒区基层委员会在丹徒区政协十届三次全会期间提交提案20余件,其中集体提案8件,会员委员提案14件近40人次,涉及经济环保、城建交通、科教文卫、三农、基础设施、民生和社会保障等方面。所有提案均被立案,其中1件提案被列为丹徒区政协2019年重点提案、1件提案被列为区政府主要领导督办提案。 (纪桂发)

民进丹徒支部

【概况】 2019年11月22日,中国民主促进会镇江市丹徒支部成立大会在丹徒区政协会议室举行,民进镇江市委会副主委尹红敏、民进镇江市委会机关干部及民进丹徒支部会员共10余人参加会议,丹徒区委统战部副部长王军出席会议并讲话;大会听取民进镇江市丹徒支部筹备小组的筹备工作报告,并完成民进丹徒支部第一届委员会委员选举工作,新当选的主委马骏代表新一届委员会领导班子作表态发言。至年底,民进丹徒支部共有会员8人。(杨 燕)

农工党丹徒区基层委员会

【概况】 2019年,农工党丹徒区基层委员会有党员66人,其中任副处级干部职务1人、副科级干部职务6人、市人大代表1人、市政协委员1人、区人大常委1人、区人大代表2人、区政协常委3人、区政协委员13人,年内新发展党员2人。全年开展支部活动12次,到会率90%以上。

年内,秦晓静获教育部关工委组织的“我为祖国点赞”征文大赛“指导教师奖”,获江苏省教育厅主办的“在国旗下成长”征文大赛“优秀指导教师奖,获山西师范大学主办的“时代新人说”征文大赛“指导教师奖”,获镇江市中小学生演讲比赛“指导教师奖”,获镇江市总工会组织的“礼赞祖国,劳动最美”征文比赛三等奖,获丹徒区宜人课堂教学案例设计一等奖并发表于《宜人课堂案例汇编》。魏红被选为省小学数学名师工作室核心成员、区小学数学指导团队成员,孙开霞被评为丹徒区家校共育工作先进个人。邢朝富被评为丹徒区2017~2018年度优秀人大代表,殷飞、孙开霞被评为丹徒区2017~2018年度优秀政协委员。王卫方等16人被农工党镇江市委评为年度优秀党员。

(戴文妍)

【建言献策】 2019年1月4日,农工党丹徒区基层委员会“农工之家”揭牌成立,成为支部党员学习、活动、交流、建言的平台。年内,农工党丹徒基层委员会发挥界别优势,拓宽参政渠道,在政务服务、疾病防治、社区卫生、教育改革、环境治理等方面建言献策,受到农工党镇江市委和农工党江苏省委重视和采纳,全年向农工党镇江市委上报社情民意信息15篇,其中6篇被农工党江苏省委采用,分别是《建议整合信息平台为基层减负》《建议在县级以下医院配置高清电子胃镜进行早期胃癌筛查》《建议加快农村垃圾分类管理》《中小学校医短缺问题应引起重视》《建议加强“扫黑除恶”专项行动的针对性》《建议加快完善基层社区财政体制》。农工党丹徒区基层委员会撰写的集体提案《关于规范校外教育培训机构的建议》和党员张剑提出的《关于解决区文化艺术活动中心交通不便的建议》被评为优秀提案,党员邢朝富与他人联名提出的《关于在丹徒区新城城区范围内全面禁放烟花爆竹、换丹徒新城区一片蓝天》议案被评为丹徒区2017~2018年度优秀人大代表建议。 (戴文妍)

【社会交流服务】 2019年4月11日,农工党丹徒区基层委员会与农工党京口基层委员会开展班子成员联谊座谈会,探讨挖掘培养组织好苗子、提高社会服务能力等话题,互相借鉴好的履职措施,推动基层委员会高质量发展。4月25日,与党工党京口基层委员会组织部分党员到句容市开展乡村振兴主题调研活动,围绕“农工党基层组织如何在乡村振兴战略中发挥作用“展开探讨,为乡村振兴战略实施和建设美丽新农村建言献策。5月12日，联合丹徒区相伴夕阳公益服务中心走进丹徒区世业镇，围绕“精准扶贫送健康”为党派结对老人及当地敬老院老人开展公益义诊活动，邀请专家解答老人们咨询的健康疾病问题，指导老年人日常保健和常见病、多发病的预防，同时普及健康知识，促进解决群众因病致贫、因病返贫的问题，为精准扶贫、精准脱贫贡献力量。11月8日，联合润州支部组织党员到革命老区宝堰镇开展“不忘合作初心，继续携手前进”主题教育活动，参观新四军四县抗敌总会纪念馆，接受革命历史教育。（戴文妍）

致公党丹徒总支部

【概况】 2019年，致公党丹徒总支部有支部3个、党员37人，其中科级职务3人、新发展党员4人；有镇江市政协委员2人，丹徒区政协常委2人，丹徒区政协委员9人。年内，党员盛莉莉获评镇江市优秀政协委员、丹徒区“五好五争”先进典型和全区妇联系统工作先进个人，党员刘刚获评丹徒区优秀政协委员、区政府法制先进个人和年度优秀事业单位工作人员，党员丰源获评丹徒区优秀政协委员。（陈亚敏）

【总支活动】 2019年，致公党丹徒总支部定期召开例会，组织学习，通报情况。3月，召集全体党员专题学习致公党十五届二中全会精神，明确结合“致力为公、侨海报国”立党宗旨开展总支工作；8月，组织党员赴徐州市贾汪区调研“美丽乡村”课题，与贾汪支部结成友好支部；9月，开展纪念新中国成立70周年座谈会，并学习习近平总书记在人民政协成立70周年纪念大会上的讲话精神；12月，召开总支委员会议，专题传达中共十九届四中全会精神。（陈亚敏）

【参政议政】 2019年，致公党丹徒总支部向致公党镇江市委员会提交调研报告6篇。全年提交政协提案31件(区政协提案24件、市政协提案7篇)，其中《关于规范校外培训机构管理的建议》提案被列为2019年区政协重点督办提案，并列入区政协常委会议进行民主评议。往年提案中，有4篇(总支1篇、个人3篇)被区政协列为2017～2018年度优秀提案，1篇被市政协列为优秀提案。市政协委员盛莉莉分别在市政协主席双月座谈会和主席会议上作代表发言，党员郭建霞、吕卓分别就“区域推进共育，平台、引领留守儿童健康生活”和“加快推进先进装备制造业、培育经济发展新功能”为题在区政协十届三次会议上作交流发言。（陈亚敏）

【社会服务】 2019年，致公党丹徒总支部对接项目，丰富社会服务活动内涵。年初，召开委员会议，研究讨论后成立侨海服务站；该服务站成立以来，先后为英赛德(外企)、茅山天元一炁(台企)、松艺工具(侨企)等涉侨涉海企业提供项目报批的帮办代办服务。春节前，与区书法家进侨乡开展送“福”暖人心活动；4月，组织党员参与“精准扶贫慈善捐款活动”，共筹集善款38500元；9月，联合丹徒区侨联、区侨办开展“侨眼看侨村”中秋慰问活动。（陈亚敏）

九三学社丹徒支社

【概况】 2019年，九三学社丹徒支社有社员13人，其中，博士1人，硕士3人，学士6人；副处职1人，正科级2人，副科级职务2人；镇江市政协委员1人，丹徒区政协常委1人、委员2人。年内，九三学社丹徒支社被九三学社镇江市委会评为2019年度社会服务先进集体，社员严慧被九三学社江苏省委评为组织建设工作先进个人。（严　慧）

【支社活动】 2019年5月底，九三学社丹徒支社参与协办“让爱表达 让家风传递”六一国际儿童节活动；7月，与农工民主党丹徒支部到荣炳盐资源区高庄村开展结对帮扶活动，了解扶贫需求；11月，与丹徒区妇联参与“关爱留守儿童”主题活动，向辛丰镇贫困儿童捐款4000元。（严　慧）

【参政议政】 2019年，九三学社丹徒支社围绕民生和群众关心的热点问题，围绕区委、区政府的中心工作做好调研提案，提出《优化营商环境》《盘活存量土地和低效闲置资源》等提案，其中《盘活存量土地和低效闲置资源》的提案被列为区重点提案；参与九三学社镇江市委员会的课题调研关心时局动态，形成对党委政府有参考意义的稿件。 （严 慧）

工商联

【概况】 2019年，镇江市丹徒区工商业联合会（简称丹徒区工商联）认真履行职能，围绕非公有制经济发展工作参政议政，推动构建“亲清”政商关系，营造良好营商环境，促进非公有制经济“两个健康”（非公有制经济健康发展和非公有制经济人士健康成长）发展。年内，组织学习中共十九届四中全会精神并印发学习材料，组织会员企业和商（协）会组织学习培训3次。至年底，基层商会10家。

（钟雪花）

【建言献策】 2019年，丹徒区工商联开展调查研究，在区政协十届三次会议上提出《关于扎实开展“营商环境提升年”行动的建议》的提案。10月15～18日，为落实区委办《关于分解落实2019年苏陕扶贫协作计划指标的通知》，组织8家民营企业赴陕西澄城县开展扶贫项目、扶贫物资的落实和推进工作，镇江市晟顺兴鞋业有限公司总经理陶建强向澄城县环卫工人提供劳保物资价值15.8万元。年内，撰写《加深丹澄深度交流 助推苏陕扶贫协作》调研报告。 （钟雪花）

【工商联组织建设】 2019年，丹徒区工商联坚持抓“五好”（领导班子好、会员发展好、商会建设好、作用发挥好、工作保障好）商会建设，推进会员企业的摸底和重新登记工作。通过召开动员会议和组织业务培训，及时将该项工作传达到基层商会秘书长，要求对原有数据做好比对和认定工作。针对丹徒新城范围内装饰建材市场兴旺又无序的现状，主动与相关企业磋商，由丹徒区新城拓展电器销售部有关负责人发起成立丹徒装饰建材商会，并对商会筹建事项给予业务指导，于6月28日挂牌运营。

（钟雪花）

【非公企业发展促进工作】 2019年，丹徒区工商联贯彻落实中央关于“减税降费”的决策部署，与丹徒区税务局联合制定下发《加强“纳税人之家”建设的意见》，由企业、税务、工商联三方组成工作机制平台，自5月起推进“纳税人之家”建设，部分镇（街道、园区）及上党茶叶协会、丹徒区家居装饰商会等10个“纳税人之家”陆续揭牌成立，丹徒区税务局、区工商联和区纳税人税收维权协会甄选并汇编代表性案例12个，旨在将丹徒区“纳税人之家”打造成为丹徒优化营商环境的“名片”。10月14日，丹徒区工商联举办丹徒区民营企业家沙龙暨装备制造业转型升级产业政策解读培训会，邀请镇江方略科技咨询有限公司就丹徒装备制造业特点，结合经信、科技、人才三个方面作政策解读；丹徒区经济发展局相关科室负责人围绕首台（套）重大装备及关键部件认定、应用示范项目，工业和信息产业转型升级资金、智能制造示范车间项目等作政策辅导。8月26日，组织民营企业参加丹徒区检察院开展的“检察护航民企发展”主题活动。 （钟雪花）

图19 2019年10月14日，丹徒区民营企业家沙龙暨装备制作业转型升级产业政策解读培训会

（丹徒区工商联）

群众团体

责任编校 刘 芳

丹徒区总工会

【概况】 2019年，丹徒区有基层工会组织604家，工会会员7万余人，基层工会组织覆盖面74.9%，职工入会率89.8%；建会企业建立工资集体协商制度465家，达到应建数98.8%，在餐饮、裘皮、机械制造、笔刷等8个行业推进工资集体协商，覆盖企业657家；全年培训各类职工1000余人次，有235名职工实现技能晋级；帮助342人实现创业和再就业，全年参加职工互助保障2.4万余人，赔付人数130人，赔付金额33万元。年内，镇江市丹徒区总工会(简称丹徒区总工会)开展“到基层一线、到职工身边”主题活动，走访联系点42家，征集各类意见建议26条，联系一线职工130余人；深化工会工作项目化管理，制定实施“思想引领、建功立业、和谐稳定、帮扶解困、自身建设、创新创优”6大类27项任务，按时间节点推进，年底前全部完成；12月，召开丹徒区工会系统2020年工作思路研讨暨创新项目评审会议，评审全区各板块、系统申报并通过初审的12个项目；加强工会干部队伍建设，规范中间层次工会干部选用建议流程，选优配强干部，全年举办培训班和各类讲座9场，培训工会干部400余人次。丹徒区总工会获全省工会劳动法律监督工作示范单位、江苏省总工会厂务公开创新项目等荣誉，在2019年度区级机关绩效管理考核中被评为“十佳单位”。

基层建设。开展全区百人以上企业建会排查行动，推进“八大员”(货车司机、快递员、护工护理员、家政服务员、商场信息员、网约送餐员、房产中介员、保安员)入会工作。推进“六型职工之家”(六型：奋进、民生、和谐、文化、温暖、规范)建设，建成市级模范职工之家16个、市级模范职工小家4个，基层工会基本实现组织健全、活动正常、作用发挥、职工满意的总体目标。围绕思想引领、阵地建设、赋能成长、文体娱乐、帮扶解困、法制宣传等方向，全年选树服务职工优质项目20个，经费由活动补助向项目补助转变，引导基层工会有效开展服务工作。

依法维权。推进“工会法律维权在身边”活动，开展“尊法守法、携手筑梦”服务农民工公益法律服务活动9场，服务农民工群体300余人。推进集体协商、和谐创建工作，465家企业建立集体协商制度，江苏万源新材料有限公司被评为江苏省劳动关系和谐企业，江苏佳星化学有限公司等9家企业被评为镇江市劳动关系和谐企业。

帮扶解困。健全完善区、镇(系统)两级困难职工档案，扩大帮扶救助范围，走访家庭160余户，慰问款物总额20余万元。推进互助互济保障工作，全年参保职工2.4万人，受助职工130人，发放保障金33万元。会同工业总公司、信访、人社等部门，做好茂源化工关停职工的后续工作，上门慰问企业困难职工2人。

经费审查。引入社会力量充实经审工作队伍，审计2018年度全区工会经费使用与管理情况，出具审计报告35份，提出整改问题19条；开展监督整改回头看活动，约谈问题整改不到位的单位，约谈无效的取消工会系统各类考核评优资格；12月3日，举办工会经费收支情况审计结果整改推进会暨财

务经审工作培训班，全区80余名工会干部参加会议，邀请镇江财会干部学校李文江校长为与会人员授课。 （王　纲）

【丹徒区总工会第十四届七次全委(扩大)会议】 2019年3月12日，丹徒区总工会召开第十四届七次全委(扩大)会议，总结2018年全区工会工作情况，研究部署2019年工作任务。丹徒区委常委、组织部部长陈平才，镇江市总工会副主席解军英出席会议并讲话。会上，播放工会工作年度巡礼片，展示全区各级工会2018年在聚力建功服务大局、和谐创建维护权益、帮扶连心服务职工、固本强基强化自身等方面取得的成绩；主席张芙萍代表丹徒区总工会作题为《奋发作为、担当实干，团结职工在新时代丹徒发展新征程中建功立业》的工作报告。丹徒区总工会十四届全委会委员和部分基层工会干部约80余人参加会议。 （王　纲）

【劳动竞赛】 2019年4月16日，丹徒区总工会与丹徒区交通运输局、丹徒区人社局在镇荣公路三期建设工程现场举行全区重点工程劳动竞赛推进会，200余名参赛单位职工代表参加。该次劳动竞赛以“建一流镇荣公路、创省级优质工程”为主题，以“六比一创”(比科学管理、比质量创优、比技术创新、比建设进度、比安全节约、比文明施工，创和谐环境)为主要内容，现场举行装载机和压路机应用的技能比武，宋帅和王荣钱分别获得装载机项目和压路机项目第一名。通过劳动竞赛，确保实现2020年上半年全线竣工通车的目标。 （王　纲）

【丹徒区庆祝“五一”大会暨职工文艺展演】 2019年4月29日，丹徒区庆祝“五一”大会暨职工文艺展演在丹徒区文化艺术活动中心举行。会上，表彰获“全国模范职工小家”、江苏省“工人先锋号”、江苏省工会“职工书屋”示范点和镇江市“五一劳动奖状(奖章)”的10家先进单位和先进个人，动员全区广大职工为打造丹徒新动能、推进新发展建功立业，区委书记张映桥致辞；丹徒首届十大能工巧匠、金海宏业镇江石化有限公司职工赵建波宣读“安全隐患会上，随手拍，排查整改我先行”倡议书。区委分管工会工作的领导，区人大、区政府、区政协联系工会工作的领导，各镇(街道、园区)党(工)委和区级机关部门分管工会工作的领导，部分基层工会主席和职工代表共260余人参加大会。会后，来自全区各行各业的100余名职工进行文艺展演。 （王　纲）

图20　2019年4月29日，丹徒区庆祝“五一”大会暨职工文艺展演活动现场为获奖先进单位和个人颁奖 （丹徒区总工会）

【劳动保护主题活动】 2019年6月12日，丹徒区总工会在江苏申模数字化制造技术有限公司召开全区“安全隐患随手拍、排查整改我先行”主题活动现场推进会，启动劳动保护主题活动。丹徒区政府副区长邵建海、镇江市总工会副主席徐炳辉出席会议，各镇(街道、园区)、局

(公司)分管领导、工会负责人和部分企业职工代表共计60余人参加活动。会上，江苏申模数字化制造技术有限公司行政方与企业工会签订《劳动安全卫生专项集体合同》，镇江市应急管理局结合安全生产工作为与会人员授课。（王　纲）

【金秋助学活动】 2019年8月27日，丹徒区总工会联合江苏苏南商贸有限公司开展2019年度“工会圆梦金秋助学”活动。丹徒区总工会主席张芙萍、江苏苏南商贸有限公司工会主席包效出席活动，部分受资助学生以及部分基层单位工会主席参加活动。该次助学活动由丹徒区总工会和江苏苏南商贸有限公司共同出资，为21名困难学生解决助学金和微心愿礼品合计8万余元。活动邀请镇江市实验学校副校长徐玲老师为学生讲授国学课程。金秋助学活动开展10年来，丹徒区总工会累计资助困难学生350人，发放助学金120万元。（王　纲）

【职工歌唱比赛】 2019年9月29日，丹徒区委宣传部、丹徒区总工会联合举办“礼赞祖国、劳动最美”庆祝中华人民共和国成立70周年丹徒区职工歌唱比赛。该比赛在丹徒区文化艺术活动中心举行，各镇(街道、园区)和局(公司)工会选送21个作品参加比赛。丹徒区教育局陈婷获一等奖，丹徒区文广体旅局柏江淮、住建局顾鹏举获二等奖，丹徒区教育局徐妮娜、丹徒区公安局于思捷和丹徒经济开发区祝丹获三等奖。（王　纲）

共青团丹徒区委员会

【概况】 2019年，丹徒区有团员青年4520人，有基层团(工)委 28 个、团总支9个、团支部324个。共青团镇江市丹徒区委员会(简称丹徒团区委)依托机关、乡镇、众创空间、非公企业，打造“青年学习社”16家，其中1家省级示范型、1家市级示范型，“宜”路上有你·青年学习社及其学习实践活动被“学习强国”平台和《镇江日报》相继报道；打造“丹徒志愿者之家”，常态化开展“医者仁心义诊”“国学公益课堂”等品牌志愿服务19次。7月31日，丹徒区团区委参加“邮储银行杯”镇江市第二届青年辩论赛获季军；12月4日，丹徒区参加“2019年江苏省少先队辅导员少先队活动技能展示大赛”，张杰、茅亚平2名教师获2项特等奖和2项二等奖。

2月28日，丹徒团区委十九届三次全委(扩大)会议在区政府会议室举行，学习中共十九届三中全会精神和共青团十八届二中全会精神，贯彻落实区委十三届六次全会和团市委十七届三次全会要求，总结2018年全区共青团工作成果，研究部署2019年各项工作。5月7日，丹徒共青团系统集中学习会议在区会议中心新闻发布厅召开，宣传贯彻习近平总书记在“纪念五四运动100周年”大会上的重要讲话精神，引导和激励全区团员青年牢记五四历史、弘扬五四精神、奉献青春力量，投身“强富美高新丹徒”建设中。6月10日，丹徒团区委、丹徒教育局团委组织各学校团在区教育局会议室召开全区共青团基层建设重点工作推进会，贯彻落实共青团十八届二中全会精神、团中央关于加强团的基层建设部署要求和2019年度全省共青团基层建设重点工作推进会精神。12月26日，丹徒区青年工作联席会议第一次全体会议在区委组织部会议室召开，印发《丹徒区青年工作联席会议制度的通知》，建立由区委、区政府分管(联系)青年工作的领导担任召集人和14个单位分管领导为组成人员的联席会议机制。

3月20日，由丹徒区委统战部、丹徒区税务局、丹徒团区委主办，丹徒“新联会·青商会——双创联盟”协办，在丹徒区税务局开展“减税降费”惠民生，纳税人之家暖企心暨“纳税人开放日”活动。4月25日，由丹徒区人才办、丹徒团区委指导，丹徒“新联会·青商会——双创联盟”主办，丹徒区碧桂园·铂金华庭项目部承办，开展2019“高校院所丹徒行”专家学者与丹徒青年企业家交流沙龙活动。7月18日，江苏团省委副书记林小异、高校部副部长柏茂林和中少部主任科员鲍敏一行到丹徒区“楼友会”众创空间实地调研。7月30日，丹徒团区委在区政府会议室、区财政局会议室举办2019年度丹徒区团干部培训班，为期1天，培训内容是督查90个村(社区)团支部工作。8月7日，丹徒团区委联合樊登读书会举办“一茶一空间丹徒站”第一期活动，开展哈佛大学沙哈尔教授撰写的《幸福的方法》线下读书交流会。9月，由丹徒团区委、丹徒区委区级机关工委、丹徒区教育局、丹徒区城管局、丹徒区文联主办的2019年丹徒区“美丽中国，我是行动者”主题系列活动启动，活动期间共收到参赛作品522件，其中手抄报342幅、三行诗180篇。9月，丹徒区团委推进落实希望工程“圆梦行动”，全区19名学子圆梦大学开启新的求学之旅。国庆节前夕，丹徒团区委组织优秀青年、优秀团员、优秀少先队员代表拍摄《歌唱祖国》快闪视频，致敬新中国成立70周年。（赵文雯）

【“阅享·未来”读书活动】 2019年4月，丹徒团区委结合“不忘初心、牢记使命”主题教育要求，以传承为主题，在已推出的学习品牌“倾听·丹心”基础上，开展2.0版学习品牌——“阅享·未来”系列精品课程，让青年以“月初领书阅读+月中线上打卡+月底读书分享+年底复盘总结”清单式学习方式，完成1年精读10本书的目标，用读书点亮生活，用学习筑牢信仰，把“初心”和“使命”融入青年工作学习全过程，与丹徒青年同成长共追梦。6月28日，由丹徒区委宣传部、丹徒团区委主办，宝堰镇团委承办的【阅享·未来】“红星照耀中国 青春致敬七一”线下读书会在宝堰镇新四军四县抗敌总会纪念馆举行，通过读原文、悟经典、励前行等环节，帮助青年更好的交流读书感悟，贯彻落实中共十九大精神，致敬中国共产党成立98周年。8月8日至9月8日，由丹徒区委宣传部、丹徒团区委主办，丹徒区农业农村局团委承办【阅享·未来】《习近平在正定》线下读书会，青年书友通过为期一个月的线上读书打卡活动，阅读该书的22篇采访实录，并通过看短片、悟心得、小互动、话初心、励前行等环节，了解习近平总书记的成长奋斗历程，致敬习近平“心中有党、心中有民、心中有责、心中有戒”的坚定信仰、公仆情怀和担当精神，激励青年同志担当作为。（赵文雯）

图21 2019年6月28日，【阅享·未来】“红星照耀中国 青春致敬七一”线下读书会现场（丹徒团区委）

图22 2019年8月8日，【阅享·未来】《习近平在正定》线下读书会现场（丹徒团区委）

【丹徒区第七届“十大杰出青年”评选】 2019年3~4月，由丹徒区委组织部、丹徒区委统战部、丹徒区精神文明建设指导委员会办公室指导，丹徒团区委、丹徒区广播电视台、丹徒区青年联合会等单位共同主办丹徒区第七届“十大杰出青年”评选工作。评审委员会成员由主办单位领导、区有关部门领导、杰出青年代表、专家、学者等组成，根据有关推荐材料，参考公示反馈意见及网络投票情况，听取候选人自我介绍、回答提问，并参考公示反馈意见及微信投票结果，最终以无记名投票方式揭晓评选结果，石马中学教师王华、宝堰镇徐巷村党总支书记张青、镇江市消防救援支队谷阳中队特勤班班长张朔等10名优秀青年获评为丹徒区第七届“十大杰出青年”，其中王华获第十四届“江苏青年五四奖章”提名奖。

（赵文雯）

图23 2019年4月30日，“纪念五四100周年”颁奖典礼现场，图为全区各行业青年代表合唱《我和我的祖国》（丹徒团区委）

【“纪念五四100周年”颁奖典礼暨青春分享会】 2019年4月30日，丹徒区在区文化艺术活动中心举办“纪念五四100周年”颁奖典礼暨青春分享会，该活动以“青春心向党　建功新时代”为主题，旨在贯彻落实习近平总书记讲话精神，集中展示新时代丹徒青年的精神品质和价值追求，激励全区广大青年不忘初心、牢记使命，在推动全区高质量发展走在前列、建设“强富美高”新丹徒征程中发挥生力军和突击队作用。整场颁奖典礼分为“责任•奉献”“奋斗•担当”“实干•理想”三个篇章，通过观看十杰青年形象片、现场访谈、文艺汇演等形式，展现丹徒区各层各级青年的青春风采。丹徒区委书记张映桥、镇江团市委书记陈秋明等市、区领导和丹徒区第七届“十大杰出青年”及提名奖青年、镇江市“十大杰出青年”代表、丹徒区第六届“十大杰出青年”代表，以及各行业青年代表、大港中学优秀学生代表等260余人参加活动。活动中，现场为丹徒区第七届“十大杰出青年”和“十大杰出青年”提名奖获得者颁奖。（赵文雯）

丹徒区妇女联合会

【概况】 2019年，镇江市丹徒区妇女联合会（简称丹徒区妇联）围绕服务妇女岗位建功、妇女维权机制建设、家庭文明创建、困境妇女儿童帮扶等方面开展各项活动，完成年度工作任务。5月，与丹徒区文明办、丹徒区教育局、丹徒区文联联合开展“让爱表达　让家风传递——写给妈妈的一封信”主题征文活动，在全区征集征文和摄影作品1000余件，于30日在宝堰实验小学、荣炳留守儿童服务站分别举办颁奖仪式，颁发征文一、二、三等奖和摄影奖。6月26日，丹徒区新时代文明实践志愿服务队组织“程默少儿摄影社团”20余名少儿摄影爱好者开展大运河文化摄影采风活动，先后参观谏壁闸、辛丰镇大运河人行桥建设工地、辛丰镇大运河高铁桥、冷遹纪念馆、黄墟古村落殷氏祠堂、殷氏六房和德胜村桃园。9月，与丹徒区委宣传部、丹徒区文联、丹徒区教育局联合举办“红色基因 童眼初心”程默摄影作品暨“程默少儿摄影社团”影像作品展，展出作品140幅。10月25日，召开基层妇联主席工作会议，全区基层妇联主席交流全年开展妇联特色工作情况，对丹徒区妇联下阶段工作提出意见和建议，并围绕“妇联干部的初心”交流心得体会。11月11日，举办丹徒区“巾帼文明岗”观摩交流会，争创市级岗的妇联主席和岗位负责人18人参加会议；会上，对创市级岗开展岗位业务培训，听取丹徒区人民医院急诊室护理科创建全国“巾帼文明岗”的工作介绍和观看争创工作短片，并现场观摩医院急诊室护理科的创建情况。年内，与丹徒区委宣传部、丹徒区文明办联合开展丹徒区2019年度“最美家庭”“文明家庭”“优秀家庭”评选活动，评选出沈填证家庭等20户“最美家庭”、韦瑛家庭等100户“文明家庭”和王喜萍家庭等60户“优秀家庭，于12月19日在丹徒文化艺术活动中心文明实践大讲堂举行“最美家庭”“文明家庭”颁奖活动。 （袁　瑶）

【妇联执委会】 2019年3月6日，丹徒区妇联在区政府八楼会议室召开第十五届五次执委(扩大)会议，会议由丹徒区妇联副主席卢建萍主持，丹徒区委常委、组织部长陈平才出席会议并讲话，丹徒区妇联第十五届执委会常委、执委和各镇(街道、园区)以及区级机关、局(公司)分管领导、妇联主席等80余人参加会议，会议内容：总结2018年工作和汇报2019年工作计划，表彰2018年度重点工作先进单位22家、先进个人22人，2名先进个人代表作表态发言。10月17日，丹徒区妇联在区人大五楼会议室召开第十五届六次执委会，丹徒区委常委、组织部长陈平才出席会议并讲话，会上，区委组织部常务副部长、区委老干部局局长王正平介绍组织提名人选，以举手表决方式选举邱栋婷为区妇联第十五届执委会执委、常委、主席，邱栋婷作表态发言。

（袁　瑶）

【妇女维权普法宣传活动】 2019年3月7日，丹徒区妇联联合丹徒区人社局、丹徒区总工会在上党镇开展“春风送法送到家”妇女维权保护普法宣传活动，旨在提高妇女维权意识，向群众发放《中华人民共和国反家庭暴力法》《中华人民共和国妇女权益保障法》《女童保护手册》等宣传资料600余份，设立咨询台开展义诊活动，接受义诊群众50人次。3月8日，丹徒区妇联联合丹徒法院召开妇女维权工作暨典型案例新闻发布会，发布丹徒区法院妇女维权十大典型案件，促进贯彻落实《妇女权益保障法》。12月4日，丹徒区各级妇联组织妇联干部、巾帼志愿者、法律宣讲团成员走进社区、学校、工厂开展国家宪法日法治宣传活动，通过设立展板、发放宣传册、现场解答群众咨询等方式，宣传《中华人民共和国宪法》《中华人民共和国劳动法》《中华人民共和国婚姻法》《中华人民共和国妇女权益保障法》《江苏省女职工劳动保护特别规定》等法律法规，教育和引导广大妇女提高宪法意识，通过法律途径、运用法律手段维护自身合法权益。 （袁　瑶）

【关爱妇女活动】 2019年3月10日，丹徒区妇联与丹徒区卫健委在区卫健委5楼会议室联合举办“关爱生命　科学养生”健康知识讲座，邀请爱哲瑞中医门诊部的台湾中医专家林金蓉讲课，从运动养生、喝水养生、饮食养生、睡眠养生等方面讲解中医养生观，普及妇科常见疾病预防与治疗的相关知识，100余名妇女干部现场互动解答问题，促进妇女增长中医养生健康知识，增强自我关爱和自我保健的意识。4月30日，丹徒区妇儿工委、丹徒区卫健委联合组织“走进春天 有爱相约”关爱农村妇女活动，在丹徒区卫健委举行启动仪式，丹徒区人民医院现场被授予“全国巾帼文明岗”奖牌，与区妇幼保健计划生育服务中心向全区100名农村贫困“两癌”妇女捐赠价值5万元的健康体检卡和2万元爱心慰问品，并在活动后为“两癌”妇女义诊。10月22日，丹徒区妇联走访慰问“两癌”贫困妇女及家庭，将辛丰镇刘源家庭房屋破旧问题纳入领办难题，开展针对性救助，通过暖冬爱心团队向社会广泛发动，并邀请《镇江日报》《京江晚报》和丹徒区电视台赴现场采访，爱心家装公司——江苏龙品装饰帮助刘源家庭粉刷换新、修葺屋顶、安装新门、添置新床，初步解决房屋漏水、阴暗、透风等问题，辛丰镇妇联发出爱心接力号召帮其募捐家具。 （袁　瑶）

【公益活动】 2019年9月，丹徒区妇联借助“99公益日”平台，实施“织爱行动•益童助她”公益项目助力贫困妇女、关爱困境儿童，在全区开展募捐活动，通过微信公众号、微信群发起募捐倡议，并组织召开项目培训会，开展线下广场宣传活动，共有88个团队设立微信捐款通道，活动共筹集善款614090.11元，其中，线上用户捐款489341.61元，腾讯基金会配捐102041.9元，爱心伙伴配捐2706.6元，线下捐款20000元。9月29日，丹徒区妇儿工委办、丹徒区妇联、丹徒区消防大队、丹徒区留守流动儿童学校联合首骏培训学校举办徒步“走进消防”公益活动，组织留守流动儿童100余人到丹徒区消防大队观看消防影片，学习消防安全知识，了解消防车上消防水袋、切割器、消防水枪、安全防护服等装备的使用方法和功能，帮助留守流动儿童增强感性认知、拓展视野，提高安全意识和自我保护能力。11月18日，丹徒区妇联举办以“智慧父母如何有效沟通”为主题的2019年镇江市家庭教育公益行丹徒专场讲座，邀请全国家庭教育专家贾容韬、贾语凡主讲，通过具体事例和分析家庭教育中普遍存在问题，阐释如何开展家庭教育以及教子与沟通的科学方法。（袁　瑶）

【巾帼志愿服务活动】 2019年7月1～27日，江苏省大港中学巾帼文明岗联合“仁爱”党支部开展“温情关爱　陪伴成长”暑期社会实践活动，巾帼志愿者利用暑期时间为丹徒区15名留守流动青少年开展学业和兴趣辅导，并带领他们参与形式多样的公益活动。11月28日，丹徒区妇联组织巾帼志愿者参加镇江市卫健委在镇江高等专科学校主办的“社区动员同防艾，健康中国我行动”宣传活动，通过发放宣传资料、摆放宣传展牌等形式向学生和群众宣传预防艾滋病相关知识，向学生宣传国家艾滋病防治政策和措施并现场解答疑问，共发放《妇女与家庭艾滋病防治知识百题问答》《江苏省妇女权益保障条例》等宣传资料600余份。12月5日，丹徒区三八红旗手联谊会成员到江心洲生态农业园区开展“乡村振兴来代言 关爱橘宝送书香”巾帼志愿服务活动，上门走访慰问1979年全国三八红旗手吴秀英，走访全国三八红旗手姚公琴创业基地和女性创业基地——蝴蝶谷；到江心实验学校向10名留守困境儿童赠送“书香大礼包”，与留守困境儿童开展互动交流。12月31日，镇江市妇联、丹徒区妇儿工委、丹徒区三八红旗手联谊会在世业镇联合开展“平安过大年 把爱带回家”活动，到世业实验学校与留守流动儿童结对，赠送“爱心大礼包”和《寒假安全自护知识手册》等学习生活用品，结对“社会妈妈”带领留守流动儿童阅读《红色家书》、学习《寒假安全自护知识手册》，并开展户外游戏。（袁　瑶）

丹徒区科学技术协会

【概况】 2019年，镇江市丹徒区科学技术协会(简称丹徒区科协)立足“四服务一加强”(服务科技工作者、服务创新驱动发展战略、服务公民科学素质提高、服务党委政府科学决策、加强自身建设)工作职责，围绕全区《全民科学素质行动计划纲要》，分类实施“五大行动”(农民科学素质行动、城镇劳动人口科学素质行动、社区居民科学素质行动、领导干部和公务员科学素质行动、青少年科学素质行动)计划。贯彻省科协《关于加强科协基层组织建设“四＋一”试点实施方案》，以提升科协组织执行力为目标，调研摸排全区镇(街道、园区)科协组织运行和“四长”兼挂职情况后，采取以点带面的思路，把世业镇作为规范基层科协组织建设试点单位，帮助指导世业镇科协开展工作，推动“四＋一”试点。实施《区级学(协)会年度百分考核标准》，采取引导与激励的方式，支持学会开展调查研究、学术交流等系列活动，区税务学会开展论文学术交流活动1次；与区税务学会、老科协等沟通衔接，支持和鼓励其组织承接适合其承担的教育、培训等服务职能，促使学会提升能力、服务发展。推动科普基础设施建设，采取以奖代补、合作共建等形式，鼓励基层加强科普阵地建设，重点在乡镇、城市社区推动主题科普场馆建设，为丹徒区风景城邦社区、丹徒实验学校等地布点配备科普大屏6个。按照“强村富民达新标”要求，定期走访结对的经济薄弱村世业镇兴隆村，为兴隆村的发展建言献策，为村级发展和贫困户生活提供帮扶资金和实物共计约7.5万元。年内，丹徒区科协被江苏省科协评为2019年江苏省“全国科普日”优秀组织单位。　（魏　游）

【**科普宣传**】　2019年初，丹徒区科协组织全区居民参加全省全民科学素质大赛(网络版)，参赛1.9万人，参赛正确率位列全省县市区第一。5月，组织开展丹徒区第31届科普宣传周活动，17日，以“科技创新、强国富民”为主题的科普宣传周启动仪式在谷阳镇宝润发广场举行，全区科普宣传周领导小组20余家成员单位共50余人以及谷阳镇300余名群众参与启动仪式，活动现场为获省级“科普惠农兴村”和“科普惠农服务站”等先进集体单位授牌，各成员单位为谷阳镇群众发放科普宣传资料6000余份，展示科普展牌30余张；科普宣传周活动间期，丹徒区中医院等部门举办中医药科普下乡、科普志愿服务等系列主题活动；活动结束后，丹徒区科协考评各地、各部门活动开展情况，表彰并奖励谷阳镇科协等6家单位为“优秀组织单位”。9月，丹徒区科协组织开展全国科普日主题活动，确定重点活动26项，联合丹徒区茧丝绸总公司围绕“科技强国、科普惠民”主题，开展蚕桑科普“进基地、进校园”等系列活动，累计参观、参与人数400余人次，发放蚕宝宝200余盒、蚕桑宣传册300余份、中小学蚕桑知识读本300余份。　（魏　游）

图24　2019年5月17日，丹徒区第31届科普宣传周启动仪式现场向先进集体授牌　（丹徒区科协）

【**青少年科学素质行动**】　2019年2～11月，丹徒区科协组织全区青少年参加江苏省第30届科技创新大赛、江苏省第31届中小学生“金钥匙”科技知识竞赛活动，收集、上报参赛作品300余份。6～9月，联合丹徒区妇联、丹徒区教育局举办首届青少年科技创新教育活动，主要包括科技新创意、科幻画比赛、自制玩具、科技夏令营等系列活动，表彰优秀辅导教师12人、优秀作品76件，组织大港中学青少年机器人培训室开展培训活动5次，8月邀请省、市科协相关专家对全区30家中小学科技辅导员开展机器人训练工作培训；11月7日，联合丹徒区教育局在丹徒实验学校举办全区首届青少年仿生机器人比赛，共有4所学校、5支队伍参赛，丹徒实验学校获一等奖。　（魏　游）

图25　2019年7月24日，丹徒区科协联合举办首届青少年科技创新教育活动之科技夏令营　（丹徒区科协）

【**科技服务**】　2019年，丹徒区科协坚持把科普工作与推动农村经济发展相结合，开展企业专利信息推送活动，为中兴药业等4家企业安装应用平台。深入服务企业，组织7家企业相关人员参加市专题培训，邀请市科协专利服务专家到企业一线开展专利知识培训，累计培训40余人。实施“科普惠农兴村计划”，联合丹徒区财政局表彰全区“科普惠农兴村先进单位”10家。年内，全区有4家单位被省、市科协评为各类先进单位，或创建成为“科普惠农服务站”“科普教育基地”。　（魏　游）

丹徒区文学艺术界联合会

【概况】 2019年，镇江市丹徒区文学艺术界联合会(简称丹徒区文联)围绕区委、区政府工作中心，面向基层和大众，组织实施文艺精品创作，丰富和活跃基层群众文化生活。开展新中国成立70周年系列活动，相继推出“壮美山河，翰墨宜韵”丹徒区优秀书法美术作品展、“精美镇江　生态丹徒”摄影展、“辉煌七十年，丹徒发展”摄影展、“红色基因，童眼初心”摄影作品展、“扫黑除恶”专项斗争美术书法摄影作品展。响应市、区文化“三下乡”号召，面向基层开展“送欢乐下基层”、“文化进万家”等活动，开展送春联下基层5次，组织书画、摄影家赴宝堰、荣炳、高资等镇(街道、园区)为群众义务写春联、拍摄全家福。开展“乡村文艺播种计划”活动，贯彻落实中央和省、市、区委关于实施乡村振兴战略的决策部署，鼓励与支持更多专业文艺力量服务丹徒乡村文明建设、助力乡村文化振兴。实施文艺精品创作工程，推进《堰镇往事》文艺精品创作。闻捷诗歌馆在高资街道水台村开馆。举办“新时代歌咏”全国首届闻捷诗歌奖创作大赛，收到作品5000余首。以“不忘初心、牢记使命”主题教育活动为契机，在全区文艺工作者中开展增强“脚力、眼力、脑力、笔力”教育实践活动，组织60余名文艺骨干会员到世业镇开展“重走总书记走过的路，重温总书记的叮嘱”党课活动。年内，佘佳虎、丁庆平被评选为镇江市十佳摄影师，贾骏获镇江市文学艺术奖提名奖。（巫智勇）

【新中国成立70周年系列文艺活动】 2019年，丹徒区文联落实全区宣传思想工作任务，开展新中国成立70周年系列文化活动，展示新中国成立70周年尤其是改革开放40周年来经济和社会建设取得的成就，展示丹徒人民群众生活水平和精神面貌发生的变化，引导广大干部群众践行新发展理念，推动丹徒高质量发展。9月25日至10月5日，在丹徒区美术馆举办“壮美山河，翰墨宜韵”丹徒区优秀书法美术作品展，展出作品100幅；结合近几年文明城市和卫生城市创建成果，8月16日至9月10日，与区委宣传部在丹徒区美术馆联合举办“精美镇江　生态丹徒”摄影展，展出作品98幅；9月25日至10月7日，在丹徒区体育馆、人民广场分别举办“辉煌七十年，丹徒发展”摄影展，展出作品220幅；9月4日至14日，在人民广场举办“红色基因，童眼初心”程默少儿摄影社团摄影作品展，展出作品140幅；11月，与丹徒区扫黑除恶专项斗争办公室、区委宣传部在丹徒区美术馆联合举办“扫黑除恶专项斗争”美术书法摄影作品展，展出作品120余幅，并组织作品下乡巡展。（巫智勇）

【“三下乡”服务活动】 2019年1月25日，丹徒区文联参与镇江市文化、科技、卫生“三下乡”集中服务活动，组织丹徒区书法家协会、丹徒区美术家协会、丹徒区摄影家协会骨干作者到辛丰镇，开展为群众义务写春联、拍摄全家福等活动，为群众书写春联200余幅，拍摄全家福80余幅。丹徒区书法家协会与区侨联、区侨办合作，到高资镇石斛村开展送春联进侨乡活动，义务为侨眷书写春联100幅。宝堰古镇书法协会、黄墟书画联谊会、京江书画院开展文化惠民活动，为当地居民义务写春联1000余幅。（巫智勇）

图26　2019年1月，丹徒区书法家协会下乡为群众义务写春联　（丹徒区文联）

【“乡村文艺播种计划”活动】2019年，丹徒区文联组织文艺家协会开展“乡村文艺播种计划”活动，自7月3日启动试点工作以来，区舞蹈家协会组织文艺志愿者23人，赴辛丰镇、高桥镇、谷阳镇、上党镇、荣炳盐资源区、宝堰镇、宜城街道、丹徒实验学校等28个村、社区和学校，开展志愿者服务70余场次，服务社区(村)舞蹈团队和爱好者3000余人次。其中，谷阳镇谷阳村代表队、高桥镇代表队参加2019年“同唱祖国好　幸福舞起来”舞动江苏广场舞大赛，获丹徒赛区一、二等奖；辛丰镇辛丰村和黄墟村作为丹徒区老年艺术团代表队参加2019年“同唱祖国好　幸福舞起来”舞动江苏广场舞大赛，获镇江市赛区优秀表演奖；这3个团队联合打造广场舞串烧，参加“壮丽七十年　奋斗新时代”丹徒区庆祝新中国成立70周年文艺演出。区戏剧曲艺家协会坚持开展“送戏下乡”文化惠民活动，组织戏曲文艺团队参加江苏省“文化艺术节”广场文艺演出，组织团队参加镇江市“淘文化”及各项戏剧专场演出20场次，组织团队参加丹徒区“清风雅戏剧周”和“送戏下乡”戏剧专场演出32场次；组织8名会员“实施镇江市文艺播种辅导计划”，辅导丹徒区10个镇(街道、园区)30余个业余戏剧团队近100余次，提升基层团队的表演水平，受到广大戏曲爱好者欢迎。（巫智勇）

【公益文艺活动】2019年，丹徒区摄影家协会志愿者团队开展文艺志愿服务。每月赴宝堰镇程默少儿社团开展志愿辅导1次，共12次；4月，组织摄影志愿者到上党镇，开展黄桃和芡实种植户的宣传拍摄活动5次；组织到上党、世业、江心等镇(街道、园区)开展“美丽乡村”主题摄影活动10次，利用图片、视频、网络等多媒体宣传推广特色乡村旅游和当地特色产品。（巫智勇）

【文艺作品创作】2019年，丹徒区文联落实文艺精品创作，徐金通长篇小说《堰镇往事》、李军散文集《草木有心》和张冰滢散文集《剪一窗清欠时光》相继出版。广播连续剧《诗人闻捷》先后在省、市广播电台展播。巫智勇、吴宏昀书法作品入选首届镇江“瘗鹤铭奖”书法展。6月，杨剑春篆书作品入选由镇江市文联和镇江市书协主办的“镇江市首届女书法家作品展”。雷斌、王晓滨、徐飞、单留军4人获镇江首届美术奖中国画油画作品展提名。王小军1件合作作品《城市山林江河汇》在江苏省大运河文化主题展中获优秀作品奖。卞美岗1件作品入选江苏省委宣传部和省文广旅游局、省文联主办的“祖国颂—江苏省优秀美术作品展”奖。徐飞水粉画《家园二十三》入选江苏省第八届水彩水粉画展，其油画作品《寂静的彼岸》入选江苏省第二届青年油画展。巫娉、林玉勤各1件作品入选百花争艳——宁镇扬女画家作品邀请展。卞美岗、王小军各1件作品参加镇江市政协主办的庆祝新中国成立70周年全国名家邀请展。（巫智勇）

【闻捷诗歌馆开馆仪式】2019年10月12日，闻捷诗歌馆开馆仪式在丹徒区高资街道水台村举行。江苏省作家协会党组成员、一级巡视员王朔和镇江市副市长潘早云、丹徒区委书记张映桥等领导和嘉宾出席活动，丹徒区委常委、宣传部长包荣军主持活动。活动现场，王朔和潘早云共同为闻捷诗歌馆揭牌，张映桥等领导和嘉宾向镇(街道、园区)、学校及闻捷诗社代表赠送《永远的闻捷》一书和广播连续剧《诗人闻捷》作品；区委常委、高资街道党工委书

图27　2019年10月12日，闻捷诗歌馆开馆
（丹徒区委宣传部）

记洪伟为沈晓昆颁发闻捷诗歌馆名誉馆长聘书，宣读中国诗歌网总编辑金石开和闻捷女儿赵咏梅发来的贺信。闻捷诗歌馆的建成，成为新时代丹徒文化繁荣发展的又一张名片。　　（巫智勇）

【广播连续剧《诗人闻捷》首播暨“新时代歌咏”全国首届闻捷诗歌奖创作大赛发布仪式】 2019年4月12日，广播连续剧《诗人闻捷》首播暨“新时代歌咏”全国首届“闻捷诗歌奖”创作大赛发布仪式在丹徒区文化艺术活动中心举行。中国诗歌网副总编王家铭、中国作家网编辑陈泽宇、江苏省作协创作室主任闾海燕、《扬子江诗刊》编辑部主任白小云，镇江市委常委、宣传部长孙晓南，丹徒区委书记张映桥等出席活动。活动现场，孙晓南、张映桥等领导和嘉宾向4家单位赠送广播连续剧作品，并与单位代表合影留念；张映桥代表丹徒区委、区人大、区政府、区政协对《诗人闻捷》的首播表示祝贺。闻捷是当代杰出的丹徒籍诗人，广播连续剧《诗人闻捷》介绍闻捷的一生经历和其诗歌作品；“新时代歌咏”全国首届“闻捷诗歌奖”创作大赛旨在传承闻捷等老一辈艺术家“以人民为中心、聚焦时代、反映现实”的创作传统和艺术精神，繁荣新时代诗歌创作，推出更多思想精深、艺术精湛、内容精良的优秀诗歌作品，为人民群众、诗歌爱好者提供健康的精神力量。大赛持续到9月底结束。　　（巫智勇）

图28　2019年4月12日，广播连续剧《诗人闻捷》首播暨“新时代歌咏”全国首届闻捷诗歌奖创作大赛发布仪式现场　　（丹徒区委宣传部）

丹徒区归国华侨联合会

【概况】 2019年，丹徒区旅居海外的华人、华侨有350余人，全区范围内有归侨、侨眷12000人，主要分布在日本、美国、欧洲、东南亚等国家和地区。年内，镇江市丹徒区归国华侨联合会(简称丹徒区侨联)做好2019年市华创会、华商会的策应联络服务工作，搭建好海外人才、项目与各镇(街道、园区)对接平台。全年处理来信6件、来电4件，接待来访群众6人次，回复率、满意率和结案率均为100%；接待海外华人华侨来访8人。

“侨胞之家”建设。指导高资街道西斛村、宜城街道宜和社区分别申报全国侨联、省侨联“侨胞之家”建设项目。4月28日，镇江市委常委、组织部部长、统战部部长李健走访调研高资街道西斛村，听取相关汇报，对西斛村创建“侨胞之家”提出建议和要求；5月31日，镇江市人大常委会副主任王萍带领部分市人大代表到宜城街道西麓村，调研贯彻实施《中华人民共和国归侨侨眷权益保护法》情况，现场听取西麓村维护侨益情况介绍。

关爱侨胞。春节前发放农村困难归侨生活定补1.38万元、“弘扬助侨基金”3.45万元，争取上级侨联组织慰问困难归侨侨眷属35人次、计3.2万元；端午节前，在高资街道西斛村开展“爱心助侨，从头开始”爱心理发和义诊活动，邀请江滨医院5名副主任医师为归侨侨眷免费体检；年内，为45名归侨、侨眷属子女举办职业技能、创业知识培训班2次。

牵线帮侨。组织侨界人大代表、政协委员赴侨乡开展调研，倾听归侨侨眷心声和诉求；走访调研侨企2次，与相关部门协调解决企业生产、经营过程中遇到的困难和问题，并撰写提案、议案和建议4条。针对日本归侨李书霞老人丧子独居并遭遇理财诈骗的情况，及时连线区“相伴夕阳公益服务中心”、市“芦苇之家”公益组织，筛选出有侨身份的自愿者，发挥“侨帮侨”纽带作用，邀请区涉侨纠纷特邀调解员为李书霞提供法律援助，其做法得到省领导肯定，1月6日，省侨联副主席陈锋在市侨联主席王永新陪同下看望李书霞。

涉侨宣传。全年发放《中华人民共和国归侨侨眷权益保护法》《侨务法律法规汇编》《江苏省华侨投资促进条例》等宣传材料300余份；组织10余家侨港资企业到法院开展以案释法活动，向侨企重点宣讲《江苏省保护和促进华侨投资条例》等涉侨法律法规，现场解答企业在投资运营中可能遇到的法律问题；宣传侨界优秀典型弘扬正能量，4月30日，丹徒区海归人士陈晨代表丹徒参加镇江市侨联组织的侨界青年创新创业故事分享会，5月29日晚，丹徒电视台“创富人生”栏目播出“陈晨回乡创业的人生故事”。（姜健俊）

【专项调研活动】 2019年4～5月，丹徒区侨联组织市区两级人大代表、政协委员对区域内侨资企业集中开展“走访、调研、服务”活动，走访调研蓝圈新材料、润模汽车检验装备、松艺工具、旺达鞋业等10余家侨资企业，了解侨企发展现状和遇到的困难，向侨资企业家问需问计，撰写调研报告、提案、议案和建议4条，为促进侨企健康发展建言献策。（姜健俊）

【共建单位】 2019年6月21日，丹徒区侨联与淮安市涟水县侨联结成共建单位，在今世缘酒厂会议室举行签订仪式，促进两地侨联交流学习、资源共享、经验互鉴，拓展侨联工作空间。省侨联副主席宫琳出席活动并发表致辞，淮安市侨联和镇江市侨联领导出席，签约仪式由涟水县委副书记、县长时勇主持。仪式结束后，两地侨界文化名人共12人开展书法、绘画等交流活动。（姜健俊）

【丹徒区留学生亲属协会成立】 2019年12月27日，丹徒区侨联在区政协五楼会议室召开留学生亲属大会，选举产生协会会长、副会长和秘书长，正式成立丹徒区留学生亲属协会。至年底，登记在册的留学生有185人。丹徒区留学生亲属协会的成立，旨在涵养侨务资源，发挥好留学人员亲属及归侨侨眷的作用，促进全区侨务工作的健康发展。（姜健俊）

丹徒区残疾人联合会

【概况】 2019年，镇江市丹徒区残疾人联合会（简称丹徒区残联）围绕加快残疾人小康进程，全面保障和改善残疾人民生，推动残疾人事业高质量发展。实施2019年度省政府民生实事——低收入残疾人家庭无障碍改造，按照“两优先”（优先考虑特困残疾人家庭、优先考虑重度残疾人家庭）原则，召开各镇残疾人专职委员工作会议，开展调查摸底和走访，确定改造任务53户，至年底全部完成改造。拓展残疾人文化宣传工作，利用微信公众号宣传残疾人事业、报道先进典型，传递扶残助残正能量，微信公众号全年发布文章20余篇。（王　秀）

【残疾人精准康复行动】 2019年，丹徒区落实残疾人精准康复行动各项措施。新增残疾证办理560人，完成十年到期残疾证换证3191人。贫困精神残疾人免费用药卡办理56例，白内障患者复明14例。假肢安装6例，0岁至6岁残疾儿童康复训练46人，7岁至14岁残疾儿童康复训练13人，发放轮椅80台，贫困残疾人家庭无障碍改造53户。组织区、镇（街道、园区）残联工作人员和村（社区）康复协调员，走村入户进行康复需求登记，丹徒区残联会同卫生部门组织开展残疾儿童筛查，初步筛查出符合训练标准的残疾儿童57人，根据残疾类别转介到相应的康复机构；各定点康复机构在训练中按照相关原则，分门别类，因人施训。根据残疾儿童个性特征制定年度训练计划，实施科学康复，进行系统评估。加强残联系统内部和定点机构的配合，及时整理上报资料。（王　秀）

【残疾人就业创业帮扶】 2019年，丹徒区残联加大残疾人就业创业帮扶力度，稳定集中就业，推进按比例就业和个体就业，鼓励残疾人通过电子商务、医疗机构、农村种养业、手工业、社区公益性岗位、来料加工、居家就业、网络就业等实现就业创业。全年新增安置残疾人实名制就业110人，残疾人实名制培训192人；盲人保健按摩师培训5人，盲人医疗按摩师培训1人；发放残疾学生高中补贴2人、高等教育补贴5人，发放贫困残疾人家庭子女教育补贴11人。开展残疾人就业保障金征缴工作，全区保障金入库530万元。（王　秀）

【残疾人权益保障】 2019年，丹徒区残联以维权、维稳为重点，保障残疾人合法权益。健全巩固区残联干部接访、理事长接访等相关工作制度，规范信访接待程序，全年处理来信、来访、来电54人次；为3周岁至90周岁残疾人投保意外伤害保险，确保残疾人家庭及时得到补偿，全年参保8375人；1月起，清查全区领取残疾人机动轮椅车燃油补贴的人员，全年发放残疾人燃油补贴170人、计4.42万元。（王　秀）

【残疾人家庭收入状况调查工作】 2019年，丹徒区残联贯彻落实中共中央办公厅、国务院办公厅《关于建立健全国家“十三五”规划刚要实施机制的意见》和省残联《关于开展2019年度残疾人家庭收入状况调查的通知》精神，开展残疾人家庭收入状况调查工作。该次调查为抽样调查，由省残联抽取调查2000户残疾人家庭，其中涉及丹徒区样本量为62户。核查结果为“死亡”“搬迁”“外出”“空挂户”等17户，实际需入户调查样本45户，分布在宝堰镇。该次调查工作通过省级验收，所有数据上传至系统平台。（王　秀）

丹徒区红十字会

【概况】 2019年，镇江市丹徒区红十字会（简称丹徒区红十字会）履行《中华人民共和国红十字会法》赋予的职责，开展各项工作。加强组织建设，完成全区基层组织标准化建设全覆盖，6月，丹徒区创建市级红十字示范学校1所；9月，召开基层组织工作交流会议。加大宣传力度，发动和团结社会力量，增强救助实力，10月，与丹徒区级机关工委、丹徒区文明办联合开展“博爱在丹徒、人道万人捐”活动，各单位和爱心人士共计捐款34.04万元。（丹徒区红十字会）

【博爱“助老、助医、助困”活动】 2019年，丹徒区红十字会对上门求助的特困残疾家庭和大重病患者共计发放一次性人道救助金35人5.71万元，救助对象主要为低保户或低保边缘户，救助病种主要是白血病等重特大疾病患者；年初，到辛丰镇敬老院开展义诊活动，为老人提供测血压、量血糖，宣传健康保健知识，解答普通常见疾病预防、用药问题等服务；9月10日，与丹徒区中医院在丹徒区宝龙广场举办“世界急救日”大型义诊活动，向群众发放市民安全手册、应急救护宣传册等宣传材料500份，参加群众近500人次。（丹徒区红十字会）

图29 2019年9月10日，丹徒区红十字会与丹徒区中医院联合举办大型义诊活动现场（丹徒区红十字会）

【“三献”工作】 2019年，丹徒区红十字会组织开展造血干细胞捐献、遗体（器官）捐献、无偿献血“三献”宣传普及活动，共发放宣传资料600余份。通过活动让群众了解造血干细胞捐献、遗体捐献（器官）和无偿献血知识，引导和鼓励更多的人参与社会公共事业。年内，为1例造血干细胞捐献志愿者进行再动员，完成1例高分辨配型血样采集。（丹徒区红十字会）

【救护培训工作】 2019年，丹徒区红十字会选派1人参加省红会组织的救护培训，选派2人参加省红会组织的养老照护师资培训；开展重点人群应急救护知识培训，推进救护培训“五进”（进机关、进社区、进企业、进学校、进农村）工作。参加初级救护员培训550人，参加普及培训6006人；组织开展应急救护培训师资理论研讨活动，就应急救护培训中存在问题进行剖析与探讨，撰写应急救护理论文章2篇。（丹徒区红十字会）

军 事

责任编校 刘 芳

人民武装

【概况】 2019年，镇江市丹徒区人民武装部(简称丹徒区人武部)聚力改革，强化备战，全区人民武装和后备力量建设保持良好发展势头。加强思想政治建设，学习习近平新时代中国特色社会主义思想和习近平强军思想，开展“不忘初心、牢记使命”主题教育，学习领会上级关于开展全面彻底肃清郭徐房张流毒影响清理清查活动精神。围绕民兵基层党组织和基层武装部规范化建设“组织健全、制度落实、软件规范、硬件配套”总要求，3名人武部领导挂钩帮带各基层武装部，帮助基层分析建设形势，结合整组、组训、征兵等任务蹲点指导，解决实际矛盾问题，提升基层武装机构战备设施建设规范化和常态化水平。推进拥军优属工作，走访慰问进藏服役新兵家庭；指导全区开展全民国防教育工作，联合丹徒区退役军人事务局组织开展“赞颂辉煌成就、军民同心筑梦”主题国防教育活动和“烈士桥梁命名暨烈士班级、烈士志愿者服务队授旗仪式”等活动；持续助力脱贫攻坚工作，结合丹徒区精准扶贫总体规划，分别投入10万元和5万元，定点帮扶荣炳曲阳村和江心益平村。 （张 沂）

【练兵备战】 2019年，丹徒区人武部重点加强专武干部、民兵骨干、专业技术骨干的基本素质、业务能力和专业技能训练，完成民兵各项训练任务。科学安排训练科目，严格挑选教练员人选，正规训练管理秩序，落实风险评估、训练安全分析制度和相关制度，提升组训水平。6月，参加防汛抢险综合演练；10月，组织民兵开展集中训练备勤活动；12月，参加相关国防动员演练，检验队伍素质能力。 （张 沂）

图30 2019年10月30日，丹徒区人武部组织民兵开展集中训练备勤活动 （丹徒区人武部）

【民兵调整编建】 2019年，丹徒区人武部贯彻上级民兵调整改革任务部署会精神，确立“编为用，建为战”思想，深入基层武装部、行业系统、企业调研掌握情况，加强力量需求分析，坚持有利于平时建设、应急使用、战时动员的原则，将民兵组织向"非公有制企业""行业系统""工业园区"拓展，兵员结构上突出党员、复转军人和高素质人员比例，严格落实潜力调查、布局优化、政考体检、力量编配等环节工作，完成基干民兵编组任务。（张　沂）

【兵员征集】 2019年，丹徒区人武部贯彻落实国家和省、市关于征兵工作的指示精神，按照标准提高、节点提前、工作提速的要求，开展兵员征集工作。全程对照"五率"（报名率、上站率、合格率、择优率、退兵率）要求，突出高学历青年，特别是大学毕业生这一征集重点，加强组织领导和宣传动员，严把基层推荐关、政治考核关、体格检查关、审批定兵关，坚守廉洁底线，全面提高兵员质量，完成年度新兵征集任务，"五率"量化考评打分位列全市第二。（张　沂）

图31　2019年5月8日，丹徒区人武部组织征兵宣传进校园活动　（丹徒区人武部）

人民防空

【概况】 2019年，丹徒区人防工作树立"人防为民"发展理念，为国防建设大局和全区经济社会发展服务。完善人防组织指挥系统，健全指挥机构、完善指挥场所建设、加强人防队伍建设，按照"一中心、三部门"建立健全战时人防指挥所编成人员，明确各席位职责，人员实名率100%；按照战时应战、平时救灾、服务群众的人防组织指挥机构建设要求，指挥所管理使用步入正轨，设备完好、功能正常。组织"9•18"防空警报试鸣演练活动，联合丹徒区教育局在镇江市宜城小学组织全校师生开展应急疏散演练活动，演习内容为全校师生在3分钟内有序撤离到操场。组织人防干部职工开展学习培训，增强法制观念，规范各类行政行为，提高依法行政能力。（吴云飞　李云霞）

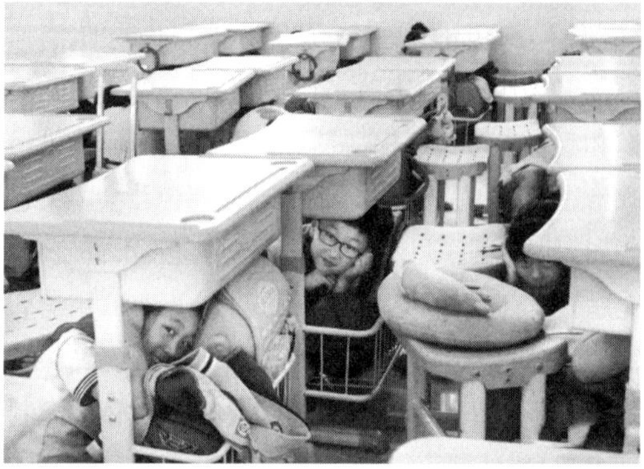

图32　2019年9月17日，丹徒区人防办在镇江市宜城小学开展"9•18"应急疏散演练活动　（丹徒区人防办）

【人防工程质量监管】 2019年，丹徒区人防办强化人防工程质量监管，从图纸设计、施工监管、竣收验收三个方面保证工程质量。坚持人防工程图纸由人防专业设计单位设计，严格审查设计单位资质，强化施工图审查；每个工程施工实行流程式管理，开工前进行技术交底，在底板、墙板、顶板浇筑混凝土前验收，确保人防设备设施安装预埋到位；组织建设、设计、施工、监理等单位和人防设备厂进行工程主体验收和竣工验收，开展人防第三方检测。（房丽娜　李云霞）

【人防办窗口服务】 2019年，丹徒区人防办窗口依法行政，做到应建必建、应收尽收。完善人防工程审批流程，强化专题审批会议，一事一议、公开透明，联合执法和工程人员坚持现场踏勘每个新立项人防工程项目，窗口全年办件完成率100%，群众满意率100%，零投诉、零差错；加强与规划、住建窗口联系，梳理已领取规划许可证和施工许可证的项目，并依据有关规定通知建设单位及时办理人防建设审批手续，杜绝发生未批先建工程。

（严　艳　李云霞）

【人防信息化建设】 2019年，丹徒区人防办完善信息化建设，加强信息保障人员培训。防空警报试鸣前，多次组织检查维修全区20台电声警报器和6台多媒体警报器，针对上年警报试鸣出现的不正常情况，及时升级警报设备，增加有线控制终端，实现无线控制为主、有线控制为辅的双向手段，确保警报试鸣鸣响率100%，同时对设点单位专管员开展学习培训。为提高民防应急通信装备的使用和管理水平，发挥民防应急指挥车的作用，常态化开展信息化训练，组织机动指挥所与地面指挥中心互联互通、机动指挥车开设与撤收、与镇江市及兄弟(县)市视频会议系统互联互通等科目，促使信息保障人员熟悉和掌握机动指挥车的性能与操作规程。5月15～16日，组织信息保障人员到无锡市宜兴市开展跨区域拉动训练，通过超短波集群、短波电台、视频会议系统对接、4G图传等科目训练，提高全区人防信息保障人员机动指挥通信系统的实际操作能力。（吴云飞　李云霞）

【人防专业队建设】 2019年，丹徒区人防办围绕战时可能担负的抢险抢修、医疗救护、防火灭火、抢运物资等重大任务，在12家企事业单位组建人防专业队，应对新形势下可能出现的新情况和新问题。完成年度人防专业队整组任务的同时，调整原有人防专业队，新增华润燃气供气专业队。7月30日至8月1日，组织全区16名人防专业队骨干赴盐城市大丰区人防训练基地开展为期3天的集中训练，提升人防专业队在应对城市防空袭和突发公共安全事件中应急救援专业技能水平。（吴云飞　李云霞）

双拥共建

【概况】 2019年，丹徒区围绕镇江市“八创”全国双拥模范城，完成双拥街和国防主题公园装饰翻新工作，在全区范围内设置大型公益双拥宣传牌17块，所有镇(街道、园区)均设置双拥宣传栏；指导成立丹徒区“心连心”拥军优属服务中心，该中心是丹徒区第一家社会化拥军帮扶组织，设立100万元救助基金；完成为驻丹徒部队办实事项目6项。全年走访慰问10家驻丹徒部队，慰问经费支出 50万元；走访慰问重点优抚对象、贫困退役军人和现役军人家庭420户，发放优待抚恤金、慰问金、困难救助金350余万元；协调全区拥军企业和行业协会，慰问驻丹徒部队、帮扶贫困义务兵家庭和关爱烈士家庭。

2019年2月，丹徒区按照《镇江市丹徒区机构改革方案》，将丹徒区民政局、丹徒区人力资源和社会保障局等相应职责整合，组建丹徒区退役军人事务局，作为区政府工作部门。年内，完成秋(冬)季退役士兵接收工作，并及时足额发放2018年冬季复员士官地方一次性经济补助金、2019年秋季退役士兵地方一次性经济补助金；完成全区生活困难志愿兵(士官)补助金审核和调标工作，并发放困难补助；组织94名退役士兵参加学历、职业技能免费培训，参训率100%；完成军转干部、随调家属、转业士官的安置工作，以及全区符合政府安排工作条件退役士兵社保接续的录入、受理和审核等相关工作。（徐　波　王　翾）

【春节军政座谈会】 2019年1月25日，丹徒区委、区政府在区政府八楼会议室召开丹徒区春节军政座谈会。区委、区人大、区政府、区政协主要领导，区委、区政府分管领导，区双拥领导小组全体成员，各镇(街道、园区)党(工)委书记、人武部部长、民政助理，以及驻丹徒部队军政首长出席会议。会上，区委主要领导发表讲话，区委政法委书记作2018

年双拥工作总结，并部署2019年双拥工作；区人武部部长宣读“八创省双拥模范区有个单位和个人记功嘉奖”的表彰决定，并为受表彰的单位和个人代表颁奖。区司法局、世业镇、驻丹徒部队负责人分别在会上作双拥述职报告。（徐　波）

【全民国防教育日活动】2019年9月21日，丹徒区开展以“赞颂辉煌成就、军民同心筑梦”为主题的全民国防教育日活动，邀请中国人民解放军陆军指挥学院教授黄培义少将作题为《中国国防和军事战略》的讲座。讲座结束后，举行丹徒区第三届“双拥杯”国防知识辩论赛，大港中学辩论队和高级中学辩论队以“军队的存在是为了战争还是为了和平”为辩题展开辩论，最终大港中学获得冠军，实现“三连冠”佳绩。区领导和有关单位负责人以及部分师生代表共700余人参加活动。（徐　波）

【驻丹徒部队官兵拥政爱民活动】2019年，驻丹徒部队官兵继续发扬人民军队爱人民传统，坚持地方所需、群众所盼、部队所能的原则，参与和支援驻地经济社会建设。春节期间，驻丹徒部队领导走访慰问丹徒区荣炳盐资源区的贫困老党员，并赠送慰问金；学雷锋日期间，陆军军事交通学院镇江校区部分官兵组成的“学雷锋服务队”到丹徒区上党镇开展捐资助学、敬老爱老活动；12月12日，武警镇江支队到丹徒区高资街道厚固村，与村委会签订帮扶协议，捐赠帮扶资金4万元；驻丹徒部队经常开展为驻地缺劳户助耕帮种、为驻地打扫环境卫生等活动。（徐　波）

【弘扬英烈精神】2019年9月下旬，丹徒区双拥办在全区中小学成立5个以丹徒籍烈士名字命名的英雄班，江苏蓝圈新材料股份有限公司和镇江市兴乐市政工程有限公司注册2个以丹徒籍烈士名字命名的志愿者服务队，旨在长期抚慰和帮扶全区烈士家庭、残疾军人家庭、贫困现役军人家庭、贫困退役军人家庭。9月30日烈士纪念日，组织党政军民700余人在丹徒烈士陵园开展公祭活动；10月中旬，在2座英烈桥举办孙祥华、刘木林烈士雕像落成仪式，并为宜城中学“孙祥华班”、大港中学“刘木林班”和蓝圈新材“祥华志愿者服务队”、兴乐市政“木林志愿者服务队”授旗。（徐　波）

图33　2019年10月23日，镇江市宜城中学"孙祥华班"学生参加孙祥华烈士雕像落成仪式　（徐　波）

【优抚工作】2019年，丹徒区退役军人事务局为全区重点优抚对象统一参保大病住院商业保险，全年理赔90人次，理赔金额23.34万元，有效缓解重点优抚对象看病难、看病贵状况；春节、八一建军节期间，面向全区优抚对象开展大走访、大慰问活动，发放慰问金85万元。针对134名困难退役军人，发放困难补助金12万元。结合集中体检、上门体检和发放体检卡三种方式，组织全区优抚对象参加免费体检。（姚玉琴）

【军休所工作】2019年，丹徒区军队离休退休干部休养所足额发放军休干部离退休费，并发放遗属补助1.41万元；拨发无军籍职工工资14.53万元，指导调整补发0.54万元；下拨无军籍职工地方性津补贴1.8万元；协助外地定居军休干部医疗报销1.17万元。为军休老干部家庭悬挂“光荣之家”牌8户，组织专项体检1次。开展节假日、纪念日走访慰问活动7次，每月日常上门慰问12次，住院慰问1次，电话随访20次，发放困难、医疗补助1.3万元。组织军休干部参观红色教育基地1次，并做好休养所基础设施维护工作。（蒋殷颖）

法 治

责任编校 刘 芳

综 述

【概况】 2019年，丹徒区政法系统推进“平安丹徒”“法治丹徒”建设，聚焦“70周年大庆安保”主线，开展“大排查大整治”行动和“扫黑除恶”专项斗争，维护社会大局持续稳定，全区社会公众安全感98%，法治建设满意度98.6%。

丹徒区政法系统以政治建设为引领，加速“四化”（革命化、正规化、专业化、职业化）队伍建设，开展“不忘初心、牢记使命”主题教育活动，推进全面从严治党、从严治警，政法队伍展现新面貌。涌现出全省公安机关安保维稳成绩突出个人、首批“枫桥式公安派出所”等先进典型。坚持改革创新，全区10个镇(街道、园区)政法委员全部配齐，请示报告、政治督察等制度相继实施，掀起贯彻落实《政法工作条例》热潮，推进政法领域改革。强化全区政法干警能力建设，多样化开展“周四学习日”“小课堂建设”“长山大讲堂”“基层所长培训班”等活动。以作风建设为常态，严格落实“两个责任”，在全区政法系统固化开展“警钟日”警示教育活动，提升政法队伍素质能力。 （朱俊华）

【维护社会稳定】 2019年，丹徒区以“保大庆”为主线，健全维稳工作机制，强化情报预测预警，实战化运行“1+6+X”（一名区委分管领导+区委政法委、区委国安办、区公安局、区司法局分管领导和区信访局、区退役军人事务局主要领导+相关部门和乡镇分管领导）每日调度机制，组织开展“全区社会稳定隐患大排查大整治”专项行动，防控化解风险隐患，妥善处置长三角精细化工职工安置、宜城街道缪家甸村民征地赔偿、高桥村民扬州企业污染问题等重大涉稳事件35件。完成全国“两会”、“70周年大庆”、“一带一路”高峰论坛、中央扫黑除恶督导组下沉督导等重大活动和敏感节点安保维稳任务，实现“五个严防、四个确保”（严防发生有重大影响的政治类敏感案事件，严防暴恐和个人极端案事件，严防发生规模进京赴省到市来区集访和规模聚集事件，严防发生重大网络安全和网络敏感案事件，严防发生重特大公共安全事故；确保全区不发生规模性聚集，确保网上不发生恶性炒作，确保不发生规模进京赴省到市来区集访和规模聚集事件，确保70周年大庆期间全区社会大局平安稳定）。推进“清风”“净网”“校园食品安全专项整治”等专项行动，侦破“3•7”特大窃电案，被中央和省、市各大媒体报道。组织开展“崇尚科学、反对邪教，共建和谐丹徒”反邪教宣传活动。 （朱俊华）

【“扫黑除恶”专项斗争】 丹徒区围绕“深挖根治”阶段性目标，坚持“扫黑除恶”和“打伞破网”相结合、依法严惩和“打财断血”相结合、夯实基础和净化基层相结合、专项斗争和综合治理相结合，完成中央督导和“回头看”任务。强化线索案件攻坚清理，落实“两个一律”（对涉黑涉恶案件，一律深挖其背后腐败问题；对黑恶势力“关系网”“保护伞”，一律一查到底、绝不姑息）“一案三查”（查办黑恶势力，追查黑恶势力背后的“关系网”和“保护伞”，倒查党委、政府的主体责任和有关部门的监管责任）制度，破获“九类”（强迫交易、敲诈勒索、寻衅滋事、聚众斗殴、非法拘禁、故意毁坏财物、组织卖淫、强迫卖淫、开设赌场）涉恶案件80起，抓获“九类”犯罪嫌疑人269人，共摧毁恶势力犯罪集团6个38人、恶势力犯罪团伙1个12人，查处“保护伞”6人，查封、冻结、扣押涉案资产188万余元，整顿软弱涣散基层党组织15个，清理不合格“两委”人员17人。“二七”专案成为江苏省唯一入选全国检察机关“扫黑除恶”专项斗争精准定性典型案例，中央电视台《焦点访谈》栏目专题报道。（朱俊华）

【社会治理创新】 2019年，丹徒区构建以党建为引领的基层网格化社会治理新格局，开展“党建+网格化社会治理”基层党建“书记项目”，相关经验做法入选《全国城市基层党建创新案例》。优化网格基础建设，建成区级综治中心和网格化服务管理中心并投入使用，区镇村三级联动中心建成率100%，科学划分网格356个，配备网格员2554人。建立“每日一查、每月一报”工作机制，常态化开展信息采集、隐患排查、矛盾化解工作，共采集基础信息7.8万余条，排查各类隐患1293条，稳控化解各类矛盾320起。坚持科技致用，推进“雪亮工程”（以县、乡、村三级综治中心为指挥平台、以综治信息化为支撑、以网格化管理为基础、以公共安全视频监控联网应用为重点的群众性治安防控工程）建设，全区联网汇聚视频监控2621个，人脸识别相机10台。坚持专项整治，滚动排查整治交通、消防、危化品、群租房等公共安全方面隐患，危化品安全管理继续保持“零事故”。（朱俊华）

【法治丹徒建设】 2019年，丹徒区司法行政、政府法制、法治建设等工作职能整合，成立全面依法治区委员会，推进全面依法治区，获评2019年全省法治政府建设示范区。防范重大金融风险，依法严惩破坏环境资源犯罪，下发《关于服务保障民营企业发展十条意见》等文件和工作要点，推进法治护航乡村振兴战略、民营经济健康发展“双护航”。加强执法司法规范化建设，落实“双随机一公开”制度，落实“谁执法谁普法”责任制，组织开展普法活动300余场次。建成区级宪法宣传教育中心，全区88个行政村全部建成法治文化阵地，优化法治环境。（朱俊华）

公　安

【概况】 2019年，镇江市丹徒区公安局（简称丹徒区公安局）面对重大任务和风险挑战增多、反恐维稳形势日趋复杂的考验，做好维护稳定、服务发展、保民平安等各项工作，为全区经济社会高质量发展打造持续稳定的社会环境。

每日视频调度面上涉稳情况，推进落实战时全区合成维稳研判、指挥调度等机制，实现重点敏感时期丹徒人“零进京”非访，完成新中国成立70周年大庆、中央扫黑除恶督导组下沉督导等重大活动、重点时期的系列安保维稳任务；滚动排查并协同党委政府做好各类矛盾纠纷稳控化解，分级分类立项，清单式化解稳控。超前介入、成功处置宜城街道缪家甸村民因征地赔偿问题、中南漫香园业主因房屋质量问题集访等各类重大涉稳事件35件，妥善处置赴市、区政府集访等群体性事件59件。根据实际情况健全应急处突方案预案，充实全局应急梯队，完善巡特警动中备勤、全局警力常态备勤及公安、消防、各单位安保力量混编联勤的应急处突机制。

持续深化线索核查、综合整治、专案打击，推进“扫黑除恶”、“清风”、净网等系列专项行动，146条线索、23起案件实现“清零”，共侦破“九类”涉恶案件75起，查处涉黑涉恶犯罪嫌疑人252人，查封、冻结、扣押涉案资产188万余元，“扫黑除恶”综合绩效位居全市前列。组织开展全区公安机关“除隐患、保安全、护稳定”集中专项行动，推进打击非法集资、传销、电信网络诈骗、盗抢骗、黄赌毒、食药环等违法犯罪专项行动，全年刑事发案1644起，比上年下降8.9%，其中“八类”（故意伤害、抢劫、故意杀人、投放危险物质、绑架、爆炸、强奸、放火）案件发案25起，侦破25起，破案率100%，成功侦破公安部和省公安厅挂牌的“矿机”盗电挖“比特币”、“网络炒鞋”诈骗等重大案件，被中央和省、市媒体广泛宣传报道。落实武装联勤、动中备勤、定点值守等巡防机制，加强情报导巡、动态布警，推进“慧眼工程”和“雪亮工程”，通过巡逻和技术防范抓获违法犯罪嫌疑人105人，比上年上升23%，提升公众安全感和对社会治安的满意度。

投身“生态丹徒”和精美城市建设，推进污染防治攻坚战，统筹做好机动车尾气、道路扬尘、露天烧烤、烟花爆竹禁放等综合整治，实现元旦、春节等重要节日烟花爆竹“零燃放”；打击食药环犯罪“昆仑”行动，侦破省督办的“1019”污染环境案，抓获涉案人员101名，追根溯源查清化学品1771吨；组织开展公安机关安全生产专项整治行动，开展化工园区、劳动密集型企业、酒驾毒驾、重点国省道及重点行业场所的安全隐患排查整治。全年排查整改安全隐患1280余处，全区立案道路交通事故、死亡人数比上年分别下降3.2%、9.7%；危化品安全管理继续保持“零事故”；优化简化涉企事项办理审批，严打涉企犯罪行为，共走访企业2960余家次，建立涉企QQ群、微信群89个，协调解决影响企业发展难题175件，查处经济案件11起，抓获犯罪嫌疑人56人，为企业挽回经济损失1200余万元。滚动开展出租房屋和流动人口、重点行业场所清理整治工作，清理整治房屋出租户2579户、群租房177户，查处违法违规经营场所25家。安全隐患排查整治和“放管服改革”成效显著，公安服务窗口满意率保持100%，出入境窗口连续11年获评省级文明窗口；推进“枫桥式公安派出所”创建活动和“双网”（警格+网格）融合，实施社区民警全部进入村（居）“两委”班子，并全部完成派出所综合指挥室改造建设，高资派出所创成全省首批“枫桥式公安派出所”，工作成效及经验被省、市、区媒体平台宣传推广；落实公安执法源头监管系列机制，年度执法质量考评位居全市前列。

以“不忘初心、牢记使命”“践行新使命、忠诚保大庆”等主题教育为引领，固化每周“学习日”、每月“警钟日”活动；建立队伍现状常态化分析研判机制，落实从优待警措施，推进民警职务晋升。推进执法办案管理中心建设，落实公安执法源头监管系列机制，未发生重大执法问题；常态开展执法培训、发布执法提示和整改执法问题，执法质量考评位居全市第二。选树培养公安典型，先后有21个集体、62名个人被上级记功嘉奖，涌现出全省大庆安保先进个人、全市最美警察、全市十大法制人物等一批先进典型。 （姚 欢）

【新中国成立70周年大庆安保任务完成】 2019年，丹徒区公安局围绕“五个严防、三个确保”（严防发生影响国家政治安全的重大案事件，严防发生暴恐袭击和影响恶劣的个人极端暴力犯罪事件，严防发生本地规模聚集事件和赴省进京集访事件，严防发生影响国庆安全的滋扰事件，严防发生重大负面舆情炒作事件；确保一系列重大活动安全顺利进行，确保一系列敏感重要节点平稳度过，确保全区社会大局持续安全稳定）总目标，启动新中国成立70周年大庆安保工作。8月上旬至10月上旬，组织开展以“奋战两个月、忠诚保大庆”为主题的“使命”攻坚行动，严密社会面巡逻防范，每天平均投入警力350人次，巡逻车辆45辆，高密度、全天候开展动态巡防，提升社会面见警率和治安控制力；9月以来，全区刑事发案132起，比上年下降16.5%；破案70起，比上年上升30%。年内，先后组织统一清查整治行动12次，清除治安乱点45处，查获违法犯罪行为人65人；结合“一标四实”信息采集工作，推进出租房屋和流动人口清理整治工作，滚动清理登记外来人口15360人，列管重点流动人口123人，查处违规房屋出租户453户，确保底数清、情况明。安保期间，全警在岗在位，严守战时纪律规定，持续攻坚奋战，确保全区未发生赴省进京非访事件、

暴恐案事件、重大公共安全事故和有影响的大规模群体性事件，完成新中国成立70周年大庆安保维稳任务。（姚　欢）

【“扫黑除恶”专项行动】 2019年，丹徒区公安局围绕“扫黑除恶”专项斗争第二年“深挖根治”总目标，持续净化基层治安环境和政治生态，开展“扫黑除恶”专项行动并取得阶段性成果。共立“九类”涉恶案件63起，破案61起，破案率96.8%，比上年增长13.1%；查获涉案成员211人，比上年增长37.9%；摧毁恶势力集团5个、涉恶犯罪团伙9个，其中涉及农村“两委”人员的涉恶集团2个，立案查处涉恶团伙“保护伞”2人。辖区群众发现举报涉恶线索的意识、数量和公安机关及时立案查处涉黑涉恶案件数均提升，人民群众安全感和满意度增强。（姚　欢）

【护校安园工作】 2019年，丹徒区公安局结合辖区校园安全稳定实际，紧盯校园安全工作中的薄弱环节和风险隐患，与教育、综治等部门协作，建立由指挥中心统筹协调，治安、网安、交警等部门联合办公的实体化运作专班，每周汇总、定期通报涉校隐患排查整改情况，跟进抓好统筹规划、协调部署、情况搜集上报等工作；针对多轮检查中存在的问题，联合教育部门争取政府支持，投入资金安装一键报警装置51个，在所有校园出入口新增安装视频监控探头85个、与原有的监控视频统一接入属地派出所视频联网系统，织密视频网络；在所有校园划设安全区域、设置硬质隔离防护装置，将围墙加高到2米以上或者安装电子围栏，提高安全系数；补齐53所学校校园周边道路标志线、警示标志牌、减速梗及震荡带、硬质隔离栏等交通安全设施，维护全区校园及周边秩序平安稳定。（姚　欢）

【旅馆业阵地管控】 2019年，丹徒区公安局针对违法犯罪分子易在旅馆落脚、活动的状况，创新管控手段，将旅游业作为阵地管控的重点，提升辖区管控水平，营造清净良好的治安基础环境。年内，开展各层级培训30余场次，开展集中清查行动6次，处罚经营单位2家、旅馆从业人员47人，抓获违法犯罪人员75人，其中网上在逃人员2人。（姚　欢）

【高资派出所连续10年获评“一级公安派出所”】 2019年4月10日，丹徒区公安局高资派出所在全省治安工作会议上被省公安厅评为“一级公安派出所”，成为镇江市唯一连续10年获此荣誉的基层派出所。该所现有民警16人，以争创“枫桥式派出所”为目标，坚持党建领航、汇聚民力、智能驱动、多元治理，推进“四加四升级”（“党建＋硬件”双擎驱动，品牌创建从“盆景”向“风景”升级；“网格＋网络”做实单元，预警管控从“粗放”向“精细”升级；“内拓＋外延”聚力汇能，矛盾调解从“单一”向“多元”升级；“智能＋联盟”共建共治，防控治理从“输出”向“共享”升级），打造新时代“枫桥式”基层社会治理进阶版。近年来，该所荣立集体二等功2次、集体三等功3次，先后被省公安厅授予“全省公安系统优秀基层单位”“全省优秀公安派出所”等称号，被市委政法委命名为镇江市“公正司法示范点”，被市公安局授予“镇江市优秀公安派出所”“执法示范所队”等称号。（姚　欢）

【故意伤害致死案件】 2019年3月21日晚18时45分，丹徒区公安局城区派出所接到报警称：镇江市丹徒新城白鹭村有一外地男子被人刺伤，已送医院抢救。丹徒区公安局组织警力迅速赶赴医院和案发现场开展调查，受伤者系山西籍梁某某（男，35岁，户籍地在山西省临汾市尧都区一平垣乡闫马河村），在镇江市打工，暂住丹徒新城白露村，被送医后因肝脏破裂失血性休克抢救无效，于22日凌晨2点死亡。图侦组在调取案发现场周围监控后发现，某福田货车司机有重大作案嫌疑，现车主王某某(男，31岁，山东省临沂市苍山县长城镇人，丹徒区新三森服装厂司机)驾车逃离现场。侦查人员立即针对其重要关系人、出行轨迹和规律等展开专题研判，搜寻王的落脚点，同时安排警力在多点守候伏击。21日晚22时左右，追捕小组在丹徒区谷阳镇上西麓村王某某的暂住地将其抓获。通过突击审讯后王某某供认，21日傍晚，因向梁某某讨要300元欠款而发生口角，纠缠至丹徒新城白露村篮球场附近，持刀对梁的腹部、腰背部连捅4刀。根据其交待，办案民警将作案水果刀提取。至此，仅经过3小时，故意伤害致死案件成功侦破。 (姚 欢)

【全省首例特大盗窃电能犯罪案件】 2019年3月7日，镇江市供电公司在日常工作中发现线路损耗异常，经排查发现丹徒区和镇江新区两个区段实际耗电量与上传电费收入差额巨大，遂向丹徒警方报案。接报后，市、区两级公安机关抽调精干警力，经过2个多月调查，掌握浙江省温州市文成县人兰某在镇江新区纪庄村租赁厂房，批量安装电脑，外聘温州同乡和常州、徐州及镇江丹徒人员10余人，通过比特币形式“挖矿”，采用短接电缆手段导电结伙盗取国家电网电能，案值为2000余万元的犯罪事实，并于5月20日凌晨开展集中行动，一举抓获19名涉嫌盗窃犯罪和3名涉嫌包庇、窝藏犯罪的嫌疑人。至此，全省首例特大盗窃电能犯罪侦破。

(姚 欢)

【“鞋圈”网络诈骗案件】 2019年8月16日，丹徒区公安局城区派出所接到7、8名年轻人到所报案，称现住地位于丹徒城区的“鞋圈”大佬殷某(圈内人称“殷十亿”)通过微信公众号“High End工作室”销售全球限量版球鞋，数名买家在付款数万元至数十万元不等后，殷某几个月来既不发货也不退款，近期处于“失联”状态，遂感觉被骗前来报案。经初步了解，全国多个省、市均有买家通过微信向殷某购买球鞋，并存在已打款却久不发货的相关情况。由于该案涉及的地区、人员众多，涉案金额巨大，为避免造成较大社会影响，防止“爆雷”带来工作被动，该局迅速抽调刑侦、网侦、情报研判相关人员会同派出所成立专案组，围绕犯罪嫌疑人暂住地、经常活动地等开展秘密调查。为掌握证据、查清案件事实，专案人员通过公安信息化平台追踪研判嫌疑人轨迹，同时加入殷某建立的“鞋圈”微信群，暗中收集证据、跟踪动态，并加入受害者微信群，与受害人进行点对点的沟通联系、搜集证据，确保在掌握殷某诈骗流程、环节等有效证据后，瞄准有利时机组织收网抓捕。由于受害人报案前与殷某进行联系，致使殷某不断外出躲避公安机关侦查。专案组在对殷某的日常动态行踪进行侦控的同时，上门耐心做好殷某家人的思想工作，敦促其早日自首，后殷某迫于压力，于19日晚到城区派出所投案。经查，殷某实施诈骗所得赃款部分用于高价购鞋发货及退赔，剩余赃款全部挥霍，涉案受害人员30余人，案损金额500余万元。至此，“鞋圈”网络诈骗案件侦破。 (姚 欢)

检 察

【概况】 2019年，镇江市丹徒区人民检察院(简称丹徒区人民检察院)履行检察职能，强化法律监督，各项工作有新成效。全年受理刑事案件441件计717人，比上年分别上升25%和36%；依法批准逮捕186人，提起公诉404人，比上年分别上升48%和32%。受理民事行政案件87件，办理公益诉讼案件39件，比上年上升87%。年内，丹徒区检察院再次获“江苏省文明单位”称号，跻身全市先进检察院行列。2个案例分别获镇江检察机关法律监督十大典型案例和优秀案例。46人次获得区级以上表彰和奖励，其中1名干警被省检察院记二等功，1人被评为镇江市第四届“优秀法治人物”，1人被市检察院选树为“担当作为十大检察标兵”。派员参加全市检察机关演讲比赛，获第一名；派队参加全市检察机关刑事案件审查与汇报技能竞赛，获团体一等奖，1名干警获最佳汇报奖。

服务保障丹徒高质量发展。建立前置甄别机制，所有涉企产权案件，严格审查、区分罪与非罪的界限，依法监督侦查机关以证据不足对济南某工程机械有限公司经理涉嫌合同诈骗一案作撤案处理。办案中坚持司法善意考量，最大限度维护企业合法权益，如在办理江苏某面粉有限公司非法吸收公众存款案中，严把证据关，依法核减1700余万元涉案金额。严惩危害企业利益的敲诈勒索、侵占、挪用资金等犯罪，依法起诉以不实举报敲诈勒索7家民营企业的犯罪嫌疑人，维护企业正常运营秩序。依法严惩破坏环境资源犯罪，批准逮捕23人，提起公诉13人。围绕西南片区整治和非法占用农用地开展集中打击，提前介入，先后10余次会商，引导侦查。依法对涉嫌非法采矿103万吨、价值近1800万元的犯罪嫌疑人批准逮捕。针对金融领域重大风险隐患，加大打击合同诈骗、集资诈骗、非法吸收公众存款等破坏市场秩序、危害金融安全各类犯罪的力度，起诉非法集资、集资诈骗等涉众型经济犯罪2件2人；依法办理1起涉案金额4565万元的非法吸收公众存款案，对一家单位和一名责任人提起公诉；综合分析金融领域犯罪呈现出的新特征、新问题，并形成风险研判报告。

维护社会和谐稳定。深化“扫黑除恶”专项斗争，批捕71人，起诉107人，其中恶势力犯罪集团案件3件21人；同时，严格按照“一案三查”（“三查”即查办黑恶势力犯罪，追查黑恶势力背后的“保护伞”，倒查党委政府的主体责任和部门的监督管理责任）和“两个一律”（一律深挖其背后腐败问题，一律对黑恶势力“关系网”“保护伞”一查到底）的要求，起诉“保护伞”4人，办理大市口派出所原所长李某某徇私枉法案和辛丰镇石城村村委会原书记王某某非国家工作人员受贿、职务侵占、贪污案。推动实施区涉黑涉恶犯罪案件会商制度和“打财断血”专门意见，与法院、公安部门协作，合力摧毁黑恶势力经济基础。坚决惩治严重暴力犯罪，依法严惩“两抢一盗”（抢劫、抢夺、盗窃）、电信网络诈骗、涉枪涉爆、黄赌毒和传销等犯罪，批准逮捕52人，提起公诉117人。办理“3•7”特大窃电案，近10次与公安机关会商案件的定性、犯罪数额和认定方式，引导侦查，将挖取“比特币”牟利，造成国家电力损失2000余万元的14名被告人提起公诉。贯彻“法不能向不法让步”理念，精准适用法律，依法对正当防卫致儿子死亡案件的犯罪嫌疑人作出不起诉决定。贯彻落实食品药品安全“四个最严”（最严谨的标准、最严格的监管、最严厉的处罚、最严肃的问责）要求，依法监督行政执法机关移送朱某某销售假药案；办理公安部交办的何某某等4人制售假药案，发挥自行补充侦查权，将销售品种由5种增加至30种。继续开展食药安全领域检察公益诉讼专项监督活动，针对辖区某幼儿园购进点心存在过期问题，向区相关部门发出诉前检察建议，监管部门作出行政处罚，并开展为期一周的“校园食品安全专项整治行动”。

依法保障社会民生。推进公益诉讼，办理刑事附带民事公益诉讼案件6件，发出诉前检察建议24件，督促治理被污染、损毁的耕地、山地等约13公顷(200余亩)，追收国有财产81万元，追偿环境治理费用500余万元。持续推进反腐倡廉建设，会同区监委制定《办理职务犯罪案件工作衔接实施办法》，办理该类案件11件15人，决定逮捕10件12人，审查起诉10件14人。聚焦动摇基层组织、社会危害性较大的农村基层组织人员职务犯罪，共办理该类犯罪3件4人。依法办理司法人员职务犯罪，对涉嫌受贿、徇私枉法等犯罪的丹阳市公安局中山路派出所原副所长潘某某、丹阳市公安局大泊派出所原副所长周某某、镇江经济开发区人民法院原审判员魏某等提起公诉。落实7日内程序回复、3个月内办理过程或结果答复的要求，采用电话短信回复、就近当面回复等方式，办理来信来访172件。开展刑事和解，邀请人民监督员、律师等第三方人员参与释法说理，促成双方达成民事赔偿和解协议，最大限度缓和矛盾。推行“苏检e访通”远程视频接访系统，让数据多跑路、群众少跑腿。针对2件相关单位拒绝律师会见犯罪嫌疑人的申诉，依法发出书面纠正意见，相关单位及时安排律师会见，保障律师和犯罪嫌疑人的诉讼权利。主动融入共建共治共享社会治理格局，向8户因案致贫返贫的刑事被害人或其近亲属发放救助金11万元。

图34 2019年6月20日，邀请律师共同参与答复信访人 （丹徒区人民检察院）

维护司法公正和法治权威。强化刑事立案和侦查监督，共监督立案3件，监督撤案2件，如在办案中发现侦查机关对一案久侦不结拖达10年，遂发出“要求说明立案理由通知书”，并监督其作出撤案决定。把好案件事实关、证据关、适用法律关，书面纠正违法11件，追捕追诉9人，比上年上升125%。在办理杨某某等6人污染环境案中，通过复核了解侦查机关认定的事实，发现另有2人符合逮捕条件，遂依法作出追捕决定。提前介入重大疑难复杂案件32件，发表侦查指导意见50份。加强对诉判不一案件的监督，依法提出抗诉、再审检察建议6件，法院改判3件。贯彻落实《中华人民共和国刑事诉讼法》，推行“认罪认罚从宽”（犯罪嫌疑人、被告人自愿如实供述自己的犯罪，对于指控犯罪事实没有异议，同意检察机关的量刑意见并签署具结书的案件，可以依法从宽处理）和量刑建议制度，主动加强与辩护律师的沟通联系，听取律师意见建议，通过深入释法说理，刑事犯罪案件认罪认罚率91%。推进刑事执行监督，提出解除或变更强制措施30件，已采纳27件。对1名涉嫌侵犯公民个人信息的伤残退役军人依法建议变更强制措施，年内被省检察院推荐至最高人民检察院参评精品案件。加大民事行政生效裁判案件的监督力度，发出再审检察建议6件，提请抗诉1件，法院改判3件，提出纠正违法、执行监督等检察建议9件。聚焦研判虚假诉讼高发领域，综合运用刑事、民事等手段严厉制裁虚假诉讼行为。通过网络巡查，发现1起合同纠纷涉嫌虚假诉讼案，遂提请市检察院抗诉，获法院再审改判。参与社会综合治理，发出督促履职检察建议10份。针对办案中发现的重点领域、行业等日常监管中存在的漏洞，分析研究个性和共性问题，发出检察建议4份。结合办理的非法采矿案件就矿产资源保护发出检察建议，法院、国土、检察机关协调会商，推动实施《打击非法开采及加工矿产资源长效管理实施方案》等文件。选派优秀检察官到辛丰镇石城村担任第一书记，组织基层党员群众旁听恶势力犯罪案件庭审，协助党委整顿软弱涣散的党组织。落实“谁执法谁普法”责任，利用“互联网+”资源优势创新以案释法，1个案例被评为市“以案释法”好案例，1个视频被评为“好视频”。

（许 欣）

【“扫黑除恶”专项斗争典型案件】 2019年，丹徒区人民检察院贯彻中央关于“扫黑除恶”专项斗争工作部署，依法办理全市涉案罪名最多的恶势力犯罪案件，在保证办案质量的前提下实行快捕快诉，从案件受理到提起公诉仅用时43天，以涉嫌寻衅滋事罪、强迫交易罪、非法采矿罪等8项罪名，将长期盘踞在辛丰等地为非作恶的2个恶势力犯罪集团11名成员及一家单位提起公诉。办理的杨某等25人恶势力犯罪集团案，年内成为江苏省唯一入选全国检察机关“扫黑除恶”专项斗争的典型案例，受到省检察院检察长批示肯定，央视“焦点访谈”专

题予以报道，《法制日报》《检察日报》均专版刊载，该专案组被评为“全省扫黑除恶专项斗争先进集体”。（许　欣）

图35　2019年7月9日，丹徒区人民检察院对“扫黑除恶”专项斗争典型案件出庭支持公诉（沈梦辕　摄）

【实验室废弃物处置行政公益诉讼】 2019年3月，丹徒区人民检察院在开展公益诉讼助力人大代表建议落实专项行动中，针对人大代表提出关于“解决学校实验残液、残渣等危险品回收问题”的建议，通过走访调查发现学校实验室废弃物处置存在较大安全和环境污染隐患，遂启动行政公益诉讼诉前程序，发出诉前检察建议，督促行政机关开展专项整治，建立健全长效管理机制，有效保障师生身心健康，维护校园环境安全，相关做法被《法制日报》、正义网等中央媒体报道。（许　欣）

【《关于服务保障民营企业发展十条意见》】 2019年9月，丹徒区人民检察院贯彻习近平总书记在民营企业座谈会上的重要讲话精神，为丹徒民营经济发展提供更加优质的法治产品和检察服务，制定实施《关于服务保障民营企业发展十条意见》。该意见从准确把握法律政策界限、严格涉民营企业案件司法标准、严厉打击侵犯民营企业权益犯罪、强化涉民营企业案件法律监督、强化涉罪民营企业及其人员合法权益保护、加大涉民营企业案件风险防控力度、深入推进社会综合治理、畅通民营企业诉求表达渠道、完善常态化联系民营企业制度、提升服务民营企业发展司法工作能力等10个方面，对服务保障民营企业作出具体规定。（许　欣）

【“等”外领域公益诉讼】 2019年，丹徒区人民检察院拓展公益诉讼案件范围，审慎探索“4+1”（“4”即生态环境和资源保护、食品药品安全、国有财产保护、国有土地权出让，“1”即英烈权益保护）领域外检察公益诉讼工作，办理“等”外领域公益诉讼案件7件，发出诉前检察建议7份。在全市率先开展文物保护领域公益诉讼，督促相关单位采取措施恢复5处文物保护单位的历史原貌，保障文化传承。对辖区部分古树名木遭受病虫害、未实现挂牌保护等问题，发出检察建议的同时，建立跟踪机制，成功督促相关部门完成8株濒危古树的修复与管护工作，相关做法被《检察日报》《江苏法制报》等专题报道。（许　欣）

【聘任首批公益保护观察员】 2019年1月25日，丹徒区人民检察院结合工作实际，为推进开展检察公益诉讼工作，拓宽公益诉讼案件线索来源和渠道，主动建立公益保护观察员制度，通过召开公益保护观察员工作会议，聘任15名不同行业的人员为该院首批公益保护观察员。会议宣读《关于聘任公益保护观察员制度的实施意见》和《关于聘任汤敏等十五位同志为公益保护观察员的决定》，现场向选聘的15名公益保护观察员颁发聘书，并进行相关业务培训。（许　欣）

法 院

【概况】 2019年3月，镇江市丹徒区人民法院(简称丹徒法院)完成内设机构改革，共设10个内设机构，其中6个审判业务部门(立案庭、民事审判第一庭、民事审判第二庭、刑事审判庭、行政审判庭、执行局)、1个综合业务部门(审判管理办公室)、3个行政管理部门(政治部、综合办公室、司法行政装备科)，保留1个直属行政机构(司法警察大队)和2个派出机构(辛丰人民法庭、宝堰人民法庭)。年内，丹徒法院有效履行司法职能，提升审判质效水平，各项工作取得新的成绩和进展。全年受理各类案件9378件，结案8426件，比上年分别上升1.3%和0.76%，法官人均结案246件，比上年增加32件。该院连续第三年被评为区级机关绩效管理考核优胜单位，并被评为2019年度江苏省公共机构能效领跑者单位；2名干警先后获全国维护妇女儿童权益先进个人、全市政法系统"十佳干警"、"丹徒区十大杰出青年"等称号。

全年受理各类刑事案件291件，审结270件，判处人犯405人，其中判处三年以上有期徒刑40人。开展"扫黑除恶"专项斗争，对重大涉黑恶案件坚持提前介入，加强与监委、公安、检察等机关协调沟通，审结涉黑恶案件5件34人、"保护伞"案件5件5人；及时公开审理充当恶势力"保护伞"的原宜城街道陆村党支部书记谢某某贪污、受贿、非国家工作人员受贿、故意伤害犯罪案件，依法判处其有期徒刑七年六个月，罚金30万元，并追缴其违法所得141万余元。依法惩治"两抢一盗"(抢劫、抢夺、盗窃)、诈骗等多发性侵财犯罪，公开审理在全省有重大影响的被告人兰某某等利用互感器短接方式盗窃国家电力挖取比特币的特大盗窃犯罪案件并当庭宣判，10名被告人分别被依法判处三年至十三年有期徒刑。

图36 2019年7月9日，丹徒法院公开审理一起恶势力犯罪集团案件 （丹徒法院 ）

全年受理婚姻家庭、房屋买卖、追索劳动报酬、人身损害赔偿、交通事故等民事纠纷案件2526件，审结2186件，其中以调解、撤诉方式结案1025件。推进家事审判改革，成立专业化审判团队审理家事纠纷案件，坚持法理情融合，保护妇女、儿童、老人合法权益，院党组成员、副院长眭咏梅被全国妇联授予"全国维护妇女儿童权益先进个人"称号。推行民事案件"繁简分流、快慢分道"，设立专门速裁团队，运用简易程序和小额诉讼程序快速审理简单民事案件，减轻群众诉累，速裁案件平均审理天数较普通民事案件缩短28天。

全年受理执行案件4190件，执结3800件，执结到位标的3.62亿元。加大强制执行措施适用力度，组织开展涉民生、涉金融案件专项执行行动，加强对失信被执行人信用惩戒，严厉打击规避执行和抗拒执行行为。全年开展集中执行52次，拘留115人，曝光失信被执行人信息1647人次，限制高消费1824人次，向公安机关移送拒执罪案件6件，已判决2件2人。探索运用"执转破"对资不抵债的被执行企业依法实施破产，推动出清“僵尸企业”，盘活闲置资产，破解执行困境。全年受理“执转破”案件13件，涉及闲置房产3.08万平方米、闲置土地约6.47公顷(97.12亩)。推进执行指挥中心“854”模式(由各级法院执行指挥中心集中办理网络查控、网络拍卖辅助工作、接待来访等8类事务性工作，提供视频会商等5类技术服务，承担繁简分流管理、流程节点管理、执行案款管理、终本案件管理4项管理职责)实体化运行，加强对执行事务的集中管理，完善执行信息公开、财产处置、案款管理和信访办理制度，提升执行工作规范化水平和执行质效。

全年受理行政案件166件，办结160件。强化“裁执分离”工作，完善裁执衔接机制，依法支持行政机关对违法占地、违法建设开展集中整治，审查非诉行政执行案件112件，裁定准予执行110件。“实施非诉行政执行案件‘裁执分离’”入选镇江市第四届优秀法治事件。加强司法与行政良性互动，落实行政机关负责人出庭应诉、发布行政审判白皮书、定期联席会议制度，协助举办《中华人民共和国政府信息公开条例》等行政执法业务培训，助推法治政府建设。（吴安娜）

【金融风险防范化解】 2019年，丹徒法院依法有效防范化解金融风险，建立完善与金融机构协调联络机制，会同丹徒区金融管理局召开驻丹徒金融机构防范金融风险工作座谈会，制订实施依法防范化解金融风险十三条措施。审执结金融纠纷案件250件，为金融机构清收贷款3817万余元。参与全市打击非法集资、非法传销犯罪“清风行动”，依法及时审理在全区有较大影响的荣炳农民资金互助合作社负责人季某某非法吸收公众存款案、“1040阳光工程”非法传销案。开展非法金融活动专项治理工作，排查甄别近三年来审执结的3880件民间借贷案件是否涉嫌“套路贷”虚假诉讼，对涉嫌犯罪的依法及时移送公安机关侦查处理，扼制民间借贷乱象，规范民间借贷秩序。稳妥处理企业破产案件，加强风险评估和防范，依法妥善处置恒福、新房、永成等房地产开发企业破产引起的群体性矛盾纠纷。（吴安娜）

【营商环境优化】 2019年，丹徒法院依法平等保护各类市场主体合法权益，尊重契约自由，倡导诚实守信，营造公平竞争的市场环境。全年受理买卖、租赁、加工承揽、建设工程等合同纠纷案件1042件，审结873件，解决争议标的6.63亿元。落实中央和省、市、区委关于服务民营经济发展的部署，强化对民营企业财产所有权、自主经营权司法保护。树立谦抑、审慎、善意、文明司法理念，对涉诉企业财产依法慎用查封、扣押、冻结等强制措施，尽量减少办案活动给企业正常生产经营造成的影响。依法调处企业与职工之间的劳动争议，推动构建和谐的劳动关系。发挥司法裁判规范、引导作用，走进高桥镇雪地靴企业开展巡回审判，组织部分企业负责人旁听案件庭审，提高企业依法经营、诚信经营、规范经营意识。与丹徒区侨联联合举办“惠企大讲堂”，邀请全区10家侨资企业代表参加专题法制讲课。（吴安娜）

图37 2019年11月21日，丹徒法院为18名工人集中发放被拖欠工资款（丹徒法院）

【社会治理参与工作】 2019年，丹徒法院加强矛盾纠纷多元化解工作，推动诉源治理。推进“两个一站式”(最高人民法院制定的《关于建设一站式多元解纷机制 一站式诉讼服务中心的意见》，提出到2020年底，全国法院一站式多元解纷机制基本健全，一站式诉讼服务中心全面建成)建设，在全市率先成立非诉讼服务分中心、诉讼与非诉讼对接中心，新设劳动争议人民调解工作室，全年受理诉前调解案件2329件，调解成功1142件，调结率49%，派驻人民调解工作室数量和诉前调解案件数量均居全市法院首位，新收民事案件呈下降趋势。开展“法官进网格”工作，建立法官与村(社区)网格员“点对点”联络机制，实现全区镇(街道、园区)审务工作站全覆盖。依法稳妥处理农村土地承包、流转、征收、房屋拆迁安置以及畜禽、水产养殖等涉农纠纷，服务保障乡村振兴战略。打造“蒲公英”普法惠民品牌，开展各类普法宣传活动47场3700余人次，该普法品牌被评为镇江市优秀公益普法媒体。

（吴安娜）

图38　2019年1月14日，法官走进校园开展“蒲公英”法院开放日普法活动　（丹徒法院）

【司法为民】　2019年，丹徒法院遵循“为民、便民、利民”原则，推动诉讼服务转型升级。深化立案登记制改革，创新立案服务方式，提供网上立案、跨域立案和24小时自助立案服务，完成全省首例跨苏皖立案服务。推行审判辅助事务集约化管理，实现诉讼文书电子集中送达。加强诉讼服务智能化建设，增设智能云柜，为当事人传递诉讼材料、联系法官提供便利。建设“人民法院新闻宣传+诉讼服务融合传播平台”，为群众提供多媒体诉讼服务。开展司法救助工作，为经济确有困难当事人依法缓、减、免诉讼费70.94万元，发放司法救助金93.77万元。（吴安娜）

【丹徒区非诉讼服务分中心挂牌】　2019年丹徒法院多元化纠纷解决机制建设基础扎实，诉前调解工作开展有序。9月9日，丹徒区非诉讼服务分中心和丹徒区人民法院诉讼与非诉讼对接中心，在丹徒法院挂牌成立。作为全市首家，丹徒区非诉讼服务分中心设有对接工作办公室、律师工作站、司法确认室、心理疏导室、研判评估室和5个专门调解工作室，受理范围涵盖婚姻家庭纠纷、消费者权益纠纷、物业纠纷、道路交通事故损害赔偿纠纷和劳动争议纠纷。通过合理整合法院和司法行政系统非诉纠纷化解的职能和资源，对来院起诉纠纷实现法院前台统一受理，非诉后台分流转办，促进各类矛盾纠纷及时调处、就地化解、源头解决。至年底，受理诉前调解案件2329件，调解成功1142件，调结率49%，派驻人民调解工作室数量和诉前调解案件数量均居全市法院首位，新收民事案件呈下降趋势。（吴安娜）

【首例跨苏皖立案】　2019年8月14日上午，丹徒法院通过网络平台，就一起追偿权纠纷案件向安徽省马鞍山市博望区人民法院发起跨域立案，这是江苏法院与安徽法院首次实现跨域立案。基本案情：原告镇江某保险公司在一起交通事故中为伤者垫付数万元医疗费，肇事司机书面承诺偿还垫付款，但一直未履行还款义务；因肇事司机远在安徽省，该保险公司未启动诉讼追偿程序；在获知苏皖两省可以跨域立案后，该保险公司第一时间向丹徒法院咨询，即在法院跨域立案窗口递交诉讼材料。当天上午，丹徒法院跨域立案专员通过“中国移动微法院”小程序，上传立案材料至博望区人民法院在线

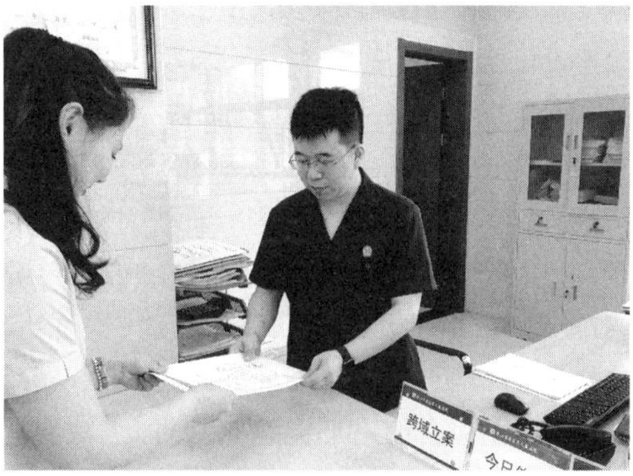

图39　2019年8月15日，丹徒法院协作完成首例苏皖跨域立案　（丹徒法院）

审核后，当场予以立案，15分钟内完成全部跨域立案流程。跨域立案是最高人民法院重点打造的便民服务举措，以智慧法院建设平台为依托，通过微信小程序“移动微法院”中的“跨域立案”模块，中、基层人民法院管辖的一审民商事案件可以在不同区域、不同法院之间实现跨域立案，做到“让数据多跑路，让群众少跑腿”。（吴安娜）

司法行政

【概况】 2019年2月，镇江市丹徒区司法局（简称丹徒区司法局）整合司法行政、政府法制、法治建设等工作职能，科学编制三定方案，优化内设机构和人员配置，完成机构改革任务。年内，丹徒区司法局坚持“抓重点、补短板、强弱项、促转型”，以机构改革重组为契机，履行“一个统筹、四项职能”（统筹全面依法治区工作，承担行政执法、刑罚执行和公共法律服务职能任务，即负责立法协调和备案审查、解释，综合协调行政执法，指导行政复议应诉，负责普法宣传，负责社区矫正管理，负责律师公证管理等）新使命，提升法律服务和法治保障能力，提高人民群众法治获得感、幸福感和安全感，为丹徒区高质量发展贡献力量。丹徒区司法局被丹徒区委、区政府评为区级机关绩效管理考核“十佳单位”，行政复议应诉科被江苏省司法厅评为全省行政复议应诉工作先进集体。

依法治区建设。区委全面依法治区委员会办公室设在丹徒区司法局，作为区委议事协调机构，统筹调度、督察落实、协调推动全面依法治区工作，拟定区委全面依法治区委员会和3个协调小组组成人员名单，研究制定“两规则一细则”，印发工作要点和“双护航”（护航民营企业发展、护航乡村振兴）等文件，推动召开依法治区委员会第一次（扩大）会议。区委全面依法治区委员会办公室成立以来，丹徒区司法局履行工作职责，按时按质报告法治建设工作情况，加强与区委政法委沟通协调，构建依法治区办、协调小组、联络员工作衔接机制，形成工作合力，推动落实区委全面依法治区委员会各项决策部署。

行政执法监督。落实《全面推行行政执法公示制度执法全过程记录制度重大执法决定法制审核制度的指导意见》，强化“双随机一公开”制度，对全区行政执法机关推行随机抽查，就规范事中事后监管情况开展监督检查，避免重复执法700余起、多头执法10余起，开展行政执法专项督查行动6次，突出对行政执法公示、执法全过程记录，开展行政执法案卷评查，发出书面整改建议书14份，梳理整改问题50余条，及时纠正执法机关在行政处罚、行政强制领域存在的证据收集不全、程序不够规范、审批不够严谨等问题，推动执法机关依法正确履职。做好全区行政执法主体清理确认工作，确认全区具有行政执法主体资格的单位80家。

特殊人群监管。制定社区矫正高质量发展和“智慧矫正”2个试点方案，对接省司法厅稳步推进；开展“周行一善、年学一技”活动，引导特殊人群向善从善；成立社区矫正执法直属中队，集中管控重点监管对象，强化监管手段。坚持政治建设与业务工作并举，社区矫正执法大队、执法中队配备政工干部。落实刑释人员“必接必送”制度，妥善安置上党2名“三无”刑释人员；对照后续照管地方标准，加快后续照管工作站和指导站建设进程，实际照管率和操守保持率均在90%以上；开展新中国成立七十周年国庆安保和“扫黑除恶”专项斗争，敏感时间节点对全区社区服刑人员依法开展大规模、全覆盖的集中点验和警示教育2次，贯彻落实国家主席特赦令，做好特赦工作。

公共法律服务。完善公共法律服务体系，推进公共法律服务“三大平台”（实体、热线、网络）建设；公证持续开展减证便民服务，网上办理公证3次，上门服务2次（其中1次现场为茂源化工提供证据保全公证）；法律援助成立公检法司联络小组、落实每月调度会、派驻律师法院值班、差别化发放案件补贴、落实刑事辩护法律援助全覆盖机制等做法获省司法厅认可。全年办理法律援助案件251件，其中刑事案件80件，民事案件171件。接待来访咨询1881人次，免费代写法律文书269份。全年有8件案件获得江苏省法律援助基金会的资助，资助总金额 2.8万元。坚持和发展“枫桥经验”（20世纪60年代初，浙江省诸暨市枫桥镇干部群众创造“发动和依靠群众，坚持矛盾不上交，就地解决，实现捕人少，治安好”的枫桥经验。之后，枫桥经验得到不断发展，形成具有鲜明时代特色的“党政动手，依靠群众，预防纠纷，化解矛盾，维护稳定，促进发展”的枫桥新经验），构建矛盾纠纷多元化解机制，组织全区调解骨干赴浙江诸暨开展枫桥经验培训，序时实现退役军人调委会和老兵调解工作室全覆盖，建立“宜和+”系列、物业纠纷、党员调解等特色调解工作室23个；强化“一村(社区)一法律顾问”管理，依规处理投诉基层法律服务工作者案件2起。（丹徒区司法局）

【政府法治建设】 2019年，丹徒区司法局做好规范性文件审核和清理工作，共审核机构三定方案36件，党内文件1件，非规范性文件审核4件。制定印发《2019年度丹徒区政府领导干部学法计划》和《2019年度丹徒区政府领导班子法治专题讲座计划》，举办全区领导干部法治专题学习，邀请南京市委党校政法部主任张华民围绕“新时代依法行政的理论与实践”课题授课，注重提升重大行政决策水平，加强对决策承办单位履行法定程序和拟订决策草案工作的监督、检查，合法性审查政府合同31份，提出法律意见100余条。发挥党政一体法律顾问作用，合法性审查重大涉法事项9件、政府合同17份，并出具法律意见书；参与各类论证会14次。依法受理行政复议申请，共收到行政复议申请6件，审结6件，按时结案率100%，正确率100%。参加行政应诉工作，全年区政府为被告在一、二审法院的行政诉讼案件30件，审结14件，开庭审理的行政负责人出庭应诉率100%；组织开展《行政复议法》实施20周年系列活动，组织全区司法所所长参加镇江市举办的2019年度全面依法治市工作业务培训，优化行政复议委员会委员配置，提高行政复议办案质量。（陈娅丹）

【基层法律服务】 2019年，丹徒区司法局延伸区级中心服务功能，整合辖区法律服务资源和社会力量，以镇级综治中心为依托，建成综合性、区域性、一站式公共法律服务中心10个。实现区镇两级公共法律服务中心全覆盖，建有村级司法惠民服务站90个、法律援助站15个，法律顾问34人，组建“法律顾问之家”“法润民生”“社会儿女法律服务队”“丹徒普法”4个微信群，成立“法律诊所”10家、“12348”党员服务队10个，参与法律服务工作志愿者近100人。初步形成以区级公共法律服务中心为枢纽，基层公共法律服务中心为纽带，村级司法行政服务站、法律援助站点为驿所的立体化网格式服务体系。在案件受理、分流、协调、督办等环节实现上下贯通、左右连通和内外融通的服务新格局。升级“12348”服务热线，与驻地律师事务所签订合同，选派律师坐岗值班、选聘“12348”接线员，全年接听电话576个；对接公检法工妇等部门，实现衔接互动。“12348”党员服务队通过开展千所帮万企、法律扶贫攻坚等专项活动，共结对30家民营企业和100户建档立卡贫困户，组织、指导执业律师为企业和贫困户提供法律服务400余次。在基层公共法律服务中心，设立专门服务窗口。建立区级“法律顾问微信群”1个，村级“法润民生群”94个，“家门口”为老百姓提供法律服务。注重加强社会组织建设，培育发展司法行政领域社会组织68家，其中基础型33家，枢纽型1家，行业型29家，专业型5家。人民调解、社区矫正、安置帮教等行业型社会组织覆盖率均为100%。（贡 超 薛成州）

【律师行业管理】 2019年，丹徒区司法局强化律师队伍建设，提升律师行业服务质效。年初成立镇江市律师协会丹徒办事处，年内组织开展律师培训、经验交流、专题讲座、法治宣传等系列活动。围绕律师诚信体系建设，加强对律师职业道德和执业纪律教育培训力度，促进严格规范执业。至年底，全区现有律所5家，律师88人，其中新增律师38人。（陈 亮）

【“扫黑除恶”专项斗争】 2019年，丹徒区司法局成立“扫黑除恶”专项斗争工作领导小组，制定专项斗争实施方案、整改方案，对照“六个围绕”（围绕政治站位、围绕依法严惩、围绕综合治理、围绕深挖彻查、围绕组织建设、围绕组织领导）“九个有”（党委、党组织有研究，主要、分管领导有批示，活动有方案，宣传有氛围，群众有知晓，线索有核报，乱点有整治，社会有好评，工作有台账）工作要求，及时召开部署会、推进会和调度会，推动“扫黑除恶”专项斗争向纵深发展，部署“扫黑除恶”回头看工作，落实“一人一策一专班”（对每一名涉黑涉恶社区矫正对象建立一个专门帮教小组，针对性制定矫正方案）机制，守住安全底线。律师严格执行案件报备、案件集体讨论、业务指导监督、检查督导、结案报告等五项制度，累计代理涉黑涉恶案件4起；局机关派员到丹徒区法院旁听涉黑涉恶案件审理3起。（吉　盼）

【法治宣传教育】 2019年，丹徒区召开”谁执法谁普法”责任制落实推进会，建立普法联络机制。全年被法润江苏网录用91篇、法文化作品13副，被省司法厅采用法文化作品40余副；收集以案释法典型案例36件，被司法部案例库录用1件。培育壮大各类普法社会组织、社工和志愿者队伍，荣炳盐资源区“乐健义工服务中心”社会组织以“德法涵养文明，共建绿色生活”为主题组织法文艺演出。利用“三下乡”、“农民工学法周”、“4•8”司法日等时机，开展普法宣传20场次。开展各类“扫黑除恶”法治宣传15余场次，发放宣传资料1万余份，培训村（居）民3000余人。开展送法进社区和各类法治培训讲座10余次、印制法治挂历500份、《中华人民共和国宪法》和《新法赠阅》3.5万本，免费发给社区居民。（宗士飞　薛成州）

图40　2019年9月，丹徒区司法局走进社区开展“护苗成长”专题法治宣传活动（丹徒区司法局）

信　访

【概况】 2019年，丹徒区全年办理人民来信304件，比上年上升5%；全年上级交办的信访积案化解率100%。全年接待群众上访394批2509人次，批次和人次分别比上年下降48%和36%，其中集体上访138批2096人次，批次和人次分别比上年下降29%和32%。

全年群众反映的信访诉求主要是：土地征用类，有88批762人次，占22.2%；拆迁安置类，有75批319人次，占18.9%；城乡建设类，有38批289人次，占9.6%；劳动保障类，有35批158人次，占8.8%；民政类，有10批14人次，占2.4%。（赵　洋）

【新中国成立70周年信访维稳工作】 2019年，镇江市丹徒区信访局（简称丹徒区信访局）在庆祝新中国成立70周年期间，围绕“四个坚决防止”（坚决防止发生暴力恐怖事件，坚决防止发生严重影响政治稳定的重大事件，坚决防止发生重大人员伤亡的恶性事件和重大事故，坚决防止发生规模性、群体性的社会安全事件）目标，成立信访稳定工作领导小组，制定工作方案，细化领导分工，同时指导镇（街道、园区）和部门成立工作专班；发挥“1+6”（区分管领导1人、区委办1人、退役军人事务局1人、公安局2人、信访局2人）联合会商机制作用，每日集中研判和视频调度，及时预测预警、交办会办、跟踪落实；会同公安、网信、铁路等部门加强沟通协调和整体联动，采取“四不两直”（不发通知、不打招呼、不听汇报、不陪同接待，直奔基层、直插现场）方式，每日通过电话、视频和实地

督查等形式督查考核各地工作落实情况，完成各项信访维稳工作。 （赵 洋）

【"人民满意窗口"创建工作】 2019年，丹徒区信访局按照"便民、现代、高效"标准，升级改造丹徒区人民来访接待中心的功能设施，设立候洽室、接待室、领导接待室、视频接待室、法律咨询室和心理干预室等，形成一站式接待、一条龙办理的工作格局；建立首接首办负责制，重视初信初访办理，确保矛盾化解在萌芽状态；建立领导接访、联合接访机制，制定党政领导干部接待群众来访工作制度，明确领导接待日程；推动领导干部大接访工作，深化党政主要领导"百县千案"化解工作；构建"开门接访、基层下访、群众约访"工作机制，在接访一线发现问题、化解问题；建立"一站式"工作流程，从接待、受理、协调、交办、督查到报告全流程一抓到底，责任到人。年内，丹徒区人民来访接待中心被江苏省信访局评为"人民满意窗口"。（赵 洋）

图41　2019年，升级改造后的丹徒区人民来访接待中心 （丹徒区信访局）

【"最多访一次"活动】 2019年，丹徒区信访局探索"四个+"（"网络+网格"、"评估+研判"、"督办+问责"、"领导+部门"）工作法，依托阳光信访系统和镇村网格化社会治理平台，实施"网络+网格"双轮驱动，带动信访事项办理快速起步、马上办理；构建"评估+研判"双机制，抓事前评估和每日研判，推动信访事项办理进入"快车道"；推行"督办+问责"联动激励机制，压实信访首办责任，减轻群众"访累"；坚持"领导+部门"双到位，形成"一人牵头，分解落实"和区、镇(街道、园区)、部门联动的工作格局，合力化解矛盾、解决难题，实现群众合理诉求"最多访一次"。 （赵 洋）

【信访积案攻坚化解工作】 2019年，丹徒区信访局把信访积案化解作为重点工作，成立由党政主要领导、分管领导和包案领导组成的"三合一"攻坚化解专班，区委书记部署，定期召开专题会议听取信访矛盾化解情况汇报，带头会办信访积案；全年组织各类信访案件研判会20余次，会同属地部门逐案分析，厘清重点、对标销号；开展"百县千案"化解工作，党政主要领导每季度包案化解2件重点信访事项，确保案结事了。全年重点积案11件，化解11件。 （赵 洋）

【"三化解一规范"专项行动】 2019年，丹徒区信访局开展"三化解一规范"（化解矛盾、化解心结、化解困难，规范信访秩序）专项行动，组织信访矛盾大排查大整治，对重点领域、重点问题、重点群体和重点人员进行三轮滚动排查，逐一实行挂牌整治、整改销号；对征地拆迁、社会保障、环境保护等涉及面广、群众反映强烈的信访事项提前介入、超前谋划，关注动态动向，评估"风险点"，针对性做好引导防控工作；建立特殊困难救助帮助常态化机制，用好信访救助资金，帮助信访人解决实际困难和合理需求，获得帮助的75名信访人全部停诉息访。 （赵 洋）

经济管理

责任编校　李东东

宏观经济运行管理

【概况】 2019年，丹徒区经济发展局创新政策举措，服务经济高质量发展，完成各项目标任务。根据丹徒区机构改革总体部署，2月，设镇江市丹徒区经济发展局(简称丹徒区经济发展局)，原镇江市丹徒区发展改革和经济信息化委员会撤销。丹徒区经济发展局设内设机构16个、直属事业单位9个、下属国有粮食企业8个，并按“三定方案”完成人员职务调整任命，机构改革涉及的资产清查、划转、接收等工作均调整到位。

主要经济指标。2019年，全区工业经济实现应税销售425亿元，比上年增长4%。规模以上工业企业实现应税销售362.9亿元，下降2.0%，占全部工业的85.4%；完成利税35.8亿元，增长8.3%，其中利润24.9亿元，增长11.5%。区“40强”企业实现应税销售收入253.9亿元，占全区应税销售总额的59.7%。

服务企业发展。做实“一门帮办”服务平台，为企业群众反映诉求、解决问题，全年受理企业诉求46件，帮办企业31家，办结率和回访率均为100%。走访调研全区196家规模以上企业，协调解决企业在土地、审批、用工、融资等方面难题46件，为企业生产发展提供高效、优质服务，营造营商环境。

重点项目建设。全区43个重点产业项目完成投资70.7亿元，完成年度计划102.2%，在全市重点产业项目考评总分排名第三。其中，16个市重点产业项目完成投资45.4亿元，完成年度计划的118.9%。省重点北汽新能源汽车项目完成投资19

图42　北汽（镇江）汽车有限公司　（丹徒经济发展局）

亿元，完成年度计划的100.5%。

转型升级。截至2019年，共培育省市行业“单打冠军”企业11家、“专精特新”企业7家、科技小巨人企业5家，认定省首台(套)14个。年内，申报省级重点技术创新项目4个、省级企业技术中心1个、省级工程研究中心1个，市级重点技术创新项目14个；申报市“金山英才”项目14个，扶持资金达1300万元。通过国家“两化”（信息化和工业化的高层次的深度结合）融合管理体系贯标评定企业5家，申报省“两化”融合贯标试点企业3家，通过星级“上云”（企业上云，是指企业以互联网为基础进行信息化基础设施、管理、业务等方面应用，并通过互联网与云计算手段连接社会化资源、共享服务及能力的过程）企业认定13家。

服务民生。按照“广积粮、积好粮、好积粮”总体要求，主动作为，让农民卖上“舒心粮、放心粮”。推进价格监管，发挥农副产品平价商店惠民作用，兑现奖补资金29.3万元，惠民金额超过200万元。

（凌秀华　王　辉）

【固定资产投资】 2019年，丹徒区完成固定资产投资81.69亿元，比上年增长10.4%，增幅全市第一。其中，完成工业投资47.72亿元，增长26.8%；完成工业技改投资30.52亿元，增长26.8%；完成制造业投资45.26亿元，增长28.3%；完成规模以上先进制造业投资14.11亿元，增长3.6%；完成服务业投资33.97亿元，下降16.7%；高技术制造业投资占工业投资比重19.2%。（徐　玲）

【服务业发展】 2019年，丹徒区服务业增加值完成175.87亿元，占地区生产总值比重43.4%，比上年增长3.1%。3个服务业重点项目完成投资11.95亿元；新增服务业列统企业12家，其中重点服务业企业4家、批零住餐企业8家；引进市级服务业“领军人才”4名。（李　柏）

【物流业】 2019年，丹徒区物流业呈稳步发展态势。2个重点物流项目推进有序，全年完成投资9.2亿元。孟家港国际物流园完成投资4.1亿元，润祥油气物流园项目完成投资5.1亿元。4家市重点物流企业运营情况良好，其中苏润港务物流实现营业收入1.1亿元，船港物流实现营业收入1.7亿元。

（李　柏）

【能源管理】 2019年，丹徒区经济发展局围绕“减煤”“能耗双控”工作主线，加大传统产业升级改造力度，完成年度各项目标任务。全年非电行业煤炭消费量68.61万吨，比2016年减少57.64万吨，完成市下达的减煤基本目标。根据《江苏省“十三五”工业绿色发展规划》以及镇江市《工业绿色转型发展试点城市建设推进方案》的要求，推动全区企业开展绿色工厂创建工作，年内江苏恒顺醋业股份有限公司创建成为市级“绿色工厂”。鼓励新能源发展，向符合条件的屋顶分布式项目发放补贴，其中机关、企事业单位屋顶分布式补贴标准为0.1元/千瓦时，居民屋顶分布式为0.3元/千瓦时。（徐晓江）

【散装水泥工作】 2019年2月，丹徒区散装水泥办公室划归丹徒区经济发展局。全区水泥总产量1009万吨，其中散装水泥产量为962万吨，比上年增加66万吨。全区水泥散装率95.3%，水泥产量和散装率位列全市首位。预拌砂浆公司生产销售干粉砂浆58.9万吨，比上年增加16.9万吨，增长率40%。预拌混凝土产量430万方。经江苏省建材检测中心产品质量抽样检测，全区5家砂浆企业预拌砂浆产品抽检合格率均为100%。（吴志良）

自然资源管理

【概况】 2019年7月20日，镇江市自然资源和规划局丹徒分局(简称丹徒自然资源和规划分局)举行组建工作部署会暨挂牌仪式。年内，丹徒自然资源和规划分局按照“优空间、护资源、促节约”的新要求，贯彻生态文明建设思想，落实丹徒自然资源管理机制改革，完成年度各项目标任务。依法规范土地市场，建立公平开放透明的市场规则和法治化营商环境，全年上市成交土地19宗127.73公顷(1916亩)，成交总价12.65亿元，划拨供地11宗21.47公顷(322亩)，保障孟家港等重点项目有序落地。全方位拓展耕地保护措施，高资、谷阳高标准农田项目工程量全部结束，启动永久基本农田储备区666.67公顷(1万亩)划定工作，开展并实施2019年度400亩挂钩项目区复垦方案编制工作。刚性构建依法用地秩序，全年开展土地动态巡查90余次，下达停止违法行为通知233份，面积86.35公顷(1295.27亩)，其中立案查处40宗10.67公顷(160亩)；移送纪检监察机关60件；发出各类协办函、转办函等30份；参与联动拆违12次，拆除违章18处(8480平方米)。（沈　涛）

【重点项目保障】2019年，丹徒自然资源和规划分局围绕全区实体产业、基础设施、交通枢纽等重大项目，按照轻重缓急、协调有序、合力合拍的方式，落实用地报批服务保障。全年，丹徒区完成3个批次16.6公顷(248.93亩)土地报批，山南路9.92公顷(148.85亩)独立选址项目、中心城区批次29.54公顷(443.15亩)进入市级审核，高桥污水处理厂1.83公顷(27.5亩)加快土地组卷，高校园区、镇江东站等市级重点项目以及区级以上43个重点产业项目做到应保尽保。有序推进镇荣公路三期、五峰山过江通道、高校园区、连镇铁路等项目建设用地外业调查和内业跟进，妥善调处用地相关方各类矛盾，并按时序节点完成交地，确保重点项目建设进展。（沈　涛）

【国土空间系统化保护】2019年，丹徒自然资源和规划分局按照“党政牵头、挂图作战、分类分片、重点攻坚”模式，集中整改2018年例行督查提出的涉及耕地保护、土地闲置、违法用地等7大类共334个问题，涉及土地357.35公顷(5360.2亩)，至年底整改到位宗地数、面积数和金额数占比分别为81.74%、87.04%和89.96%，闲置土地整改率为87.5%。落实中心城区规划和乡镇土地利用总体规划调整方案审批，新增指标100公顷(1500亩)。推进村级土地利用规划编制，高资街道水台村完成规划编制，上党镇上会村进入评审审批环节。加快推进长江经济带废弃矿山生态修复，完成丹徒段沿岸10公里范围内35个废弃矿山点现场踏勘工作，制定项目简易整治设计方案18个，实施修复整治。遏制非法盗采矿产资源现象，全年联动森林公安落实矿山动态巡查120余次，抓获非法开采行为16起，扣押机械17台，立案查处10起。（沈　涛）

【节约集约用地】2019年，丹徒自然资源和规划分局推进节约集约，围绕挖掘存量潜力，推进资源要素科学化配置。完成《镇江市丹徒区城镇低效用地再开发规划(2017～2020年)》编制，并由丹徒区政府发布实施；按期完成工业用地调查更新及开发区评价工作。全年申报实施占补平衡项目25个，建设规模55.68公顷(835.21亩)，新增耕地55.68公顷(835.21亩)。重新修改《丹徒区耕地占补平衡考核管理办法》，调动镇村申报实施占补项目积极性。开展全区低效闲置土地、闲置厂房清查盘活和处置工作，全年处置闲置土地11宗29.57公顷(443.52亩)。通过履约通知、巡查勘验和网上监控，全年实施用地竣工验收23宗81.11公顷(1216.7亩)，现场检查152宗594.87公顷(8923亩)抵押、转让土地，完成未履约项目网上监控57宗179.19公顷(2687.9亩)，遏制违规违约行为。（沈　涛）

【不动产登记服务】2019年，丹徒不动产登记中心受理、办理各类登记事项34221件，其中首次登记9968件、抵押权登记10811件、转移登记8747件、变更登记76件、查封登记2811件、其他登记1450件、注销登记49件、更正登记62件、预告登记52件、合并登记195件。发放不动产权证书20178份、不动产登记证明7382份。联合市人民银行，推进存量房转移登记与抵押登记合并办理，即两个登记事项“一并受理、同步审核、同时发证”，实现登记环节、申请材料、办理时限的显著缩减。有序跟进全区历史房产档案数据补录工作，取消纳税环节房产查询。构建“前台综合受理，后台分类联审，统一窗口出件”的集成服务模式，群众办件实现“一次预约、一次受理、一次解决”。启动智能自助终端项目，完成项目采购程序。（沈 涛）

【土地民生权益保障】 2019年，丹徒自然资源和规划分局开展信访积案化解集中深度攻坚行动，实地调查辛丰辛桥村、任家组等权属矛盾，推进宝堰仁小区等房地产遗留问题处置，完成扬子粉磨等多宗土地上市供应，化解历史难题、保障合法权益，实现信访办结率100%。全年受理信访289件次，比上年降低9.1%。推进征地补偿工作，全年完成33宗地142.8公顷(2142亩)土地两公告(《征用土地公告》和《征地补偿安置方案公告》)，开展征地补偿会审8次25宗124.65公顷(1869.8亩)，实施征地补偿24宗地79.72公顷(1195.87亩)，拨付补偿资金1.36亿元，安置农业人口883人。科学安排汛期地灾防治工作，做到汛前排查、方案下发、值班备勤、应急处置“四个到位”。编制完成涵盖全区75个地灾隐患点的调查报告，防治方案、措施及要求下达至各责任主体，构建完善值班巡查及突发处置机制，保障人民群众的生命财产安全。（沈 涛）

【基础调查工作】 2019年，丹徒自然资源和规划分局推进第三次土地调查，完成内业数据处理、全区城镇村细化调查、农村土地利用现状调查外业核查举证和地类认定、权属界线核查以及数据建库等工作，初步形成丹徒区成果。开展成果自查，先后历经十二轮次提交整改，并上报国务院第三次全国国土调查领导小组办公室检查。整改国家检查错误图斑，准时送检更新数据。开展2018年度土地变更调查工作，按照统一要求和技术规程完成552个监测图斑258.06公顷(3870.9亩)外业调查、内业审核和数据库变更等工作，并上报通过省、部级核查，年内启用变更成果。加快推进农村不动产权籍调查，完成世业镇5700宗、江心生态农业园区2800宗调查试点，其余8个镇(街道、园区)10.05万宗集体建设用地进入招标程序。（沈 涛）

市场监督管理

【概况】 2019年，丹徒区市场监督管理局(简称丹徒区市场监管局)，强化市场监管责任，以助力发展为目标，以保障安全为底线，不断深化各项改革，持续推进市场监管创新。推进市场价格和广告监管各项工作，开展中高考、端午节、中秋节和国庆节期间价格监督检查，开展机动车停车收费、涉企收费等10次专项检查，查办相关案件5件，罚没收入17.4万元；开展各类广告监测讯息6800余条次，查处广告类案件19件；开展互联网广告监测，行政约谈45次，行政指导120余人次。受理消费咨询申诉举报1940件，办结按期处理率100%，满意率在91.7%以上，为群众挽回经济损失90余万元。

2月，丹徒区科学技术局(区知识产权局)的知识产权保护协调和专利管理职责，区发展改革和经济信息化委员会(区物价局)的价格监督检查相关职责，区商务局的打击侵犯知识产权和假冒伪劣商品、参与反垄断调查等相关职责划入丹徒区市场监督管理局，对外保留区知识产权局牌子。2月26日，镇江市丹徒区知识产权局挂牌成立。（孙 薇）

【商事制度改革】 2019年，丹徒区市场监管局推进“3550”(3个工作日内开办企业、5个工作日内获得不动产登记、50个工作日内取得工业建设项目施工许可证)向“2440”(2个工作日内开办企业、4个工作日内获得不动产登记、40个工作日内取得工业建设项目施工许可证)改革转变，压缩企业开办时间，确保开办企业在2个工作日内完成。年内，全区新注册企业 1877户，比上年增长6.59%，注册资金100.01亿元，增长0.54%；新发展个体工商户3931户，增长5.65%，资金总额7.71亿元，下降2.46%。新发展农民专业合作社20户，增长5.26%，出资额0.3亿元，增长21.16%。（孙 薇）

【知识产权战略】 2019年，丹徒区市场监管局提升知识产权的创造保护和运用能力，推进知识产权战略。全年新申请商标975件，新注册商标937件，有效商标总量3662件；申请专利2262件，其中万人有效发明专利拥有量23.6件。针对企业发展融资难等要素问题，提升动产抵押、股权质押、专利商标质押等登记效能，并与金融机构合作推进"守信贷"业务。 （孙 薇）

【食品安全监管】 2019年，丹徒区市场监管局先后开展保健食品、食盐、网络订餐等16个专项整治。推进6家食品生产企业建立电子追溯系统、408家餐饮服务单位建成"明厨亮灶"工程。培育省餐饮质量安全示范店(食堂)27家，镇江市放心食品小作坊8家，农村(社区)食品安全示范店16家。开展食品快检8361批次，疑似不合格22批次，合格率99.7%；完成监督抽检1000批次，发现不合格9批次。 （孙 薇）

图43 2019年6月18日，丹徒区市场监管局开展食品安全监管活动 （丹徒区市场监管局）

【药品药械化妆品安全监管】 2019年，丹徒区市场监管局开展"安全用药月系列活动"，开展"清理家庭小药箱"活动，新增12个过期失效药品回收点，维护群众用药安全。完成药品零售许可107件，药品GSP(英文Good Supply Practice 的缩写，意即商品供应规范认证前指导工作) 认证8家，医疗器械经营许可17件，一类医疗器械生产备案6件，二类医疗器械经营备案63件，医疗器械出口备案2件。开展驻店执业药师、中药饮片等12个药械化专项检查。做好药械化不良反应(事件) 监测与报告工作，全区54家直报单位上报ADR报告(药品不良反应监测)419份，其中新的、严重的报告229份，占报告总数的54.65%；45家直报单位累计上报MDR报告(医疗器械不良反应监测)366份，其中严重的报告24份，占报告总数的6.56%；收集上报化妆品不良反应报告51份。 （孙 薇）

图44 2019年11月1日，丹徒区市场监管局开展过期失效药品回收活动 （丹徒区市场监管局）

【特种设备安全监管】 2019年，丹徒区全年未发生重大特种设备安全生产事故。开展涉危化品企业、液化石油气瓶等特种设备专项整治行动，全年检查特种设备使用单位、生产单位、充装单位、检测单位200余家，完成特种设备检查700余台，追踪整改有关问题，消除安全隐患。主动上门为企业送政策、送服务，在企业开展特种设备安全培训班20次，受训人员550余人次，并开展应急救援演练3次。 （孙 薇）

图45 2019年10月17日，丹徒区市场监管局开展特种设备检查活动 （丹徒区市场监管局）

价格管理

【概况】 2019年，丹徒区经济管理局持续做好价格监测管理、价格收费、价格认定等涉及社会民生的价格管理工作，重点规范房地产价格、物业、转供电、教育、医疗、旅游等方面的收费管理，加强民生价费热点监管，营造放心消费环境。强化粮、油、肉、蛋、菜等居民生活必需品价格监测，每月两期在政府网站发布民生价格监测信息。开展夏粮、秋粮生产成本及收购价格情况调研，分析预测后期粮食价格走势，为上级决策提供参考。开展各类收费调研，就完善门票价格、养老机构服务、殡葬收费形成管理机制，规范行业收费行为。根据镇江市物价局、住建局《关于加强市区商品住房价格管理的通知》，完善商品房销售明码标价制度，加强新建商品房标价行为监管，全年完成聚旺城市花园、悦山园、福临广场、悦隽苑、颐景园等项目31个批次、建筑面积36.7万平方米商品住房销售备案工作。 (潘建荣)

【转供电环节加价清理工作】 2019年，丹徒区经济发展局贯彻落实国务院《政府工作报告》一般工商业电价平均降低10%的工作要求，于9月底前，丹徒区宝龙、尚上城等25家转供电主体落实省电网降价措施，一般工商业电价每千瓦时减少7.25分的政策红利全部传导终端用户，全年减轻一般工商业负担18.15万元。 (潘建荣)

【物业收费监管】 2019年，丹徒区经济发展局规范前期物业收费备案程序，完成光明南郡、华珊豪庭等10个片区的前期物业收费备案工作，以及华珊豪庭、天盛广场等10个小区停车收费报备工作。指导区属物管小区物业服务收费公示，确保全区物业收费公示率100%，提高物业收费透明度，维护业主和物业服务企业的合法权益。 (潘建荣)

【困难群体价格补贴发放】 2019年，丹徒区经济管理局督促指导区民政局、人社局、退役军人事务局等部门严格执行社会救助和保障标准与物价上涨挂钩价格补贴联动机制，按月及时足额发放价格临时补贴。全年向困难群体足额发放价格补贴238.84万元，向优抚对象足额发放价格补贴84.05万元，向失业人员足额发放价格补贴12.35万元，缓解价格上涨对困难群体基本生活的影响。出台涉及民生价格政策时，同步配套出台对困难群众的保障措施，并确保特困职工家庭和低保家庭供水、供电、供气价格优惠政策执行到位。 (潘建荣)

统　计

【概况】 2019年，镇江市丹徒区统计局(简称丹徒区统计局)以提升统计能力、提高统计数据质量、增强统计公信力为目标，发挥统计监测、预警、服务“三大职能”，开展各项工作。做好各镇、各企业培训指导，强化统计数据采集、上报和监测工作。加强地区生产总值相关基础数据质量评估，完成全区地区生产总值核算及预测预警工作。加强和市局以及区相关部门沟通协调，做好月、季度数据发布及分析、信息工作。制定高质量发展指标体系，定期监测分析，为全区经济高质量发展提供科学依据。做好丹徒统计的编撰及印发相关工作。季度、半年度结束后，通报各镇(园区)、有关部门完成实绩。围绕“四上单位”(规模以上工业企业、资质等级建筑业企业、限额以上批零住餐企业、规模以上服务业企业等四类规模以上企业)培育、规模以上项目建设等课题，开展调查研究，提出分析报告。全年撰写统计信息50余篇、统计分析8篇。在镇江市统计局组织的“9•20”中国统计开放日“业务大练兵、技能大比武”活动中，获得统计分析评比二等奖。第四次全国经济普查工作高质量通过国家抽查检查，丹徒区第四次全国经济普查领导小组办公室获“第四次全国经济普查国家级先进集体”称号。 (王　薇)

【统计基础建设】 2019年，丹徒区统计局有序开展统计基础建设工作。加强统计名录库建设，核实单位名录与基本单位名录库，剔除不符合标准的单位，加强审核符合标准或相关联的单位。制定统计依法行政工作计划，实行局长负责、局分管领导具体抓、专业负责人全力抓的责任制度。加强统计法规宣传教育，组织法制专题讲座。强化干部职工普法教育，要求统计行政执法人员做到懂政策、懂法律、懂业务。采用多种形式，在单位负责人及统计业务人员中开展法律法规宣传教育工作。（王　薇）

【统计数据质量】 2019年，丹徒区统计局加强统计数据质量管理工作。围绕联网直报企业，开展执法检查，完善统计日常执法检查工作制度。年内完成对固定资产投资、资质以上建筑业、房地产开发企业的数据质量核查、统计执法检查。分专业分析全区规模以上企业主要经济指标网报数据与往年数据比对情况，对异常波动单位，由分管局长带队逐一走访，查看企业财务资料，核实波动异常单位统计数据。（王　薇）

审　计

【概况】 2019年，丹徒区审计局围绕全区发展大局，履行审计监督职能，发挥审计“免疫系统”功能。全年完成审计项目28个，其中预决算执行类项目7个、专项资金审计(调查)项目6个、经济责任审计项目9个、固定资产投资审计项目4个、企业资产负债损益审计项目2个，查出管理不规范金额13.14亿元。提出审计建议23条，撰写各类信息文章26篇，被区级以上媒体采用11篇(次)。2月，原区发展改革和经济信息化委员会的重大项目稽查、区财政局的预算执行和其他财政收支情况的监督检查、区政府国有资产监督管理部门的相关经济责任审计和区级国有企业监事会职责等划入区审计局，《丹徒区审计局职能配置、内设机构和人员编制规定(草案)》获得批准。（李　芸）

【乡村振兴相关政策和资金审计】 2019年1月，丹徒区审计局根据审计署统一安排，抽调10名业务骨干赴扬中开展乡村振兴相关政策和资金审计。审计组克服困难，完成审计任务，审计结果得到上级审计机关和被审计单位的肯定。（李　芸）

【区级财政预决算审计】 2019年，丹徒区审计局开展“同级审”工作。围绕打赢污染防治攻坚战，延伸审计环保专项资金。在审计过程中，坚持新发展理念，以推动高质量发展和供给侧结构性改革为主线，推动建立全面规范透明、标准科学、约束有力的预算制度。（李　芸）

【经济责任审计】 2019年，丹徒区审计局安排并完成经济责任审计项目9个，在配合全区党建工作、干部监督中发挥作用。其中，“三责联审”项目3个，领导干部自然资源资产项目1个，查出管理不规范金额2.95亿元。（李　芸）

【固定资产投资审计】 2019年，丹徒区审计局开展固定资产审计，切实为政府节约资金，为廉政建设提供支持。全年完成长山中路道路工程、镇荣公路二期拓宽改造工程等审计项目4个，送审金额3.09亿元，核减0.19亿元，平均核减率6.2%。（李　芸）

【审计整改“回头看”专项行动】 2019年，丹徒区审计局根据《镇江市审计机关审计整改“回头看”专项行动工作方案》的要求，完成2016～2018年审计整改情况“回头看”专项行动，重点核查22家被审计单位，涉及审计项目30个。重点核查项目涉及预算执行审计、经济责任审计和资产负债损益审计等领域，现场核查的单位包括区财政局、区住建局及各镇(街道、园区)等。发现的75个问题全部得到整改，实现增收节支和减少损失浪费512.9万元，并促进落实重大政策措施4条，促进制定加强和改进管理相关措施49条，推动建立健全制度55项。（李　芸）

人力资源和社会保障

责任编校 刘 芳

综 述

【概况】 2019年，镇江市丹徒区人力资源和社会保障局(简称丹徒区人社局)坚持民生为本、人才优先的工作主线，按照新要求，运用新思路，推进就业创业、社会保障、人事人才、劳动关系等各项工作，为丹徒高质量发展提供人力资源和社会保障支撑。

全年城镇新增就业人数8733人，新增转移农村劳动力800人，城镇登记失业率控制在2%以内。举办各类专场招聘活动14场，为各类求职者提供就业岗位5083个。摸清底数，建档立卡，制定实施“一人一策”就业帮扶。帮助企业失业人员实现再就业2034人，就业困难人员再就业1193人；扶持成功创业1245人，带动就业6662人。

全年企业职工基本养老保险基金收入50297万元，扩面增收完成2360人、计807万元。推动“同舟计划”专项扩面行动，推进交通运输、水利等行业从业人员按项目参加工伤保险，共有67个项目工程缴纳、计611.15万元，逐步实现社会保障制度全覆盖。

全年引进本科及以上人才1100人，其中硕士及以上132人、驻镇江高校毕业生280人。鼓励企业设立外国专家工作室和博士后工作站，国家级博士后工作站1家，省级博士后创新实践基地3家，在站博士后研究人员5人，新增海外高层次人才6人，新增高技能人才1707人。

全年劳动监察大队受理投诉举报204起，立案查处155起；行政处罚(处理)6起，涉及金额348.5万元。主动检查各类用人单位223户，发出预警提示函21份，先后为456名农民工追讨工资518万余元；完成审查2093家用人单位上年度用工档案，涉及劳动者4.7万人。受理集体争议案件6起，涉及285人；受理各类信访办件320件，严格遵守办件时效制度和回访制度，妥善解决群众合理诉求，结案率100%。

(李 茜)

就业创业

【概况】 2019年，丹徒区人社局开展“五进五送”(进企业、进社区、进乡村、进校园、进家门，送政策、送培训、送岗位、送服务、送温暖)惠民服务行动，举办“就业援助月活动”“创业春风暖人心”“民营企业招聘周”和苏陕劳务对接等系列活动，依托捷诚车载、镇安电力2家省级就业见习基地和7家市级就业见习基地，突出为失业人员、高校毕业生等重点群体提供精准化帮扶服务。全年提供就业岗位12539个，全区新增城镇就业8733人，其中帮扶困难家庭110户，新增转移农村劳动力人数800人，城镇登记失业率控制在2%以内。根据市场用工需求结合帮扶人员的就业意愿，合理进行供需匹配，将岗位信息推送给就业帮扶对象。综合运用免费创业培训、创业贷款贴息、灵活就业补贴、初始创业补贴、带动就业补贴、创业项目补贴、创业孵化补贴等扶持政策，享受政策红利，鼓励创业就业。开发就业扶贫转岗，挖掘校园保绿、保洁、物业保安、城管环卫等公益性岗位，托底安置就业困难人员。

(李 茜)

【就业政策落实】 2019年，丹徒区人社局实施就业优先战略，落实各项政策，为稳定和扩大就业提供保障。年内，贯彻落实《关于做好当前和今后一段时期促进就业工作的实施意见》，做好失业保险支持企业稳岗工作，加大稳岗支持力度，失业保险金返还118万元，技术技能提升补贴按标准落实，对符合条件的民营企业按该企业及其职工上年度实际缴纳失业保险费总额的50%给予补贴。（李 茜）

【就业补助资金发放】 2019年，丹徒区人社局严格执行《关于印发〈镇江市市区就业困难人员灵活就业社会保险补贴实施细则〉的通知》《关于印发〈镇江市市区用人单位招用就业困难人员社会保险补贴实施细则〉的通知》《关于印发〈镇江市市区小微企业招用高校毕业生社会保险补贴实施细则〉的通知》《关于印发〈镇江市高校毕业生灵活就业和自主创业社会保险补贴实施细则〉的通知》文件精神，对符合补贴政策的企业与个人进行受理与发放，全年发放补助资金438万元。（李 茜）

【精准就业帮扶工作】 2019年，丹徒区人社局发挥镇、村基层人社服务平台的作用，针对贫困群体开展“一户一档”调查摸底，依托“金保工程”（覆盖全国的统一的劳动政务工程）系统，建立贫困户实名制管理信息库，对就业困难人员的基本信息、就业能力、技能培训、服务需求等情况进行登记和实时动态跟踪，做到底数清、情况明。汇总统计有就业愿望、就业能力和有意愿参加“3+1”（人社局人员、乡镇人社服务中心人员、村协理员3人，帮扶1人）帮扶活动的人员，多举措提高帮扶成功率。重点开展公益性岗位安置工作，开发就业岗位80个，其中，江苏大学京江学院的保洁、保绿、保安、宿舍管理等后勤辅助岗位40余个，丹徒区公安局特巡、辅警岗位30个，幼儿园保育岗位10个。与沃得重工(中国)有限公司、江苏振光电力有限公司、帝高力装饰材料(江苏)有限公司、豪国窗饰制品有限公司4家单位开展就业援助对接，开发精准就业扶贫岗位82个。通过明确精准就业帮扶对象、提供精准就业援助岗位、规范用工制度、落实就业援助各方面优惠扶持政策这四项措施，做好政府部门“兜底”安置工作。（李 茜）

图46 2019年4月17日，苏陕对口协作考察暨就业工作签约仪式（澄城—丹徒）现场 （丹徒区人社局）

【澄城—丹徒劳务交流合作】 2019年，澄城—丹徒两地继续加强对口交流协作，围绕劳务交流合作、就业创业培训、创业服务管理等内容，加强信息互通，发挥资源优势，建立两地劳务交流合作的长效机制，开展就业创业培训协作，扶持创业孵化园的管理运营。2月13日，丹徒区人社局组织到陕西省渭南市澄城县参加“澄城县2019年春风行动暨苏陕劳务协作专场招聘会”，推动苏陕劳务协作，促进农村劳动力转移就业和农民工就业创业，全区有15家招聘单位参加，共提供就业岗位655个，其中包括专业技术岗、行政管理岗、工勤技能岗等多层次工种，满足各类求职者的就业需求，现场达成就业意向65人。4月17日，举行苏陕对口协作考察暨就业工作签约仪式(澄城—丹徒)，两地经协商就技能培训、创业服务、劳务职介签署合作协议5份。 （李　茜）

【丹徒区“春风行动”大型招聘会】 2019年3月9日，丹徒区“春风行动”大型招聘会在三山集镇举行。该次招聘会以“促进转移就业，助力脱贫攻坚”为主题，旨在将扶贫优惠政策延伸到镇村和扶贫就业对象，共有57家企业参加，提供岗位1700余个，涉及新能源新材料、装备制造、智能电气等行业，其中一线岗位656个、技能岗位578个，占招聘总需求比重超过70%。现场咨询的求职者800余人，达成就业意向99人。 （李　茜）

【“服务解忧促就业，指导关爱助发展”大型招聘活动】 2019年9月28日，丹徒区人社局在丹徒区宝龙广场举办以“服务解忧促就业，指导关爱助发展”为主题的大型招聘活动，发放各类宣传手册3600余份，并提供政策咨询、职业指导、岗位培训、权益维护等服务。该次招聘活动有68家企业参加，提供就业岗位2650个，现场咨询的求职者3000余人，达成就业意向226人。 （李　茜）

图47　2019年9月28日，“服务解忧促就业，指导关爱助发展”大型招聘会现场 （丹徒区人社局）

社会保障

【概况】 2019年，丹徒区人社局推进全民参保登记计划，推动农民工、进城落户农民纳入城镇社会保险体系，基金收入完成79490万元，其中扩面增收完成3009人、计1549万元。被征地农民生活费发放完成35943万元。全区参加养老保险的机关事业单位有246家，在职参保人员6537人、领取养老保险待遇退休人员4825人；全年完成基金收入21270万元，支出35097万元。调整社会保险有关缴费基数标准，时间从2019年7月1日至2020年6月30日，缴费基数标准下限从3125元上调至3368元，上限为16842元。提高城乡居民保险基础养老金发放标准，分别由每人每月140元提高到每人每月152元，每人每月180元提高到每人每月192元。召开交通水利工程建设项目参加工伤保险有关问题的专题会议，明确从2019年1月1日起，全区交通水利工程建设项目工伤保险费由丹徒区人社局社保经办机构直接征收。 （李　茜）

【社会保险费率下调工作】 2019年5月1日起，丹徒区根据国务院办公厅印发的《降低社会保险费率综合方案》，将参保企业城镇职工基本养老保险单位缴费比例从19%降至16%。至12月，全区参保企业2204家，参保职工31309人，合计降费2810万元。继续阶段性降低失业保险和工伤保险费率，自2019年5月1日起延长阶段性降低失业保险、工伤保险费率的期限至2020年4月30日。 （李　茜）

【农民工工伤保险扩面工作】 2019年，丹徒区人社局推进农民工工伤保险扩面工作，推动流动性较大的农民工等群体纳入工伤保险统筹范围。因建筑、交通运输、水利等行业用工方式灵活、流动性大的特点，对其从业人员按项目参加工伤保险，全年有68个项目工程缴纳农民工工伤保险，共计636.97万元。 （李　茜）

【城乡居民基本养老保险扶贫工作】 2019年，丹徒区人社局根据省居保中心、市社保中心要求，将所有建档立卡户全覆盖纳入保障范围的口径，与扶贫办、民政局、残联等部门联系，拷盘调取全区困难群体人员名单共计9092人(其中建档立卡户3367人)。经系统比对及基层平台工作人员核实情况，参加企业机关事业保险735人，参加城乡居保2643人，享受企保机关事业保险232人，享受城乡居保待遇4541人，16周岁以下311人，享受基保待遇262人，享受工伤待遇8人，放弃参保15人，服兵役5人，火化对比死亡83人，系统内标注死亡23人，系统内终止或暂停待遇38人，在校生195人，户口迁出1人。全年符合政府代缴人数2525人，4077人次，代缴金额40.77万元。对符合政府代缴的困难人员按到帐处理，确保困难群体100%登记参保、100%政府代缴，100%待遇领取。（李　茜）

【被征地农民基保标准增长机制】 2019年，丹徒区贯彻《镇江市征地补偿和被征地农民社会保障办法》，建立被征地农民基本生活保障标准增长机制，按照“被征地农民基保待遇随城乡最低生活保障标准同步调整”要求，确定养老年龄段被征地农民月基本生活保障标准为城乡居民最低生活保障标准的1.1倍，老年龄段月标准由781元调整为825元。该次调整是丹徒区自2005年以来第12次提高被征地农民基本生活保障待遇。（李　茜）

人力资源

【概况】 2019年，丹徒区人社局推荐申报江苏省“双创计划”博士创业类项目3个，其中1人入围面试。申报江苏省“六大人才高峰”高层次人才2人，其中1人入选A类资助。推荐江苏省留学回国人员创新创业计划1人，并入选B类资助。全年新增专业技术人才1850人，新增留学回国人员9人，新增高技能人才1707人，其中技师和高级技师106人。至年底，全区每万人劳动力中有高技能人才845人。全年审核推荐高级专业技术资格评审材料115份，审核推荐中级专业技术资格评审材料173份；初级专业技术资格人员实行随时受理、定期审批，共完成审批7批233人。（李　茜）

【品牌招才引智活动】 2019年，丹徒区人社局组织区内企业参加“江南名城，‘镇’在等你”系列招聘活动、长三角地区及沿江八市协同招聘活动、省市联动理工院校巡回招聘、第六届全国大中城市联合招聘高校毕业生春季巡回招聘会、新一代信息技术和软件产业人才专场招聘会等品牌招才引智活动共14场，全区引进各类人才1100余人。全年驻镇高校毕业生留镇就业人数280人。（李　茜）

【补贴政策落实工作】 2019年，丹徒区人社局围绕《关于印发市区引进高校毕业生政策五个实施细则的通知》《关于毕业生来镇就业创业购房补贴的实施细则》文件精神，做好6项补贴的申报、审核和发放工作。全年累计拨付高校毕业生社保补贴15.12万元、生活补贴28.96万元、租房补贴59.86万元、购房补贴14万元、就业见习补贴26.21万元，共计拨付144.15万元。（李　茜）

【校企联动】 2019年，丹徒区人社局加强校企联动，搭建人才培育平台。9月，组织江苏科技大学材料科学与工程学院123名大四学生进入沃尔夫重工和希西维2家企业开展生产实习。通过校企联动，展示企业的生产工艺流程、生产管理细节、企业文化、工作环境等高校毕业生择业的重要考量因素，促进供需对接，帮助高校毕业生明确择业方向，同时推介全区重点企业形象。全年开发各类就业见习岗位310个。（李　茜）

【技能培训】 2019年，丹徒区根据企业实际需求培养高技能人才，组织各类职业技能培训4704人次。其中，创业类培训826人次；技能提升类培训3835人次，其中在岗农村转移就业劳动者(含新生代)参训人数423人次，再就业培训623人次；农村户口及特殊人群技能提升类培训43人次。开展各类高技能人才培养和鉴定共计68批次4000余人。有3253人获得国家职业资格证书，其中初、中级工获证1503人，高级工获证1573人，技师获证134人。（李　茜）

【优秀乡土人才工作】 2019年，丹徒区人社局重视优秀乡土人才的培养和选拔，与区人才办协调沟通，完善乡土人才信息库，做好镇江市选拔培养优秀乡土人才计划申报工作。丹徒区全年入选优秀乡土人才培养计划14人，其中第一层次1人，第二层次9人，第三层次4人。（李　茜）

劳动维权维稳

【概况】 2019年，丹徒区人社局受理投诉举报204起，其中，立案查处155起，行政处理4起涉及金额472万元，行政处罚5起涉及金额6.3万元。主动检查各类用人单位223户，发出预警提示函21份，先后为456名农民工追讨工资518万余元；完成审查2093家用人单位上年度用工档案，涉及劳动者4.7万人。受理集体争议案件6起，涉及285人。共受理各类信访办件320件，严格遵守办件时效制度和回访制度，妥善解决群众合理诉求，结案率100%。（李　茜）

图48　2019年9月30日，为镇江宝龙国际花园二期项目农民工追回被拖欠工资　（丹徒区人社局）

【劳动人事争议调解中心组建工作】 2019年，丹徒区人社局加强基层调解队伍建设，按照《劳动争议调解仲裁法》和《江苏省人事争议调解仲裁办法》文件要求，在各镇(街道、园区)依法组建劳动人事争议调解中心。具体职能是为辖区内企业提供劳动保障法律法规宣传和政策咨询，并巡查用工情况、工资支付情况，动态掌握劳动关系运行状态，发挥劳动争议预防预警机制；协助用人单位开展劳资对话沟通活动，将各类劳动人事争议通过调解方式快捷、平稳化解，把问题消除在萌芽状态。（李　茜）

【劳动人事争议处理】 2019年，丹徒区人社局贯彻“预防为主、基层为主、调解为主”工作方针，推进基层多元化解机制建设，全年立案受理案件426件，上期未结争议案件数9件，结案434件，期末累计未结案数1件，结案涉及劳动者434人，涉案金额1182.04万元，结案率99.7%。其中调解结案284件，撤诉25件，裁决123件(其中一裁终局72件，占比59%)，调解成功率87%，其他方式结案2件(终结审理)。案外调解数205件。同时，仲裁办案系统与仲裁办案实时同步运行，案件上网率100%。正式立案受理集体争议案件7起，全部结案，涉及劳动者178人。其中，调解92件，涉及92 人，调解率52%；裁决86件，涉及86人。（李　茜）

【重大集体劳动争议案件处置】 2019年，丹徒区人社局与法援中心、信访等部门协调配合，建立重大集体争议案件应急处理工作机制，稳定群访职工情绪，维护社会和谐稳定。年内，化解67人的顺阳鞋业、33人的嘉豪鞋业等集体劳动争议案件7余批次，涉及劳动者178人，涉案金额178.48万元。（李　茜）

【劳动法律法规培训】 2019年11月，丹徒区人社局邀请省人社厅专家对全区近百家重点企业HR(人力资源管理人员)进行劳动法律法规培训，指导用人单位履行劳动合同制度，完善民主管理程序，遵守劳动保障法律法规，合理规避法律风险；指导劳动者用法律维护合法权益，理性、合法维权。培训结束后，回访劳资纠纷多的企业，帮助企业排查劳资纠纷风险点，提升仲裁服务企业的针对性和有效性；同时，走访企业帮助化解争议隐患，做到仲裁员化被动办案为主动服务。（李　茜）

农业·水利

责任编校 李东东

综 述

【概况】 2019年2月26日，镇江市丹徒区农业农村局(简称丹徒区农业农村局)完成机构改革工作，挂牌成立。丹徒区委农村工作领导小组办公室设在丹徒区农业农村局。丹徒区农业农村局主要职责是贯彻落实党中央、省、市关于“三农”工作的方针政策和决策部署，统筹研究和组织实施丹徒区“三农”工作的发展战略、中长期规划、重大政策；指导农业综合执法；参与涉农相关政策制定；统筹推动发展农村社会事业、农村公共服务、农村文化、农村基础设施和乡村治理；牵头组织改善农村人居环境；指导农村精神文明和优秀农耕文化建设；指导农业行业安全生产工作等。年内，丹徒区农业农村局围绕实施乡村振兴战略，按照“产业兴旺、生态宜居、乡风文明、治理有效、生活富裕”的总要求，坚持农业农村优先发展，打赢脱贫攻坚战，加快推进农业农村现代化，全年各项工作保持稳中向好的发展态势。

农业生产。全年粮食播种面积1.94万公顷(29.09万亩)，粮食总产量13.68万吨；生猪出栏5.48万头，家禽出栏970.42万羽；新建高效设施园艺面积233.33公顷(3500亩)，园艺作物总产量19.74万吨，总产值9.74亿元；新建13.33公顷(200亩)高效设施渔业面积，全区高效设施渔业总面积513.33公顷(7700亩)，水产品产量16526吨；划定粮食生产功能区和重要农产品生产保护区2.05万公顷(30.82万亩)；新建高标准农田1300公顷(1.95万亩)。

农业生态。围绕“四清一治一改”(清理垃圾、清理河塘、清理农业废弃物、清除无保护价值的残垣断壁，加大乡村公共空间治理，切实解决占用公共资源私搭乱建、种养放牧、乱堆乱放问题，加快改变农民不良生活习惯，提高清洁卫生意识)，实施农村人居环境整治专项行动，治理农业废弃物；全区秸秆机械化还田率74%，秸秆综合利用率95.63%；建设农膜回收原位监测点15个，农膜减量替代实验技术试点1个，废旧农膜回收率74.47%；制定“一场一策”清单，整区推进畜禽养殖场改造工程，规模养殖场治理率100%、畜禽粪污综合利用率98.05%；开展农药化肥减量行动，实施农作物病虫绿色防控示范区6个，落实缓控释肥等新型肥料试验5组。

产业发展。认证绿色食品4个、有机农产品91个。发展休闲观光农业，申报省级主题创意农园1家(世业镇开心农场)、市级休闲农业精品村1家(荣炳盐资源区胜利村)，全区有休闲渔业水面近400公顷(6000亩)、各类型休闲渔业基地45家。高桥镇高桥村创建成为全国“一村一品”(在一定区域范围内，以村为基本单位，按照国内外市场需求，充分发挥本地资源优势，通过大力推进规模化、标准化、品牌化和市场化建设，使一个村拥有一个市场潜力大、区域特色明显、附加值高的主导产品和产业)示范村。

农业招商。组织农业企业参加全国、省、市农展暨农业招商活动8场，签约农业项目6个，吸引社会资本9.75亿元。展会上，幸运牌方便面、恒顺香醋、丹徒绿茶长山剑毫、丹徒上党其一花卉(蝴蝶兰)受到消费者欢迎。

(岳晨暄)

【粮食生产】 2019年，丹徒区全年粮食生产面积1.94万公顷(290975亩)，总产量136782吨。其中夏粮6569.53公顷(98543亩)，总产量31266吨；秋粮1.28万公顷(192432亩)，总产量105516吨。夏粮中：小麦6434.07公顷(96511亩)，总产量30864吨；元大麦16.4公顷(246亩)，总产量96吨；蚕豌豆119.07公顷(1786亩)，总产量306吨。秋粮中：水稻9874.53公顷(148118亩)，总产量91243吨；玉米1935.13公顷(29027亩)，总产量11640吨；豆类844.13公顷(12662亩)，总产量1661吨；薯类175公顷(2625亩)，总产量972吨。 (何 静)

【园艺生产】 2019年，全区新增常年菜田面积42.27公顷(634亩)、果树18公顷(270亩)、花卉1.76公顷(26.4亩)，新增喷滴灌设施44.67公顷(670亩)。全区蔬菜播种面积3695公顷(55425亩)、果园1100.07公顷(16501亩)、茶园1100公顷(1.65万亩)、花卉44.6公顷(669亩)；全区园艺总产197423.9吨，其中蔬菜产量114744吨，茶叶产量345.5吨，果品产量10836吨，花卉总产120万盆；全区园艺总产值为9.74亿元，其中蔬菜产值74400万元、茶叶12135.8万元、水果9898.5万元、花卉984.2万元，园艺总产值比上年增长2.4%。 (丁玉祥)

【园艺农产品成果】 2019年，丹徒区农业农村局组织各类优秀园艺农产品外出参展。在第九届国际鼎承茶王赛上，镇江市水木年华现代农业科技有限公司选送的“白茶1号”被评选为绿茶组特别金奖。在2019年中国北京世界园艺博览会中国省(市、区)室内展品竞赛上，江苏其一花卉科技有限公司选送的盆花展品蝴蝶兰“海洋1号”和“黑杰克”分别获得金奖和银奖。 (丁玉祥)

【绿色优质农产品种植】 2019年，丹徒区有绿色食品基地183.87公顷(2758亩)，有机农产品基地134.67公顷(2020亩)，省级绿色优质农产品基地3520公顷(5.28万亩)。至年底，全区种植业绿色优质农产品比重为23.4%。 (吴俊雅)

【“两区”划定】 2019年，丹徒区根据国家农业农村部和省、市有关要求，继续开展粮食生产功能区和重要农产品生产保护区(以下简称“两区”)划定工作。该工作起于2018年4月，至2019年11月21日初步成果通过省级验收，12月上报农业农村部确认。最终实际划定水稻1.08万公顷(16.24万亩)、小麦7600公顷(11.40万亩)、大豆780公顷(1.17万亩)、油菜1340公顷(2.01万亩)，划定任务全部完成。 (朱平义)

【高标准农田建设】 2019年，丹徒区农业农村局向上争取高标准农田项目6个，项目总投资4915万

图49 2019年，江苏其一花卉生产技术员在春节前指导员工组装蝴蝶兰花艺 (丹徒区农业农村局)

元，均为财政资金。项目涉及5个镇(园区)，实施面积1466.67公顷，具体为上党镇丰城、枫庄片；宝堰镇鲁溪片；荣炳盐资源区高庄、浦圩片；辛丰镇北於片以及江心园区五墩片。项目实施后，可新增和改善灌溉达标面积313.3公顷，新增和改善排水达标面积240公顷，新增节水灌溉面积200公顷，项目区直接受益农民年纯收入增加473.77万元。

（袁海燕）

【农业龙头企业】 2019年，根据区、市、省有关动态监测要求，丹徒区淘汰调整区级龙头企业10家，新增2家；淘汰调整市级龙头企业18家，新增8家；淘汰调整省级龙头企业2家，根据省级龙头企业标准从市级龙头企业中选择2家，并成功替补。至年底，丹徒区有农业龙头企业29家，其中国家级1家、省级5家、市级16家、区级7家。全区区级以上龙头企业固定资产总额18.27亿元，比上年增长4.81%；实现全年销售总额33.27亿元，增长11.74%；实现利润4.45亿元，增长19.99%；带动农户数13.48万户，增长8.03%。其中省级以上产业化龙头企业销售额达22.09亿元，增长12.70%。（朱平义）

【农业项目建设】 2019年，丹徒区立项申报财政各类支农资金项目87个，其中市级财政支农项目41个，分别是："菜篮子"项目5个、绿色农业发展及新型职业农民创业创新等项目9个、"一村一品"(在一定区域范围内，以村为基本单位，按照国内外市场需求，充分发挥本地资源优势，通过大力推进规模化、标准化、品牌化和市场化建设，使一个村拥有一个市场潜力大、区域特色明显、附加值高的主导产品和产业)项目5个、农业经济市级示范家庭农场项目11个、农民合作社提升项目3个、"两品一标"(绿色食品、有机产品、农产品地理标志)与休闲观光示范创建项目8个，争取市级财政支农资金564.35万元；省级及以上现代农业产业项目46个，分别是：现代农业发展项目26个、农业公共服务项目8个、农业科技创新与推广项目3个、农业生态保护与资源利用项目9个，争取省级及以上财政支农资金1566.8万元。

（童根永）

【农村集体产权制度改革】 2019年，丹徒区88个行政村(社区)基本完成农村集体产权制度改革，确认农村集体经济组织成员25.31万人，量化农村集体经营性资产2.79亿元，确定农村股份经济合作社主体地位，发挥管理集体资产、合理开发集体资源、服务集体成员的作用，并为完成农村集体经济组织的登记注册，向村(社区)集体股份经济合作社颁发"农村集体经济组织登记证"，向股份经济合作社成员颁发"股权证"奠定基础。（彭生林）

【"一事一议"财政奖补项目】 2019年，丹徒区组织实施财政奖补"一事一议"项目(指对农民通过一事一议筹资筹劳开展的村办道路、农田水利、村容村貌及村民通过民主程序议定需要兴办且符合有关规定的其他公益事业建设项目，国家按规定给予奖补)33个，涉及10个镇(街道、园区)33个村，争取省财政公益事业建设资金595万元，建设村内道路16条、文化体育场所9个，完成村庄亮化工程8个。（殷　可）

【新型农业经营主体】 至2019年底，丹徒区认定家庭农场334家，经营面积2866.67公顷(4.3万亩)。按产业类型划分：粮食类97家，园艺类56家，水产类52家，种养结合类109家，其他类20家。按示范等级划分：省级示范家庭农场33家，市级示范家庭农场56家，非示范家庭农场245家。丹徒区农民专业合作社累计工商注册登记726家，其中国家级示范社6家，省级示范社20家，市级示范社41家，区级示范社43家，区级以上示范社率20.3%(剔除重复)，年报公示率67.1%，有104家合作社通过规范化建设，并进入2019年度省政府优先扶持的合作社名录。

（彭生林）

【农民培训】 2019年，丹徒区培训新型职业农民

1560人，承担2018年省级新型职业农民培训任务1000人，3月通过市级考核。完成2018年农业部新型经营主体培训任务，分批次陆续组织360名学员在扬州职业大学参加定向培训，培训班分4个班级、12个阶段、40个天次，至2019年7月全部完成培训。

（马　莹）

【惠农补贴】 2019年，丹徒区发放惠农补贴3137.97万元，其中小麦穗期病虫及水稻重大病虫防治物资补贴60万元、农作物(水稻、茶叶、果品)绿色防控物资补贴70万元；全区发放农业支持保护补贴(耕地地力保护)13215.99公顷(198239.83亩)，按每亩120元合计2378.88万元；发放稻谷生产环节补贴共3994.20公顷(59912.95亩)，按每亩105元合计629.09万元。

（刘　铭　吴　成）

【脱贫攻坚】 2019年，丹徒区围绕低收入人口脱贫和经济薄弱村增收两个重点，实施脱贫致富奔小康工程。动态调整后，自然人口减少39户108人，自然人口增加0户2人。建立区、镇、村三级党组织书记总负责的精准扶贫责任落实机制，全年选派第一书记36人，实现区领导包村、单位部门对口帮扶和干部结对帮扶全覆盖，村户结对帮扶实际覆盖率100%。截至年底，全区建档立卡低收入户1608户3262人，人均收入稳定达到8000元，并实现“两不愁三保障”(“两不愁”就是稳定实现农村贫困人口不愁吃、不愁穿；“三保障”就是保障其义务教育、基本医疗和住房安全)，全区43个经济薄弱村村集体经济收入稳定达到每年80万元，完成新一轮脱贫攻坚任务。

（洪　艳）

【农村人居环境整治】 2019年，丹徒区围绕“四清一治一改”(清理垃圾、清理河塘、清理农业废弃物、清除无保护价值的残垣断壁，加大乡村公共空间治理，切实解决占用公共资源私搭乱建、种养放牧、乱堆乱放问题，加快改变农民不良生活习惯，提高清洁卫生意识)，开展农村人居环境专项整治。建立完善农村生活垃圾收运体系，改造垃圾房215个，完成56辆垃圾清运车辆密闭化改造工程，清理各类垃圾2.25万立方米，农村生活垃圾集中收运处理率95%；新增世业镇为省级生活垃圾分类试点乡镇。清理村级河塘沟渠及排水沟456处，疏浚农村河道20条、50公里、55万立方米。完成137个规划发展村庄生活污水治理“EPC+运维”工程，运维中心建成使用。新建省级农村无害化卫生户厕2000座、乡村旅游厕所1座、农村公厕10座，改建乡村旅游厕所4座、农村公厕23座。

（李　霞）

【畜禽粪污资源化利用】 2019年，丹徒区开展整区推进畜禽粪污资源化利用工作，摸底排查全区畜禽养殖场，建立三个清单，包括畜禽规模养殖场清单27家、小规模养殖场清单46家、畜禽粪污处理设施装备配套规模殖场清单25家，对列入清单未治理的畜禽养殖场建立“一场一策”47家。至年底，规模养殖场治理率100%，小规模养殖场治理率93.5%，畜禽规模养殖场粪污处理设施装备配套率100%，全区畜禽粪污综合利用率98.05%。（张凌锋）

【农药化肥管控】 2019年，丹徒区围绕农药化肥减控总体目标，以新技术推广为重点，开展农药化肥减量工作。全年打造示范典型和应用亮点11个，建设农药化肥“三新”(新药肥、新机械、新技术)技术集成试验示范9个，开展专题技术培训1200人次，并完成40户农药化肥使用量调查，全年使用化肥7526吨，比上年削减824吨。开展水稻、茶叶、柑橘、黄桃等作物病虫绿色防控示范区建设，示范面积325.33公顷(4480亩)，辐射面积3433.33公顷(51500亩)。示范区内绿色防控产品使用面积占比100%，生物防治、理化诱杀等绿色防控措施平均覆盖率55.9%，化学农药亩使用量较常规防治区平均下降49.9%，达到农药减量控害目的。

（唐明珺）

【废旧农膜回收利用】 2019年，设置15个地膜残留量原位监测点，其中茄果类作物8个点，根茎类作物7个点。在上党镇义村绿蔬园蔬菜种植基地实施丹徒区地膜减量替代试验，比较蔬菜在相同栽培技术条件下使用的全生物降解膜、强化耐候地膜和普通地膜的降解情况。建立6家废旧农膜回收利用站点，召开废旧农膜回收利用相关工作推进会5次，举办专题培训班1期，培训100余人，发放《农膜回收利用工作问答》明白纸600余份，重点推广一膜两年用、适时揭膜等技术。丹徒区农业农村局联合区市场监督管理局，对全区25家农膜经销点进行了6次农膜销售执法行动。截至年底，全区废旧农膜回收率达74.47%，完成年度工作目标考核任务。

（丁玉祥）

【秸秆综合利用】 2019年，丹徒区粮油种植面积为2.17万公顷(32.59万亩)，全年秸秆总量为16.32万吨，其中水稻秸秆9.44万吨、三麦秸秆3.68万吨、油菜秸秆1.24万吨、玉米秸秆1.64万吨、豆类秸秆3000吨、其它秸秆200吨。全区秸秆机械化还田面积为夏季3860公顷(5.79万亩)、秋季4926.67公顷(7.39万亩)，消耗秸秆7.69万吨；通过秸秆饲料化、秸秆肥料化、秸秆能源化和秸秆原料化等形式，消耗秸秆4.79万吨。全年秸秆综合利用率95.63%。

（吴如成）

农机管理

【概况】 2019年，丹徒区落实农机购置补贴政策，中央、省下达丹徒区农机购置补贴资金1222万元，使用中央、省财政资金1063.23万元、市级农机化发展资金464.9万元、区级农机化发展资金36.84万元。全区发放农机购置补贴资金1564.97万元，补贴机具798台，享受补贴417人次。至年底，全区农业机械总动力25.4万千瓦，有大中型拖拉机1027台、小型拖拉机1147台、灌排动力机械7737台、水稻插秧机1020台、联合收割机527台。 （朱跃庭）

【农机安全监理】 2019年，丹徒区农业农村局贯彻《拖拉机和联合收割机登记规定》《拖拉机和联合收割机驾驶证管理规定》，落实农机安全生产主体责任，加强安全宣传教育和隐患排查治理，开展变型拖拉机专项整治。全年办理拖拉机注册登记104台、变更登记3台、换领牌证31台、补领牌证4台、转移登记11台次、年度检验211台、注销2473台；办理联合收割机注册登记41台、转入1台、转移登记8台、补领牌证1台、年检37台、注销登记84台；拖拉机驾驶员驾驶证初次申领7人、增驾准驾机型2人、有效期满换证56人、旧证换发新版驾驶证122人、违章审验6人、健康审验6人、注销100人次。在检上道路拖拉机交强险投保率100%。排查治理隐患单位278个、农机事故隐患92项，整改92项，整改率100%，道路外未发生较大以上农机事故。

（符荣良）

【基层农机人员培训】 2019年10月21～23日，丹徒区农业农村局围绕粮食生产全程机械化技术与装备、智慧农机、常用农业机械使用及安全操作、农机服务组织规范化建设等内容，开展基层农机人员培训。各镇(街道、园区)农机管理员、农机监理员及部分农机专业合作社、家庭农场、农机大户的农机从业人员50人参加培训。 （符荣良）

水 利

【概况】 2019年，镇江市丹徒区水利局(以下简称丹徒区水利局)围绕丹徒区发展大局，落实新时代治水兴水新思想，推进水利补短板，强化水利监管，做好防汛抗旱、工程建设管理、水资源管理保护、落实河湖长制等重点工作，完成全年各项目标任务。3月22～28日，丹徒区水利局开展“世界水日”“中国水周”集中宣传活动。宣传周期间，出动宣传车5台次，在政府广场悬挂宣传气球，制作宣传横幅12幅、宣传标语200余张，发放法律宣传手册400余册。发挥“节水展示馆”宣传阵地作用，全年接待参观人数500余人次，宣传爱水、节水意识。联合镇江市有关部门开展节水宣传进校园活动，增强学生的节水意识。年内，丹徒区水利局获“区级机关绩效管理考核十佳单位”称号。

(戴 伟 杨晓斌)

【农田水利建设】 2019年，丹徒区有序开展农田水利建设。组织实施水土保持项目谷阳镇莱金沟小流域综合治理工程，项目总投资540万元，河道整治长度6.93公里，其中河道清淤疏浚5.57公里，清淤土方7.44万立方米，河道护岸新建挡墙护岸长度275米，植草护坡面积5.10公顷，拆建山塘坝堰2处，拆建涵闸1座，新建素砼输水渠道30米，新增水保林6.67公顷(100亩)；实施中心河流域水系县乡河道疏浚整治工程，项目总投资1350万元，涉及3条县级河道7条乡级河道，分别为中心河干河、西麓胜利河、小金河、华村沟、西麓沟、站岗沟、小岸沟、团结河、三仙桥沟、湖心河，清淤总长27公里，清淤土方量41.2万方，加固堤防0.4公里，新建防汛道路3.6公里；组织实施2014～2016年农水重点县结余资金项目，总投资225万元；组织实施世业健康镇项目，总投资229万元，整治世业镇中心河2.1公里；实施2018年度省级农田水利维修养护奖补资金项目，项目总投资300万元，涉及张寺渡槽维修、世业跃进河整治、后马电灌站绿化提升等工程；实施中心河夏侯滚水坝扩建工程，项目总投资411万元，解决中心河夏侯坝受淹问题，拆除原滚水坝，新建水闸设计为3孔，每孔净宽5.0米，5月水闸投入使用；实施京杭运河支流生态修复工程，年内实施一期项目——塔岗河金湖桥至大运河河口段疏浚整治，总长267米，两岸采用仿木桩防护，总投资350万元；组织申报实施市级农水补助项目5个，总投资130万元，涉及项目分别为上党东沛村塘坝整治、熬毅村河道疏浚整治、宝堰镇南宫村河道疏浚整治、团结村河道疏浚整治、江心园区益平村河道疏浚整治项目。

(刘艳明)

【水利工程管理】 2019年，丹徒区强化水利范围清晰化管理，完成全区7条河道、6座湖泊、31座水库、4座闸站和长江堤防界线长度测量361.1公里，埋设界桩1942个，制作安装告示牌331个，推进建立归属清晰、责权明确、监管有效的河湖管理体系。全年投入省骨干河道及长江堤防维修养护经费182.2万元，其中省级26万元、市级75.3万元、区级80.9万元。重点实施高资街道合作坝水库除险加固工程，总投资503.93万元；实施坞庄村“美丽库区 幸福家园”建设工程，总投资404万元。强化水库规范化管理，丰城等6座水库规范化工作通过复核，完成全区29座小水库安全鉴定工作。

(庄锋雷)

【水资源管理】 2019年，丹徒区水利局严格取水许可监督管理，坚持节水优先，贯彻最严格的水资源管理制度。开展取水工程核查工作，核查登记各类闸、坝泵站446处；为企业做好服务工作，全年协助省市完成取水论证工作2项。推进长江岸线整治工作，协助关闭非法船厂码头3家、养殖平台1处，规范性整改船厂码头5家，其中5个项目通过市级验收。加大长江非法采砂打击力度，每天定期在长江江心洲附近水域巡查，协助市水政支队查处长江非法采砂案件。年内立案查处1起长江非法采砂案件，现场处置非法改装采砂船1艘并拆除采砂机具。全年配合上级开展综合执法工作2次。

(杨晓斌)

【防汛工作】 2019年8月9日晚间至8月11日8时，受9号超强台风“利奇马”影响，丹徒区普降大雨，面平均降雨99.54毫米，丹徒区启动应急响应，科学应对，顺利度过台风影响，未发生人员伤亡事件，主要水利工程运行正常。7月14日，受长江2019年第1号洪水影响，丹徒区沿江水位超警戒线，根据《启动镇江市防汛Ⅳ级应急响应的通知》《镇江丹徒区防汛应急预案》，丹徒区启动防汛Ⅳ级应急响应，加强巡堤值守，强化堤防清障清杂，实现安全度汛。年内其余时间，全区水情、雨情、工情相对平稳，各类水利工程基本安全运行，未发生较大险情。汛前，丹徒区储存草包9.0万只、编织袋20.4万只、土工布12220平方米、彩条布14500平方米、集成编织袋650只、块石4000吨、木材57.06立方米等防汛物资。（丁幸国）

【河湖长制工作】 2019年，丹徒区落实河湖长制工作，按照《丹徒区河长湖长履职办法》《丹徒区河长制湖长制工作考核办法》，区级河长巡河93次，镇级河长共巡河1476次，区级河长召开专题会议60次；开展长江沿线违建船厂整治行动，全年有需整治的船厂7处，年内完成整治6处，通过省级验收销号4处。全区河湖“两违”（违法圈圩和违法建设）总计49处，完成整治47处；“三乱”（乱占、乱建、乱排）总计45处，完成整治44处。建立河湖长制APP平台，实现部分河湖长制工作线上化、数字化，规范河湖长巡河记录；完成宝堰镇前隍村小微水体建设工程，提升农村河湖形象，改善村民生活水环境。参与全省“最美民间河长”选举工作，丹徒区高桥镇李伟获得全省“最美民间河长”称号。利用“丹徒治水”公众号等多种形式，宣传河长制工作，全年推送信息71条。（李化宁）

农业气象

【概况】 2019年，镇江市丹徒区气象局(以下简称丹徒区气象局)围绕率先基本实现气象现代化目标，提高气象监测预报服务能力、气象防灾减灾能力和应对气候变化能力。全年综合气象观测质量优秀，各项气象服务和保障工作科学准确及时。履行社会安全管理职能，遇有突发性、灾害性、转折性天气均能及时向区委、区政府、相关单位和部门通报，为政府部门防灾减灾当好参谋，提供气象服务技术支撑。将加油站、危化企业等重点对象纳入防雷安全监管对象清单，进一步落实企业防雷安全主体责任，推进监管责任落到实处。在“3•23世界气象日”“科普宣传周”“安全生产活动月”“三下乡”等活动期间，开放观测场、气象台，开设科普知识讲座，为公众普及气象灾害防御知识。年内，丹徒区气象局获“2016～2018年度江苏省文明单位”“2016～2018年度丹徒区文明单位”称号。（陈 烨 巫培源）

图50 2019年3月23日，丹徒区气象局开展“太阳、地球和天气”气象日主题活动（丹徒区气象局）

【水稻种植与气象】 2019年，丹徒区水稻从播种至成熟历时154天，期间大于等于0℃的积温3936.9℃，比历年平均偏多215.4℃，比去年偏少208.7℃；降水量424.3毫米，比去年少196.2毫米；日照时数885.5小时，比去年偏少51.1小时。水稻全生长发育期间，农业气象条件总的来说是：利大于弊，属丰产年景。

秧苗期(5月中旬至6月中旬)。水稻秧苗期气温偏高，降水偏少，光照适宜，多晴少雨的天气对水稻秧苗的培育和壮秧极为有利。

移栽分蘖期(6月下旬至7月中旬)。6月下旬水稻移栽时，多晴好天气。丹徒区6月18日入梅，7月21日出梅，梅雨量偏少，以过程性降水为主，气象条件总体有利于齐苗壮苗。

拔节孕穗期(7月下旬至8月中旬)。7月下旬和8月上旬以晴热高温天气为主，有利于水稻水肥管理，晴好天气利于搁田控苗，利于提高群体质量和成穗率。拔节孕穗期气温偏高，降水正常，日照充足，光温水配置较好，有利于水稻营养生长向生殖生长转变。

抽穗成熟期(8月下旬至10月中旬)。8月下旬气温偏高，光照充足，气象条件有利于水稻抽穗扬花和灌浆结实。9月上旬多阴雨天气，气温偏低，光照不足，不利于水稻子粒灌浆充实。9月中旬至10月中旬多晴好天气，气温偏高，光照充足，有利于水稻灌浆、籽粒充实。收获期多晴好天气，有利于水稻收割和晾晒。 (陈 烨 巫培源)

表7 **2019年丹徒区温、光、水与历年平均值比较情况**

项目		12月	1月	2月	3月	4月	5月	6月	7月	8月	9月	10月	11月	12月	全年值	常年值
平均气温(℃)	历年	5.1	2.7	4.7	8.9	14.9	20.5	24.3	27.8	27.2	23.2	17.7	11.2	5.1	—	15.7
	本年	6.0	4.1	4.4	11.8	16.5	21.9	25.4	28.2	28.6	24.3	19.0	13.8	7.4	17.1	—
极端最高气温(℃)		—	—	—	—	—	—	—	37.9	—	—	—	—	—	37.9	39.5
≥35℃高温日(天)		—	—	—	—	—	2	2	10	4	—	—	—	—	18	11.5
极端最低气温(℃)		—	—	—	—	—	—	—	—	—	—	—	—	-3.1	-3.1	-12.0
≤0℃低温日(天)		9	7	7	—	—	—	—	—	—	—	—	—	5	19	43.5
降水量(毫米)	历年	33.5	50.7	55.1	82.9	76.8	85.1	171.5	206.3	147.8	76.5	57.8	62.0	33.5	—	1106.0
	本年	121.2	62.6	81.7	12.8	52.6	31.6	104.0	119.5	129.4	34.6	6.2	35.8	65.8	736.6	—
梅雨量(毫米)		—	—	—	—	—	—	57.9	80.4	—	—	—	—	—	138.3	251.8

续表

项目		12月	1月	2月	3月	4月	5月	6月	7月	8月	9月	10月	11月	12月	全年值	常年值
日照时数(小时)	历年	153.0	140.2	130.8	150.3	174.1	202.5	165.7	199.3	204.8	175.5	172.1	157.4	153.0	—	2025.7
	本年	78.4	90.9	44.7	164.3	137.3	187.7	169.9	163.8	207.5	197.6	156.8	163.9	152.3	1836.7	—

注：表中第一个“12月”指2018年12月，历年为1981~2010年月平均值，常年值为1981－2010年平均值。

（陈　烨　巫培源）

丹徒区老区开发促进会 丹徒区扶贫开发协会 丹徒区宜农扶贫基金会

【概况】 2019年，镇江市丹徒区老区开发促进会、镇江市丹徒区扶贫开发协会、镇江市丹徒区宜农扶贫基金会(以下简称丹徒区扶贫“三会”)围绕项目扶贫，支持发展农村产业，带动低收入农户就业增收。丹徒区扶贫“三会”投入扶贫资金200万元，帮扶支持联系点村5个，建设扶贫项目6个，直接吸收农村低收入家庭劳动力就业242人，带动低收入农户就业421人，帮助贫困学生45名。强化扶贫联系点建设，发挥典型引领作用，推动高桥镇镇扬村、江心园区五墩村、上党镇五塘村、高资街道水台村、辛丰镇德胜村等五个村联系点挖掘资源优势，发展各具特色的主导产品，形成支柱产业。结合中华人民共和国成立70周年庆祝活动，开展“庆祝新中国成立70周年，助力老区脱贫攻坚”摄影图片展，拍摄照片300 余幅，制作展牌30块，在市、区、镇三级巡回展出。年内，镇江市丹徒区老区开发促进会、镇江市丹徒区扶贫开发协会(以下简称丹徒区扶贫“两会”)被中国老区建设促进会评为“全国老区宣传工作三等奖”；被江苏省扶贫“三会”评为“2017～2018年度扶贫示范项目管理先进单位”；被镇江市扶贫“两会”评为“调查研究先进单位”，获优秀调研论文一等奖1个、二等奖2个、三等奖1个。（庄　芳）

【镇江市丹徒区宜农扶贫基金会成立】 2019年6月21日，丹徒区扶贫“两会”在丹徒区政府八楼会议室召开“镇江市丹徒区宜农扶贫基金会”成立大会，镇江市老区开发促进会、扶贫开发协会会长宦祥宝到会祝贺，丹徒区委副书记韩宏亮出席会议并讲话。大会选举产生镇江市丹徒区宜农扶贫基金会第一届理事会班子成员，许志涛当选理事长，黄菊英、魏兴来当选副理事长，田耀昌当选秘书长。（庄　芳）

【全国扶贫日走访慰问联合大行动】 2019年10月17日，是第六个全国扶贫日，丹徒区扶贫“三会”开展全国扶贫日走访慰问联合大行动，走访全区41个村计86户困难户，慰问困难群众157人、困难大学生4人，发放扶贫慰问金11.32万元。丹徒区扶贫“三会”组织银行系统志愿者41人，到宝堰镇、江心洲生态农业园区开展“不忘初心、牢记使命”送温暖活动，走访慰问贫困家庭75户、困难大学生3人，发放大米、食用油、生活用品及慰问金，计金额4.15万元。（庄　芳）

【《丹徒区革命老区发展史》编纂工作】 2019年12月，30万字的《丹徒区革命老区发展史》完成编纂工作，交付江苏人民出版社印刷出版。该项工作由中国老区建设促进会的统一部署，2017年8月～2019年12月，丹徒区老区开发促进会相继成立《丹徒区革命老区发展史》编纂委员会，制定工作方案，落实编写人员，完成初稿编纂及三审流程，顺利交付出版。（庄　芳）

工业·民营经济

责任编校 李东东

工 业

【概况】 2019年，丹徒区工业经济平衡增长，全区规模以上企业完成产值354.0亿元，比上年增长1.3%。销售超亿元企业57家，比上年净增1家，其中销售额1亿元～5亿元的企业41家，销售额5亿元～10亿元的企业7家，销售额在10亿元～20亿元的企业6家，销售额超20亿元以上的企业3家。区“40强”企业实现应税销售收入253.9亿元，占全区应税销售总额的56.7%。（凌秀华）

【规模工业】 2019年，丹徒区规模以上工业企业实现销售收入362.9亿元，比上年下降2.0%。实现利税总额35.8亿元，比上年增长8.3%，其中利润总额24.9亿元，比上年增长11.5%。规模以上工业企业亏损面为18.3%，比上年增长5.5%。（凌秀华）

【镇(街道、园区)工业】 2019年，丹徒区有镇(街道、园区)企业3042家，实现规模以上工业总产值352.11亿元，完成规模以上工业营业收入360.93亿元、利税35.38亿元。高资街道列全区各镇(街道、园区)工业经济第一位。（丹徒区史志办）

【丹徒区工业资产管理总公司】 2019年，镇江市丹徒区工业资产管理总公司根据镇江市政府序时要求，推进镇江市东西部生态环境综合整治工作。6月30日，镇江茂源化工有限公司(镇江市丹徒化肥厂)完成设备拆除及“两断三清”(断水、断电、清原料、清设备、清场地)；8月23日，完成污染土壤初调检测报告并通过专家评审；11月上旬启动土壤详调进场，厂房拆除有序进行。2月，零山水泥103名在职职工全部签订终止劳动关系协议，补偿金兑付和人员安置工作全部结束。6月15日，全茂建材轧石机及水洗生产线完成拆除并通过销号验收。6月30日，镇江天龙化工有限责任公司签订资产收购协议，10月中旬51名在岗职工全部签订终止劳动关系协议，并完成安置工作，10月底企业完成设备拆除及“两断三清”(断水、断电、清原料、清设备、清场地)。（张　君）

民营经济

【概况】 民营经济在丹徒区国民经济中占有重要地位。2019年，丹徒区民营工业定报企业186家，占定报企业总数的95.4%；民营企业实现工业应税销售341亿元，占总应税销售额的80.2%；民营企业实现税收31.9亿元，占全区总税收的88.9%。2019年，全区应税销售超亿元企业57家，其中民营亿元企业49家。（凌秀华）

【民营经济五大传统产业】 2019年，丹徒区民营经济五大传统产业稳步发展。

高端装备制造业。实现应税销售94.1亿元(年应税销售500万以上企业)，比上年下降5.6%，占全区比重的22.1%，其中民营企业完成应税销售55.6亿元，下降10%。部分重点企业表现突出，希西维轴承应税销售完成3.9亿元，增长8.5%；沃得重工应税销售完成14.9亿元，增长18.5%。

新型建材行业。丹徒区建材行业均为民营企

业，完成销售76.7亿元(年应税销售500万以上企业)，增长17.3%，占全区比重18%。重点企业保持较快增速势头，鹤林水泥实现应税销售33.4亿元，增长15.3%；帝高力地板应税销售完成14.1亿元，增长44.4%。

食品医药行业。完成应税销售28.8亿元(年应税销售500万以上企业)，增长12%，占全区比重6.7%。其中民营企业实现应税销售12.4亿元，增长12.7%。幸运食品拥有3条全自动高速方便面生产线，实现应税销售增长113.8%。中兴药业与奥华集团旗下广生堂药业股份有限公司并表上市，实现了产业链的深度协同和广泛延伸，全年实现应税销售增长10.9%。

电力及设备行业。完成应税销售57.5亿元(年应税销售500万以上企业)，增长9.3%，占全区比重13.5%。其中民营企业完成20.2亿元，下降3.3%。镇安电力致力于电力系统通用设备及微电网、智能电网产业生产和研究，先后研制新型船舶岸电系统ITN供电模式、防潮配电箱(柜)、电磁脉冲屏蔽桥架等，实现应税销售2.3亿元。

绿色化工行业。丹徒区绿色化工行业均为民营企业，实现应税销售41.2亿元(年应税销售500万以上企业)，下降22.2%，占全区比重9.7%。经整治，丹徒区化工产业占比逐年下降。至年底，全区化工企业以丹徒经济开发区为主要承载区。李长荣化工完成快产业升级转型，主动适应供给侧改革，实现应税8.2亿元，下降9.1%；利德尔复合材料主要生产和销售不饱和树脂、乙烯基树脂、彩色胶衣和色浆，产品主要用于交通、风力发电等行业，实现应税2.8亿元，下降11.6%。（凌秀华）

项目建设

【概况】 2019年，镇江市丹徒区经济发展局(简称丹徒区经济发展局)、区重大项目服务中心围绕重点产业项目建设，以稳增长、保态势为中心，推进重点项目建设各项工作。年内，全区43个重点项目完成投资70.7亿元，完成年度计划102.2%。帝高力高档环保新型建材项目、惠灵顿膜生产项目、欧菱电器自动化设备技改项目、斯特姆汽车焊装设备生产等项目竣工投产。

以项目建设为中心，完善服务机制，围绕项目实施需要提供“全周期、全过程、全方位”服务，推进重大项目建设。完善产业项目预审评估机制、资源要素保障制度、督察考核机制等措施，实施《丹徒区固定资产及重点项目考核办法》，进一步明确加分项具体要求等规定，强化考核导向，使服务企业和项目建设成为部门之间、板块之间相互赶超的重要内容；完善重大产业项目服务推进工作机制，完善项目评估机制，实施“345”(具体内容见本栏目相关条目)产业项目生成机制，建立健全领导挂钩制度、观摩推进制度、项目全过程管理制度、项目代办帮办制度、资源要素保障制度、督查考核机制等服务机制，优化并联审批、“绿色通道”等服务措施，为重点项目提供土地、资金、审批等方面的便捷；将全区重点项目跟踪协调任务分解到个人，建立“一周一联系，每月一督查、通报，季度一分析，半年一考核”的工作机制；落实区领导挂钩重点项目机制，通过区领导人均挂钩2～3个重点项目的举措，确保全部43个重点产业项目全部挂钩，帮助解决项目建设中存在的问题及困难。（王　辉）

【“345”产业项目生成机制】 2019年，丹徒区开展项目预审评估工作，实施“345”产业项目生成机制。该机制内容包括：“三个坚决”，不符合主体功能区规划的项目坚决不上、不符合生态环保要求的项目坚决不上、不符合国家产业政策的项目坚决不上；“四必核”，项目必须经过乡镇(园区)、区发改经信委和政务服务办、第三方专业机构以及区委、区政府研究确定；“五必有”，项目必须有可研报告、环境评估报告、土地指标、符合规划条件、合同司法审查。按照“345”原则，丹徒区全年召开产业项目预审评估会13期，评估33个新签约项目。其中，朗悦新材料地板项目、苏润高端石墨材料项目、比

泽尔压缩机项目、田信塑料光纤项目等20个项目通过评估。（王 辉）

【项目日常跟踪管理】 2019年，丹徒区经济发展局围绕项目推进过程中存在的困难及问题，不定期提请区领导召开项目现场推进会，协调解决规划、土地、环保及企业自身因素影响等各类问题，做到会后跟踪管理、督查通报。全年16个市重点项目完成投资45.4亿元，完成年度计划的118.9%，完成率在全市排名第二，模拟考评全市排名第三；1个省重大项目实际完成投资19亿元，完成年度计划的100.5%。33个制造业项目年度计划投资52.8亿元，实际完成投资53.5亿元，完成年度计划目标的101.2%；6个服务业项目年度计划投资14.8亿元，实际完成投资15.6亿元，完成年度计划目标的105.7%；4个农业项目年度计划投资1.6亿元，实际完成投资1.6亿元，完成年度计划目标的100%。（王 辉）

重点项目选介

【北汽麦格纳多客户智能纯电动乘用车项目】 该项目由北汽新能源与麦格纳集团合作设立。北汽新能源是国内纯电动汽车行业领军企业，麦格纳集团是全球第三大汽车零部件配套供应商，具有完整的整车工程开发和生产制造、电动汽车平台开发等技术。本项目产品主要为N60AB、N61AB等纯电动乘用车车型，项目设计总产能30万辆，一期按产能15万辆进行规划，基于北汽镇江工厂原有厂房及生产线，通过技术改造升级，新建约7万平方米焊装、冲压、实验室等厂房设施及购置生产和研发设备，二期完成每年15万辆产能。年内，完成合资公司设立工作，实现投资19亿元，通过工信部项目生产准入；原厂房完成剩余改造项收尾，焊装扩建区内部改造，试验中心试验车间、整车试验车间及动力站房完成建设，等待验收后交付使用；焊装设备、检验设备等进场安装调试。（王 辉）

【中建科技装配式建筑产业化研发生产基地项目】 该项目是中国建筑股份有限公司的全资子公司，是发展装配式建筑的产业平台、科技平台、管理平台和投资平台。主营业务是装配式建筑+绿色建筑，拥有建筑工程施工总承包壹级资质和建筑工程设计甲级资质“双资质”，是“科研、设计、制造和工程管理”一体化全产业链发展的科技创新型工程总承包服务商。项目用地8.49公顷(127.4亩)，新建1栋生产车间、室外堆场、1栋生产辅助厂房、2栋倒班楼等建筑物，建筑面积6.24万平方米，建设4条PC构件生产线。项目建成投产后可年产建筑用PC构件20万平方米。年内，该项目完成投资6亿元，工程整体竣工，5条生产线安装完毕，并开始试生产；二期办公楼基础完成，安装开始围墙。（王 辉）

图51　中建科技装配式建筑产业化研发生产基地　（丹徒区经济发展局）

【欧菱电气自动化系统设备机械制造项目】 该项目由镇江市欧菱电气自动

化系统设备有限公司投资建设。该企业主要从事新型非自动化设备生产(包括高压水泵自动巡检设备、柴油泵自动巡检设备、风机自动巡检设备等),研发出国内新型自动消防巡检控制设备,并获得1份发明专利授权、3份实用新型授权。该项目在企业厂区内建设,项目完工后,可形成年产自动化成套设备680套、机械设备50套、低压配电柜2000套的生产能力。年内完成投资9000万元,项目开始试生产。（王　辉）

【海拉电子汽车用电子模块项目】 该项目由北京海纳川汽车部件股份有限公司投资建设。该公司由北京汽车集团有限公司与北京工业发展投资有限公司共同投资组建,产品覆盖汽车内外饰系统、汽车座椅系统、汽车电子系统、汽车热交换系统、汽车底盘及其他系统五大系列,为北汽、一汽、上汽、华晨、江淮、长安、奇瑞、陕汽、长城、中国重汽等国内20余家大型汽车企业配套。项目总投资2亿元,合资公司租用股东方北京海纳川汽车部件股份有限公司厂房7000平方米。其中一期使用3500平方米,为二期预留3500平方米。项目投产后可形成年产2000万件车灯ECU、PCBA板、天窗ECU和年产20万件BMS(电池管理系统)、LED ECU、BCM(车身控制模块)产能。年内完成投资1.5亿元,进入试生产阶段。（王　辉）

重点企业选介

【镇江大力液压马达股份有限公司】 镇江大力液压马达股份有限公司是国家高新技术企业,是国内摆线液压马达的龙头企业,年生产、销售摆线液压马达及其配套阀、制动器、行星齿轮减速箱、转子泵等产品近70万台/套,半数产品销往国际市场,产销量多年名列全国第一、世界第三。2019年底,公司占地面积4.2万平方米,建筑面积近3.6万平方米,有职工505人,其中从事产品研究开发人员52人。拥有有效授权专利64项,其中发明30项(含国外授权1项发明专利)、实用新型32项、外观专利2项。先后承担国家重点新产品项目3项、国家科技型中小企业创新基金项目2项、国家重大科技成果转化项目1项、江苏省重大科技支撑项目2项、国家火炬计划项目4项。2019年生产销售摆线液压马达及其配套产品65万台套,实现应税销售2.7亿元,实现税收3837.2万元。

（凌秀华　顾程雯）

【江苏中兴药业有限公司】 江苏中兴药业有限公司是一家以生产植物药制剂和原料药为主的综合型药品生产企业,始建于1971年,2010年10月落户丹徒高新技术产业园,2017年7月与福建奥华集团达成战略合作,2018年6月与奥华集团旗下广生堂药业股份有限公司并表上市,实现产业链的深度协同和广泛延伸。公司是江苏省高新技术企业,致力于水飞蓟产品的生产与研发,先后推出水飞蓟宾葡甲胺片(西利宾安)、复方益肝灵片、益肝灵片等具有确切疗效的肝病用药。公司生产的参芪健胃颗粒、参梅养胃颗粒、顺气化痰颗粒(片)、珍菊降压片等产品广受认可。2019年,该公司实现应税销售1.5亿元,比上年增长10.9%,实现税收2358.5万元,增长10%。（凌秀华　顾程雯）

【江苏蓝圈新材料股份有限公司】 江苏蓝圈新材料股份有限公司成立于2012年,是一家集科工贸于一体的综合性高科技企业,注册资金2200万元,并于2017年8月15日于新三板成功挂牌(股票代码:871830)。公司主要从事新型镁质材料和低层装配式房屋、绿色砂浆 、PC预制构件三大系列产品的研发、生产和经营。新型镁质玻镁平板通过英国天津公(intertek)WH&ETL认证及CE证书。该企业是国家级科技型中小企业、高新技术企业、江苏省民营科技企业、江苏省质量服务诚信AAA级企业,并成为中国菱镁协会华东新产品研发基地、中国科学院青海盐湖所科研基地,与黑龙江大学、江苏大学、辽宁科技大学、山东理工大学保持产学研合作关系等。2019年,该公司实现应税销售8812.2万元,比上年增长33.7%,实现税收419.3万元,增长44.1%。（凌秀华　顾程雯）

开发区和产业集中区

责任编校：李冬冬

江苏丹徒经济开发区

【概况】江苏丹徒经济开发区是经江苏省人民政府批准设立的省级开发区，总体规划面积25平方公里，拥有长江深水岸线6.32公里，是省级“装备制造业特色基地”、省级“临港物流特色园区”、国家级“循环经济标准化示范试点园区”。至2019年，完成开发面积12.5平方公里，建成5万吨级以上码头9座、千吨级内河码头11座。

年内，丹徒经济开发区实现地区生产总值91.4亿元，比上年增5.18%，其中规模以上工业增加值65.3亿元。完成工业应税销售161亿元。完成财政收入24.1亿元，其中一般公共预算收入11.61亿元。完成全社会固定资产投资38.56亿元，完成规模以上制造业投资13亿元。（贡献 侯辉）

【项目建设】2019年，江苏丹徒经济开发区坚持新发展理念，构建“1+2+1”（高端装备+绿色建筑和新材料+生产性服务业）产业发展体系，加快项目引进与建设，促进高质量发展。全年列入市区重点产业项目6个，其中总投资6亿元的中建科技装配式构件项目，总投资1.1亿元的江苏日上建筑安装和新材料研发中心项目，总投资2.5亿元的江苏省交通工程总公司建设路面施工材料加工、物流仓储、钢结构加工项目建成并投入试生产。中建科技项目和省交通工程总公司项目均为当年投资建设，当年投入生产。（贡献）

【招商引资】2019年，江苏丹徒经济开发区落实《开发区高质量发展产业规划》，通过小分队招商、以商招商、专题推介会招商、与专业招商机构合作等形式，开展项目洽谈50余场次，新增有效招商资源27家。年内，总投资3.03亿元的镇江润港港务有限公司7万吨级公共码头项目、总投资7亿元的普洛斯镇江物流及综合产业园项目、总投资4.75亿元的江苏船港物流有限公司绿色码头及绿色物流升级改造项目、总投资约1亿美元的金海宏业沥青仓储物流及道路新材料项目等8个新重大产业项目签约落户，项目计划总投资27.9亿元。（贡献 孙琦蕙）

【科技创新】2019年，江苏丹徒经济开发区实施“四优化四提升”工作法，通过“优化资源配置，增加投入，提升人才工作队伍专业度；优化实施方案，精准施力，提升人才项目立项成功率；优化引导方式，按需引才，提升企业招引人才参与率；优化选才路径，搭建平台，提升园区招才引智的覆盖率”四个方面，推进产才（产业和人才）融合发展。至年底，园区有高新技术企业60个，实现产值117.88亿元，销售117.14亿元；有各级科技研发机构19个，其中省级9个、市级10个，有各类科技人员1459人；年内获科技成果7项，完成专利申请量超过800件，每万人发明专利拥有量为40.53件；2个项目入选镇江“金山英才”先进制造业领军人才计划。全年发放科技人才奖补资金50万元。年内，丹徒经济开发区入选“江苏省知识产权示范园”。（贡献 吴芊雨）

【基础设施建设】2019年，江苏丹徒经济开发区推进环境改造，投入1100万元，完成绿化面积21万平方米；开发商住楼8幢5.4万平方米、商业门面房1.5万平方米；完成高炭线等园区道路提档升级改造5.8公里。完成基础设施配套投资850万元，新增污水管网3.6公里、雨水管网2.3公里。投资2000余万元，开展长江经济带废弃露天矿山环境整治，全年完成一期宕口整治13个。（贡　献　丁志栋）

表8　**2019年开发区骨干企业情况**　单位：万元

企业名称	产值	销售收入	利税
江苏鹤林水泥有限公司	335346	334613	140949
江苏镇江发电有限公司	232761	232761	47092
金海宏业(镇江)沥青有限公司	166118	201430	2247
江苏苏亚迪炭材有限公司	95436	94319	11101
二重集团(镇江)重型装备厂有限责任公司	73597	71641	—
镇江李长荣高性能材料有限公司	81564	80997	9467
江苏苏润高碳材股份有限公司	73067	72222	1159
江苏苏菱铝用阳极有限公司	68976	68683	-5089
中盐镇江盐化有限公司	39564	38761	7668
镇江北固海螺水泥有限责任公司	35768	35081	2995

（贡　献）

丹徒高新技术产业园

【概况】 2019年，镇江市丹徒高新技术产业园(简称丹徒高新园)以项目建设和招商引资为重点，凝聚发展动能，提升发展质态，全年完成固定资产24.4亿元，占年计划104.6%；完成工业总产值113亿元，比上年增长6.07%；完成工业应税销售收入131.6亿元，增长24.45%；完成一般公共预算收入7.37亿元，占年计划101.07%，增长9.92%；实到外资710万美元。2月，根据丹徒区委理顺丹徒高新园和街道管理体制的工作要求，原丹徒高新技术产业园管理委员会与原丹徒新城管理委员会实现合并，设立新的丹徒高新技术产业园管理委员会。与原丹徒新城管理委员会合署办公的宜城街道办事处开始独立运行。（张青利　汤　颖）

【招商选资】 2019年，丹徒高新园签约产业项目15个，其中先进制造业项目10个，分别是总投资15亿元的比泽尔转子压缩机项目、总投资800万美元的加拿大拉姆顿粮食储运机械生产项目、总投资2.5亿元的合力智能汽车制造项目、总投资2亿元的多立克氧化镁墙体板材项目、总投资2亿元的健力宝扩建项目、总投资1.2亿元的常州润合动力机械智能装备项目、总投资1亿元的日本瑞德金刚线生产项目以及宝源汽车配件生产项目、叁宇新材料项目、北京跃邦新能源项目。重点服务业项目3个，分别是总投资60亿元的花联网国际鲜花产业园建设项目、盘活冠城商业中心的高力国际家居港项目、盘活望族舒苑西侧地块的镇江德成房产开发有限公司名豪雅居项目；科技人才项目2个，分别是顾峰团队新型喷墨打印技术研发及产业化项目、路璐团队混凝土检测技术开发与产业化项目，其中顾峰团队项目在“材智汇”众创空间开始厂房装修，路璐团队项目申报市“金山英才”并立项。（张青利　汤　颖）

【项目建设】 2019年，丹徒高新园项目建设有序推进。全年列入市、区重点产业项目16个，其中续建项目5个，新建项目11个。宜东三期竣工交付，全年调节安置户178套计1.87万平米；汤村片区拆迁结束，周巷片区拆迁进场，全年完成拆迁4.98万平方米；宜东铭苑四期5.9万平米安置房开工建设；谷阳湖安置房初步设计方案完成。基础设施配套加快建设，尚上城两条道路完成立项、设计，具备招投标条件；宜平路、宜歌路招投标结束，具备开工条件；张巷一路、飞亚路复工建设；初步完成张露河环境整治，朝阳湖滨河步道投入使用。

（张青利　汤　颖）

表9　**2019年丹徒高新园重点项目情况**

序号	项目名称	投资总额（万元）	实际完成投资进度（万元）	规划用地	项目实施单位
1	研发、生产高档环保新型建材项目	30100	12700	占地81亩，总建筑面积36350平方米	帝高力创意建材(江苏)有限公司
2	高端服饰生产技术、研发、销售项目	38574	10000	占地面积100亩，一期建筑面积75000平米	江苏宜和服饰有限公司
3	电气自动化系统设备机械制造项目（工业技改）	12000	8000	总用地面积15亩	镇江市欧菱电气自动化系统设备有限公司
4	反渗透膜、纳滤膜生产项目	15000	15000	项目总面积25315平方米，建筑总面积18645.52平方米	镇江市惠灵顿膜业有限公司
5	年产26万吨铸造砂及循环再利用项目（二期）	18500	12300	总占地45亩，总建筑面积18000平方米	镇江新泰瑞造型材料科技有限公司
6	螺旋叶片制造项目（二期）（工业技改）	15000	10000	总占地40亩，总建筑面积1.5万平方米	镇江市邦禾机电装备有限公司
7	年产15万吨高性能复合材料项目	57932	50000	总用地面积94亩	江苏苏能新材料科技有限公司
8	军民两用机动指挥通信信息系统研发及产业化项目（科技创新）	4000	—	—	江苏捷诚车载电子信息工程有限公司
9	非标淬火机床生产项目	9004	3600	占地约20亩，计容建筑面积15163平方米	江苏天宝利自动化科技有限公司
10	润祥集团总部研发基地项目	15000	8000	项目占地面积16181平方米，建筑面积28000平方米	江苏润祥集团有限公司
11	年产150万平方米洁净墙板项目	15000	3000	建设约20000平方米生产厂房	江苏崇佑新型建材有限公司
12	高端白锈钢轴承项目	15000	2600	总用地面积39亩	江苏宝德轴承有限公司
13	汽车焊装设备生产项目	10006	7000	新建总建筑面积12345平方米，其中厂房10520平方米，办公楼1800平方米	斯特姆(江苏)智能科技有限公司
14	汽车零部件项目（工业技改）	10000	10000	占地面积22亩，总建筑面积14100平方米	镇江仕德汽车零部件有限公司
15	汽车零部件项目（工业技改）	3000	3000	占地面积50亩，建筑面积23000平方米	镇江先锋汽车零部件有限公司
16	江苏镇江燃气热电有限公司燃机热电联产（一）期	300000	151800	总用地面积209亩	江苏镇江燃气热电有限公司

（汤　颖　张青利）

【**科技人才**】 2019年，丹徒高新园完成研发经费投入3.3亿元，发明专利申请191件，发明专利授权41件。申报省“科技副总”人才项目3项、市“金山英才”人才项目12项，占全区总数的70.5%，其中顶尖人才1项并获得资助1000万元。新认定高新技术企业12家，净增12家，高企数从34家增加到46家。新增省级企业技术中心1家(中兴药业)，市级工程技术中心6家。“楼友会”和“材智汇”创建成为省级众创空间。第二届中国丹徒新材料创新创业大赛结束，达成意向项目8个。 （张青利　汤　颖）

【**中国丹徒新材料创新创业大赛**】 2019年7月12日，中国丹徒新材料创新创业大赛新闻发布会暨重点产业项目签约仪式在丹徒高新园举行。该赛事选拔赛赛场分别设在成都、深圳、杭州，吸引到海内外100余个参赛项目，并经路演评判，按项目技术先进性及产业化的可行性打分，遴选决赛项目。11月12日，该赛事总决赛暨颁奖仪式在丹徒高新园举行，通过现场答辩，最终评选出一等奖2个，二等奖3个，三等奖5个，优秀奖11个。对获奖且符合丹徒产业项目要求并落户丹徒新城的项目，通过“一事一议”，签署项目投资协议，并给予不少于50万元的创业投资资金支持和创业政策支持。在符合丹徒区“长山计划”申报基本条件的基础上，一、二等奖获奖项目直接入围面试评审，优先推荐申报镇江市“金山英才”计划，及天使投资引导资金、合作创业投资机构、合作银行等配套支持措施。该赛事致力于打造中小微企业交流展示、产融对接、项目孵化、产业链对接的平台，聚焦新材料领域项目，以及人工智能与智能装备、高端装备材料、增材制造、新能源等重点产业领域，发掘、培育创新创业优质项目和优秀团队，把创新成果转变为产业活动，助推丹徒高新园在招才引智过程中实现“引得进、引的准、留的下、扎的牢”。 （张青利　汤　颖）

图52　2019年7月12日，中国丹徒新材料创新创业大赛新闻发布会暨重点产业项目签约仪式在丹徒高新园举行 （丹徒高新园）

星火技术密集区

【**概况**】 丹徒星火技术密集区位于镇江市东南部，在辛丰镇境内，总面积10.9平方公里，分为民营私营园区、外向型园区、轴承工业园区和纺织工业园区四个发展片区，以轴承、电子、笔刷、新材料等为主导产品，拥有规模企业60余家。2019年，丹徒区星火技术密集区实现销售收入、利税总额分别占辛丰镇67.4%和69%。 （姜国平　刘怡）

【**美科医疗器械设备制造项目(三期)项目**】 美科医疗器械设备制造项目(三期)项目占地1.2公顷(18亩)，总建筑面积9385平方米，计划投资7000万元，购置主要生产设备1008台(套)，主要生产手动轮椅、电动轮椅、四轮车、步行器、康复医疗等产品。2019年，该项目完成水、电、气、道路等基础设施建设。 （姜国平　刘怡）

【**江苏希西维轴承有限公司技能改造项目**】 江苏希西维轴承有限公司技能改造项目总投资1.5亿元，用于高可靠、长寿命特种精密轴承的研发和生产，占地面积2.85公顷(42.82亩)，建筑面积20036平方米，投入设备459台套，计划年产SB轴承192万套、RNN轴承410万套、杆端轴承量560万套。2019年，该项目完成土地证办理。 （姜国平　刘　怡）

【**江苏钱潮轴承有限公司技能改造项目**】 江苏钱潮轴承有限公司重卡生产线智能化项目总投资

1800万元，购置关键设备30余台。项目全部投产后，可形成年产系列化产品30个，每年新增生产能力200万套、销售收入5000万元。2019年，该项目部分产能投产。（姜国平 刘 怡）

江苏省镇江世业洲旅游度假区

【概况】 世业洲位于镇江市西郊，四面环江，南与镇江市区一水之隔，北与扬州市隔江相望，为长江中第四大岛。全岛呈“元宝状”，东西长16.5千米、南北宽3.5千米，总面积52平方千米，其中陆域面积29平方千米，四周筑有防洪大堤长25.8千米，岛上有120公顷的自然式开放公园和湿地景观。润扬长江公路大桥横跨世业洲南北，并在世业洲东部建有双向互通，北与扬州市相连，南与沪宁高速、宁杭高速、312国道、沿江高等级公路相连，区域交通优势突出。世业洲环境幽静、空气清新、河道纵横，是名副其实的江中绿岛、生态之岛。

2019年，江苏省镇江世业洲旅游度假区（简称世业洲旅游度假区）继续提升整岛旅游环境。总投资300余万元，新建镇南健康体育公园，丰富整岛旅游配套；在健康公园、游客中心、还青洲特色田园乡村建设等区域，新建和改造停车场1000平方米；完成6.6公里的内环北路健康生态游步道建设工程，为本岛居民和游客提供安全优质的健康休闲运动场地；茅以升公园完成游步道和绿化景观改造，公园景观焕然一新。引入镇江新闻国旅参与度假区游客中心的运营管理，并联合新闻国旅推出3条旅游线路，丰富旅游业态。（薛斌斌）

图53 2019年6月5日，2019镇江世业洲旅游推介会在世业洲大桥公园润扬书院举行 （丹徒区委宣传部）

【2019年长江（世业洲）国际徒步旅游大会】 2019年4月27日，镇江本土红色体育旅游品牌赛事“2019年长江（世业洲）国际徒步旅游大会”在丹徒区世业洲开幕。来自镇江、常州、扬州、泰州、苏州、无锡等地的近6000名徒步爱好者与近百名国际友人参与活动，并对世业洲生态环境留下深刻印象。（薛斌斌）

图54 2019年4月27日，长江（世业洲）国际徒步旅游大会在丹徒区世业洲举办 （丹徒区委宣传部）

【2019镇江世业洲旅游推介会】 2019年6月5日，2019镇江世业洲旅游推介会在世业洲大桥公园润扬书院举办。推介会上，世业洲推介“党建旅游线路”“研学文化旅游线路”“休闲度假旅游线路”“拓展训练旅游线路”等特色旅游线路，发布多条针对市内外旅行社组团到世业旅游的优惠政策，并与4家旅行社签订合作协议。会后，旅行社、媒体代表应邀到大桥公园、东壹高尔夫、游客中心、卫生院、永茂圩、四季春、开心休博园等地开展踩线采风活动。（薛斌斌）

【江苏省年度最美跑步线路】 2019年9月21日，由江苏省体育总会、江苏省广播电视总台联合主办的庆祝新中国成立70周年暨“魅力江苏 最美体育”2019全省“最美跑步线路”“最美乡村健身公园”颁奖晚会在江苏教育频道演播厅举行。镇江市丹徒世业洲休闲体育旅游线路入选年度“最美跑步线路”，也是镇江市唯一上榜的跑步线路。该

线路位于世业洲旅游度假区内环路，全长18公里。（薛斌斌）

【2019镇江世业洲四分马赛事】 2019年11月2日，“魅力江苏 最美体育”奔跑江苏安利纽崔莱2019镇江四分马在镇江世业洲开跑，2000余名跑步爱好者在10.55公里赛道上，欣赏沿途风光，体验运动快乐。本次赛事以“没有全民健康，就没有全面小康”为口号，贯彻落实“全民健康 健康中国”战略，满足群众多元化的健身需求，营造良好的全民健身氛围。（薛斌斌）

长山文化产业园区

【概况】 2019年，长山文化产业发展有限公司启动实体化运作机制，围绕文化休闲旅游主线，利用国家级高端文化资源，实施品牌战略，各项工作有序推进。7月，召开镇江市米芾文化研究会会员大会，为文化产业平台建设和发展提供智力支持和学术支撑。10月，长山国学文化产业园总体规划方案通过专家组评审，形成“一馆六园”（文字演绎馆、礼园、乐园、射园、御园、书园、数园）格局的文化游乐体验基地。年内，米芾书法公园举办春节旅游节庆活动及“米园联语”书法作品展、庆祝中华人民共和国成立70周年优秀书法作品联展、全国刻字名家书法刻字邀请展等主题活动，提升公园知名度。8月，江苏省A级景区暗访评定小组就公园的旅游交通、游览、旅游安全、卫生、旅游购物、综合管理、资源和环境保护七个方面开展评定性复核，米芾公园以862分通过复核，得分列全市第一位。提档升级公园网站及微信公众号，展示公园的自然风光、人文特色。参加上海、苏州、无锡、南京等地专题旅游推介活动，拓展周边旅游市场。全年接待游客45万人次。年内，完成江苏省社科普及示范基地复评工作。启动实体化运用机制，明晰公司的责权利关系，推动长山片区文旅产业快速发展。拓宽融资渠道，先后与数家金融机构开展银企合作，实现融资1.58亿元，并利用米芾书法公园文化品牌效应，向上争取资金。年内，在确保公司正常运营的前提下，实现化债2500万元。（张　娟）

【第二届“米芾杯”国际青少年书法大赛暨“守望汉字”嘉年华系列活动】 2019年7月28～30日，第二届“米芾杯”国际青少年书法大赛暨“守望汉字”嘉年华活动在米芾书法公园举办。7月29日下午，第二届“米芾杯”国际青少年书法大赛颁奖典礼在镇江市体育会展中心举办。该届“米芾杯”国际青少年书法大赛由（全国）教育书画协会、中国国际书画艺术研究会、中国文字博物馆、江苏省教育书法协会、镇江市人民政府主办，由中共镇江市委宣传部、镇江市文化广电和旅游局、镇江市丹徒区人民政府、中国米芾书法公园、镇江市米芾文化研究会、江苏言恭达文化基金会、抱云堂书院承办。来自海内外200余所中小学校和书法培训机构的1000余位小书法家参与活动。活动期间，（全国）教育书画协会高等书法教育分会创作培训基地”“中国国际书画艺术研究会创作培训基地”同时揭牌。9～10月，大赛师生优秀作品分别在中国文字博物馆、米芾公园、澳门大学图书馆展出，并计划于下年2月，组织大赛部分获奖选手赴印度尼西亚进行访学交流。（张　娟）

【功能配套建设】 2019年，长山文化产业发展有限公司推进各项功能配套建设。华夏汉字研学馆一期工程竣工并对外开放，研学馆集展示、娱乐、教育等功能于一体，延续汉字文脉，推动中华文化发展。供水二级增压泵房建设工程、景区内消防升级改造工程完工。米芾公园东西出入口改造项目完成前期工作。完善智慧旅游系统，建设电子票务系统和智慧旅游大数据平台，规范化管理景区。升级改造景区标识标牌，维护保养公园内部配套设施，提升旅游体验舒适度。（张　娟）

【项目建设】 2019年4月，江南牡丹园举办“花开富贵 国色长山”首届长山牡丹节，农业全过程审批、牡丹馆前期用地工作及园内配套设施建设完成。奇石馆部分场馆封顶，海岳天地外墙工程竣工。拿云山项目信访维稳工作取得成效。和华侨城华东集团达成合作意向。（张　娟）

交通·通信

责任编校 刘 芳

交通综述

【概况】 2019年，丹徒区公路总里程1055.734公里。其中，一级公路103.338公里，二级公路97.834公里，三级公路111.28公里，四级公路743.282公里。农村客运站2个，公交站场(枢纽站)15个。长江汽渡2家，渡口2道。航道总里程45.98公里，其中三级航道10.26公里、七级航道18.53公里、等外级航道17.19公里。港口生产用码头泊位33个，非生产用码头泊位13个，其中千吨级泊位7个，码头岸线总延长达1303米。

基础设施建设。推进265省道镇江至荣炳段三期改扩建工程和358省道丹徒段路面改造工程。继续实施农村公路提档升级工程，改造建设谏辛线县道1条，改造里程约3.9公里，总投资约385万元，起点为辛丰镇农民公园，终点为黄墟镇233国道平交口，按三级公路标准改造，沥青路面；完成乡村道提档升级工程16条，通车里程约20公里，总投资约4150万元。全年无公路危桥改造工程。加强航道建设，投入35万元维修苏南运河丹徒段部分护岸挡墙，改善通航条件，保障通航安全。长江汽渡方面，大港汽渡管理处全年投资426.84万元，其中地磅更新与收费系统升级72万元，船舶避碰系统二期41.94万元，两岸码头道路设施维修改造268.94万元，两岸码头亮化、绿化、出新工程43.96万元；丹徒区渡口管理所投入19余万元，在北岸码头新建的钢架待渡棚1个(长12米、跨度20.5米)，并重新修缮南岸码头的钢架待渡棚。

运输生产。丹徒区境内公路客运量190万人次，客运周转量10315万人公里；全区货运量1445万吨，货运周转量16.1289亿吨公里；水路货物运输量192万吨，货运周转量3.2919亿吨公里，受市场和治理船舶减少等因素影响，该两项数据较上年大幅减少；港口货物吞吐量450万吨。 (车 雯)

图55 2019年，265省道镇江至荣炳段三期改建工程施工现场 (丹徒区交通运输局)

【265省道镇江至荣炳段三期改扩建工程】 265省道镇江至荣炳段三期改扩建工程总投资8.6亿

元。至2019年底，该项目完成投资5.9亿元，累计完成建安费约7800万元，占合同总量14%。该项目起点位于上会加油站，终点位于丹徒区与金坛市交界处，全长19.249公里。道路按一级公路标准实施改造，包括路基、路面、桥涵、交安设施和绿化施工。路基宽度26米，路面横坡2%。全线横断面布置为：双向4车道，中间带宽3.5米，两侧行车道宽2×2×3.75米，硬路肩2×3.0米，土路肩2×0.75米。道路设计速度为每小时100公里。采用植草防护、植树防眩。路基设计标高为中央分隔带外侧边缘处的路面标高。该项目全线新建跨河桥9座计494.24米，均为中桥；全线共建涵洞60道，拆除倒虹吸2道，其中新建圆管涵37道、倒虹吸5道、箱涵11道、盖板保护涵3道、通道4处。（车　雯）

【358省道丹徒段路面改造工程】 358省道丹徒段路面改造工程总投资3500万元。至2019年底，该项目完成投资500万元。该项目起点位于丹阳与丹徒交界处通济河桥西桥头，利用丹徒境内的314县道自东向西走线，终点位于丹徒与句容交界处，线路全长6.35公里。道路采用双向双车道二级公路标准，维持老路路基宽度12米，路面宽度10.5米，横断面布置为：0.75米土路肩，1.5米硬路肩，2×3.75米行车道，1.5米硬路肩，0.75米土路肩。设计速度为每小时80公里，采用沥青混凝土路面。

（车　雯）

表10　**2019年丹徒区农村公路建设情况**

序号	镇(街道、园区)	项目名称	行政等级	技术等级	路基宽度(米)	路面宽度(米)	新改建双车道四级公路				
							技术等级	新改建(公里)	路基宽度(米)	路面类型	路面宽度(米)
1	上党镇	益农线	村道	四级	5	3.5	四级	1.2	7	水泥混凝土	6
2	上党镇	对庄线	村道	四级	5	3.5	四级	1	7	水泥混凝土	6
3	上党镇	墅山大道	村道	等外	5	3.5	四级	1.01	7	水泥混凝土	6
4	上党镇	上东线	乡道	等外	5	3.5	四级	2.3	7	水泥混凝土	6
5	上党镇	曹马路	村道	四级	5	3.5	四级	1.08	6.5	水泥混凝土	5.5
6	上党镇	宝庄路	村道	四级	5	3.5	四级	0.5	7	沥青混凝土	6
7	上党镇	上枫路	村道	四级	5	3.5	四级	1.67	6.5	水泥混凝土	5.5
8	上党镇	丹上线	乡道	四级	5	3.5	四级	1.4	7	沥青混凝土	6
9	高资镇	高水线	乡道	四级	5	3.5	四级	1.75	7	沥青混凝土	6
10	高资镇	高西线	乡道	四级	5	3.5	四级	1.4	7	水泥混凝土	6
11	高资镇	高陈线	乡道	四级	5	3.5	四级	0.93	7	沥青混凝土	6
12	高资镇	高正线	乡道	四级	5	3.5	四级	1.75	7	沥青混凝土	6
13	高资镇	高勤线	乡道	四级	5	3.5	四级	0.8	7	沥青混凝土	6
14	高资镇	高厚线	乡道	四级	5	3.5	四级	0.82	7	沥青混凝土	6
15	高资镇	高正线	乡道	四级	5	3.5	四级	1	7	沥青混凝土	6
16	谷阳镇	马家路	村道	四级	5	3.5	四级	0.54	6.5	水泥混凝土	5.5

（丹徒区交通运输局）

交通管理

【概况】 2019年，丹徒区交通运输局共受理各类许可159件，新增车辆358辆，未发生1起违规发放许可案件。公交站亭建设总投资210万元。至年底，现有5辆车以上(含)道路货运企业68家，水路货运企业7家，质量信誉考核率均为100%。现有道路危化品运输车辆73台，年审率100%；水路运输企业资质核查业户7家，水路运输企业"两证"(水路运输许可证、船舶营业运输证)审验(换证)船舶81艘，年审率100%。各类投诉举报均在规定期限内办结，结案率100%，合理投诉处理满意率100%。全年查处各类违章94起，结案94件，罚款17.3万元，未发生1起"三乱"(乱收费、乱罚款、乱摊派)败诉案件。督查辖区内汽修企业一类维修企业6家，二类维修企业20家。开展改(拼)装、承修报废车辆专项检查，并对辖区内维修企业及门店(一类6家、二类20家)进行承诺书签定。（车 雯）

图56 2019年，查处超限超载车辆现场
（丹徒区交通运输局）

【公路管理】 2019年，丹徒区路政部门人均上路巡查300人次，清除路障105立方米、摊点244处、非标379块；依法审批一般许可案件26起(干线12起，支线14起)，审批施工路段安全管理方案4起，联合查处超限超载车辆325辆次。未发生1起行政复议撤销、行政诉讼败诉案件和公路"三乱"(乱收费、乱罚款、乱摊派)行为。农路部门挖除面层41.23立方米，挖除旧基层53.94立方米，零星病害修补610个，沥青路面零星修补240.83立方米。县道MQI(公路技术状况指数)、PQI(路面使用性能指数)分别为86.9%、83%，乡村道MQI(公路技术状况指数)、PQI(路面使用性能指数)、PCI(路面状况指数)、RQI(路面行驶质量指数)分别为81.87%、75.31%、80.33%、71.97%，县道优良路率、乡村道好路率分别为82.45%、77.1%。干线部门完成整修路肩边坡割草623030平方米，清理边沟11332米，清扫路面37230千米，绿化修剪、刷白258954平方米，涵管疏通5401米，挖除面层、铣刨面层319.88立方米，挖除基层22.5立方米，挖除土方19.57立方米，路缘石预制安装4389.5米，维修花岗岩路缘石9米，C20混凝土13.06立方米，沥青下封4374.9平方米，沥青路面病害零星修补124个，沥青路面病害零星修补336.207立方米，沥青路面机械扩缝专用填缝胶修补6510.6米，路面标线103.56平方米，维修水泥窨井盖5个，更换塑钢百米桩21根，维修雨水篦56座，维修铸铁圆井3座，桥洞清理2座，清除淤泥176.4立方米，清理垃圾3200平方米，路缘石刷漆94米，清除垃圾30立方米，C40混凝土2.7立方米，C20混凝土基础2.87立方米，C30混凝土包封18.06立方米，0.5米×0.75米矩形混凝土雨水篦(包括加重铸铁井盖)1座，0.8米圆形砖砌检查井(包括加重铸铁井盖)1座，钢筋网118.97千克，钢筋626.1千克，直径0.4米铸铁雨水管10米，直径300毫米波纹管30米，338省道马家港桥护栏维修，撒盐防

图57 2019年，丹徒公路处试用新技术解决路面车辙病害问题
（丹徒区交通运输局）

冻48吨，清障2000平方米，清理伏树2棵，路面冲洗3000平方米，积水处理1处。发布路况信息300余条，上报路网事件38起，答复“12345”政府热线、群众来电156次。（车　雯）

【航道管理】 2019年，丹徒区交通运输局加强航道赔(补)偿费的收取工作，全年收取航道赔补偿费101万元。贯彻落实“七五普法”规划，开展《中华人民共和国航道法》等航道法律法规宣传活动5次。开展航道巡查150余次，航道通航率100%。组织召开安全工作会议16次，开展安全检查52次，查整安全隐患7处，整改率100%。（车　雯）

【港口管理】 2019年，丹徒区交通运输局组织安全、培训及专项会议共计5次，常规、专项检查共计17次，督促企业完成整改共计55项，整改率100%。整治非法码头，提前完成辖区内4家非法码头拆除任务并自然复绿，设立举报热线和在醒目位置设立信息公示牌，接受社会监督，杜绝出现反复现象。加强安环管理，按照上级下达2020年6月前完成粉尘监测系统建设的工作要求，提前开展全区3家易扬尘干散货码头的粉尘监测系统建设任务，年内全部完成；年底，提前完成原期限至2020年底的《关于用更加严格举措切实加强船舶水污染防治的实施意见》目标考核工作任务。（车　雯）

【汽渡管理】 2019年，丹徒区有2家长江汽车渡运单位，全年渡运航次6.68万个，渡运车辆174.14万辆，运营收入6799.34万元，比上年降低24.5%。（车　雯）

图58　2019年，渡运车辆有序登船（丹徒区大港汽渡管理处）

通　信

【电信】 丹徒电信分公司(简称丹徒电信)为中国电信集团有限公司下属子公司，主要经营固定电话、移动通信、互联网接入及应用等综合信息服务。2019年，丹徒电信以“用户至上、用心服务”为理念，从营业厅服务、宽带安装、维修环节三个方面提升用户满意度，规范市场、资费及收费行为，加强用户信息安全、网络安全和信息化建设。继续推进“光网城市”建设，实现光纤到户，光网络覆盖丹徒区所有镇(街道、园区)，可实现1000兆到桌面的高速宽带接入；电信移动网络覆盖丹徒区所有镇(街道、园区)和自然村，以及境内高速公路、国道和省道；融合有线宽带、5G、WiFi等多种接入方式，实现“天地一体化”通信网络。在全区党政机关、公安、交通、水利、旅游、安监、学校、中小企业、智能工业园区等行业领域，提供全要素网格指挥中心、智慧校园、“12345”服务热线等信息化应用新业务，提高生产和管理效益，支撑丹徒区信息化建设。至年底，丹徒电信共有员工90余人。（丹徒电信）

【移动】 2019年，中国移动通信集团江苏有限公司镇江分公司丹徒营销中心(简称丹徒移动)贯彻“网络强市”战略，基站站点数700个，4G网络综合覆盖率99%；引入NFV(网络功能虚拟化)、SDN(软件特定网络)等新技术新设施，储备新兴网络能力；围绕5G＋4G协同发展，初步建成SPN(切片分组网络)超宽承载网，开通5G基站30个，实现5G网络热点区域覆盖。坚持“一个融合CDN”(内容分发网络)建设策略，打造新业务网络。打造高品质全光网络，光纤宽带覆盖家庭6.3万户，所有小区具备千兆接入能力。加速IDC(互联网数据中心)规划建设，可以满足政府及企事业单位的IDC需求。持续助力智慧城市建设，通过5G、物联网、云计算、移动互联网等新兴技术手段，参与政务、产业和民生信息化建设。其中，为政府行业提供“智慧＋政务”解决方案，提升政务网络能力；承建旅游公园景区实现智能景区电子票务系统和智慧旅游大数据项目，提升百姓感知；承建渣土公车监控系统项目，实现大数据管控，深化生态丹徒的综合治理；参与水利的基层防汛平台建设，提升水利防洪抗洪工作效率。（丹徒移动）

城市建设与住房管理

责任编校 李东东

城镇建设

【概况】 2019年2月，镇江市丹徒区住房和城乡建设局(以下简称丹徒区住建局)完成机构改革工作，划入区地震局、区拆迁管理办公室相关行政职能，主要承担规范全区住房和城乡建设管理秩序，监督管理房地产市场、建筑市场，规范和指导全区村镇建设，保障建筑工程质量安全，推进建筑节能、农村污水处理、黑臭水体整治等政府重点项目的责任，负责拟定并组织实施丹徒区人民防空发展规划，震监测预报、抗震设防等职能。年内，丹徒区住建局承建区政府重点工程8个、续建项目4个、新建项目4个，新建污水管道660公里、分散式污水处理设施136座、提升泵站42座、截流井4座，检测修复雨污水管道、133公里，总投资5.4亿元；牵头组织并实施规划修编2个、区级“美丽宜居村庄”建设10个、省级“特色田园乡村”4个和市、区级“特色田园乡村”建设5个，完成农村贫困户危房改造55户；协调推进拆迁安置工作，全年完成镇荣路、东站枢纽、连镇铁路、沃得、谷阳湖扫尾、周巷6个项目共计136户、5.77万平方米拆迁工作，完成540户共计540套、5.14万平方米提前安置工作；持续加强行业管理，确保建筑工程质量安全无重大事故，维护房地产市场健康有序发展；全年受理市委书记信箱、市长信箱、区委书记信箱、区长信箱投诉10件，“12345”政府热线投诉2499件，阳光信访平台交办件13件，信访局交办函3件，信访局转办件9件，镇江论坛、投诉举报在线咨询13件，接待群众来访50余人次，均及时登记和转办，办结率、回复率100%，市民的满意率90%。年内，丹徒区住建局获得“单项工作突出贡献奖”“实施乡村振兴战略行动先进集体”“项目服务先进单位”“城乡建设先进集体”“安全生产工作先进单位”等称号。 （史慧娴）

【“美丽宜居村庄”建设】 2019年，丹徒区住建局牵头组织实施区级“美丽宜居村庄”建设10个，完成世业镇卫星村二十二圩、荣炳园区胜利村东西棚和曲阳村上坝、宝堰镇徐巷村王巷、上党镇古洞村坞庄和上会村夏庄、江心园区五墩村一组、高资街道巫岗村西岗、谷阳镇谷阳村上六、宜城街道陆村村陆村建设任务，并通过区级验收。 （史慧娴）

图59 世业镇卫星村二十二圩“美丽宜居村庄”建设一角 （丹徒区住建局）

【“特色田园乡村”建设】 2019年，丹徒区住建局开展“特色田园乡村”建设。上党东宝庄创建成为省级“特色田园乡村”，建成约47亩虾池并投放2800斤虾苗，举办“龙虾丰收节”。确定市级“特色田园乡村”上党敖毅村的桃源塔和康养中心建设方案。完成市级“特色田园乡村”高资水台村的特色田园乡村环湖慢行道、进口道路、村委会改造、建设水台入口、道路两侧绿化及村中心游园广场等工程建设。推进市级“特色田园乡村”荣炳卧龙村的特色田园乡村卧龙入口景观石建设、农田水利土石方整治，并完成公共设施细化整治、道路改造。（史慧娴）

【市政管网建设】 2019年，丹徒区住建局实施城区范围内老旧住宅小区雨污水管网分流改造，落实管网改造、建设计划，完善城镇污水收集系统。累计完成住宅小区雨污水管网检查项目14个、道路项目4个、厂房企业单位2个。完成丹徒城区170公里雨水管网的清理、疏通、雨水口清理及防坠网的安装工作。开展“散乱污”专项整治行动，向餐饮、洗车店、浴室发放申办排水许可证告知单230份，办理相关排水手续95户。（史慧娴）

【农村生活污水治理】 2019年，丹徒区住建局推进丹徒区村庄生活污水治理“EPC+运维”工程，涉及除宜城街道以外的9个乡镇、137个自然村、23194户的污水管网和污水处理设施建设，总投资4亿元。137个村庄全部进场施工，进场率100%。131个村污水处理设施进场施工，进场率95.6%，其中103个村进入调试阶段。（史慧娴）

【丹徒新城城西公园项目】 2019年，丹徒区住建局推进城西公园建设。该项目位于谷阳大道和华山街交界处，实施内容包括土方工程、建筑工程、景观绿化工程以及公园内的配套工程。项目规划面积1.4公顷(21亩)，总投资1250万元。于2019年6月20日开工，年内完成造价700万元，完成工程量75%。（史慧娴）

图60　城西公园一角　（丹徒区住建局）

【黑臭水体整治】 2019年，丹徒区住建局长效推进城市黑臭水体治理工作。完成包括御桥港、张露河、杨溪河、高资南河边、跃进河五条河道整治任务，整治排口180处，完成投资3200万元，并于5月通过由生态环境部组织的关于全国黑臭水体整治的检查考核，完成目标任务。（史慧娴）

【雨污水管网检测、修复工程】 2019年，丹徒区住建局实施丹徒区雨污水管网检测、修复工程。该项目包括133公里的管网疏通检测、1060环局部点状树脂修复、3818米开挖修复更换管道和城区雨污混流量大的22处截口的截留改造。总投资1200万元，于11月底完工。（史慧娴）

【建筑市场监管】 2019年，丹徒区住建局强化建筑市场监管，完成各项审批服务工作。全年办理项目登记编码55件，办理施工图审查材料61项，办理竣工验收备案149件，竣工建筑面积148.1万平方米。网上质量监督报监261个单体工程，安全监督报监60个项目，发放电子施工许可证88份，建筑面积225.4万平方米。自5月20日受理消防业务以来，办理审查、验收及备案114项。质量监督城区覆盖率100%，乡镇在96%以上，竣工验收工程119个单体，建筑面积60.9万平米，其中安置房9个单体，面积4.69万平米，创优质结构工程24项。开展安全专项检查4次，开具安全隐患整改单114份，停工整改单15份，办理终止监督手续14份。安全生产约谈2次。创建省级“文明工地”8项、市级“文明工地”8项。受监项目民工工资保证金缴纳率100%，施工企业开设民工工资专户47个。全年各工程无质量安全等级事故发生。（史慧娴）

【建筑工程检测】 2019年，丹徒区住建局检测中心完成桩基检测、节能环境、装配式建筑、防雷检测等领域共61个参数扩项工作，共组织上岗培训考核136人次，通过了105人次，通过率77%。共申报专利5项，已有3项实用新型专利获国家知识产权局授权。签订检测合同59份(159万平米)，出具检测报告4万余份，完成检测收费2470万元。（史慧娴）

【绿色节能建筑】 2019年，丹徒区住建局推进绿色节能建筑各项工作。参加建筑节能验收的项目(厂房除外)共21次，总面积为51.2万平方米，其中，住宅16次，面积为50万平方米；公建2次，面积为1.2万平方米。设计阶段和竣工验收阶段建筑节能标准执行率均达到100%。完成绿色建筑32.33万平米，其中二星8.69万平方米，超额完成全年指标。巩固城区“禁粘”（在城乡建设中禁止使用粘土类墙体材料)，推动乡镇“禁粘”，完成辛丰镇“禁粘”示范乡镇创建工作。（史慧娴）

【违法建设查处】 2019年，丹徒区住建局认真履行行业执法监察责任，对住建条口各类违法行为进行梳理式执法查处，办结涉及违法违规项目遗留案件5件，罚没款44万余元，立案查处22件，罚没款370万元，共计收缴罚没款414万元。协助各镇(园区、街道)开展直接制止、自拆、助拆等违建处置工作，共拆违建378处，拆违面积约15.2万平方米，清退违法用地面积450余亩，有效遏制新增违建，逐步消除存量违建。（史慧娴）

【招标投标管理】 2019年，丹徒区住建局深入开展专项整治工作，规范招投标市场秩序。完成项目标段总数为121个，其中公开招标项目标段总计52个，标底价为33.95亿元，中标价为29.31亿元，节约率13.7%。直接发包69个标段，约15.01亿元。与去年同期相比，公开招标项目数减少7%，中标价增加510%。直接发包备案登记数减少32%，合同价减少18%。（史慧娴）

【拆迁安置】 2019年，丹徒区住建局启动实施镇荣路、东站枢纽、连镇铁路、沃得、谷阳湖扫尾、周巷6个项目共计136户、5.77万平方米拆迁工作，完成540户、540套、5.14万平方米的提前安置工作。配合建设主体共同做好安置房权证的办理工作，发放宜东铭苑、光明景园等安置房权证材料660套。（史慧娴）

【地震监测】 根据年初区机构改革文件精神，区地震局整建制转隶区住建局，完成了挂牌、职责划转、人员调整、档案、财务移交等相关工作。机构改革后主要职责管理地震监测预报工作，负责震情会商和震情速报，负责地震监测台站和地震群测群防工作的管理。负责地震抗震设防、地震安全性评价管理工作。开展防震减灾宣传教育工作。2019年，开展防震减灾知识“进校园”、“进社区”等活动，落实震情跟踪工作和24小时震情值班制度，严格落实震情速报、执行异常零报告等制度。扎实推进防震减灾信息平台建设，视频会议系统等设备陆续安装到位。（史慧娴）

【镇江市丹徒区城建投资有限公司】 2019年，镇江市丹徒区城建投资有限公司(以下简称丹徒区城投公司)做好工程项目建设、标准厂房园区管理、党建建设、以及企业内部管理等各项工作，完成了全年目标任务。继续推进丹徒区民生工程宜东铭苑安置项目建设，排定时序，抓好责任落实，加大安全生产和管理力度，确保工程稳步推进。年内，该小区一期、二期、三期均交付使用，可安置住户1789户；四期项目投资约3亿元，项目处于施工阶段。强化标准厂房园区管理工作，保障园区运营。该项目一期工程建筑面积6万平方米，入驻企业涵盖食品、服饰、物流等生产、服务型行业，全年完成产值约5.6亿元。（郑仲凌）

【镇江市丹徒区建设投资有限公司】 镇江市丹徒区建设投资有限公司(简称丹徒建投)是区政府直属管理的专业从事城市基础设施投融资、建设、运营管理的AA级国有大型企业，至2019年底，下辖控股公司14家、参股公司2家。近年来，公司重点建设完成丹徒区文化艺术中心、丹徒区人民医院二期工程、长香水岸、古堰新居、北汽大道、宜冬路等城建项目，多次被市政府、区政府嘉奖，获得“特别贡献单位”和“有功单位”等称号。2019年，丹徒建投发挥投融资主体和城市运营主体作用，成立了镇江市恒瑞高新产业集团有限公司、丹徒区宜网城市运营管理服务有限公司、华建土地开发整理有限公司等专业公司，发展新的投融资功能，实现多元化转型。与镇江恒顺集团合作，成立镇江恒华彩印包装有限责任公司，从事展陈展示、书刊、包装等业务；与苏能投资发展有限公司合作，成立江苏丹投能源化工有限公司，从事能源化工领域相关商品贸易业务；与绿地香港合作，成立镇江市丹徒区绿建房产开发有限公司，助力丹徒经济社会发展。

（任　瑾）

表 11　　2019年丹徒区省级建筑施工标准化文明示范工地情况

序号	项目名称	建设单位	建筑面积（平方米）	工程造价（万元）	开、竣工日期	施工单位	市级考核
1	镇江宝龙2#地块宝龙国际花园项目二期二标段施工总承包工程	镇江宝龙置业发展有限公司	181625	19689	2018.1.24 2019.9.30	中建海峡建设发展有限公司	镇江市建筑施工标准化文明示范工地
2	景泉印象二期工程1#—19#楼	镇江市丹徒区兴城建设开发有限公司	24840	8632	2017.9.1 2018.6.27	江苏润祥建设集团有限公司	镇江市建筑施工标准化文明示范工地
3	长山安置房道路、排水、铺装、绿化等景观附属工程	镇江华建置业有限公司	—	7204	2018.3.1 2018.7.28	锦润建设集团有限公司	镇江市建筑施工标准化文明示范工地
4	风景城邦南郡二期四标段47#50#53#54#57#58#62#63#64#67#及3#地下室工程	镇江明旺房地产开发有限公司	70937	10864	2017.8.1 2018.12.30	上海浦安建设发展有限公司	镇江市建筑施工标准化文明示范工地
5	风景城邦南郡一期四标段59#60#65#66#68#69#70#及1号地下车库工程	镇江明旺房地产开发有限公司	53327	8758	2017.8.1 2018.12.30	江苏苏南建设集团有限公司	镇江市建筑施工标准化文明示范工地
6	湖滨美墅二期8#9#10#楼及地下车库	镇江智谷房地产开发有限公司	55033	9409	2017.7.28 2019.1.30	歌山建设集团有限公司	镇江市建筑施工标准化文明示范工地
7	镇江宝龙城市广场75#-3、6、9号楼	镇江宝龙置业发展有限公司	52918	7300	2018.1.24 2019.9.30	中建海峡建设发展有限公司	镇江市建筑施工标准化文明示范工地
8	镇江市高校园区共享区图书馆建设项目	镇江市高校投资建设发展(集团)有限公司	87394	29400	2015.6.1 2018.6.1	江苏盐城二建集团有限公司	镇江市建筑施工标准化文明示范工地

（史慧娴）

表 12

2019年丹徒区市级建筑施工标准化文明工地情况

序号	项目名称	建设单位	建筑面积(平方米)	工程造价(万元)	开、竣工日期	施工单位	市级考核
1	镇江宝龙城市广场75#-3、6、9号楼	镇江宝龙置业发展有限公司	52918	7300	2018.1.24 2019.9.30	中建海峡建设发展有限公司	镇江市建筑施工标准化文明示范工地
2	绿色装配式建筑构件与制造基地项目1#PC生产车间,5#备用厂房	中建科技镇江有限公司	28302	20015	2019.1.25 2020.6.7	中建科技有限公司	镇江市建筑施工标准化文明工地
3	江苏大学京江校区建设项目1#2#8#楼	镇江市高校投资建设发展有限公司	51147	25003	2017.12.10 2019.12.25	江苏南通二建集团有限公司	镇江市建筑施工标准化文明示范工地
4	润城国际花园1#楼商住楼(含地下车库)	镇江润城房地产开发有限公司	22041	4271	2018.15 2019.10.15	江苏润祥建设集团有限公司	镇江市建筑施工标准化文明示范工地
5	年产40万平方米节能标准系统门窗项目1#2#3#厂房、门卫、后勤房、泵房、配电房	江苏日上环保节能新材料科技有限公司	8316	3570	2018.7.16 2019.8.30	江苏日上建设安装工程有限公司	镇江市建筑施工标准化文明工地
6	长山旅游度假酒店1#、2#楼	镇江润泽苑酒店有限公司	8105	1967	2018.12.28 2019.12.28	江苏润祥建设集团有限公司	镇江市建筑施工标准化文明工地
7	龙山庄园49#楼	镇江丰泰房地产开发有限公司	8127	2393	2019.3.16 2020.5.16	江苏瑞森置业有限公司	镇江市建筑施工标准化文明工地
8	研发、生产高档环保新型建材一期工程-1#厂房、仓库	帝高力创意建材(江苏)有限公司	28800	4500	2019.6.7 2019.11.30	江苏瑞森置业有限公司	镇江市建筑施工标准化文明示范工地

(史慧娴)

表 13

丹徒区2019年优质结构工程情况

序号	工程名称	建设单位	施工单位	建筑面积(平方米)
1	江苏科技大学(新校区)17号蚕研所生物学院	镇江市高校投资建设发展(集团)有限公司	中国江苏国际经济技术合作集团有限公司	17278
2	江苏科技大学(新校区)18号环化学院楼	镇江市高校投资建设发展(集团)有限公司	中国江苏国际经济技术合作集团有限公司	19180
3	宝龙城市广场75号-3、6、9	镇江宝龙置业发展有限公司	中建海峡建设发展有限公司	52962
4	江苏科技大学(新校区)54号楼	镇江市高校投资建设发展(集团)有限公司	中国江苏国际经济技术合作集团有限公司	8818
5	江苏科技大学(新校区)55号楼	镇江市高校投资建设发展(集团)有限公司	中国江苏国际经济技术合作集团有限公司	31419
6	江苏科技大学(新校区)56号楼	镇江市高校投资建设发展(集团)有限公司	中国江苏国际经济技术合作集团有限公司	31557

续表

序号	工程名称	建设单位	施工单位	建筑面积(平方米)
7	江苏科技大学(新校区)57号楼	镇江市高校投资建设发展(集团)有限公司	中国江苏国际经济技术合作集团有限公司	16133
8	绿色装配式建筑构件与制造基地-1号PC生产车间、5号设备用房	中建科技镇江有限公司	中建科技有限公司	28301
9	镇江宝龙2号地块宝龙国际花园幼儿园	镇江市丹徒区教育局	中建海峡建设发展有限公司	5082
10	镇江市欧菱电气自动化系统设备有限公司-1号车间	镇江市欧菱电气自动化系统设备有限公司	江苏镇江现代建安工程有限公司	9976
11	江苏科技大学(新校区)7号能动学院	镇江市高校投资建设发展(集团)有限公司	中国江苏国际经济技术合作集团有限公司	8405
12	江苏科技大学(新校区)21号文体中心B楼	镇江市高校投资建设发展(集团)有限公司	中国江苏国际经济技术合作集团有限公司	12905
13	江苏科技大学(新校区)28号楼	镇江市高校投资建设发展(集团)有限公司	中国江苏国际经济技术合作集团有限公司	16490
14	润城国际花园1号楼建设项目	镇江润城房地产开发有限公司	江苏润祥建设集团有限公司	22040
15	年产10万平方米节能标准系统门窗项目1号2号3号厂房	江苏日上环保节能新材料科技有限公司	江苏日上建设安装工程有限公司	7019
16	长山旅游度假酒店1号楼	镇江润泽苑酒店有限公司	江苏润祥建设集团有限公司	4235
17	长山旅游度假酒店2号楼	镇江润泽苑酒店有限公司	江苏润祥建设集团有限公司	3169
18	江苏科技大学(新校区)26号楼	镇江市高校投资建设发展(集团)有限公司	中国江苏国际经济技术合作集团有限公司	13627
19	镇江市龙山庄园49号楼	镇江丰泰房地产开发有限公司	江苏瑞森置业有限公司	7227
20	镇江市基督教宣德堂项目-综合楼	镇江市基督教三自爱国运动委员会	镇江市光大建筑工程有限公司	4484
21	研发、生产高档环保新型建材一期工程-1号厂房、仓库	帝高力创意建材(江苏)有限公司	江苏瑞森置业有限公司	28793
22	江苏科技大学(新校区)学生宿舍52号楼	镇江市高校投资建设发展(集团)有限公司	中国江苏国际经济技术合作集团有限公司	18027
23	高端新能源汽车研发中心及厂房配套设施建设项目(试验车间)	镇江智能汽车产业投资发展有限公司	南通四建集团有限公司	7510
24	高端新能源汽车研发中心及厂房配套设施建设项目(整车试验车间)	镇江智能汽车产业投资发展有限公司	南通四建集团有限公司	4009

(史慧娴)

高校园区建设

【概况】 2019年，镇江市高校园区(简称高校园区)完成校区建设投资36亿元，累计完成投资119亿元，校区建设、基础设施建设、服务保障等工作有序开展。至年底，有入驻办学高校5所，入驻师生3万余人。联合相关职能部门，做好园区权证办理工作，确保园区建设合法合规；开展汛前水利设施排查工作，防止自然灾害发生；完成东固泄洪通道疏浚工程；落实园区扬尘管控各项措施，强化园区综合环境整治，提升园区生态环境；妥善解决园区建设周期长、土地报批滞后、政策调整等引发的问题，化解园区各类矛盾，确保园区建设和谐稳定；年内，处理答复“12345”政府热线、书记信箱、区长信箱等50余次，处理答复市、区人大代表建议和政协委员提案3件。 (张敖鹤)

【校区建设】 2019年，高校园区建设基本完成，年内重点加快3所新校区的扫尾工作。江苏科技大学新校区完成7#楼、19#楼、20#楼、49#楼和52#楼建设，总建筑面积60.146万平方米；江苏大学京江学院校区完成2#楼、8#楼和南大门建设，总建筑面积26.41万平方米；市委党校完成2室3馆的深化设计、施工路径问题和施工建设，年底搬迁入驻。共享区、实训中心(图书馆)投资1.5亿元进行改造，推进实训中心、体育馆等公益性项目转化成商业性文化综合体。 (张敖鹤)

【基础设施建设】 2019年，高校园区基础设施建设有序推进。5月28日，山南路开工建设；市委党校新校区向西北扩建3公顷(45亩)，年内整体建成入驻；化解江苏科技大学新校区围墙用地矛盾，解决新校区建设弃土场问题；完成长香路拓宽改造涉及的征地拆迁等各项工作，基本满足全线拓宽改造建设要求；推进生活配套区管控工作；完成镇荣公路污水泵站建设、完成镇荣公路泵站至污水处理厂、江苏科技大学至园区泵站管网建设，完成新312国道污水管网对接移交工作；推进3.5万吨自来水扩容改造项目和长山唧站扩容工作，丹徒给水增压站至长山自来水唧站主管网全线开工建设；完成长山南路11万伏高压杆线铁塔迁移工作，完成园区11万伏双回路变电所项目建设；确定垃圾中转站建设地点；开展2个临时疏导点收回移交以及升级改造工作，建设新型商业网点。 (张敖鹤)

图61　2019年，丹徒区高校园区建设一角　(季　翔　摄)

城镇规划

【概况】 2019年7月，原镇江市规划局丹徒分局并入镇江市自然资源和规划局丹徒分局(简称丹徒自然资源和规划分局)。年内，丹徒自然资源和规划分局组织研究龙山路以南、华山街以东、蔡巷安置房、曾南安置房二期、谷阳湖安置房等规划要点，编制丹徒区控制性详细规划，实现丹徒城区控制性详细规划全覆盖。年内，丹徒区镇村布局规划优化初步方案校核完成。（丹徒自然资源和规划分局）

【规划业务工作】 2019年，丹徒自然资源和规划分局办理规划意见22份、选址意见书7份98.21公顷(1473.15亩)；办理建设用地规划许可证41份252.33公顷(3784.95亩)；组织拟定规划条件19份48.75公顷(731.25亩)；审批方案37个，其中工业19个、房地产开发项目7个、划拨类6个、管线综合4个、道路红线1个；办理建设工程规划许可证 240份，地上建筑面积181.17万平方米，地下面积33.46万平方米；发放建设工程规划许可证公告牌51块；办理建设工程规划核实合格证196个，地上建筑面积97.45万平方米，地下建筑面积22.91万平方米。

（丹徒自然资源和规划分局）

城市管理

【概况】 2019年，丹徒区城市管理局(以下简称丹徒区城管局)以“推进高质量发展”为目标，探索创新建立市场化运作新模式、市民网民参与城市管理的良性互动机制。通过开展农村环境综合整治和“大城管”考评，丹徒区城乡环境管理工作日趋规范，城乡环境管理一体化步入正轨。全年通过“12345”市民热线接听群众咨询、投诉1193件，年内全部处理完毕，群众满意率100%；继续组织丹徒新城“守护生态”志愿者服务队开展公益活动，全年组织活动12次。（蒋泽茜）

【人民广场管理】 2019年，丹徒区城管局强化人民广场管理各项工作。一期广场实施16小时保洁制度，每日清扫和保洁标准做到“六无二干净”(无果皮壳、无烟蒂、无积存污水、无砖瓦、无沙石、无纸屑塑料薄膜，果皮箱净、边沟净)；开展车辆、摊点管理整治工作；升级改造二期广场健康步道，改为更适合快走、慢跑的柔性沥清路面，更换步道两侧照明灯灯头97盏，步道两侧安装休息座椅18张；实施二期广场南北水塘清淤防渗工程，清理水道杂草、杂树，改善广场环境；针对市民群众反映的广场噪音扰民问题，组织人员现场征求市民群众意见，采取强化分区域分时段管理、加强巡查监管、严格审批活动申请等措施，切实改善广场噪音问题；开展广场内道路、地面铺装、排水、照明、无障碍设施、公共消防设施、公用电话、座椅、窨井等公共设施的维护管理工作，确保公共设施状态良好。

（蒋泽茜）

【市容环境管理】 2019年，丹徒区城管局收运全区生活垃圾60316.04吨，日处理165.2吨，并全部送往垃圾焚烧发电厂进行无害化处置。完成新一轮道路保洁招投标工作，将总面积49.04万平方米的门面房“墙到墙”等失管区域纳入道路保洁范围，总保洁面积388万平方米。开展户外广告整治和大城管整改工作，全年整改各类广告7185平方米，拆除违章户外广告191处、除道旗358杆、横幅453条，整改围墙广告31处、店牌店招143处，铲除各类小广告、“牛皮癣”6307处，发放行政许可41个，发放整改通知书91份。重点推进垃圾分类处置工作，至年底全区建成垃圾分类收集亭348组，设置分类垃圾收集容器3320个，更新道路两侧果壳箱分类标志3500个。购置可回收垃圾和有毒有害专用收集车辆，分类运输处置可回收垃圾和有毒有害垃圾。可回收分拣中心和有毒有害垃圾暂存库建成并投入使用。（蒋泽茜）

【公共基础设施管理】 2019年，丹徒新城范围内市政、环卫、绿化维护纳入常态化管理，提升城市形象。维修经十二路、长香路、谷阳大道等坑洼道路5.64万平方米，修复各类道板2.58万平方米、路牙3544.6米、树池189套米、护栏808米，完成多处交通护栏、绿化护栏维修任务，维修架鼓山路、长香路、茅以升大道、谷阳东大道、驸马街5条道路局部路段破损1.75万平方米，方便新城居民的出行。检修路灯2298盏、箱式变电站51台，修补灯杆门盖129个，维修更换路灯井盖145个，维修电缆398米，路灯设施完好率在99%以上。按照“无缺损，无病无害，无杂物，长势良好”的总体要求，完成新城221.8万平方米绿地养护管理，落实镇江市“12345”政府服务热线交办单等存在问题的整改任务，栽(补)植及恢复绿化面积2万余平方米。 （蒋泽茜）

【规范建筑渣土管理】 2019年，丹徒区城管局升级改造渣土车，对主城区内所有建筑工地作业的渣土车进行“顶篷”安装，确保密闭运输，避免抛洒滴漏、带泥上路等现象。日常巡查持续发力，加大施工路段巡查力度，做好巡查记录，查处严格停运期间，偷运、乱倒、不按线路行驶的运输单位。同时开启雾炮车不间断对管理范围内进行雾化作业，有效降尘。联合交警、住建等部门，严格把关各施工工地五达标，全面核查，对标整改，形成部门联动、条块互动的良好格局。 （蒋泽茜）

【城市长效管理】 2019年，丹徒区城管局在驸马幼儿园、炎黄外国语学校周边增设停车泊位。驸马街驸马幼儿园对面(永裕家园北门)改绿化修建停车泊位19个，驸马街炎黄外国语学校两侧改绿化修建停车泊位60个，缓解停车压力。新建环卫公厕2座，改造环卫公厕6座，均属于国家一类公厕，并已经投入使用。升级改造辛丰镇垃圾中转站。配备喷淋系统和渗滤液处置系统，并增设可回收物分拣中心、有害垃圾暂存点、餐厨垃圾转运点。 （蒋泽茜）

【农村垃圾长效处置】 2019年，丹徒区落实“户分类、组保洁、村收集、镇转运、市处置”的农村垃圾处置长效管理机制。坚持明查与暗访相结合的督查考核制度，坚持定期召开环卫所长例会、坚持每月开展一次对口互查活动，同时按期出简报，将农村垃圾处置工作中好的经验做法和存在的问题，进行通报，并提出合理化建议。结合村庄环境整治，丹徒区城管局加大农村卫生环境检查力度，共下发整改通知23份，涉及全区所有乡镇整改内容83条，整改率达98%以上。 （蒋泽茜）

【窗口服务效能建设】 2019年，丹徒区行政服务中心城管窗口落实服务以民为本，严格规范操作，及时受理行政许可事项，对申请材料不全或不符合法定形式的，当场一次性告知申请人并开具材料补正通知书，对符合条件的在有效工作日内按承诺时限办结，群众满意率100%。严格实行AB岗工作制度，公开审批事项、审批依据、审批程序、承诺期限、收费依据、收费标准。2019年窗口受理行政许可149件，其中广告89件、渣土21件、市政23件、绿化16件。 （蒋泽茜）

【城管执法水平建设】 2019年，丹徒区城管局执法大队继续按照“主干道严管、次干道严控、小街巷逐步规范”的工作方针，采取“堵疏结合、温馨提示、严格文明执法”的管理办法，针对市容环境中存在的突出问题，加大整治力度，实现城市容貌的有效改观。2019年来受理12345平台投诉举报1193件，全部及时给予回复，回复率100%。大队还配合相关科室和街道，对校园周边、菜市场周边环境、沿街店招广告、车辆乱停乱放、市容环卫责任区制度落实等工作进行了执法保障。 （蒋泽茜）

房地产管理

【概况】 2019年，丹徒区住建局促进房地产市场健康平稳发展，全年办理新建商品房预售许可证47本，拆迁安置房预售许可证2本，面积共44.9万平方米，比上年减少62.22%。全年销售各类房屋3050

套，比上年降低37.19%；销售面积36.13万平方米，比上年降低36.5%；销售额29.06亿元，比上年降低33.32%；均价每平方米8043元(含别墅)，比上年增长5.02%。年底，全区商品房库存量为106.89万平方米，其中商品住房可售面积60.4万平方米，去化周期为18个月；商业办公用房可售面积46.49万平方米，去化周期为47个月。（史慧娴）

【产权产籍管理】 2019年，丹徒区住建局履行房产交易管理职能，全年共办理商品房交易预售合同备案2328件；商品房交易合同备案5512件；存量房交易合同网签1823套，面积为34.70万平方米(其中存量商品房交易合同网签1695套，面积为19.13万平方米)；存量房交易合同备案2292件；档案扫描7804件；发放告知单7804份；发放纳税联系单7804份；完成商品房测绘初测 112.12万平方米；实测72.84万平方米；工业厂房测绘52万平方米；农民自建房测绘3525平方米；大学城测绘21.42万平方米；办理商品房初始权属审验总计289幢；实际完成测绘收入114.96万元。（史慧娴）

【房改政策办理】 2019年，丹徒区住建局有序开展住房货币化政策实施工作，全年共审批职工一次性购(住)房补贴 717人，补贴面积约 5.14万平方米，补贴金额约2421.71万元。办理房改房上市准入审批7户，异地房改房查询回复函3户，办理房改房查纠1户，查纠收入4776元。（史慧娴）

【住房保障】 2019年，丹徒区住建局深化住房保障工作，全年在保家庭(发放补贴)4户，新受理申请2户。依法依规开展年审工作，共清退不符合在保条件家庭5户。推进蚂蝗桥41号危房解危工作，在恶劣天气及时做到通知、动员临时撤离工作。（史慧娴）

【直管公房管理】 2018年，丹徒区住建局开展所辖范围直管公房全面安全隐患检查4次，完成谏壁乌龟山两幢房屋的飞檐维修以及老化线路更换项目，完成13户承租户电线线路老化更换工作，完成15户承租户瓦屋面维修及其它零星维修工作。全年共收缴租金70317.9元。（史慧娴）

【住宅小区管理】 2019年，丹徒区住建局全力做好国家卫生城市及文明城市迎检工作，强化住宅小区管理。不断推动住宅小区“扫黑除恶”“精美镇江”“控烟”等宣传工作落到实处。委托第三方评估机构，对城区内所有的高层住宅和随机抽取的20个住宅小区进行高层住宅安全检查和物业行业“双随机”检查，并对存在的问题限期整改到位。指导物业服务企业开展创优活动，绿洲花园、永安之星、香格里拉三个小区被评为镇江市示范物业管理小区，永安之星小区被评为江苏省示范物业管理小区。认真做好住宅维修资金的管理工作，共归集资金4199万元，累计归集资金2.66亿元。使用维修资金398万元，受益户数2800户。（史慧娴）

【白蚁防治】 2019年，丹徒区住建局始终坚持“安全第一、预防为主、综合治理”的方针，将新建预防和灭治工作作为切入点，共受理新建房屋白蚁预防合同52份，受理白蚁防治面积152万平方米。受理原有房屋白蚁灭治95户，其中实现乡镇灭治收入14880元，顺利完成全年工作目标。（史慧娴）

表 14　**2019年丹徒新城商品房销售情况**

月份	套数	面积(万平方米)	金额(亿元)
1	316	3.78	3.19
2	131	1.60	1.30
3	178	2.11	1.77

续表

月份	套数	面积(万平方米)	金额(亿元)
4	176	2.35	2.03
5	215	2.37	1.99
6	184	2.19	1.80
7	266	3.11	2.71
8	462	5.05	3.39
9	439	5.30	4.03
10	251	3.41	2.79
11	218	2.37	2.03
12	214	2.49	2.04
合计	3050	36.13	29.07

（史慧娴）

防震减灾

【概况】 2019年，丹徒区住建局转变防震减灾发展理念，完善监测预报、震害防御体系建设，强化防震减灾社会管理和公共服务职能，推动防震减灾事业发展。强化管理，做好数据观测、信息交流、震情分析等常态化工作，执行异常零报告、24小时震情值班制度。做好地震观测环境与监测设施保护工作，组织实施地震观测站周围环境绿化、美化工程。建立和完善震情监视和短临跟踪机制，编制《丹徒区2019年度震情监视和短临跟踪工作措施》。执行震情会商制度，组织每季度地震趋势会商会，参加全市2020年度地震趋势会商会，强化会商分析研判，编写会商报告，加强宏微观异常核实，继续跟踪"丹徒苏18井"水位异常。年内，南京溧水先后两次发生2.8级地震，及时与省、市地震部门联系，掌握震情，进入应急状态。4月10日，江苏省地震局专家到荣炳地震观测站收集震情信息，采集"丹徒苏18井"地下水样及观测站周边上坝水库水样，结合观测图形等信息会商并综合研判。根据省、市地震监测工作要求，镇江市地震巡检组每季度到丹徒区开展地震监测巡检工作，检查和维护观测仪器设备、供电系统、通讯系统、防雷系统、地震宏观监测系统。加强地震宏观观测点规范化建设，更新宏观观测点铜牌、制度牌上墙，与宏观观测员签订聘书，发放《观测记录本》，确保地震宏观观测点正常运转。针对新时期防震减灾工作要求，完成《丹徒区地震应急预案》修订初稿。推进防震减灾信息平台建设，视频会议系统等设备陆续安装到位。

（史慧娴）

【防震减灾宣传】 2019年，丹徒区住建局开展各类防震减灾宣传活动。以防灾减灾为主题，开展系列主题宣传活动，先后在辛丰镇、高资街道、三山集镇举办宣传活动，发放防震减灾宣传画册、展出地震知识展板、开展答疑解惑活动。开展防震减灾知识"进校园"活动，5月10日，联合区教育局在辛丰中心小学开展地震预警演练，全校1450名师生参与。开展防震减灾知识"进社区"活动。5月13日、14日，联合丹徒区民政局在缪家甸社区、姚庄社区开展防震减灾科普知识宣传活动，发放500余份《防震减灾科普宣传画册》，现场解答防震减灾科普知识。指导辛丰小学创建省级"科普示范学校"。（史慧娴）

生态环境

责任编校 刘 芳

综 述

【概况】 2019年，根据环保垂直管理制度改革和镇江市机构改革要求，5月31日，镇江市丹徒生态环境局(简称丹徒生态环境局)挂牌成立，保留原有丹徒区环境保护局的职责，并整合区发改、国土、水利、农业等部门生态环境方面相关职能。丹徒生态环境局是镇江市生态环境局的派出机构，负责贯彻落实中央关于生态环境保护工作的方针政策和省委省政府、市委市政府、市生态环境局的决策部署，在履行职责过程中坚持和加强党对驻地生态环境保护工作的集中统一领导。

年内，丹徒生态环境局围绕“改善环境质量和打好污染防治攻坚战”两大核心目标，持续开展水、大气和土壤环境综合整治，做好中央、省环保督察问题整改工作，推进生态文明建设，实现2019年大气、水、土壤污染防治目标任务，全区空气质量优良天数比率69%，$PM_{2.5}$年均浓度降到46微克/立方米，国控、省控断面地表水优Ⅲ类比例均为100%。（李笑林）

【污染防治】 2019年，丹徒生态环境局完成省、市下达的污染减排任务，各项污染防治行动按序时推进。

大气污染防治行动。完成大气污染防治工程项目45个，分别是生物质锅炉的提标改造项目2个、碳素企业特别排放限值深度治理(即湿电除尘改造)项目7个、工业炉窑深度治理项目25个、重点行业VOCs(挥发性有机物)综合治理项目6个、金海宏业(镇江)沥青有限公司码头的油气回收治理改造项目1个、堆场的扬尘治理项目3个、机动车尾气固定式遥感监测设备建设项目1个。

水污染防治行动。完成太湖污染治理项目8个，分别是城镇污水处理厂配套管网建设工程项目3个、生态循环农业示范区建设工程项目1个、河网综合整治工程项目4个；完成水污染防治项目27个，分别是城乡污染治理项目8个、农业面源污染治理项目1个、加油站地下油罐防渗改造项目7个、水生态保护项目11个。

土壤污染防治行动。开展全区重点行业企业用地土壤污染状况调查，完成区域内12个化工遗留地块的土壤污染状况调查工作；督促推进原茂源化工和天龙化工地块实施土壤调查和修复；加强有关部门间信息沟通，共同落实污染地块联动监管责任，确保土地开发利用符合土壤环境质量要求。开展重点行业企业重金属减排工作，截至年底，削减率64.36%，达到(10%)减排目标要求。

（王 丽 吴魁华）

【生态文明创建】 2019年，丹徒生态环境局推进生态文明示范创建工作，全面践行“绿水青山就是金山银山”理念。截至年底，世业镇、宝堰镇(荣炳园区)、高桥镇(江心园区)、上党镇、谷阳镇、高资街道、宜城街道被命名为省级生态文明建设示范镇(街道)；12月，辛丰镇通过省级生态文明建设示范镇考核验收并完成推荐，待江苏省生态环境厅命名。世业镇世业村、世业镇先锋村、世业镇东大坝村、宝堰镇宝堰村、宝堰镇鲁溪村、上党镇古洞村、谷阳镇谷阳村、高桥镇高桥村、高桥镇京江村、江心园区五墩村、荣炳园区曙光村11个村被命名为省级生态文明建设示范村；12月，荣炳园区高庄村、谷阳镇槐荫村、高资街道水台村通过考核验收，待江苏省生态环境厅命名。（曹文娟　李笑林）

【生态红线守护】 2019年，丹徒生态环境局根据省生态环境厅复核生态保护红线的文件要求，复核上报丹徒区的国家级、省级生态保护红线优化调整方案。该次复核按照面积只增不减、功能只高不低、管控只严不松的原则，全区面积提高1.8%，总面积占全区国土面积14.7%，在全省生态红线区域监督管理考核中名列全市第一、全省第九。（曹文娟　李笑林）

【第二次污染普查】 2019年，丹徒区持续开展第二次全国污染源普查工作，完成质量核查、数据库核定、数据汇总分析工作，并通过市级验收。全区普查数据库显示污染源共2386家，其中工业源2147家、农业源31家、集中式36家、移动源41家、生活源131家。（吴魁华　李笑林）

【企业环境评级】 2019年，丹徒生态环境局根据企业环保信用评价和企业环境行为信用记分等文件要求，对辖区内210家企业的环保信用情况开展评价，同时进行12分动态记分制记分，对各部门报送的扣分事项，按照要求及时准确录入江苏省企业环保信用评价系统，生成相应的环保信用等级动态评价结果，并通过外网向社会和公众公开，接受公众监督。（吴　婷　姜　婕）

【环保督察问题整改】 2019年，丹徒生态环境局继续推进中央、省环保督察问题整改工作和镇江市突出环境问题整改工作。截至年底，中央环保督察交办丹徒区信访件全部完成整改，等待市销号组聘请专家进行销号。省环保督察交办丹徒区信访件137件，完成整改132件，其余5件推进整改中；丹徒生态环境局根据镇江市污染防治攻坚指挥部办公室下发的突出环境问题整改责任落实清单的文件要求，针对交办问题，完善整改方案，明确责任单位和序时进度，推进涉及丹徒区突出环境问题的整改，其中交办丹徒区的大气强化督查29件，完成整改28件，1件推进整改中。“回头看”交办件和突出环境问题镇江交办件的整改及销号率，均领先于镇江其他辖市区。（曹艳萍　李笑林）

【环保宣传】 2019年6月5日，丹徒生态环境局以第48个“六五”世界环境日为契机，策划组织宣传活动，引导百姓自觉践行绿色生活，营造全民参与环保工作的浓厚氛围。组织学生志愿者到丹徒污水处理厂参观和实践，了解污水处理厂的建设情况及工作流程，参观污水的净化过程，引导树立保护环境的意识；在小区开展环保宣传，向小区居民介绍垃圾分类的知识，并发放环保宣传材料和环保知识调查问卷，增强居民环境法制意识。（吴　婷　姜　婕）

图62　2019年6月5日，丹徒生态环境局组织学生志愿者到丹徒污水处理厂参观和实践　（丹徒生态环境局）

图63　2019年6月5日，丹徒生态环境局志愿者走进小区开展环保宣传　（丹徒生态环境局）

环境监察

【概况】 2019年，丹徒生态环境局做好环境监察、执法、信访调处等工作，打击环境违法行为，净化环境安全。全年出动6456人次，组织开展企业环境监察、"双随机"检查、"三同时"检查、信访调处、夜间检查等，检查单位3115个(次)，下发"责令改正违法行为决定书"151份、"查封、扣押决定书"8份，移运公安机关适用行政拘案件3起，办理环境案件110件，罚款758.21万元，案件数、罚款金额数比上年分别增长12.24%、12.51%。丹徒生态环境局环境执法工作再次被评为市级"年度岗位练兵先进集体"，2名环境监察人员被评为市级"先进个人"。

（汤　杰　王新逸）

【固体危险废物监管】 2019年，丹徒生态环境局加强企业固体危险废物管理，在辖区内开展工业污泥、"减存量、控风险"、取土场废弃宕口、危险废物污染防治、自有危险废物焚烧设施、环境安全隐患大排查等9大专项整治行动，引导产废单位做好固体废物规范化管理工作。继"2018清废行动"后，组织开展"清废2019行动"，加大对环境违法事件的打击力度，扩大排查范围，扫除排查盲点，完成整治任务，特别是对"1019"重大环境违法犯罪案件的及时发现、防范和处置，有效抑制环境安全事故的发生。

（刘红日　李笑林）

【辐射环境监管】 2019年，丹徒生态环境局从完善手续入手，强化对全区放射源和射线装置的环保管理。监督管理辖区内使用放射源和射线装置单位企业办理环境影响评价手续和辐射安全许可证。督促辐射安全许可证到期办理延续手续2家，指导区内有关单位申报材料，做好射线装置使用单位的日常管理工作，对全区涉及放射源和射线使用装置单位每年现场督查4次，发现问题及时提出整改意见，下达整改意见通知书2次。

（汪　涛　李笑林）

环境监测

【概况】 2019年，丹徒环境监测站以环境质量改善、支撑环境管理、引领污染防治和服务社会公众为要点，做好重点污染源监督监测(含比对监测)、固定污染源挥发性有机物监测、已核发排污许可证企业和重点排污单位自行监测，同时新增长江经济带入河排污口监督监测、噪声环境质量监测。

（杨　晓　李笑林）

【监督性监测】 2019年，丹徒生态环境局强化区控监管企业监督监测，做好长江经济带入河排污口监督监测。监督对象包括全区100余

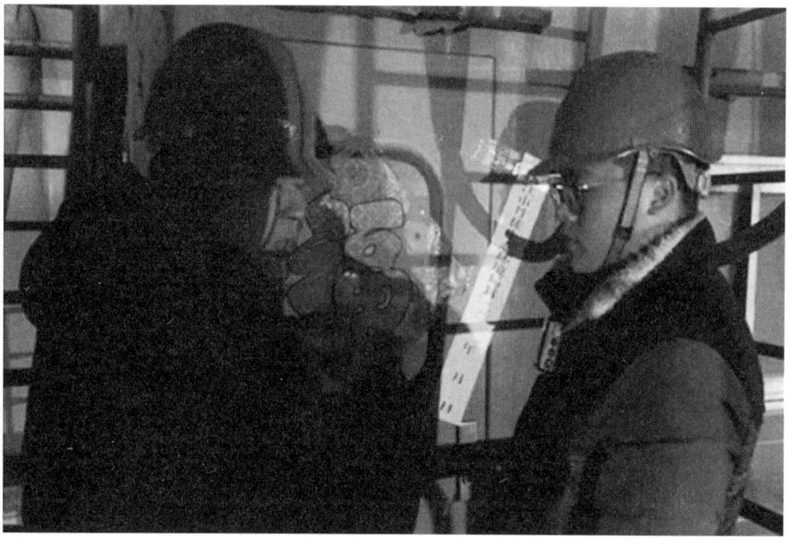

图64　2019年，丹徒生态环境局监察大队人员对企业违法行为进行现场查封

（丹徒生态环境局）

家环境监管监测企业和长江入河排污口11个监测点位，覆盖国控污染源和省控污染源、重点监管工业企业和一般监管企业，对监管企业和排污口存在超标现象的，实行跟踪监测，增加监测频次。全年出具污染源监督监测报告192份。

（杨　晓　李笑林）

【农村环境质量试点监测】 2019年，丹徒区加大农村人居环境整治力度。全区农村环境质量监测试点3个，包括世业镇东大坝村、宜城街道长山村、辛丰镇龙山村。监督项目包括空气质量、地表水环境质量、土壤环境质量以及生活污水处理设施出水水质。全年获得有效监测数据1251个，完成全部监测及上报任务。

（杨　晓　李笑林）

【噪声环境质量监测】 2019年，丹徒区声环境监测点位共38个，包括区域声环境监测点位22个，道路交通噪声监测点位13个，功能区声环境监测点位3个。区域噪声每年监测1次，每次10分钟；道路交通噪声每年监测1次，每次20分钟；功能区声环境每季度监测1次，连续24小时监测。全年获得有效监测数据1179个，完成全部监测和上报工作。

（杨　晓　李笑林）

【水环境达标监测】 2019年，丹徒区持续推进各镇(街道、园区)流域水环境污染防治工作，确保主要河流水质考核断面达标。全区水质监测断面40个，包括辛丰镇国控断面、省考王家桥和风景城邦小区断面、省控宝埝桥断面、市控后亭桥和沙渚港断面、乡镇饮用水源地水质世业取水口和江心取水口监测断面以及各镇(街道、园区)主要河流水质监测断面32个。监测项目包括pH值、高锰酸盐指数、氨氮、总磷，每月监测1次，全年获得水环境质量监测数据5470个。

（杨　晓　李笑林）

图65　2019年，丹徒生态环境局在国省考断面进行采样分析　　（丹徒生态环境局）

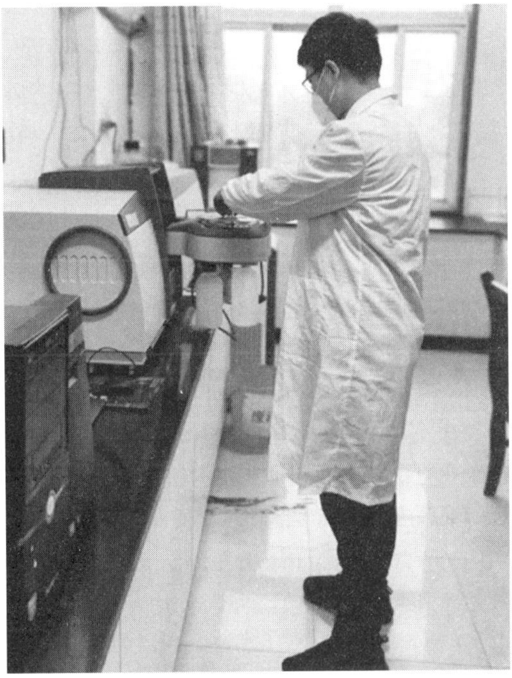

图66　2019年，丹徒生态环境局监测站人员在化验室分析样品中的重金属　　（丹徒生态环境局）

经济贸易·商品流通

责任编校 刘 芳

经济贸易

【概况】 2019年，丹徒区完成外贸进出口70116万美元，其中出口65610万美元、进口4506万美元。全口径实到外资4595万美元，完成计划的51.1%，位列全市第五；其中，先进制造业完成4595万美元，完成计划的102.1%，位列全市第三。聚焦实体经济，开展精准招商、专业招商和特色招商，全年签约亿元以上项目35个，总投资约240亿元。 （陈 雨）

【外贸企业服务工作】 2019年，镇江市丹徒区商务局（简称丹徒区商务局）创造良好的营商环境，助力外贸企业发展。强化企业服务，简化办事程序，提高办事效益，促进企业扩大自营出口主体，培育出口新增长点；对全区进出口企业实行“重点推进、分类指导”办法，做好跟踪服务，定期跟踪重点出口企业的经营情况，同时加强沟通联系，为企业排忧解难。帮助出口企业争取国家和省、市财政相继实施的中小企业国际市场开拓资金、出口信用保险补贴等相关资金扶持政策的支持，加大政策宣讲力度，鼓励企业利用各类扶持资金开拓国际市场，优化自身产品，提高市场竞争力。面对外贸企业日益复杂的经营环境，依托海关进出口数据，对全区重点企业开展专题调研，上门听取和了解企业困难，帮助企业想办法、找出路，同时与省、市、区各级相关部门沟通，做到发现问题及时解决。 （陈 雨）

【服务外包产业扶持工作】 2019年，丹徒区商务局加大服务外包产业扶持力度。扶持帮办外包企业健康发展，制定区级开放发展专项资金扶持政策，其中服务外包资金扶持政策对符合条件的外包园区及企业给予重点奖励；做好重点载体和重点外包企业对接工作，软通动力、江苏傲天数字科技、神涞科技、江苏易蝶软件、镇江水卫士节水科技等40余家经营企业入驻重点园区——镇江科技产业园。（陈 雨）

区属商业

【概况】 2019年，镇江市丹徒区商业资产管理总公司（简称丹徒区商业总公司）以“抓发展、保安全、促稳定”为目标，完善内部监管机制，破解商业发展难题，深化基层组织建设，完成各项目标任务，全系统实现资产经营收益168.88万元，比上年增长4.63%。年内，开展暖心走访活动，组织退休老干部外出参观学习32人次；开展送学上门活动60余人次，走访下岗失业党员46户，发放慰问金3万余元；走访承租户实现全覆盖，化解企业发展难题3个，解决群众诉求8件。 （蔡国平）

【资产经营管理】 2019年，丹徒区商业总公司完善国有资产监管机制，推进历史遗留问题化解，实现资产保值增值。建立商业高质量发展考核体系，对21个工作项目实行分值考核，落实落细管理责任；对系统内所有资产进行清产核资，逐一登记；完成同创糖烟酒公司法人变更、股本金减资和荣炳屠宰场关闭等问题；推进门面房和厂房续租衔接工作，实现资产不闲置目标；做好承租户服务工作，投入10.15万元，

维修面积出租房屋840平方米。（蔡国平）

粮　食

【概况】 2019年，丹徒区完成粮食购销总量16.59万吨，其中粮食购进6.06万吨、销售10.53万吨，落实订单任务2万吨，完成年度各项目标计划。

丹徒区粮食管理部门围绕“机构成网络、监测全覆盖、监管无盲区、系统无风险”监测目标，推动粮食质量监测工作。建立粮食质量检测站，新增超声波清洗器、直链淀粉速测仪、近红外谷物分析仪、X-荧光金属快检仪等设备50余套，检测能力提升至基本、品质、质量、快检等4大类，拓展农药残留、重金属和真菌毒素等卫生安全指标项目检测，检测覆盖项目基本满足粮食质量检测能力要求。与连云港工贸职业技术学校合作办学，开设粮食保管员、质检员培训班，采取定向培养的模式，每年派送在岗职工脱产学习，强化专业技能培训。（吴　俊　孙　阳）

【粮食收储】 2019年，丹徒区粮食管理部门推进粮食供给侧结构性改革，满足城乡居民消费新需求，促进种粮农民增收。探索收粮新模式，基层收储库点建立由粮食加工企业和种粮大户参与，以“优种、优购、优储、优加、优销”为目标的优质优价收购合作机制，并与大米加工企业和种植大户签订收购订单合同，以及与大米加工企业签订代储合同，实现优质优价收购，促进农业增效、农民增收。丹徒区全年国有粮食企业收购入库夏粮2.69万吨，粮质普遍在三等以上，均价为每公斤2.24元；秋粮总产量9.12万吨，比上年降低4.7%；商品量（全社会）约4万吨，其中国有粮食企业收购2.62万吨，大米加工企业收购1.04万吨。（孙　阳）

【粮库仓储能力建设】 2019年，丹徒区粮食管理部门争取财政支持，连续三年实施“粮安工程”建设，有效解决全区国有粮食购销企业仓容不足问题。丹徒区黄墟粮油管理所新建1万吨粮食仓库，完成仓储附属设施建设，并于秋粮收购投入使用。该项目总投资1000万元，争取区级财政配套资金400万元，并减免市政设备配套费。按每年全区粮食平均托市收购量2万吨估算，该粮库新增仓容基本可以满足全区托市收购需求。（吴　俊）

烟　草

【概况】 2019年，丹徒区烟草专卖局（简称丹徒区烟草局）销售卷烟1.33万箱，实现税利1.50亿元；单箱销售结构4.07万元，比上年增长3.83%；零售户综合毛利率10%。全年新办烟草专卖许可证337个。至年底，全区有卷烟零售户1900户。在岗员工54人，其中本科以上学历43人，占总数的79%；专业技术称职、技能等级持证率90%，专卖岗位技能等级持证率87.5%，营销岗位技能等持证率100%，安全岗位持证率100%。年内，常态化开展“7S”（整理、整顿、清扫、清洁、素养、安全、节约）现场检查、安全工作巡查、员工建言献策等活动，全年征集意见建议155条，开展“3·15”消费者权益保护、“安全生产月”等活动20余次；开展读书心得交流、“精彩一课”集中宣讲、主题宣讲、远程教育、网络学院集中学习各4次，网络学院教育培训46次；持续开展扶危济困等社会活动，年内共计捐款15.22万元。（吴红霞）

图67　2019年1月25日，丹徒区烟草局专卖稽查人员开展真假烟鉴别活动（丹徒区烟草局）

【烟草专卖管理】 2019年，丹徒区烟草局联合区公安、工商等部门开展专项整治行动，打击各类涉烟违法违规行为，维护全区卷烟市场经营秩序。全年查获涉烟违法案件188起，查获各类违法卷烟1.57万条，比上年增长105.26%，总案值404.18万元，比上年增长44.1%，全年获江苏省烟草局嘉奖令3次和镇江市烟草局嘉奖令9次。市场净化率保持在98%以上。（吴红霞）

【烟草规范经营】 2019年，丹徒区烟草局推进卷烟零售诚信互助小组建设，营造公平有序的卷烟销售环境。至年底，全区建设诚信互助小组141个，覆盖零售客户1863户，覆盖率100%。推广主动跨行支付结算，开展“线上＋线下”营销活动，提升零售客户盈利。开展现代卷烟零售终端建设，提升零售终端服务质量和水平，全年建成现代终端188户。推进文明吸烟环境建设，制定卷烟消费环境建设实施方案和文明吸烟环境建设三年规划，在宝龙广场和人民广场建成2个吸烟亭并投入使用，建成2个零售终端消费体验区并完成验收。（吴红霞）

茧丝绸

【概况】 2019年，丹徒区有桑田面积126公顷(1890亩)，全年饲养量352张，总产茧量328担，完成总产值58.4万元。上党镇、宝堰镇、高桥镇、世业镇等地春季新栽植果桑、蛋白桑5公顷(75亩)，上党镇、宝堰镇、高桥镇、世业镇、江心洲生态农业园区等地生产桑果总量201.5吨，完成总产值189万元。

镇江市丹徒区茧丝绸总公司(简称丹徒区茧丝绸总公司)实施“三新”（引进高产量新品种、推广节约式新技术、实现立体化新模式）创新服务。全年新增果桑、蛋白桑5公顷(75亩)，联合中科院蚕研所建立“丹徒区蚕桑经济人技术培训园”，结合宝堰蚕桑基地建设“丹徒区果桑生产综合示范基地”。全年开展蚕桑技术现场指导服务活动16场次，参与人数300余人次，采取党员为主的技术指导小组形式，指导各基地蚕农进行桑园施肥、除草、松土以及病虫害防治。9月，结合全国科普日开展蚕桑科普进社区活动，共制作立地展板40个，印发宣传资料800余份、蚕桑科普读本(中、小学版)1500余本，派发蚕宝宝400余份，参与群众和中小学生3500人次，发表宣传报道10余篇，设立现场咨询点3场次、接受群众咨询400余人次，进校园讲课2次，进培训园培训1次。（杨 君）

【蚕桑产销工作】 2019年，丹徒区茧丝绸总公司借镇江江大娇子桑葚酒营销平台建设研讨会之机，邀请江苏大学、江苏科技大学和山东、江苏宿迁、浙江桐乡等学校和地区的教授、企业代表共商蚕桑新品研发及新品市场营销，同时做好各基地桑葚采摘加工、桑叶茶制作的技术指导服务工作以及部分蚕桑经济人养蚕的技术指导工作。以各蚕桑基地为载体，采取“投入＋指导＋服务”模式，开展蚕农对接产销活动5次；帮助解决销售110万余元，比上年增长40%；户均增收2万余元，比上年增长25%；解决当地农民再就业48人，比上年增加30%。（杨 君）

图68 2019年7月，蚕桑技术人员指导蚕农做好夏桑管理工作（丹徒区茧丝绸总公司）

供销合作商业

【概况】 2019年，镇江市丹徒区供销合作总社(简称丹徒区供销社)围绕加强“合作经济”属性，践行开放办社理念，夯实为农服务基础，推进供销社综合改革。全年实现商品销售收入7.41亿元，利润276万元，分别比上年增长3.87％、4.11％。完成农副产品收购3050万元。至年底，丹徒区供销社资产总额1.94亿元，所有者权益1.46亿元。年内，镇江市供销社、丹徒区供销社联合指导推进基层社“三会”(社员代表大会、理事会、监事会)制度改革试点工作，11月，召开谷阳供销合作社第一次代表大会，审议通过《谷阳供销合作社工作报告》《丹徒区谷阳供销合作社章程》，选举产生第一届理事会理事、主任、副主任和第一届监事会监事、主任。丹徒区供销社在镇江市供销社综合业绩考核中获一等奖，谷阳供销社、世业供销社被镇江市供销社评为“省市重点工作任务先进单位”，高桥供销社被镇江市供销社评为“系统五强基层社”。（袁　沁）

【为农服务改造项目】 2019年，丹徒区供销社推进世业洲薄弱基层社改造，制定改造实施方案，重新办理证照，投入15万元购置办公用房，完成基层班子组建，恢复正常经营；发展经营项目，创建完成“农资惠”服务网点2家，协办农民专业合作社1家(丹徒区世业恒泰苗木专业合作社)。创建完成高桥现代农业综合服务中心，该中心是由高桥供销合作社为主办单位，通过与高桥镇政府和农业大户等协调沟通创建的为农服务平台，为新型农业经营主体和农民提供农资直供、智能施肥、通防统治等服务。升级基层社门店，改造升级危房8家，重新扩大、规划和招商，开展为农服务经营项目，培育新的经济增长点。（袁　沁）

【农业经营服务平台建设】 2019年，丹徒区供销社推进农业经营服务平台建设。健全服务网络体系，创建上党、高资、宝堰、康嘉4家“农资惠”服务网点，4家网点门店于9月全部建成，10月通过省、市供销社验收；坚持开放办社理念，丹徒区高桥供销合作社与丹阳市润发加油站主动对接，达成共识，双方于11月签订供销社社务指导关系协议。（袁　沁）

图69　2019年，“农资惠”服务网点门店
（丹徒区供销社）

【废旧农膜回收工作】 2019年，丹徒区供销社做好废旧农膜回收工作，根据回收任务与基层实际情况，与丹徒区农业农村局协调沟通并制定回收方案及预算方案、农膜回收点布点统计表和废旧农膜回收利用方案，按门店标准选定7家废旧农膜回收门店，并对14名门店工作人员进行培训，保证农膜回收操作程序的规范化、标准化。全年完成废旧农膜回收125吨。（袁　沁）

商业联合会

【概况】 2019年，镇江市丹徒区商业联合会(丹徒区商业联合会)为企业搭建平台，帮助会员单位排忧解难，助推全区商贸流通服务工作。10月，镇江永澳电梯销售有限公司成为会员单位，并投资200余万元用于全区基础建设。年内，丹徒区商业联合会多次与相关职能部门协调，协助镇江静高房地产开发有限公司在高桥镇建设乾德商业广场(建筑面积2万余平方米)，该公司共投资5000余万元。（李俊勤）

【会员单位活动】 2019年，丹徒区商业联合会开展“不忘初心”主题教育活动。7月，组织会员单位到上海中共“一大”会址纪念馆、嘉兴南湖红船及南湖革命纪念馆和“红军的故乡，将军的摇篮”——安徽金寨参观学习，接受党性教育，通过重温入党誓词和开展座谈交流等方式，激发会员单位工作热情。年内，会员单位——丹徒区商业总公司推进主题教育活动，针对下岗失业党员教育管理，先后走访下岗失业党员家庭46户，发放慰问金3万余元，并帮助解决历史遗留问题。（李俊勤）

财政·税务·金融

责任编校 刘 芳

财 政

【概况】 2019年，丹徒区一般公共预算收入累计完成23.41亿元，比上年增长1.28%，其中：税收收入19.7亿元，非税收入3.71亿元。一般公共预算支出30.65亿元，比上年降低6.29%。具体项目：一般公共服务支出3.36亿元，比上年降低3.21%；国防支出1446万元，比上年增长22.03%；公共安全支出2.11亿元，比上年增长2.91%；教育支出7亿元，比上年增长5.57%；科学技术支出8301万元，比上年降低5.17%；文化旅游体育与传媒支出4611万元，比上年增长1.1%；社会保障和就业支出4.56亿元，比上年降低23.75%；卫生健康支出1.64亿元，比上年增长4.49%；节能环保支出0.89亿元，比上年降低39.34%；城乡社区支出2.85亿元，比上年增长100.11%；农林水支出3.42亿元，比上年降低1.55%；交通运输支出1.06亿元，比上年降低41.49%；资源勘探信息等支出2144万元，比上年降低53.05%；商业服务业等支出1505万元，比上年降低54.3%；金融支出68万元，比上年降低80.57%；援助其他地区支出1634万元，比上年增长30.51%；自然资源海洋气象等支出429万元，比上年降低48.68%；住房保障支出1.1亿元，比上年降低43.2%；粮油物资储备支出1269万元，比上年增长30.69%；灾害防治及应急管理支出1404万元，比上年增长100%；债务付息支出3665万元，比上年增长21.68%；债务发行费用支出21万元，与上年持平；政府性基金支出24.22亿元，比上年增长128.62%。

镇江市丹徒区财政局(简称丹徒区财政局)抓收入、稳支出，惠民生、促改革，防风险、求突破，推动丹徒区经济社会高质量发展。年内，丹徒区财政局获江苏省财政系统文明行业、“全区十佳单位”、“实施乡村振兴战略行动先进集体”等9项荣誉；1人获评全区“五好五争”(五好即政治素养好、发展业绩好、团结协作好、作风形象好、群众评价好，五争即争当发展富民好搭档、服务基层好班长、开放发展好先锋、又红又专好专家、勇于担当好助手)好班长，1人获评全区“五好五争”好行家，1人获评“精准脱贫专项工作先进个人”，2人获评防范化解重大风险专项工作先进个人，1人获评“推进放管服改革暨政务便民服务工作先进个人”。 （朱 宁）

【财政收支】 2019年，丹徒区财政局将组织收入作为财政工作的重点，强化收入征管，实现收入平稳增长。全年完成一般公共预算收入23.41亿元，比上年增长1.28%，增收2953万元。坚持统筹兼顾、有保有压的原则，科学统筹预算执行，调整和优化财政支出结构。全年完成一般公共预算支出30.65亿元，其中教育、社保、农业等民生支出22.99亿元，占一般公共预算支出75.01%。 （朱 宁）

【财政管理】 2019年，丹徒区财政局落实涉农政策，服务“三农”，完善农业支持保护补贴发放、“一事一议”项目资金管理、农桥建设等涉农项目。落实社会保障提标政策，提高城乡居民基本医疗保险筹资标准、基本公共卫生服务财政补助标准，安排就业配套资金250万元；足额落实城乡居民基本医疗保险、农村低保、城乡医疗救助、城乡居民基本养老保险等社保民生工程区级配套资金1.64亿元。助力经济建设，优先保障畜禽养殖关闭、棚户区改造、雩山水泥厂协议搬迁、化肥厂关停、"263"专项行动、大运河整治等项目。严守债务风险底线，搭建全口径债务监测平台，全面了解乡镇板块的收支规模等情况；制定政府隐性债务化解实施方案和具体化债措施，规范政府举债行为、防范和化解政府债务风险。（朱 宁）

【财政改革】 2019年，丹徒区财政局规范化推进农村综合改革，贯彻实施农村公共服务运行维护标准，多渠道筹集管护资金，确保专款专用；提升会计核算服务质量，及时发现解决核算单位存在问题，压缩结处单据取回时间，坚持日清月结。全年纳入会计集中核算单位45家，集中支付11283笔，支付金额67671万元。开展财务相关培训，举办支农政策、涉农平台、会计制度等各类培训14次，覆盖全区所有机关事业单位财务及化债相关人员。盘活国有资产，修订和细化《丹徒区行政事业单位国有资产管理暂行办法》；核查全区行政事业单位205家，核查全区房屋类资产总面积238.19万平方米，账面价值33.95亿元。推进平台公司市场化，9月成立区资产经营管理服务中心，组建恒瑞产业集团AA级平台，推动丹徒区平台公司市场化转型。（朱 宁）

税 务

【概况】 2019年，国家税务总局镇江市丹徒区税务局(简称丹徒区税务局)面对减税降费和组织收入并重、税制改革和征管改革并行、管理风险和遵从风险并存的复杂局面，聚焦税收工作主题主业主线，完成全年各项目标任务，服务全区经济社会高质量发展。全年实现税收收入35.89亿元，比上年增长7.1%；实现地方公共财政预算收入19.72亿元，比上年增长1.16%；征缴社会保险费14.71亿元、非税收入1.1亿元。年内，丹徒区税务局被评为2016～2018年度江苏省文明单位、江苏省税务局国税地税征管体制改革先进集体和镇江市税务系统"先进单位"、丹徒区级机关绩效管理考核"十佳单位"；在练兵比武活动中，丹徒区税务局1人代表江苏省税务局入围国家税务总局决赛、4人代表镇江市税务局入围江苏省税务局竞赛，在镇江市税务系统"比武大擂台"年终总决赛暨第二届"业务技能大赛"中获团体第二名。（沈 童）

【减税降费】 2019年，丹徒区税务局担当起落实减税降费的重大政治责任，细化落实11批职责清单481项具体任务，确保落实各项政策措施。建立健全政策落实的"五位一体"机制，全年新增减税降费超过5亿元，确保纳税人应享尽享改革红利，惠及企业11.38万户次。其中，深化增值税改革成效显著，累计实现减税3.31亿元，所有行业税负均不同程度下降；小微企业受惠充分，小微普惠性减税9123万元，民营企业成为主要受益者；个人所得税改革新增减税7303万元，超过8万人从中直接获益；降低社保费率为企业减负5803万元，稳定就业人员，减轻企业负担。连续六年开展"便民办税春风行动"，走访辖区内人大代表、政协委员，"点面结合"精准宣传减税降费新政，累计组织专场培训45场次，发放宣传辅导手册14000余册，涉及纳税人超3万人次。（沈 童）

图70 2019年4月11日，青年税收宣传志愿者到江苏大学京江学院开展减税降费宣传活动（丹徒区税务局）

【纳税服务】 2019年，丹徒区税务局聚焦深化“放管服”改革，落实征管操作规范和纳税服务规范，形成互联互动的“一体化”纳税服务组织体系；优化岗位职责、厘清职能边界、统一执法标准，将部分基础业务事项前移至办税服务厅集中承办，实现“一站式”便利化服务。落实各项税收优惠政策，全年办理征前减免8.42亿元，减免退税1.78亿元；提速出口退税办理时间，实施企业动态分类监管，全区累计办理出口退(免)税3.12亿元，比上年增长21%。改善电子税务局、特服号等“线上”服务渠道，优化导税台、自助区等“线下”办税体验，145项涉税业务实现“全程网上办”，新办企业套餐压缩至半小时内办结；拓展“银税互动”和“税邮合作”新模式，税费服务质效明显提升。先后在全区建成10个“纳税人之家”，涵盖3个行业协会和7个地方商会，构建政策辅导、服务改进等5个机制，化解涉税舆情风险，促进税企沟通和征纳互动，逐步形成一批为民服务解难题的经典案例和成功经验在全市税务系统推广交流。（沈　童）

【征管改革】 2019年，丹徒区税务局围绕落实江苏省税务局新税收征管体系实施意见，坚持以依法治税为根本、以纳税人为中心、以集约高效为重点的三项原则，因地制宜优化征管模式，先行先试健全岗责体系，探索建立丹徒特色的现代化税收征管体系。在确保金税三期等新系统全面上线运行的基础上，创立风险防范岗责办法、发票风险防范管理办法和税费协同管理机制，2019年风险应对总成效同期相比增幅26.01%。完成机关事业单位、灵活就业和城乡居民社保费征管职责划转，依托村镇两级税费共治网格的全覆盖，在全市率先完成2020年度学生医疗保险征收工作，提升非税收入征管水平。（沈　童）

【依法治税】 2019年，丹徒区税务局将依法行政与加强税收监管作为落实党风廉政建设“两个责任”的重要内容，规范法制审核和备案管理，严格行政处罚自由裁量权，统筹推进行政执法“三项制度”落实。以打骗打虚为重点加大税收违法行为查处力度，持续强化“信用+风险”动态管理，与丹徒区公安局联合成立税警联络办，改善税收秩序。为保障税收债权得以实现，全年办理破产企业债权申报13例，累计入库分配款项16.36万元。对减税降费政策落实、增值税发票管理等重要领域和风险事项开展执法督察和预警提醒，累计追究执法过错2人次，防范税收执法风险。开展“规范税收执法月”系列活动，开创税法宣传“五进五上”(进乡村、进社区 、进校园、进企业、进机关，上宣传栏、上LED屏、上板纸、上网站、上手机移动终端)新格局，参与地方党委政府组织的专项治理，打造优质的营商法治环境。（沈　童）

金　融

【概况】 2019年，镇江市丹徒区地方金融监督管理局(简称丹徒区地方金融监管局)按照机构改革方案于2月28日挂牌成立，承接原丹徒区金融办全部职能，并从经济发展局、商务局、农业农村局划并部分金融相关职能，监管工作范围为协调银行机构，监管小额贷款公司、融资担保公司、典当行、融资租赁公司、农民专业合作社等“7+4”行业。至年底，驻丹徒银行有13家，小额贷款公司7家(农贷6家、科贷1家)，融资担保公司3家，融资租赁公司2家，典当行1家。

年内，丹徒区地方金融监管局以强化类金融机构监管、防范金融风险等方面为工作重点，深化金融体制改革，增强金融服务实体经济能力，健全金融监管体系，守住不发生系统性金融风险底线。多层次对接资本市场，组织全区6家企业对接江苏股权交易中心，5家企业于9月17日在江苏股交中心科创板、农业板成功挂牌，1家企业于11月在农业板成功挂牌。加强省综合金融服务平台建设，推进平台应用推广工作，夯实金融精准服务实体经济基础，至年底，全区在该平台注册企业1742家，企业通过该平台共提交需求423笔，授信300笔，放款299笔，总放款金额12.57亿元。结合第6个全国扶贫日，探索“慰问联盟”机制，10月17日，与丹徒区老促会、宝堰镇、农行丹徒支行、工行丹徒支行、华夏银行丹徒支行等8家单位开展联盟合作，以帮扶老区困难群众脱贫攻坚为重点，开展“暖心慰问”活动，慰问困难家庭63户。（陶　晨　周亦然）

【“防范金融风险”宣传活动】 2019年3月15日，丹徒区地方金融监管局与丹徒区市场监管局等多家单位联合数十家银行金融机构在宝龙广场举办“信用让消费更放心”——纪念3•15国际消费者权益日暨金融消费安全广场咨询服务活动，通过展示非法集资相关内容展牌、发放防范非法集资宣传册等方式，提高人民群众防范非法集资意识，推广和普及防范非法集资的法律知识。5月24日，丹徒区地方金融监管局协办的“携手筑网、同防共治、严打套路贷”主题宣传活动在宝龙广场中庭举行，旨在提高人民群众对非法集资的警惕性，引导金融消费者合理选择金融产品和服务，从正规渠道购买金融产品，远离非法集资。8月7日，联合丹徒法院召开全区金融机构“防范金融风险司法工作”座谈会，旨在优化营商环境，防范金融风险。（陶　晨）

【金融机构行业监管】 2019年，丹徒区地方金融监管局加强金融机构行业监管，组织召开类金融机构交流会议2次，现场检查2次，按月度报表、季度总结的形式报送运营情况、自查分析等内容，通过看台账、随机回访贷款户、座谈等形式了解各小额贷款公司经营现状，把握类金融机构经营现状及发展方向。全区小额贷款公司整体运营状况良好，其中高校科贷、阳光农贷、润浩农贷、文广农贷4家公司被中国小贷协会评为全国优秀小贷公司，获评单位数占全市总数40%；5～6月，对辖内小额贷款公司开展动态评级工作，经省监管部门审计评级，全区参评的6家公司获AAA级1家、AA级3家、A级2家。全区3家融资担保公司于9月全部通过省级监管审计并完成许可证换发，唯一一家典当行于11月通过省级年审。（陶　晨）

【“政银企”合作恳谈会】 2019年5月17日，丹徒区地方金融监管局联合人民银行镇江中心支行在丹徒区金陵风景城邦大酒店召开丹徒区政银企合作恳谈会，市、区各金融机构负责人及44家企业代表共计130余人参加会议。会上，镇江市7家银行与全区13家企业举行现场授信仪式，签约放贷金额13.79亿元，发放贷款11.96亿元，履约率86.73%。（陈思瑶）

图71　2019年5月17日，“政银企”合作恳谈会现场　（丹徒区地方金融监管局）

科学技术

责任编校 刘　芳

科技综述

【概况】 2019年，镇江市丹徒区科学技术局(简称丹徒区科技局)围绕高质量发展目标任务，支撑引领全区发展方式转变和经济转型升级，在开展产学研合作、推进科技成果转化、推进技术需求研发、推进研发机构建设、引进培养人才团队、完善企业创新体系等方面取得成果。全年新认定高新技术企业27家，新认定市级研发机构10家。全年组织开展专题产学研对接、洽谈24场，通过校企联合申报，获批省、市级科技项目28项，争取上级科技资金2600余万元；落实科技创新券、研发奖励、科技金融等扶持社会经济发展的利好政策，降低企业创新创业成本，重点落实省“科技新政40条”、市“聚力创新6条”和区“科技新政10条”政策，全年兑现市科技创新券资金1200余万元。根据《江苏省高层次创新创业人才引进计划改革实施》等文件精神，做好“双创计划”人才申报工作，江苏文广朱方新能源科技有限公司、江苏万源新材料股份有限公司等8家区内企业的8名人才被确定为2019年江苏省“双创计划”科技副总入选对象。年内，丹徒区科技局被区委、区政府授予“丹徒区科技与人才工作先进单位”称号。

（李　凯　谢　鹏　翟建英）

【重点科技项目成果】 2019年，丹徒区2家企业获得镇江市重点研发计划(重大科技专项)项目立项，分别为江苏恒顺醋业股份有限公司联合华中农业大学申报的“基于微生物代谢调控技术开发富含苯乳酸的镇江香醋及其产业化”项目、江苏镇安电力设备有限公司联合江苏科技大学海洋装备研究院、交通运输部天津水运工程科学研究所申报的“大型港口智能化岸电引接系统关键技术研发及产业化”项目，均获得市科技项目经费支持200万元，立项数、获得经费为辖市区第一；镇江大力液压马达股份有限公司、江苏艾力升电缆有限公司等5家企业获得镇江市重点研发计划(产业前瞻与共性关键技术)项目立项，市下拨经费145万元；2家企业获批镇江市政策引导计划(国际科技合作)项目，分别为江苏恒顺集团有限公司联合牛津大学、江南大学开展的“镇江香醋功能菌群定向分选和应用技术的联合开发”项目、镇江尚沃电子有限公司联合白俄罗斯国立大学应用数学与计算机科学学院开展的“LED汽车前大灯智能照明系统及组件关键技术的联合研发”项目，共获得项目经费65万元；镇江金花农业科技发展有限公司申报的“温室蔬菜秸秆切碎除虫深还田机械化作业模式及其配套装备研发”项目获得省农业重点研发计划立项，获得省资助经费50万元；镇江越辉市政工程有限公司申报的“基于大比例RAP厂拌热再生技术的石化制品制造及应用”项目获得省社会发展重点研发计划立项，获得省拨科技经费50万元；江苏希西维轴承有限公司申报的“江苏希西维轴承有限公司美国轴承研发中心建设”项目获得省政策引导类计划(国际科技合作)项目立项，获得省拨科技经费70万元。

（花仁航　徐海燕　蔡冠宇）

【高新技术企业培育】 2019年,丹徒区科技局通过广泛宣传、调查摸底、政策培训和实施科技企业“小升高”计划等多种形式,加快高新技术企业培育工作。全年组织53家企业申报高新技术企业培育入库,确认通过入库49家;组织申报高新技术企业55家,通过认定44家。至年底,丹徒区高新技术企业102家,首次突破百家。科技项目优先支持高新技术企业,全年获得上级工业类科技计划项目立项12项,共计获得经费1550万元,高新技术企业承担个数占91.7%;区级工业类科技计划项目立项19项,均由高新技术企业承担。科技金融优先支持高新技术企业,引导企业持续创新,增强市场竞争力,全年支持企业贷款12家,贷款金额3150万元。

(蔡冠宇)

表15　2019年丹徒区新认定市级研发机构情况

类别	承担企业	平台名称
镇江市工程技术研究中心	镇江合力汽车紧固件有限公司	镇江市汽车制动器和转向器配件工程技术研究中心
	江苏力信电气技术有限公司	镇江市新能源汽车电机及控制系统工程技术研究中心
	江苏宏安变压器有限公司	镇江市光伏干式变压器工程技术研究中心
	江苏镇德电力设备有限公司	镇江市低压开关柜工程技术研究中心
	中铸新材工业(江苏)有限公司	镇江市耐火材料工程技术研究中心
	江苏润模汽车检测装备有限公司	镇江市汽车检测装备工程技术研究中心
	江苏苏能新材料科技有限公司	镇江市热塑性复合材料工程技术研究中心
	江苏百嵛钢结构工程有限公司	镇江市钢结构工程技术研究中心
	镇江西陆文化传媒有限公司	镇江市智能充电软件工程技术研究中心
	镇江市科瑞制样设备有限公司	镇江市矿产品制样清洁生产工程技术研究中心

(丹徒区科技局)

表16　2019年丹徒区新认定高新技术企业情况

序号	单位	序号	单位
1	江苏特友诺新材料科技有限公司	15	镇江新浪潮精密机械有限公司
2	镇江尚沃电子有限公司	16	镇江和瑞环境技术有限公司
3	江苏省交通工程集团百润工程检测有限公司	17	镇江远大传动机械有限公司
4	帝高力装饰材料(江苏)有限公司	18	江苏苏能新材料科技有限公司
5	镇江安邦电子有限公司	19	江苏苏建路桥机械有限公司
6	江苏太航信息科技有限公司	20	镇江申庭电子科技有限公司
7	中正智控(江苏)智能科技有限公司	21	镇江高冠医疗器械有限公司
8	镇江原轼新型材料有限公司	22	镇江越辉市政工程有限公司
9	镇江成功高科技有限公司	23	二重集团(镇江)重型装备厂有限责任公司
10	镇江富来尔制冷工程技术有限公司	24	镇江李长荣高性能材料有限公司
11	江苏鸿利国泽光电科技有限公司	25	镇江建华轴承有限公司
12	江苏江林机械有限公司	26	江苏乾景新能源产业技术研究院有限公司
13	镇江市新天医疗器械有限公司	27	镇江三阳装饰材料有限公司
14	江苏沃得高新农业装备有限公司		

(丹徒区科技局)

表17　**2019年丹徒区获得省、市级科技项目立项情况**

序号	级别	项目类别	项目名称	企业名称	经费（万元）
1	省级	重点研发(产业前瞻)	基于水电储能的清洁能源微网系统只能控制与能量管理(子课题)	江苏镇安电力设备有限公司	180
2		重点研发(现代农业)	温室蔬菜秸秆切碎除虫深还田机械化作业模式及其配套装备研发	镇江金花农业科技发展有限公司	50
3		重点研发(社会发展)	基于大比例RAP厂拌热再生技术的石化制品制造及应用	镇江越辉市政工程有限公司	50
4		海外研发机构	江苏希西维轴承有限公司美国轴承研发中心建设	江苏希西维轴承有限公司	70
5		2018年度省企业研究开发费用省级财政奖励资金	—	38家企业	253
6		2018年省大型科学仪器设备共享服务平台用户补贴	—	江苏蓝圈新材料股份有限公司	1.3489
7	市级	重点研发(重大专项)	基于微生物代谢调控技术开发富含苯乳酸的镇江香醋及其产业化	江苏恒顺醋业股份有限公司	200
8		重点研发(重大专项)	大型港口智能化岸电引接系统关键技术研发及产业化	江苏镇安电力设备有限公司	200
9		重点研发(产业前瞻)	新型手术创口无针线愈合器的研发	镇江恒生涓恩医疗器械有限公司	35
10		重点研发(产业前瞻)	BMER系列高速配流、大扭矩液压驱动马达的研发	镇江大力液压马达股份有限公司	35
11		重点研发(产业前瞻)	高可靠液力变矩器新型自润滑轴承关键技术研发	江苏希西维轴承有限公司	25
12		重点研发(产业前瞻)	芯片式多阻抗集成射频电缆的研发	江苏艾力升电缆有限公司	25
13		重点研发(产业前瞻)	高能效环保型太阳能光伏干式变压器的研究及应用	江苏宏安变压器有限公司	25
14		政策引导(国际合作)	镇江香醋功能菌群定向分选和应用技术的联合开发	江苏恒顺集团有限公司	35
15		政策引导(国际合作)	LED汽车前大灯智能照明系统及组件关键技术的联合研发	镇江尚沃电子有限公司	30
16		重点研发(现代农业)	柠檬型克勒克酵母菌生防制剂增强黄桃果实抑腐抗病的作用效果及作用机理研究	江苏翰雅生态农业有限公司	15
17		重点研发(现代农业)	规模猪场粪污无害化处理关键技术集成应用与示范	镇江希玛牧业有限责任公司	15
18		重点研发(社会发展)	新型天然植物多糖空心胶囊的研发	江苏力凡胶囊有限公司	15
19		重点研发(社会发展)	茶叶农残自供能复合纸基微流控检测芯片及高通量检测装备的研发	镇江市丹徒区壹零捌茶叶专业合作社	10
20		重点研发(社会发展)	PAI-1基因多态性及血栓弹力图与不明原因复发性流产的相关性研究	镇江市丹徒区人民医院	2
21		2018年创新能力建设(重点实验室)	镇江市高性能轴承关键技术研究重点实验室(企业类)	江苏希西维轴承有限公司	100

续表

序号	级别	项目类别	项目名称	企业名称	经费(万元)
22	市级	省工程技术研究中心绩效评估后资助	江苏省(中兴)水飞蓟深度开发工程技术研究中心	江苏中兴药业有限公司	30
23		省高企入库培育	2018年度高新技术企业培育资金	16家企业	95.52
24		镇江市科技创新券	关于下达2019年第一批科技创新券资金的通知	—	514
25		镇江市科技创新券	关于下达2019年第二批科技创新券资金的通知	—	628

(丹徒区科技局)

【科技创新载体建设】 2019年,丹徒区科技局强化科技创新载体建设,加快科技成果转化,培育新型农业经营主体。镇江智农食品有限公司和镇江市丹徒区粮机厂有限公司2家企业均获批为江苏省农业科技型企业,至年底,全区拥有省农业科技型企业10家;镇江市丹徒区水木年华茶产业星创天地、镇江市智农食品星创天地、镇江联创水产星创天地3家被省科技厅批准备案,至年底,全区备案省级“星创天地”5家。(花仁航)

【产学研活动】 2019年,丹徒区科技局开展产学研活动,促进技术创新发展,服务地方经济。3月15日,赴上海麦格纳卫蓝推进独立研发机构建设;4月25日,组织吉林大学、南京农业大学、扬州大学、江苏大学、江苏科技大学等院校20余名农业专家赴上党镇、世业镇、荣炳盐资源区、江心洲生态农业园区开展调研指导,为农户解决实际生产经营过程中存在的困难;4月26日,组织召开镇江“智慧农业”创新发展论坛暨“2019高校院所丹徒行”活动,邀请以色列耶路撒冷希伯来大学、吉林大学、南京农业大学的专家作专题路演,各大高校院所专家学者、企业代表共140余人参加活动;5月13~19日,组织10余名科技型企业家赴武汉、长沙、南昌等地多所高校开展产学研对接活动;8月19~23日,组织10余名科技型企业家赴吉林大学开展产学研交流活动,参观超分子结构与材料、超硬材料、汽车仿真与控制等国家重点实验室。

(李　凯)

图72　2019年4月26日,丹徒区科技局联合承办镇江“智慧农业”创新发展论坛活动　(丹徒区科技局)

图73　2019年5月14日,丹徒区科技局组织科技型企业家赴武汉开展产学研对接活动　(丹徒区科技局)

知识产权

【概况】 2019年，丹徒区知识产权局整体划转至丹徒区市场监管局。该局推进知识产权战略，强化知识产权运用和保护对于创新驱动发展的支撑作用。全年新申请商标975件，新注册商标937件，有效商标总量3662件；申请专利2262件，其中发明专利申请503件，授权发明专利85件，万人发明专利拥有量23.6件。通过PCT途径申请国际专利1件。针对企业发展融资难等要素问题，提升动产抵押、股权质押、专利商标质押等登记效能，并与金融机构合作推进“守信贷”业务。开展商标、地理标志整治行动，检查辖区内所有制醋、茶叶生产企业，明确镇江香醋、镇江金山翠芽地理标志商标授权使用情况，做好普法宣传；检查商标印制企业、销售企业、专卖店、商场超市等经营单位，重点查处商标侵权行为。 （郭加明）

【知识产权宣传】 2019年，丹徒区市场监管局结合“世界知识产权日”，开展知识产权进高校、进企业、进农村、进社区活动，邀请业内专家对辖区百余名高校教师和百余户企业进行专题宣讲。完善专利资助申报系统建设，在线审核企业专利资助申请1800余条。针对企业专利质量不高、商标保护能力不足、海外市场知识产权保护意识不强等问题，组织相关企业参加各类专题培训14次，参训企业100余家次。实施省“知识产权百亿融资行动”，推动知识产权质押融资与保险服务，组织辖区企业参与银企对接4次，服务企业46家，完成知识产权质押融资700万元。 （郭加明）

【知识产权项目管理】 2019年，丹徒区市场监管局组织丹徒经济开发区创建成为“江苏省知识产权示范园区”。鼓励企业围绕关键技术开展专利布局，提高专利申请质量。组织镇江宝龙广场承接市级“正版正货”示范街区创建项目。组织3家企业申报“省战推”项目、4家企业申报“市战推”项目、4家企业申报省级“贯标优秀企业”。以“聚焦商标专利双轮驱动”为重点，推动全区高新技术企业和规模以上企业商标发展，经过前期两轮实地调研，在全区77家高新技术企业和195家规模以上企业中，确定103家尚未拥有注册商标的企业为工作重点，明确推动申请注册商标的企业数为52家。将高企开展“商标清零工程”作为服务重点，“规上”企业有商标注册需求的作为指导重点，有40余家企业完成商标发展；引导企业按照《企业知识产权管理规范》，合理布局知识产权管理体系，新增备案企业12家，5家企业通过验收。向拥有海外市场的企业宣传商标马德里注册和PCT(专利合作条约)申请专利领土延伸。 （郭加明）

图74 2019年4月24日，丹徒区市场监管局、知识产权局开展知识产权进高校活动，图为江苏省交通技师学院知识产权业务能力专题培训会现场 （丹徒区市场管理局）

【知识产权执法保护专项行动】 2019年，丹徒区市场监管局查处各类商标、专利侵权假冒行为，纠正专利标识标注不规范行为，提高辖区经营者的知识产权意识，保护权利人和消费者的合法权益。组织专利行政执法实务培训，现场检查商品1000余个品种，检查宣传材料80余份，共发现涉嫌假冒专利及专利标识标注不规范的案件线索70余条。开展年度知识产权服务业统计调查工作，在线调查知识产权服务企业、律师事务所15家，完成企业知识产权融资调查问卷85家。全年立案查处商标案件15件，办结16件，案值9.3万元，罚没款13.7万元；查处1起制售假酒行为，涉案各类“假名牌”酒60余箱；查处3起销售侵犯“ARROW箭牌”注册商标专用权商品行为，扣押“假名牌”洁具70余套；没收其它侵权商品4000余件。 （郭加明）

表18 2019年丹徒区授权发明专利情况

序号	发明名称	专利权人名称	专利权人类型
1	一种端子安装壳结构	镇江天旭电气有限公司	企业
2	一种端子安装壳	镇江天旭电气有限公司	企业
3	一种端子	镇江天旭电气有限公司	企业
4	一种土壤发酵后种植李广杏的种植方法	镇江市丹徒区艺之林林果专业合作社	机关团体
5	一种户外电磁锁	镇江天旭电气有限公司	企业
6	接线端子排	镇江宏联电工有限公司(中外合资)	企业
7	一种轴承滚动体分档装置	镇江市丹徒阳光轴承有限公司	企业
8	智能可视化电动汽车充电桩系统	江苏海克力斯电力科技有限公司	企业
9	一种提高松塔清膏溶化性的生产方法	江苏中兴药业有限公司	企业
10	一种高纯度水飞蓟素的制备方法	江苏中兴药业有限公司	企业
11	一种自洁型固定式太阳能发电装置	镇江倍斯特曼新材料研究有限公司	企业
12	一种精制水飞蓟茎叶中黄酮类化合物的方法	江苏中兴药业有限公司	企业
13	一种医用PVC粒料的集料装置	镇江康源新材料科技有限公司	企业
14	一种医用PVC粒料流水线的装袋热封一体设备	镇江康源新材料科技有限公司	企业
15	一种可适应极寒环境的光伏发电系统	镇江倍斯特曼新材料研究有限公司	企业
16	一种可进行双级发电的智能式太阳能发电装置	镇江倍斯特曼新材料研究有限公司	企业
17	一种智能化立式太阳能发电站	镇江倍斯特曼新材料研究有限公司	企业
18	一种测量船上的水体采样装置	镇江和瑞环境技术有限公司	企业

续表

序号	发明名称	专利权人名称	专利权人类型
19	一种城市智能化公交站台	镇江倍斯特曼新材料研究有限公司	企业
20	一种低电压下的高功率输出直流充电桩	江苏海克力斯电力科技有限公司	企业
21	一种电除尘器绝缘箱	镇江市鑫泰绝缘材料有限公司	企业
22	一种绝缘保护装置	镇江市鑫泰绝缘材料有限公司	企业
23	一种纺织纬纱喷射陶瓷喷嘴的制备工艺	镇江大有硬质材料有限公司	企业
24	用于不规则曲面信息标记的印章	镇江成功高科技有限公司	企业
25	一种含有粉尘及有机废气的活性炭流动床吸附组合装置	江苏江大环境工程有限责任公司	企业
26	一种制粉机用酒精喷洒装置	镇江市科瑞制样设备有限公司	企业
27	碳纤维方舱	江苏捷诚车载电子信息工程有限公司	企业
28	一种热交换器组件	孙家麟	个人
29	一种铝土矿全自动制样方法	镇江市科瑞制样设备有限公司	企业
30	一种铝土矿全自动制样系统用制粉机	镇江市科瑞制样设备有限公司	企业
31	用于卫生间的可调节踩踏式冲水装置	镇江筑巢网络科技有限公司	企业
32	一种圆锥式破碎机机用防尘圈	江苏宝山重型机械制造有限公司	企业
33	一种沥青冷态集装运输方法	镇江越辉市政工程有限公司	企业
34	一种清根铲背机用切削机构	江苏振光电力设备制造有限公司	企业
35	纸袋机纸张开窗口装置	上豪包装机械(镇江)有限公司	企业
36	一种防止内墙返潮结露的防护板及其制备方法	江苏特友诺新材料科技有限公司	企业
37	一种滚轮体上压入销轴的装置	镇江市丹徒区精华轴承厂	企业
38	纸袋机袋口成型装置	上豪包装机械(镇江)有限公司	企业
39	一种快速测试PIM的直插式连接器	镇江市华展电子科技有限公司	企业
40	一种用于拆卸焊接叉与十字轴的导向定位机构	镇江远大传动机械有限公司	企业
41	一种焊接叉的撑开机构	镇江远大传动机械有限公司	企业

续表

序号	发明名称	专利权人名称	专利权人类型
42	一种吊具	镇江远大传动机械有限公司	企业
43	一种便捷式除铁结构	镇江远大传动机械有限公司	企业
44	一种拼装满焊一体化的自动组装设备	江苏苏建路桥机械有限公司	企业
45	一种便携式除铁装置	镇江远大传动机械有限公司	企业
46	一种汽车张紧轮试验机	江苏希西维轴承有限公司	企业
47	五金插接件多功能铣槽机以及系统和工作方法	江苏省交通技师学院	大专院校
48	轧制铝箔厚薄差精度的控制系统	镇江龙源铝业有限公司	企业
49	一种低压岸电电缆提升输送装置	江苏镇安电力设备有限公司	企业
50	自动下料机构	镇江市恩帝斯精密机械有限公司	企业
51	一种承载辊轮的预处理清洗装置	镇江颀龙科技有限公司	企业
52	一种塑料热铆接组装监测方法及装置	江苏宜润智能装备产业创新研究院有限公司	企业
53	基于太阳能发电的电动汽车充电桩	江苏文广朱方新能源科技有限公司	企业
54	一种户外高防护等级直流充电桩	江苏文广朱方新能源科技有限公司	企业
55	高安全性能的电动汽车充电桩	江苏文广朱方新能源科技有限公司	企业
56	一种降膜式蒸发器供液控制系统	江苏海雷德蒙新能源有限公司	企业
57	智能化远程管理电动汽车充电桩系统	江苏文广朱方新能源科技有限公司	企业
58	旋转缸体喷气发动机	王胜	个人
59	一种普鲁兰多糖空心胶囊及其制备方法	江苏力凡胶囊有限公司	企业
60	用于LED芯片面板拼装焊接的夹具	镇江亿地光电照明有限公司	企业
61	基于异常样本识别的高压断路器自诊断方法	江苏镇安电力设备有限公司	企业
62	暖边隔条	江苏亚琪节能科技有限公司	企业
63	汽车内饰门板的自动装配方法	江苏宜润智能装备产业创新研究院有限公司	企业
64	一种自动化标色方法及装置	江苏宜润智能装备产业创新研究院有限公司	企业

续表

序号	发明名称	专利权人名称	专利权人类型
65	运输LNG的物流方法	江苏迅隆能源有限公司	企业
66	一种可灵活变位的汽车导航系统	镇江倍斯特曼新材料研究有限公司	企业
67	一种PVC医用粒料包装袋的打包系统	镇江康源新材料科技有限公司	企业
68	一种生产医用PVC粒料的造粒生产线	镇江康源新材料科技有限公司	企业
69	一株适用于食醋酿造的发酵乳杆菌及其菌粉的制备方法和应用	江苏恒顺醋业股份有限公司	企业
70	一种田七红曲醋的酿造方法	江苏恒顺醋业股份有限公司	企业
71	铝车身用螺柱铆接装置	镇江成功汽车零部件有限公司	企业
72	一株瑞士乳酸菌及其应用	江苏恒顺醋业股份有限公司	企业
73	一种关节轴承防尘罩防水试验机	江苏希西维轴承有限公司	企业
74	一种除铁屑装置	镇江远大传动机械有限公司	企业
75	超临界水氧化法-催化湿式氧化法联用反应器	江苏昆仲机械有限公司	企业
76	一种自动送料式钢筋定长切割装置	江苏金华普钢结构工程有限公司	企业
77	一种可自动充电的自动化停车库	镇江倍斯特曼新材料研究有限公司	企业
78	一种桥梁T钢打孔装置	江苏金华普钢结构工程有限公司	企业
79	一种白果高钙乳饮品及其制备方法	镇江市智农食品有限公司	企业
80	一种多功能可调式电缆桥架冲折加工一体专机	镇江市诚邦机械制造有限公司	企业
81	一种辅助超声波测厚仪探头测厚的装置	镇江龙逸电子科技有限公司	企业
82	一种护岸工程施工采用整体式钢滑模结构的施工方法	江苏省交通工程集团有限公司	企业
83	一种震荡式内切割机	江苏省交通工程集团有限公司	企业
84	混合励磁同步电机硬件过压保护电路	江苏力信电气技术有限公司	企业
85	一种高生物利用度的水飞蓟宾葡甲胺片的制备方法	江苏中兴药业有限公司	企业

（郭加明）

教 育

责任编校 刘 芳

教育综述

【概况】 2019年，镇江市丹徒区教育局(简称丹徒区教育局)围绕改善办学条件、增强队伍活力、深化教育改革、提高教育质量四个方面强化攻坚，推进丹徒教育高质量发展。至年底，全区有各类教学单位64所，其中普通高中3所、初中10所、小学12所、九年一贯制学校4所(含1所民办学校)、幼儿园26所、开放大学(含社区培训学院)1所、社区教育中心10所；中小学、幼儿园共有在校(园)生33625人，其中普通高中3763人、初中6528人、小学15341人、幼儿园7993人；全区现有专任教师2593人，其中编内教师2142人、编外教师451人。 (朱 辉)

图75 2019年11月6日，丹徒区义务教育违规办学问题专项督查反馈会 (朱 辉)

【教育现代化建设】 2019年10月，丹徒区申报江苏省义务教育优质均衡发展区，建立义务教育优质均衡发展动态监测机制。年内，完成2018年教育现代化建设监测任务，监测结果为93.47分；1所幼儿园创建成为镇江市优质幼儿园，16所学校申报江苏省智慧校园，4所学校申报镇江市智慧校园。 (朱 辉)

【校外培训机构专项整治】 2019年，丹徒区教育局聚焦四项内容(义务教育规范办学行为、校外培训机构治理“回头看”、“名师空中课堂”推广应用、中小学和幼儿园食堂规范管理和平台应用)开展专项整治，推进相关工作。全区先后召开规范校外培训机构办学的各级各类会议累计22次，联席会议办公室组织成员单位开展综合执法73次，各部门和各镇(街道、园区)开展精准执法70余次，开展各种形式的巡察、暗访、飞行检查、“回头看”1000余次，平均每家培训机构上门10次以上；累计发放《限期整改通知书》10份，关停或自主停办的校外培训机构9家，促进校外培训机构规范办学。注重宣传和舆论引导，分4批在丹徒教育信息网公布学科类民办非学历教育机构白名单，举办全区校外培训机构咨询活动，与社会各界人士开展互动，发放告家长书2万余份。年内，在《镇江日报》、江苏教育新闻网上宣传报道校外培训机构专项治理开展情况，接受社会各界监督。全年处理答复社会举报6件，群众满意率100%。（朱 辉）

【校园安全管理】 2019年，丹徒区教育局建立全区校园安全责任管理制度，召开安全工作专题会议，与各学校、幼儿园负责人签订安全工作目标管理责任书，各学校与教职工签订“一岗双责”责任书，落实安全责任。推进校园风险隐患整治，全区“江苏省校园安全风险管控系统”中的隐患全部整改到位。创建省平安校园建设示范区，5所学校(园)通过镇江市平安校园五星级现场验收。各校制定各类突发事件应急预案，开展应急演练，并定期开展校园及周边环境的综合治理，事故信息均按规定上报。（朱 辉）

【教育督导】 2019年，丹徒区建立健全政府教育督导委员会例会制度和相关部门年度教育工作自评报告制度。政府教育督导委员会每年召开工作例会1～2次，研究并协调相关部门解决教育督导工作中的重点和难点问题。实施下发《丹徒区中小学校责任督学挂牌督导工作管理办法的补充意见》《关于印发丹徒区责任督学全年培训第二轮三年培训规划的通知》《关于丹徒区责任督学挂牌督导实行“一月一主题”督导活动的通知》等文件，完善《丹徒区中小学校责任督学经常性督导内容细则》和《丹徒区责任督学学习每月安排表》等制度。新聘任第四届责任督学，实现全区中小学、经审批注册的幼儿园(含民办)挂牌督导全覆盖。继续开展中小学发展性督导评估和第三轮中小学校三年发展规划督导工作，对幼儿园进行办园水平督评和幼儿园“小学化”专项治理督导。（朱 辉）

学前教育

【概况】 2019年底，丹徒区城、镇、村以及公办、民办幼儿园呈现均衡发展态势。全区建有幼儿园26所，其中公办园15所，每1.25万常住人口设置1所幼儿园。全区有省优质幼儿园19所、市优质幼儿园2所。全区在园幼儿7993人，其中乡镇在园幼儿3920人，公办园就读幼儿4959人；主城区在园幼儿4059人，其中公办园就读幼儿1565人；有专任教师487人，其中公办教师187人、有资质专任教师468人、大专以上学历教师485人。全区公办园占62.5%，幼儿园平均班额32.7人，达到省定标准。在公办园和普惠性民办幼儿园就读幼儿占比为94.78%。公办园就读幼儿占比为62.15%。新增省优质幼儿园1所，在省、市优质幼儿园就读幼儿占比为94.64%。（朱 辉）

【“小学化”专项治理】 2019年，丹徒区制定《关于开展幼儿园“小学化”专项治理工作的通知》，分三个阶段深度治理。组建“小学化”专项治理工作小组，重点对民办园开展专项抽查。制定《幼儿园“小学化”专项治理督导方案》，以幼儿园“小学化”专项治理为督导内容，督导人员通过听汇报、半日调研、课堂观摩、家长访谈，了解幼儿园教育内容、教育方式和教育环境等。（朱 辉）

图76 2019年11月，丹徒区教育局开展幼儿园“小学化”专项治理督导工作，图为课堂观摩 （丹徒区教育局）

基础教育

【概况】 2019年底，丹徒区有小学12 所、九年一贯制学校4所(含1所民办学校)、初中 10 所、普通高中3 所；全区有小学生15341人、初中生6528人、普通高中生3763人。年内，丹徒区均衡配置义务教育资源，区域内小学、初中差异系数分别为0.300和0.339，达到省定标准，各学校办学规模总体适度。小学有班级数370个，平均班额41.5人；初中有班级数168个，平均班额38.9人。小学班额基本在42人以下，初中班额全部在45人以下，所有学校均衡分班，不设重点班。 (朱 辉)

【德育工作】 2019年，丹徒区教育局围绕“深化家校共育 共建和谐校园”书记项目下发相关文件，成立专家团队，创成镇江市落地式家长学校4所、区级10所。通过试点校建设、家长学校校长培训、家庭教育讲师培训、中小学家庭教育典型案例征集、表彰先进典型等措施，推进家教指导体系建设。在市级以上德育活动(竞赛)中成绩优秀，镇江市班主任基本功竞赛、心理健康教育课评比活动均获一等奖，1人代表镇江市在长三角第二届德育创新论坛作校长发言。 (朱 辉)

【综合素养教育】 2019年，丹徒区教育局将体艺工作作为素质教育的重点突破口。督促指导各校开展体艺教育，组织开展各类竞赛活动，提升学生体质健康水平和艺术素养。在镇江市中小学生体质抽测中，丹徒区高中、初中均列全市第一，小学列全市第四。竞赛方面，丹徒区田径、足球、篮球等项目共获全市第一名4项、第二名5项、第三名6项；体艺教师教学竞赛成绩优异，获省一等奖1个、市一等奖11个、市二等奖7个；在全国第六届中小学生艺术展演活动中小学美育改革创新优秀案例评比中，辛丰中心小学获一等奖。年内，丹徒区承办镇江市高中体质健康现场会、镇江市足球评优课等活动。 (朱 辉)

特殊教育

【概况】 2019年，丹徒区落实省、市二期行动计划，摸清特殊教育需要学生底数，并开展评估诊断，各融合教育资源中心开展个别化教育，实施“一人一案”(对特殊需要学生实施个别化教育计划，具体内容包括课程机构、课时安排、目标内容、教材选用、教学方式、作业设计、教育评价等)。本学年残疾儿童少年义务教育受教育率98.79%，残疾儿童学前教育入园率84.21%，残疾人接受高中阶段教育率60%，三项指标比上年均有提升。在普通幼儿园、义务教育普通学校、普通高中接受教育的残疾学生分别占各自学段残疾学生总数的84.21%、75.92%、60%，比上年均有提升。制定《特殊教育评估安置制度》和《丹徒区特殊教育设备配置制度》等特殊教育制度。全区新建融合教育资源中心7所，各镇(街道、园区)均建成经四部门认定的学前、小学融合教育资源中心，18家融合教育资源中心均配备1名专职特教教师。幼儿园招收残疾幼儿达3人以上的有2所。普通中小学招收残疾学生达5名以上的有3所，均设有融合教育资源中心。 (朱 辉)

【特殊教育指导工作】 2019年，丹徒区教育局完善残疾儿童少年教育保障制度，针对因残疾等客观原因暂不适宜到学校进行教育的特殊学生，制

图77 2019年，丹徒区特殊教育指导中心教师辅导特殊儿童 (丹徒区教育局)

定《丹徒区适龄重度残疾儿童少年“送教(康)上门”服务工作实施方案(实行)》文件，保障其接受教育的权益；同时，规范送教上门工作要求，保障送教上门所需经费，提高送教上门服务教师工作积极性。丹徒区特殊教育指导中心组建一支送教队伍，定点定人定时对学期初摸排出的7名残疾儿童开展送教(康)工作。年内，全区新建融合教育资源中心7个，于11月全部四部门现场评审认定；12月，四部门联合认定下发《关于认定第二批普通学校(幼儿园)融合教育资源中心的通知》文件，旨在将有特殊教育需要的儿童少年最大程度融入普通教育，促进其身心更好发展与健康成长。（朱　辉）

社会教育

【概况】 2019年，丹徒区现有老年大学1所，开放大学(含社区培训学院)1所，社区教育中心10所。至年底，丹徒区创建成为省社区教育示范区，创成标准化社区培训学院1所、省标准化社区教育中心10所、市教育现代化先进社区中心10所、省级标准化居民学校88所。各社区教育中心现有专职教师52人。（朱　辉）

【社区教育培训】 2019年，丹徒区社区教育对照“双创”工作“回头看”标准进行自查和分析，并落实整改措施。发挥丹徒开放大学、社区培训学院及社区教育中心的引领作用，指导上党镇墅香茶场申报“清茶小镇-墅香学苑”省级项目，完成省级标准化居民学校创建，组织“全民终身学习活动周”活动、区域内“百姓学习之星”评选和学习型组织评选活动，完成农村各类实用技术培训和农村妇女“网上行”培训指导性任务。执行民办教育机构审批制度，做好督查和年检工作，建立校外培训机构长校管理机制。社区中心专兼职人员配备达标，每年定期开展业务培训2次以上，社区居民接受教育培训数28640人次/年，其中，农村实用技术培训8140人，农村妇女“网上行”培训225人，从业人员继续教育培训年参与率60%以上，居民参与社区教育培训活动率55%以上。开发具有地方特色的社区教育课程和乡土教材，社区教育一镇(街道)一品牌建设有成效。（朱　辉）

【丹徒区老年大学】 2019年9月，丹徒区老年大学正式迁入丹徒新城谷阳大道296号，与丹徒区青少年活动中心合署办学，资源共享，增强老年大学的教育和服务功能。年内，增设舞蹈、太极拳、国标舞、书法、古筝、智能手机等课程，扩大为老年人服务的覆盖面。各镇(街道、园区)老年分校相继开设老年广场舞、老年锡剧、老年黄梅戏、中老年舞蹈、中老年歌曲演唱、拉丁舞、餐饮业卫生、网吧义务监督员、老年人智能手机使用、中老年妇女旗袍沙龙、老年人太极拳等内容的培训班。（朱　辉）

图78　2019年，丹徒区老年大学黄梅戏班学员迎新春联欢活动（丹徒区教育局）

教师队伍

【概况】 2019年底，丹徒区有在职公办教师2312人。有省“333”（高层次人才培养工程)培养对象5人、市学术技术带头人2人、市“169”(镇江市“169学术技术带头人培养工程”，在全市重点培养140名左右市级学术技术带头人、600名左右市级科技骨干、900名左右市级乡村优秀科技人才)科技骨干8人、省特级教师8人、市学科带头人22人、市中青年骨干教师113人、市“教坛新秀”18人。幼儿园教师中，专科以上学历占比97.4%，其中本科学历占比64.2%；小学教师中，专科以上学历占比99.8%，其中本科学历占比 88.1%；初中教师中，本科及以上学历占比99.8%，研究生学历占比13%；高中教师中，研究生学历占比30.3%；职业学校教师中，研究生学历占比 31.4%。（朱 辉）

【师德教育】 2019年，丹徒区教育局制定全年师德建设工作意见，各项师德建设活动按月落实。开展“庆祝新中国七十华诞，弘扬新时代尊师风尚”师德建设主题月活动，组织师德建设文件学习、签订拒绝有偿补课公开承诺书、新教师进行从教宣誓、教师节庆祝表彰等活动。加大师德典型宣传，发挥正能量。历时半年开展丹徒区“身边最美教师”宣传评选，获评教师被市级以上媒体报道，其中，西麓小学教师孔金生被丹徒电视台“教育时空”栏目专访，获评“江苏最美教师”朱彩云的事迹被多家省、市媒体报道，上党幼儿园教师焦康“一分一秒拼出中国教师最美模样”相关事迹被《中国教育报》报道，辛丰中心幼儿园殷月华和大港中学青年教师朱永的事迹被《镇江日报》分别报道。选派优秀教师参加援藏、援疆、援陕等讲学支教活动，2人赴西藏支教，17人赴新疆支教，6人赴陕西渭南支教，超额完成援派指标要求。各校(园)开展形式多样的志愿导学活动，教师参与“智教育 云课堂”公益项目。（朱 辉）

【师资补充】 2019年，丹徒区按统一生师比标准核定城乡义务教育学校教职工编制，区委编办控制教育系统编制总量，丹徒区教育局每年根据布局调整、学科结构需求等实际动态调整各校在编教职工数，并报区委编办备案。各学段生师比为：幼儿园15.7：1、小学15.3：1、初中10.1：1、高中8.7：1。丹徒区全年补充教师78人，其中音乐、体育、美术、心理健康、信息技术、校医、幼教等教师18人，占比23%。（朱 辉）

【教师培训】 2019年，丹徒区教育局重视并规范教师培训工作，建立区、片、校三级教师培训网络，每学年每名教师完成90学时任务。全年出国培训17人次、国家级培训24人次、省级培训98人次、市级培训5315人次，培训覆盖教师2788人。参加市全员网络培训2493人，合格率100%，全区2450名学科教师分学段参加区暑期骨干教师讲师团暨学科教师全员培训活动。（朱 辉）

【教师交流】 2019年，丹徒区义务教育学校符合交流人数578人，交流107人，占比18.5%，其中骨干教师32人，占交流教师比29.9%；符合交流条件的校长152人，交流校长7人，副校长22人，占比19.1%。义务教育学校各学段之间教师职称结构、骨干教师比例大体相当，区级以上骨干教师占比均超过15%。（朱 辉）

【教师学历进修】 2019年，丹徒区教育局继续执行《关于加强全区教师学历进修工作的意见》，鼓励教师参加学历进修，提高学历层次，补助研究生学历进修学费，所有学历进修与职称评审、岗位聘用挂钩。丹徒区达到学历提升的目标。幼儿园教师专科以上学历占比97.4%，本科占比64.2%；小学教师专科以上占比99.8%，本科占比88.1%；初中教师本科及以上占比99.8%，研究生占比13%；高中教师研究生占比30.3%；职业学校教师研究生占比31.4%。（朱 辉）

教育投入

【概况】 2019年，丹徒区一般公共财政预算教育经费拨款70041万元，比上年增长5.57%。教育费附加征收数为 5186 万元，加上年结余 164万元，累计可使用数为5746万元；地方教育附加征收数为3508万元，除去上解省、市部分 218万元，全部调入公共财政预算用于教育支出。严格执行从土地出让净收益中按10%的比例计提教育资金政策，全年从土地出让净收益中计提教育资金 4173万元，

全部调入公共财政预算用于教育支出。 (朱 辉)

【经费拨款】 2019年,丹徒区财政预算内生均公用经费拨款标准为小学770元/生•年、初中1100元/生•年,达到市规定的基准定额。普通高中、学前教育生均公用经费财政拨款标准分别为1100元/生•年、385元/生•年,达到市规定的基准定额。全区义务教育乡镇学校经费投入增幅总体高于城区学校投入增幅。全年乡镇义务教育学校经费投入29855万元,比上年增长4.75%,城区义务教育学校经费投入20010万元,比上年下降19.39%。 (朱 辉)

【贫困生资助】 2019年,丹徒区落实家庭经济困难学生资助政策,做到应助尽助、应补尽补。义务教育阶段,全年安排生活费补助资金192.7万元、普通高中发放政府助学金79.5万元、学前教育对家庭经济困难幼儿补助生活费共计64.1万元;对符合条件的家庭经济特别困难幼儿减免保教费,共计48.1万元;对建档立卡及符合免学费政策的普通高中学生减免学费,共计7.7万元。义务教育、学前教育、普通高中阶段资助比例均达到省定标准(6%、8%、10%)。 (朱 辉)

【教育装备】 2019年,丹徒区教育局严格项目论证、审批、立项、委托采购、履约验收、质量跟踪、维护维修流程的管理,建立安全高效、公平公正、公开透明的采购工作实施机制。全年完成装备升级采购项目40项,投入政府采购资金1500余万元。 (朱 辉)

【教育场所建设】 2019年,丹徒区教育局制定并落实《丹徒区义务教育薄弱环节改善与能力提升工作实施方案(2019~2020年)》文件,推进教育场所建设。义务教育阶段,在主城区新建茅以升实验学校,该校属九年一贯制学校,依据江苏省教育现代化学校标准建设,位于长香水岸安置小区以南,占地面积约5.73公顷(86亩),建筑面积约3.6万平方米,总投资约1.91亿元,设计规模为6轨54个班级;高中阶段,实施丹徒高级中学风雨操场新建项目,工程实施总面积3793平方米,计划总投资约0.14亿元,年内完成投资2.05亿元。 (朱 辉)

名校介绍

【镇江市宜城小学】 镇江市宜城小学创建于2017年,位于丹徒新区架鼓山路,占地面积约4.67公顷(70亩),总建筑面积25960平方米。该校秉承"厚泽致远"校训,建设"和厚"校园文化,以培养"乐学善思、知行合一,有中国灵魂和国际视野的未来人"为目标,重视内涵建设与特色打造,注重学生个性特长的培养,深化课程改革,校园活动丰富多彩。该校先后获"全国青少年校园足球特色学校""江苏省珠心算实验学校""江苏省乒乓球协会少儿培训基地""镇江市航空运动示范学校"等称号。2019年,该校有教学班49个,学生2178人,在岗教职工119人。 (朱 辉)

图79 镇江市宜城小学毛毛虫书屋 (丹徒区教育局)

【镇江市宜城中学】 镇江市宜城中学成立于2014年8月,占地1159.15亩,建筑面积39937平方米。该校秉持"唤醒自觉,成就自我"办学理念,创设"宜教宜学"和"宜师宜生"的学习环境。教育装备达省Ⅰ类标准,网管中心、校园电视台、校园广播系统、校园安监系统、理化生实验室、音体美专用教室等各类设施设备齐全。该校先后获"镇江市数字化校园”“镇江市教育现代化先进学校”“镇江市依法治校先进学校”“镇江市艺术特色学校”“镇江市养正学堂”“江苏省健康促进学校”“镇江市中小学社团建设先进学校”“全国足球特色学校”等称号。2019年，该校有班级50个，学生2250人，在岗教职工190人，其中市级骨干教师16人、区级骨干教师39人，硕士研究生25人。

（朱 辉）

图80 镇江市宜城中学校园一角 （丹徒区教育局）

兴教助学

【概况】 2019年，镇江茅山老区兴教助学协会在募集善款、助学扶贫、助学育人等方面取得新成果。全年募集善款近80万元，辛丰（黄墟）分会募集助学扶贫款突破100万元，成为继谷阳、高资、宝堰、荣炳、高桥、上党、宜城之后第8个百万元以上助学资金的分会。创新助学理念，体现新时代精准助学与助学扶贫紧密结合的新内涵，实现“三转变”（义务教育助学向非义务教育助学转变、资助型助学向发展型助学转变、粗放型助学向精准型助学转变），全年发放助学金65.75万元，资助208人，其中大学157人、高中35人、初中10人、小学6人；助学金标准中，大学一年级新生最高为10000元，其余分别为5000元、4000元、3000元；高中一年级新生最高为3000元，其余一般为2000元。“兴教助学微信群”主群和13个分会微信分群运行良好，主群入群人数67人，分会入群人数200余人，全年报道协会动态信息18则、活动照片39幅，协会网站访问点击量近万人次。协会内刊《兴教助学》每季度一期按时印发，该刊创办5周年，共编印下发22期。

（孔荣喜）

【助学扶贫】 2019年，镇江茅山老区兴教助学协会助力茅山老区脱贫攻坚。在上年13个分会助学扶贫208人、发放助学扶贫款65.75万元的基础上，增加助学扶贫脱贫户20余户，至年底，全区助学扶贫脱贫总户数超过2200户。

（孔荣喜）

【助学育人】 2019年，镇江茅山老区兴教助学协会创新载体助学育人，做好“立德树人”工作。6月，开展“我与时代同行同成长”主题教育征文活动，共收到近40篇征文稿，其中，有20篇优秀征文入围；同时，编印《镇江茅山老区学子筑梦风采录》——“我与时代同行同成长”征文选编。8月18日，卞建卫、陶鹏飞、杨娴婕、唐文、金霞、黄蕊6名典型代表在全区助学扶贫大会上作现场交流；12月3日，唐文“飞燕返巢”创业事迹被中央电视台《远方的家》“长江行”第83集节目“江上沙洲”采访报道。

（孔荣喜）

文化·体育·广电·旅游

责任编校 刘 芳

综 述

【概况】 2019年2月22日，根据《镇江市丹徒区机构改革方案》，将镇江市丹徒区文化广电体育局(不再保留)主要职责与镇江市丹徒区民族宗教旅游局(不再保留)旅游管理等职责整合，组建镇江市丹徒区文体广电和旅游局(简称丹徒区文体广旅局)，列入政府工作部门序列，负责贯彻落实中央关于文体广电和旅游工作的方针政策以及省委、市委、区委的决策部署。

年内，丹徒区文体广旅局以机构改革为契机，加强国家公共文化服务体系示范区和国家全域旅游示范区创建，整合用好各类公共文体设施和服务资源，培育基层文体队伍，打造“清风雅韵”戏曲周、“中国·丹徒旅游文化节”等具有区域特色的文旅品牌活动，为实现新时期丹徒区文体广旅事业高质量发展贡献力量。丹徒区被中国互联网新闻中心评为“新时代·中国最佳宜居宜游文化名城”和“2019年度最受旅行者满意的中国旅游目的地”。丹徒区文体广旅局被江苏省广播电视局评为“2019年度全省境外卫星电视节目传播秩序专项整治工作先进单位”，被区委、区政府评为丹徒区区级机关绩效管理考核“十佳单位”、落实党风廉政建设先进单位、落实意识形态责任制先进单位。 （朱 捷）

【农村应急广播体系建设】 2019年10月，丹徒区建成区级应急广播平台1个、镇级平台10个、村级平台83个、户外终端1000余个，同时建成有线、无线互为备份、具备多路并发能力的应急广播体系，与省平台成功对接，能同时满足镇、村地域性应急信息发布和应急指挥需求，实现全天候、全方位、全时段的预警信息发布。区应急广播试运行一个月后，11月20日，江苏省广播电视局组织专家通过实地查看三级平台、户外终端音柱以及听取工作汇报、查看台帐等方式，认定丹徒区应急广播体系建设项目通过验收。 （朱 捷）

文 化

【概况】 2019年，丹徒区文体广旅局推进文化惠民工程，实施文艺精品战略，发展群众文化活动，提高全区公共文化服务能力。根据国家、省级暗访检查反馈要求和示范区创建标准，推进国家公共文化服务体系示范区创建工作，顺利通过国家检查组中期督查。

全区组织开展各类文艺演出、展映千余场，建成20个农村文化礼堂、60个自然村小微型文化广场等文化基础设施，丹徒区图书馆分馆、丹徒区文化馆分馆实现镇(街道)分馆全面覆盖，完善城乡区域公共文化服务资源整合和互联互通。全年新(改)建农村文化礼堂23个，完成2个镇文化广场、5个村文化广场提升工程及丹徒区图书馆一楼改造提升工程；丹徒区文化馆成立第一届法人治理理事会，并建成文化馆分馆10个；建成70个自然村小微型文化广场并投入使用，成为村民文体活动的重要阵地。丹徒区美术馆、丹徒区非遗展示馆布馆工作于9月逐步完成。

年内，组织在职员工参加2019年江苏省公共数字文化业务培训、2019年江苏省公共图书馆盲人数字阅读服务业务培训班、基于乡村振兴的文化与旅游融合创新专题讲座等20余场培训，脱产培训天数超15天；区“文化两员制”试点范围再次扩大，在宝堰镇宝堰村、南宫村和荣炳曲阳村、曙光村4个村配备完成文化专管员之后，高资街道12个村均配备由村委会在职人员兼任的文化专管员，在镇村组织举办各类文化活动。在“乡村文艺播种计划”方面，市、区两级文艺志愿者50余人走进丹徒，与结对村(社区)文艺团队开展“一对一”专业辅导约200余场次，辅导类别包括戏曲、舞蹈、声乐、器乐、曲艺、静态等方面，其中，广场舞是重点辅导项目，全区23名广场舞志愿赴各地开展广场舞培训70余场次，服务村(社区)文艺团队和爱好者3000余人次。 （朱　捷）

【群众文化活动】 2019年，丹徒区文体广旅局以凸显传统民俗文化特色、打造丹徒文化品牌和丰富群众精神生活为目标，开展各类文化惠民活动。1月25日，在辛丰镇组织开展丹徒区新时代文明实践活动暨2019年度“三下乡”活动启动仪式，“我们的中国梦”——文化进万家活动；4月16日，开启2019“乐活丹徒”文化惠民系列活动暨丹徒区第四届宜文读书节活动；5月9日晚，“潮城海宁·山水丹徒”文化走亲暨文化志愿交流活动在丹徒区文化艺术中心剧场举办；5月16～25日，连续举行9场第八届“清风雅韵”广场戏曲周活动；6月下旬，联合区教育局举办第十三届中小学生、幼儿园小朋友美术、书法、摄影比赛活动；7月中旬，承办镇江市“倡导移风易俗，弘扬时代新风”主题大型图片巡展活动；9月23日，“壮丽七十年　奋斗新时代”——丹徒区庆祝新中国成立70周年文艺演出活动在丹徒区大港中学体育馆举行；9～10月，承办“精美镇江生态丹徒”大型图片展、孙悦萌个人摄影展、丹青绘盛世庆祝中国人民政协成立70周年书画展、江浙沪三省一市联展和“壮美山河·翰墨宜韵”丹徒区优秀书法美术作品展等流动展览8场。 （朱　捷）

【文艺创作】 2019年，丹徒区文体广旅局帮助现代红色锡剧《小红妈》申报省资金扶持项目，制定2019～2020年文艺创作计划，专题邀请省、市级群文专家共同探讨创作作品的体裁和构想，拟创作音乐、舞蹈、曲艺3个类别4～5个节目参加2020年国家级和省、市级重点活动和各大赛事，并为竞争江苏省“五星工程奖”积累优秀节目素材；全年开展全民艺术普及活动84场，其中艺术讲座15场，培训20期，展示活动41场，其他活动8场；荣炳荣兴锡剧院申报成为市全民艺术普及示范基地，“丹徒区舞协志愿辅导乡村广场舞”申报成为镇江市全民艺术普及优秀项目。 （朱　捷）

【文物保护利用】 2019年，丹徒区文体广旅局继续加强文物保护单位保护管理和“四有”(是否划定保护范围及建设控制地带、是否设置保护标志、是否设立管理机构、是否完成记录档案)工作，修缮新四军四县抗敌总会纪念馆围墙，并按照区消防大队要求实施消防安全整改工作，排除安全隐患；提升改造冷遹纪念馆展览室，并配合市文广旅局做好文物保护远程监控系统升级；推进丹徒区大运河文化带建设，组织开展殷氏宗祠及笃行堂维修布展、东岳庙戏台维修、冷遹旧居周边环境整治，以及王氏宗祠和陈庆午旧居维修布展工程，其中，殷氏宗祠及笃行堂(殷氏六房)于3月被公布为省级文保单位，辛丰镇黄墟村于6月被公布成为镇江市唯一入选中国传统村落名录的乡村。举办首届宝堰徒步大会、第五届“冷遹杯”徒步大会，并围绕“不忘初心　牢记使命”主题教育，举办“传承红色文化、不忘初心使命”红色教育体验活动、“七彩假日追寻烈士足迹　传承红色基因”和“弘扬红色文化传承革命精神——镇江市丹徒区中小学生诗歌朗诵比赛”等活动。接待镇江市公安局支队、京口区卫健委团委等数十家单位，到新四军四县抗敌总会纪念馆、冷遹纪念馆举办“不忘初心 牢记使命”主

题教育系列活动；中国人民武装警察部队镇江支队将新四军四县抗敌总会纪念馆作为定点红色教育课堂，并举办揭牌仪式。（朱 捷）

图81 2019年3月31日，丹徒区第五届“冷遹杯”2019年黄墟徒步大会在冷遹纪念馆举行 （丹徒区文体广旅局）

【文化产业发展】 2019年，丹徒区文体广旅局联络辖区内艺术考级机构，精选7个作品参加镇江市2019“希望之星”优秀节目展演活动评选，其中2个节目获选市级优秀节目奖。同时，促进全区文体旅企业发展，帮助申报2个省星级乡村旅游区、1家省级“绿色网吧”、1家市级文化娱乐行业转型升级示范场所、2条省级旅游线路，江苏长山庄园薰衣草有限公司、镇江开心农场有限公司分别获得2019年度镇江市市级文旅产业扶持资金20万元，江苏恒顺醋业股份有限公司的醋文化旅游区扩建项目——新体验馆建设及配套项目、镇江晟昊文创科技有限公司的非遗技艺暨铜工艺品展示体验馆项目分别获得2019年度省级现代服务业(文化)发展专项资金40万元和省级旅游业发展专项资金补助100万元。（朱 捷）

【文化市场管理】 2019年，丹徒区文体广旅局以“防风险保平安迎大庆”为主线，推进“安全生产月”活动，拟定印发安全生产文件10余份，组织辖区文旅企业开展消防安全应急演练和培训5次，悬挂安全生产横幅标语60余条，并先后组织开展各类安全检查行动6次，参加检查人员70余人次，排查、整改事故隐患点56处。同时，完成“2019长江国际音乐节”申报资料的审核把关与值班工作，与主办方签订“文明演出承诺书”，保障音乐节演出活动顺利进行；完善文化市场事中事后监管机制和双随机一公开制度，重点监管和整治人员密集的互联网上网服务营业场所、歌舞娱乐场所、游艺娱乐场所；以宣传国家的政策法规为主，多次组织与公安、市场监督管理等部门的联合执法行动，及时制止非法推销、安装、使用卫星电视接收设施及散发安装、使用卫星电视接收设施小广告的行为，并印发宣传单发放给广大商户，提高人民群众的法律意识，形成打击与防范、教育与管理紧密结合的长效管理机制。（朱 捷）

【公益电影放映】 2019年，丹徒区文体广旅局继续贯彻落实“2131”工程，精选电影120余部，组织电影队在全区镇村放映公益电影1212场，观众约30万人次，收入32万元。其中，为庆祝新中国成立70周年，专题开展《我和我的祖国》——2019丹徒区公益经典电影展映活动，择优选取《十八勇士》《浴血边关》《追梦英雄》等优秀影片20部，在各镇(街道、园区)和社区、学校放映点共计放映电影200场。（朱 捷）

【“乐活丹徒”文化惠民系列活动】 2019年4月16日，2019“乐活丹徒”文化惠民系列活动暨丹徒区第四届宜文读书节启动仪式在丹徒区文化艺术活

图82 2019年4月16日，“乐活丹徒”文化惠民系列活动暨丹徒区第四届宜文读书节启动仪式现场

（丹徒区文体广旅局）

动中心举行，该活动由丹徒区委宣传部、丹徒区文体广旅局、丹徒区文联、丹徒区广播电视台主办，丹徒区文化馆承办。该活动分区、镇两级同步开展，区级层面组织开展包含综合类、戏曲类、歌舞类、书画摄影类、诗歌诵读类等5大类共15大项活动，镇（街道、园区）结合各自特色特点开展文化惠民活动90余场次。（朱　捷）

图83　2019年5月16日，第八届“清风雅韵”广场戏曲周活动现场
（丹徒区文体广旅局）

【“清风雅韵”广场戏曲周活动】 2019年5月16～25日，丹徒区第八届“清风雅韵”广场戏曲周活动在丹徒新城广场举行。该活动由丹徒区委宣传部、丹徒区文体广旅局主办，丹徒区文化馆承办，丹徒区市场监管局协办。戏曲周期间，演出越剧《五女拜寿》和锡剧《花中君子陈三两》《孟姜女》《玉蜻蜓》《金玉奴》等经典剧目，并举办少儿演出专场2场，受到当地群众欢迎。（朱　捷）

表19　**2019年丹徒区文艺作品获奖情况**

作品名称	作品类别	创作单位（个人）	所获奖项	获奖级别	获奖（出版）时间	活动名称	主办单位（出版社）
《巧篾匠》	少儿故事	严语彤	故事新星	省级	2019年8月	首届江苏省少儿民间故事大赛	江苏省文化和旅游厅
《偶是小狗蛋》	少儿故事	杨春莲	创作三等奖	市级	2019年12月	镇江市第31届少儿创作故事大赛	镇江市委宣传部 镇江市文广旅局
《巧篾匠》	少儿故事	严语彤	故事大王	市级	2019年12月	镇江市第31届少儿创作故事大赛	镇江市委宣传部 镇江市文广旅局
《丢失的作业本》	少儿故事	曹思雨	表演二等奖	市级	2019年12月	镇江市第31届少儿创作故事大赛	镇江市委宣传部 镇江市文广旅局

（丹徒区文体广旅局）

体　育

【概况】 2019年，丹徒区文体广旅局健全体育基础设施，促进全民健身活动，打造精品体育赛事，提高体育服务能力。全区有社会体育指导员1167人，平均每万人拥有社会体育指导员37.81人，至年底，有区级体育协会18个，其中AAAA级体育社团1个，AAA级体育社团6个，镇(街道、园区)体育总会、老年人体协、社会体育指导员协会和2个以上体育单项协会的建成率为30%。全年建成11个农民体育健身公园、8公里健身步道，城市社区全部建成“10分钟体育健身圈”，城乡体育设施实现全覆盖，新增公共体育设施面积超2万平方米。镇(街道、园区)“三室一场一路径”和农村行政村(社区)“二室一场一路径”覆盖率100%，全民健身中心覆盖率100%，多功能运动场覆盖率70%，经常参加体育锻炼人口数达到40%以上。开展省级体质测定与运动健身指导站体质测定工作，全区3260余人参加测定，出具体质健康指导意见755份，并长期跟踪测定255人。（朱　捷）

【社会体育服务组织建设】 2019年，丹徒区新成立区级体育社团2个，截至年底，区级体育社团总数18个。4月11～12日，举办丹徒区二、三级社会体育指导员(广场舞)培训班，11月举办2019年丹徒区一线社会体育指导员广场舞项目技能再培训，每期培训均培养超过百名一线社会体育指导员；全年组织全区一线社会体育指导员参加省、市级指导员晋升培训和指导员技能再培训22次，共有100余人参加培训。（朱　捷）

【体育赛事活动】 2019年4月27日，丹徒区文体广旅局在世业镇主办世业洲国际徒步旅游大会，参与人数约1万人次；7月11～15日，在丹徒区体育活动中心承办2019年江苏省青少年武术(散打)锦标赛，参与人数约500人次；7月26～27日，在丹徒区体育活动中心主办镇江市少儿乒乓球冠军赛第一分站赛，参与人数约200人次；9月4日，在风景城邦大酒店主办“共祝祖国好 快乐掼起来”2019年镇江城市业余联赛掼蛋比赛丹徒区选拔赛，参与人数约200人次；9月17～18日，在丹徒区体育活动中心主办2019年镇江市乒乓球老年交流赛，参与人数约200人次；9月20～22日，在丹徒区体育活动中心主办镇江市少儿田径比赛，参与人数约500人次；9月22日，在丹徒新城主办2019年“同唱祖国好，幸福走起来”丹徒区第五届徒步大会，参与人数约600人次；11月2日，在世业洲承办2019镇江世业洲四分马比赛，参与人数约3000人次。（朱　捷）

【竞技体育成果】 2019年5月21～24日，丹徒区代表队参加在盐城市建湖县举行的江苏省青少年县组田径锦标赛(第二赛区)，取得11金6银3铜、获奖牌数第一名、团体总分第二名的成绩，并晋级甲级队。7月11～15日，丹徒区组队参加江苏省青少年武术(散打)锦标赛，取得2金1银的历史最佳成绩。9月21～22日，丹徒区代表队参加镇江市少儿田径比赛，取得17金15银20铜、团体总分位列第二的成绩，打破1项年龄组别市记录，4名运动员达到国家二级运动员标准。（朱　捷）

图84　2019年7月15日，江苏省青少年武术(散打)锦标赛颁奖仪式现场　（丹徒区文体广旅局）

【体育彩票销售】 2019年，丹徒区文体广旅局、区体彩中心先后制作横幅3000余条、宣传物料近万份，在全区75家电脑体育彩票销售网点、72家竞彩店和镇(街道、园区)、社区等人流密集区域张贴、发放，并利用电视、“微丹徒”微信公众号、户外宣传牌等方式开展体彩公益宣传。年内，全区完成体育彩票销售收入10024万元，连续两年体彩销售额突破亿元大关。 (朱 捷)

【丹徒区第八届运动会】 2019年5月18日，丹徒区第八届运动会开幕式在江苏省大港中学体育场举行。区委书记张映桥，区委副书记、区长谢继步，市体育局局长戚亚新等市、区领导出席活动；副区长贺丽娟主持开幕式，各镇(街道、园区)和区直机关各部门主要负责人、丹徒区第八届运动会各代表团、教练员、运动员、裁判员和学生部、老年人部代表团以及现场观众约2000余人参加开幕式。该届运动会共有92支代表队、近3500名运动员参加，比赛分为篮球、羽毛球、扑克(惯蛋)、乒乓球、拔河、中国象棋、广场舞7个项目。11月22日，丹徒区第八届运动会闭幕式暨颁奖仪式在丹徒区文体广旅局举行，区政府、区文体广旅局和各镇(街道、园区)、机关部门的分管领导、领队、运动员代表约110余人出席闭幕式，运动会组委会领导现场为获得篮球、羽毛球等7个项目前6名的部门(团体)和个人颁奖。丹徒区通过举办运动会，展示“更高、更快、更强”的体育精神，展现干部和群众拼搏进取的精神风貌，实现运动成绩和精神文明双丰收。 (朱 捷)

图85 2019年5月18日，丹徒区第八届运动会开幕式现场 (丹徒区文体广旅局)

广播电视

【概况】 2019年，丹徒区广播电视台自觉承担举旗帜、聚民心、育新人、兴文化、展形象的使命任务，为决胜全面建成小康丹徒奠定思想舆论基础。强化新闻宣传管理，提高新闻报道质量，与丹徒区委签订2019年度意识形态工作目标责任书，调整意识形态工作领导小组，定期分析研判意识形态形势，形成意识形态领域风险点排查清单；严格把关每日自办栏目质量，做好《今日丹徒》《生态丹徒》《微丹徒》的监听监看、统计、反馈工作，组织召开新闻质量评析会，开展季度好稿评选和省台新闻作品季度推优工作。5月，完成新闻节目《今日丹徒》改版，改版后采用虚拟演播室，整体色彩变成蓝色，固定字幕改为滚动字幕，软硬件设备全面升级，着重突出全媒化、深度化和人性化；7月，推出专题栏目《看丹徒》。

年内，丹徒区广播电视台制作播发《今日丹徒》新闻2000余条、《看丹徒》长专题20余档，电台播发新闻2400余条，开展主题宣传活动22次；完成市台用稿69篇，省台用稿27篇，中央级媒体用稿7篇，其中，中央电视台《新闻联播》录用2篇、央视其他频道录用5篇；制作推出《贯彻全委会精神》《聚力产业强区、推动高质量发展》《力争上游抓项目》《打赢防治污染攻坚战》《“扫黑除恶”在行动》等专题报道。丹徒区广播电视台党组制作的《我眼中的他们》被丹徒区委组织部评为“我身边的共产党员”微视频征集评选活动二等奖，丹徒区广播电视台团委被丹徒团区委评为“参与支持‘青春心向党 建功新时代——纪念五四100周年’暨丹徒区第七届‘十大杰出青年’颁奖典礼活动优秀组织奖”；丹徒区广播电视台被镇江市文化广电和旅游局评为“国庆70周年广播电视行业安全保障工作先进集体”，被区委、区政府、区人武部评为“丹徒区八创省双拥模范区嘉奖单位”，被丹徒区委评为“实施乡村振兴战略行动先进集体”“落实意识形态责任制先进单位”“国家卫生城市建设工作先进集体”。（刘敏怡）

【网络宣传】 2019年，丹徒区广播电视台按照“一地一端”原则，依托省“荔枝云”平台的技术支撑，打造综合性移动新媒体客户端，加快推进融媒体中心建设工作，更好的引导群众、服务群众。丹徒传媒网围绕区委、区政府中心工作，开设“贯彻全委会 践行新发展理念 打造高质量发展新动能”和“坚决铲除危害一方的黑恶势力”专栏，形成宣传声势；“微丹徒”微信公众号策划《歌声庆国庆》街采微视频，制作《我和我的祖国》万人徒步快闪视频，以图解、H5、动画等形式解读丹徒区机构改革、全委会、“两会”等内容，策划设计推出3期区级“学习强国”知识竞赛网络版，营造舆论氛围。“生态丹徒”客户端、丹徒传媒网月均发稿量480条；“丹徒发布”政务微博、“今日头条丹徒发布”月均发稿量260条，比上年增长25%左右；“微丹徒”微信公众号头条日均阅读量2000次，比上年增长50%，头条文章本土率提升到100%。（刘敏怡）

【安全播出工作】 2019年，丹徒区广播电视台新闻、影视2个频道共审核播出连续剧2100集、电影320部、少儿动画片360集、公益广告110余条，向省专题纪录类节目平台报送自制专题片45档；三套标清频道播出18360小时，停播率≤60秒/百小时，可用度≥99.983%，优于国家安播三级标准。成立安全播出工作领导小组，完成“两会”“一带一路”“新中国成立70周年”等重要时段的播出工作；全年开展各类技术检修60次，安全播出应急演练6次，较大升级6次，重要直播3次，配备高清非编2台，确保各系统运行流畅、主备机制健全。（刘敏怡）

【产业经营发展】 2019年，丹徒区广播电视台通过新闻宣传和制作资料片、形象宣传片、专题栏目等，为各镇(街道、园区)和各部门提供高质量、全方位、个性化的媒介增值服务，共同实现品牌营销双赢。联合主办丹徒区“纪念五四运动100周年”暨第七届“十大杰出青年”颁奖典礼和“最美退役军人”颁奖晚会，策划拍摄《青春丹徒》《最美退役军人》系列短片，获得良好社会效益。成立专题组，为区委、区政府和各部门板块制作《丹徒“扫黑除恶”专项行动工作纪实》《力争上游抓项目》《北汽党建片》等一批高质量电视片，其中，短视频《新四军四县抗敌总会纪念馆》获镇江市红色旅游短视频大赛一等奖，短视频《我眼中的他们》获丹徒区“我身边的共产党员”视频大赛二等奖。（刘敏怡）

【《庆祝新中国成立70周年》专栏】 2019年，丹徒区广播电视台以宣传思想战线增强“四力”(脚力、眼力、脑力、笔力)教育实践工作和庆祝新中国成立70周年为主线，推出《庆祝新中国成立70周年》专栏，分设《乡村振兴百村行》栏目，开展“蹲点日记”活动，通过记者实地走访记录的形式，报道全区实施乡村振兴和高质量发展情况，侧面反映出丹徒经济社会发展成果；同时分设《我们都是追梦人》栏目，主要报道对象为各行各业的奋斗者、有一技之长的普通工人、有梦想的创业者、有担当有作为的基层干部等，通过讲述他们的追梦故事，反映新时代撸起袖子加油干的社会正能量。（刘敏怡）

【习近平总书记视察世业洲五周年系列报道】 2019年，丹徒区广播电视台沿着五年前习近平总书记在世业镇的视察路线，派出精干记者围绕“现代高效农业是农民致富的好路子”——世业镇高效农业的发展、“现在你们的生活环境比画还漂亮”——世业镇持续推进乡村环境治理工作、“没有全民健康就没有全面小康”——世业镇为群众打造15分钟健康圈三个方面，分别在总书记到过的点采访相关当事人，通过当事人的讲述和主持人的现场感受，体现出世业人民牢记习近平总书记嘱托，以及反映五年来发生的巨变和取得的成绩。（刘敏怡）

表20 2019年度丹徒区广播电视作品获奖情况

作品名称	创作单位（个人）	所获奖项	获奖级别	获奖（出版）时间	活动名称	主办单位（出版社）
匠心十年	宫晶晶 孔云峰 杭天奇	一等奖	市级	2020.3	电视社教短纪录片	镇江市文化广电新闻出版局 镇江市广播电影电视协会
文物看丹徒	蒋蕴生	一等奖	市级	2020.3	电视播音社教类	镇江市文化广电新闻出版局 镇江市广播电影电视协会
青春丹徒 责任奉献	詹硕超 杭天奇 张　静	二等奖	市级	2020.3	电视社教微纪录片	镇江市文化广电新闻出版局 镇江市广播电影电视协会
薪火相承	杭天奇 孔赵祥	二等奖	市级	2020.3	艺术片（文艺奖）	镇江市文化广电新闻出版局 镇江市广播电影电视协会
破“伞”打“伞”，“扫黑除恶”不手软	孔云峰 杭天奇 孔赵祥	三等奖	市级	2020.3	专题片	镇江市文化广电新闻出版局 镇江市广播电影电视协会
今日丹徒	赵　越	三等奖	市级	2020.3	电视播音新闻类	镇江市文化广电新闻出版局 镇江市广播电影电视协会
张莉：为残疾人打造爱的港湾	高静怡 孙镇凯 曹　磊	三等奖	市级	2020.3	工作性节目（广播社教）	镇江市文化广电新闻出版局 镇江市广播电影电视协会

（丹徒区广播电视台）

旅　游

【概况】 2019年，丹徒区文体广旅局推进“旅游+”融合发展模式，举办“宜风韵·生态美”中国·丹徒旅游文化节系列活动，组织参加旅游展览宣传活动，推动“旅游+文化”“旅游+农业”等业态融合，丰富丹徒区旅游业态格局和旅游产品供给，实现丹徒旅游从“单季游”“景点游”向“全季游”“全域游”的转变，促进丹徒区旅游要素的充分配套和旅游行业的健康成长。全年完成旅游综合收入83亿元，比上年增长13.7%。恒顺镇江香醋传统酿造区被认定为第三批国家工业遗产，世业镇、宝堰镇成为红色旅游“打卡地”，江心洲生态农业园区五套村入围省级乡村旅游重点村名录。（朱　捷）

【旅游宣传活动】 2019年，丹徒区文体广旅局开展各类旅游宣传活动。邀请央视“美丽乡村中国行”节目组宣传推介丹徒民俗文化和旅游节庆活动；组织辖区内旅游企业参加2019大运河文化旅游博览会旅游装备展、镇江文化旅游(杭州)招商推介、泉州招商推介会、2019长江三峡生态文化旅游路演周、“牵手北京·相约镇江”2019镇江文化旅游推介暨招商会、2019镇江文化旅游招商(上海)推介会、2019海南国际旅游美食博览会、2019年第六届中国(深圳)国际旅游博览会、2019上海旅游节首届长三角文旅集市、第十届江苏省乡村旅游节等10余场推介活动，扩大丹徒区旅游客源市场，提高游客接待量；开展“互联网+”平台合作，与携程网南京公司合作成立丹徒门店，开发上线“宜游丹徒”微信小程序，提高丹徒知名度和美誉度。（朱　捷）

【旅游环境整治】 2019年，丹徒区文体广旅局推进乡村旅游区基础设施建设，开展槐荫村停车场整改、世业洲卫星村民族风情园周边基础建设美化提升等工程；全区重点A级景区及省星级乡村旅游区实现公交覆盖，全区重点AAA级以上旅游景区、重点省三星级以上乡村旅游区全部实现免费WiFi全覆盖。全年新增高速服务区A级旅游厕所5个、乡村旅游厕所11个，有A级旅游厕所20座，在宝龙广场新建旅游集散中心(旅游咨询中心)1个。 （朱 捷）

【旅游市场综合监管】 2019年，丹徒区文体广旅局维护旅游企业品牌形象，提升旅游企业服务管理水平和旅游服务质量。年内，组织全区旅游企业导游、讲解员及工作人员开展专题培训；推进文明旅游，在重点景区、乡村旅游区张贴文明旅游宣传画，开展旅游志愿服务活动10余次。年内，米芾书法公园和新四军四县抗敌总会纪念馆通过景区评定性复核；受理旅游投诉案件3件，满意率均为100%。 （朱 捷）

【旅游品牌建设】 2019年，丹徒区有A级景区6家、省星级乡村旅游区20家、省乡村旅游重点村1家(五套村)、省级旅游度假区1家(世业洲)、省级工业旅游示范区2家、首批省级研学旅游示范基地2家、省级研学旅游示范基地2家。年内，丹徒区文体广旅局推荐江心洲淳秀山庄农家乐和上党尚水荟创建银宿级民宿，推荐米芾书法公园、江心洲和世业洲创建低碳旅游区，推荐江心洲五套村和世业洲世业村创省级重点旅游村，指导长山薰衣草庄园、世业开心休博园创建国家AAA级景区；推荐的世业洲体育休闲旅游线路被评为“2019江苏省最美跑步线路”和“2019十一黄金周体育旅游精品线路”，丹徒区开心农场入选江苏省农业厅发布的“2019年江苏省主题创意农园”。 （朱 捷）

【2019中国·丹徒旅游文化节】 2019年4月13日至12月15日，丹徒区举办第四届中国·丹徒旅游文化节。该次旅游文化节以“宜风韵、生态美”为主题，围绕“赏花之旅、采摘之旅、人文之旅、乐活之旅”四个系列活动，举办2019中国·丹徒旅游文化节启动仪式暨第二届上党茶文化节、第四届谷阳槐荫民俗文化季、第十二届江心洲柑橘节暨首届美丽镇江乡村游嘉年华、“一颗初心”首届世业洲草莓节暨2019中国丹徒旅游文化节闭幕式等17场子活动，推动节庆所在地农副产品销售和乡村休闲旅游发展，接待游客超过100万人次。开幕式现场举行“宜游丹徒”微信小程序上线仪式、央视《美丽中国乡村行——走进丹徒》专题片拍摄开机仪式。旅游文化节期间，丹徒区配合镇江市举办2019中国镇江金山文化旅游节，并被中国镇江金山文化旅游节组委会评为“优秀组织奖”。 （朱 捷）

图86 2019年4月13日，2019中国·丹徒旅游文化节开幕式现场
（丹徒区文体广旅局）

表 21

2019年丹徒区A级景点情况

名称	A级	所在地	评定时间
中国米芾书法公园	AAAA	丹徒长山	2014年
恒顺醋文化博物馆	AAAA	丹徒新城	2011年
江心洲橘江里景区	AAA	江心洲	2015年
新四军四县抗敌总会纪念馆	AA	宝堰镇	2009年
冷遹纪念馆	AA	辛丰镇	2006年

(丹徒区文体广旅局)

表 22

2019年丹徒区星级乡村旅游点情况

名称	星级	所在地	评星时间
新颖生态农业园	四星	宝堰镇	2012年
凤凰山庄	四星	高资街道	2013年
联创农业生态园	四星	宝堰镇	2013年
十里长山生态园	四星	丹徒新城	2014年
开心农场	四星	世业洲	2017年
江岛庄园	三星	江心洲	2010年
百之味农庄	三星	江心洲	2013年
荷塘橘色水景园	三星	江心洲	2013年
江心神珠生态农业园	三星	江心洲	2014年
恒顺生态园	三星	荣炳镇	2014年
民族风情园	三星	世业镇	2015年
硕德农业发展有限公司	三星	荣炳镇	2015年
沁华生态农业园	三星	荣炳镇	2015年
槐荫村	三星	谷阳镇	2016年
翰雅有机农场	三星	上党镇	2016年
绿丰生态园	三星	上党镇	2017年
赵敬生态园	三星	上党镇	2018年
尚水荟生态园	三星	上党镇	2018年
丰盛园	三星	世业洲	2018年
绿郊源农庄	二星	上党镇	2013年

(丹徒区文体广旅局)

表 23

2019年丹徒区旅游品牌创建情况

品牌创建	名称	所在地	评定时间
省级旅游度假区(1家)	世业洲旅游度假区	世业洲	2012年
省级工业旅游区(1家)	中国醋文化博物馆	丹徒新城	2012年
省级工业旅游示范区(1家)	北汽镇江汽车新能源工业旅游区	上党镇	2018年
首批省级研学旅游示范基地(2家)	中国米芾书法公园	丹徒长山	2016年
	镇江青少年综合实践基地	世业洲	2016年
省级生态旅游示范区	长山文化生态旅游区	丹徒长山	2016年
省级自驾车基地(3家)	镇江世业洲	世业洲	2012年
	新颖农业生态园	宝堰镇	2013年
	百之味农场	江心洲	2017年
江苏省历史文化名镇(1家)	宝堰镇	宝堰镇	2013年
首批江苏省农家乐集聚村示范村	橘江里	江心洲五套村	2015年
首批2016年江苏省休闲观光农业示范村	江心洲五套村	江心洲五套村	2016年
江苏省特色景观旅游名镇(3家)	世业镇	世业洲	2014年
	宝堰镇	宝堰镇	2016年
	丹徒区高桥镇(江心洲生态农业园区)	高桥镇	2017年

续表

品牌创建	名称	所在地	评定时间
江苏省特色景观旅游名村(1家)	卫星村	世业洲	2015年
2015年江苏省十大新景区	中国米芾书法公园	丹徒长山	2015年
2015年江苏十条新线路	丹徒区	丹徒区	2015年
2015年全国休闲农业与乡村旅游星级示范创建企业	开心农场有限公司	世业镇	2015年
中国乡村旅游模范村	卫星村	世业镇	2015年
中国乡村旅游金牌农家乐	凤凰山庄、联创、新颖、江岛庄园	高资街道、宝堰镇、江心洲	2015年
国家级农业旅游示范点（2家）	世业洲旅游度假区	世业洲	2005年
	毓龙湾国际度假村	辛丰镇	2006年
国家金叶级绿色饭店(1家)	金陵润扬大桥酒店	世业洲	2010年
江苏省精品休闲度假饭店	金陵润扬大桥酒店	世业洲	2016年
市级绿色饭店(1家)	丹徒区谷阳大酒店	丹徒新城	2012年
镇江市首批休闲农业示范点(2家)	江苏翰雅生态农业有限公司	上党镇	2016年
	江苏长山薰衣草有限公司	丹徒长山	2016年

（丹徒区文体广旅局）

表24　**2019年丹徒区旅行社情况**

单位名称	地址
丹徒新城	
镇江中国旅行社丹徒营业部	丹徒区祥盛华庭24幢第1层1室
镇江环球国际旅行社	丹徒区科苑华庭32幢第1层S10室
镇江江天国际旅行社(中国旅行社)	丹徒新城龙山路194号
中国国际旅行社	丹徒新城瑞泰城市2幢第1层102室
镇江文旅康辉国际旅行社附马花园营业部	丹徒区附马花园西大门20-103室
镇江文旅康辉国际旅行社圣地雅格门市部	丹徒区圣地雅格1幢1层
百事通勤政路营业部	丹徒区幸福城勤政路117号
镇江新闻国旅丹徒营业部	丹徒区新城家园东区5幢第1层S08室
镇江春华旅行社丹徒区营业部	丹徒区风尚花园商业5栋0122室
南京市中国旅行社丹徒圣地雅格营业部	丹徒区圣地雅格17幢第1层S03室
哥伦布旅行社丹徒分公司	丹徒区瑞泰新城店
镇江市恒顺醋文化旅游发展有限公司	镇江恒顺大道66号醋文化博物馆内
镇江宜游旅行社有限公司	丹徒区新城附马街108号
宝堰镇	
镇江中国旅行社宝堰营业部	丹徒区宝堰镇镇阳路
镇江江天交通旅行社宝堰门市部	丹徒区宝堰镇世纪大道19号
百事通宝堰营业部	
上党镇	
江苏百事通国际旅行社丹徒上党营业部	丹徒区上党镇上党村原服装厂8号
辛丰镇	
镇江中国旅行社辛丰营业部	丹徒区辛丰镇辛丰村6组
天马国际旅行社辛丰营业部(暂时不营业)	丹徒区辛丰镇辛桥村亨威路
镇江天马旅行社丹徒辛丰营业部	丹徒区辛丰镇辛桥村11号
荣炳园区	
江苏省镇江中国旅行社荣炳营业部	丹徒区荣炳盐府路141号

（丹徒区文体广旅局）

卫 生

责任编校 刘 芳

综 述

【概况】 2019年，丹徒区有各级各类医疗卫生机构118所，其中：二级综合医院1所，二级中医院1所，疾病预防控制中心1所，卫生监督所1所，卫生进修学校1所，妇幼保健计划生育服务中心1所，乡镇卫生院12所(含中心卫生院5所)，社区卫生服务中心1所，村卫生室(社区卫生服务站)53所，民营精神病医院1所，门诊部(诊所)27所，企(事)业单位医务室(卫生所)9所，护理站9所。全区有卫技人员1266人，其中执业(助理)医师526人，注册护士494人，全科医师162人，高级职称人员68人。全区二级医院及乡镇卫生院诊疗190.6万人次，收治住院病人16702人次；二级医院病床使用率72.71%，乡镇卫生院病床使用率27.40%，全区平均病床使用率50.29%。全区公立医疗机构门急诊172.6万人次。 (王姝凡)

【公立医院综合改革】 2019年，镇江市丹徒区卫生健康委员会(简称丹徒区卫健委)深化医改方案及医联体建设、公立医院控费等政策文件，完善医改制度体系，明确实施路径。巩固全面取消药品加成改革成果，促进医保、医药、医疗联动，建立医疗共同体并优化资源配置。继续发挥“丹徒区人民医院医联体”“丹徒区中医院医联体”两个医疗联合体区域统一医疗资源的优势，形成“基层首诊、双向转诊、急慢分治、上下联动”的分级诊疗格局。丹徒区人民医院对基层医疗机构医疗质量管理、护理质量管理、常见病多发病诊疗规范制定、常见病临床路径开展、临床技能操作、消毒隔离与无菌操作、护理服务理念与能力等工作给予指导，提高基层医疗机构医疗与护理能力。丹徒区中医院统一制作7种中医协定处方在医联体内部使用，举办中医适宜技术培训、开展中医讲座，丰富各成员单位中医人员的中医知识以及提高中医临床服务能力。紧密型医联体由丹徒区人民医院与宜城社区卫生服务中心签订合作协议，由丹徒区人民医院统一管理，制定内部卫生发展规划、实现医疗资源配置整合，减少资源浪费及重复投入；实行对财务、设备、药品、人员和业务的管理；统一调配使用紧密型医联体内卫生人力资源；实行检验、检查协同，实行设备维修、消毒供应、人员进修、卫生应急、科研项目、教育培训、病案质控、技能竞赛等其他能力共享；搭建对外宣传公用平台，形成宣传效应，共同提升双方的社会影响力和知名度。 (王姝凡)

【卫生人才建设】 2019年，丹徒区卫健委建立人才工作领导小组，明确人才工作议事规则，将人才工作和人才队伍建设纳入各医疗卫生单位目标责任考核，形成职责明确、统一协调、科学高效的工作运行机制。参加省卫健委组织的“全省基层医疗卫生机构公开招聘医学人才”专场招聘，主要针对丹徒基层医疗卫生机构招人难的岗位和急需紧缺专业岗位，简化考试考核程序，成功招聘到卫生专业技术人才。全年招录各类医学毕业生18人，录取免费培养定向医学生8人。至年底，丹徒区卫技人员中，研究生12人，大学本科621人，大学专科340人，中专153人，高中及以下学历72人；正高级职称12人，副高级

职称144人，中级职称373人，初级职称565人，其中省“333”人才1人，市“169”人才4人。（王姝凡）

【智慧健康信息化建设】 2019年，丹徒区卫健委推进基层卫生信息化务实应用，提升基层医疗卫生服务能力，上线预防接种信息管理系统、妇幼健康信息系统；部分医疗单位开通移动支付、诊间结算等功能，并逐步开放预约诊疗、自助挂号、智能导诊分诊、候诊提醒、远程会诊、点单试签约等便民惠民服务；打造医联体检查检验平台，整体提升区域内检验服务水平，满足基层医疗卫生单位的业务需求。（王姝凡）

【中医药事业】 2019年，丹徒区卫健委继续实施中医药文化惠民工程，着力完善中医药服务体系，新建村卫生室(社区卫生服务站)中医阁14家，完善中医医联体协作机制，推进基层医疗机构中医馆、中医阁的实体化运作。继续安排中医院专家赴各镇(街道、园区)开展中医药科普知识宣讲、咨询和义诊，全区开展中医药文化宣传活动20场次。（王姝凡）

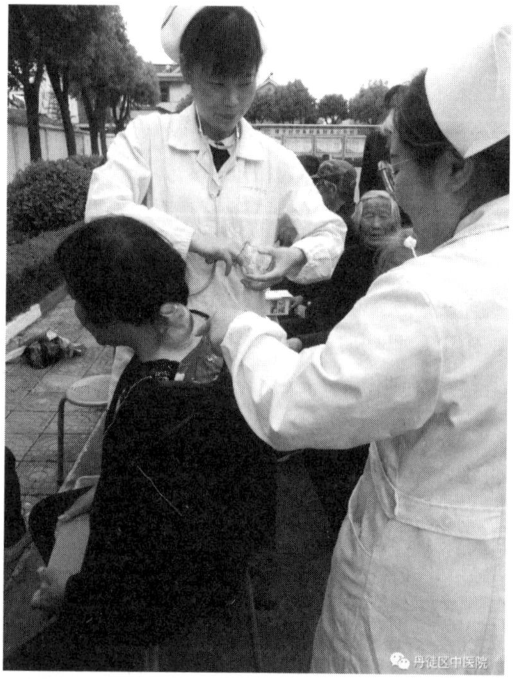

图87　2019年3月25日，丹徒区中医院开展文化下乡活动　（丹徒区卫健委）

疾病预防控制

【概况】 2019年，丹徒区卫健委开展全民自救互救工程，巩固省级卫生应急规范区创建成果。在卫生计生系统内开展应急救护培训，全区医疗卫生机构和急救机构人员培训覆盖率100%。实施“校园应急救护安全工程”。提升监测预警和风险评估能力，处置突发公共卫生事件1起。完成高考、长江音乐节、各种运动会、审判等重大活动保障19次。修订《丹徒区突发重大传染病疫情应急预案》。开展“全国儿童预防接种日”宣传活动。全区儿童预防接种建证率100%，纳入国家免疫规划的疫苗适龄儿童接种率95.38%。购置针式打印机75台、预防接种电脑80台和服务器9台，“儿童预防接种服务子系统”“儿童预防接种服务子系统”“疫苗全程追溯子系统”在全区上线并正常运行。加强预防接种服务体系建设，共投入320余万元推进标准化预防接种门诊建设和改造，撤销黄墟、石马和上会门诊点，全区10家预防接种门诊均完成江苏省标准化预防接种门诊建设。加强预防接种工作人员法治教育、警示教育和职业道德教育，丹徒区卫健委相关科室、卫生监督所、疾病预防控制中心、预防接种单位负责人和预防接种岗位所有工作人员共计316人参加培训。9月20日，开展预防接种技能竞赛活动，全区12家医疗卫生单位、45名选手参加活动，上党中心卫生院获团体一等奖，通过竞赛活动达到以赛促训的目的，提升预防接种人员知识水平、操作技能和服务能力，保障预防接种安全。（王姝凡）

【传染病防控】 2019年，丹徒区卫健委落实肠道、呼吸道和虫媒传染病综合监测，做好霍乱、人禽流感等传染病防控，处置诺如病毒感染性腹泻疫情。做好登革热等输入性疫情的防控、流调，推进医疗机构基于HIS系统的传染病报告与管理信息化建设。甲、乙类传染病发病人数395例，疫情报告信息质量综合率100%，完成省级传染病综合监测完成率及流感、手足口病监测工作712份(流感93份、手足口59份、禽流感40份、霍乱外环境30份、腹泻病人490份)。预警系统运行正常，预警信号响应率、单病例预警信号分析处理率均为100%；按要求开展疫情信息分析利用。开设肠道门诊、发热门诊，做好禽流感外环境采样检测。加强冬春季学校传染病处置，联合丹徒区教育局召开高校在内的学校传染病防控会议，开展培训和部署防控工作。处置水痘疫情突发公共卫生事件1起。 (王姝凡)

【结核病防控】 2019年，丹徒区卫健委制定结核病分级诊疗和综合防治服务模式实施方案，提高患者的发现和治疗管理工作质量。继续推进三位一体防控。开展学校PPD(结核菌素试验)接种。全区肺结核报告发病128人，其中涂阳患者45人、仅培阳患者4人、仅分子生物学阳性患者15人、病原学检查阴性患者54人、单纯结核性胸膜炎患者10人，病原学阳性诊断率54.2%。加大患者发现力度，落实免费胸片筛查，实现患者全程管理。(王姝凡)

【艾滋病防控】 2019年，丹徒区卫健委做好艾滋病综合防治示范区工作，加大艾滋病宣传教育力度。联合开展第32个世界艾滋病日宣传活动，发放各类宣传资料3000余份、安全套2000余只，现场讲解艾滋病的危害和传播途径，普及防病理念和预防措施。探索艾滋病病例社区随访管理、娱乐场所自主管理、新型毒品人群有效干预等新的干预模式。开展医务人员主动艾滋病抗体检测，检测各类人群41377人，完成全人群检测率14.0%，初筛阳性6例，经市疾控确认1例阳性感染者、既往阳性1例。至年底，全区应随访人数112人，实际随访111人，失访1人，随访管理率99.10%。 (王姝凡)

图88 2019年11月29日，丹徒区第32个世界艾滋病日宣传活动现场 (丹徒区卫健委)

【血吸虫病防治工作】 2019年，丹徒区共投入查螺工日1850个，完成查螺面积2200万平方米，查出有螺条块80个，查出有螺面积78万平方米，其中江滩49.2万平方米、内陆28.35万平方米、山区0.45万平方米；解剖钉螺12154只，未查出阳性钉螺。全区投入灭螺药物37.7吨，用工1258个，完成灭螺面积508.5万平方米，所有灭螺条块经市、区质量考核组考核，钉螺死亡率平均为95.8%，活螺密度平均下降92.22%。将江心洲五墩村灭螺列入重点工程，开展机械化清障自动投药灭螺、内陆河道铲草皮沿边药浸、喷洒灭螺以及沟渠药物浸杀等多种方式灭螺，共清理鱼塘100余个，灭螺面积10万平方米，投入灭螺药物6余吨。加强监测预警与风险排查，落实各项"血吸虫病急性感染"防控措施，全区未发生"急感"疫情。5月9日，省政府血地防领导小组办公室组织人员督查丹徒区2019年春季查灭螺工作进展情况、防治效果以及预防控制血吸虫感染各项措施的落实情况。10月9日，丹徒区代表江苏省迎接国家开展的省绵血吸虫病传播阻断达标评估。7月3日，丹徒区代表队参加镇江市寄生虫病防治技能竞赛，获团体一等奖和优秀组织奖。 (王姝凡)

【慢性病综合防控】 2019年，丹徒区卫健委巩固国家慢性病综合防控示范区创建成果。建立慢病规范化门诊，推进高血压和糖尿病患者规范管理、慢性病综合防控示范区动态管理项目和全民健康生活方式行动。重视青少年健康和学校卫生工作。规范全区慢性病信息收集工作，共出具死亡医学证明书2389张,网络报告覆盖率100%、网络审核及时率100%、报卡及时率97.41%,死因不明比例1.17%(＜5%)、编码错误比例0.73%(＜5%)、粗死亡率822.88/10万。开展覆盖全区全人群的心脑血管疾病、肿瘤等慢性病及相关危险因素监测,做好慢阻肺登记报告和肿瘤随访等工作,全区"主要慢性病"共报卡2392张,报卡及时率98.62%,审核分卡及时率100%。全区报告脑卒中患者1475人,冠心病患者132人,慢性阻塞性肺疾病患者324人,恶性肿瘤患者543人。上党镇、辛丰镇开展慢病高危人群干预工作,共建立13个微信/QQ群,累积推送140次健康知识,组织开展宣传活动1次,开展健康讲座5次,完成半年随访400人次,并录入数据库。开展"全国肿瘤防治宣传周""世界卒中日""全国高血压日"宣传活动。开展健康口腔行动,推广口腔疾病防治事宜技术,提升口腔卫生服务能力。

(王姝凡)

公共卫生

【概况】 2019年,丹徒区卫健加强公共卫生应急管理,依托中国疾病预防控制信息系统,开展传染病自动预警异常信息分析,按月、季、年进行专题疫情分析,实时、动态、有效处置各类预警信息;建立突发事件风险评估机制,开展日常风险评估,对重大活动进行专题风险评估;及时规范处置每起突发公共事件。规范开展突发事件紧急医学救援;完成"长江国际音乐节""中高考""两会"等重大活动保障。推进医联体建设,完善丹徒区人民医院与宜城社区组建紧密型医联体试点工作,选取合适的单位适时推广;继续做好医疗专科联盟建设,加大与北京、上海、南京等大医院的专科联盟建设力度,争取在中医药、骨科、康复科、妇科等专科建设有所突破,让患者在丹徒也能得到上级专家优质的医疗服务;实行分级诊疗,形成资源共享、分工协作、错位发展的管理模式,提升医疗质量和同质化服务水平,完善"全一专联合门诊"、康复、儿科、妇科等联合病房的内涵建设;抓好基本公卫项目等重点任务,推进国家慢性病综合防控示范区建设。 (王姝凡)

【医养融合】 2019年,丹徒区卫健委鼓励医疗机构与无内设卫生室或门诊部等的养老机构签订医疗服务合作协议,建立完善可持续性的医疗服务运行机制。全科医生可根据居家养老签约对象的健康评估情况及实际需求,为社区高龄、重病、失能、部分失能及计划生育特殊家庭的老年人提供上门巡诊、社区护理、家庭病床等持续有效的个性化医养结合服务。规范开展转诊和预约服务,畅通就诊绿色通道,做好老年病、慢性病防治和康复护理工作。鼓励镇卫生院(社区卫生服务中心)将社区养老服务照料中心作为延伸服务点,协同开展健康随访、健康教育、保健咨询和心理卫生服务。丹徒区人民医院开设老年病科,增加老年病床数量,做好老年慢性病防治和康复护理。尝试"敬老院+"和"卫生院+"的"医养结合"新模式。 (王姝凡)

卫生监督

【概况】 2019年,丹徒区卫健委以推进健康丹徒建设为核心,通过优化服务,打造服务型行政执法机构,推进卫生监督服务体系、服务能力、服务质量"三提升"。全年受理办结公共场所卫生许可295件(新证161件,延续86件,变更25件,注销23件),放射诊疗许可28件(校验18件,变更10件),放射诊疗建设项目职业病危害项目预评价1件、竣工验收1件,饮用水供水单位许可(延续、变更)1件。全年立案37件,其中作出行政处罚决定36件,包括公共场所卫生监督13件(含简易程序2件)、医疗市场监督一般程序案件18件,职业卫生监督1件、传染病防治监督案件3件(简易程序)、餐饮具集中消毒企业1件(简易程序),共计罚款金额16.87万元、没收违法所得8.4753万元。 (王姝凡)

【公共场所卫生监督】 2019年,丹徒区卫健委检查辖区住宿业、沐浴业、美容美发场所、游泳场所等公共场所开展卫生管理制度落实情况，共检查单位数868家，其中合格单位650家，责令改正218家。检查城区住宿业单位22家，责令整改22家；完成8家集中空调通风系统使用单位的卫生学评价工作；共检查游泳场所6家，对4家泳池水样检测不合格单位给予责令改正。在4类场所实施公共场所量化分级管理，完成城区291家公共场所的量化分级评定，其中B级单位147家、C级单位144家，并公示量化分级结果。 （王姝凡）

【生活饮用水卫生监督】 2019年，丹徒区卫健委监督检查3家管道直饮水供水单位和8家二级管理二次供水单位，通过现场快速检测，对发现的不合格指标，结合现场检查情况查摆分析原因，提出针对性的责令整改方案，共责令限期改正单位11家。 （王姝凡）

【医疗卫生监督】 2019年，丹徒区卫健委继续开展医疗市场监督执法工作。在依法执业专项(含中医依法执业)整治行动中，共检查各类医疗机构102家，监督覆盖率100%。责令整改单位10家，立案实施处罚1起。以城乡结合部、乡村流动人口聚集地为重点，开展打击无证行医及非法医疗美容行为专项行动，共查处无证行医案件17件，其中作出处罚决定16件，罚款12.15万元、没收违法所得8.4753万元。加强对辖区内12家乡镇卫生院开展医疗服务质量专项检查，重点检查各单位医疗质量管理和医疗质量安全核心制度落实情况，责令整改单位4家。 （王姝凡）

【学校卫生监督】 2019年，丹徒区卫健委开展“2019年学校卫监行动”，监督检查辖区所有中小学校、托幼机构的传染病防控、饮用水卫生、教学及生活环境卫生情况，共检查单位53家，责令整改学校11家，并对11家学校的学生饮水分别抽检，采集直饮水、桶装水、净水器出水等样品共计13份，对2家抽检不合格学校予以当场行政处罚。对镇江宜城小学等5家学校开展学校卫生综合监督评价，评定等级均为合格。 （王姝凡）

【职业(放射)卫生监督】 2019年，丹徒区卫健委监督检查18家放射诊疗机构和1家职业健康检查机构，重点检查放射诊疗许可、工作人员职业健康监护、放射防护检测、个人剂量监测、防护用品配备和使用等方面情况，共责令整改15家单位，另处理职业卫生专业的投诉举报3起，实施行政处罚1起。 （王姝凡）

【传染病防治监督】 2019年，丹徒区卫健委加强预防接种管理，开展疫苗与预防接种安全隐患专项整治工作，共检查单位15家，出具卫生监督意见书13份，结合国家“双随机”监督任务和“精美镇江”卫生城市复审工作开展医废专项检查，共检查单位105家，对25家有问题的单位提出整改意见，立案查处2起，另对3家未定级医疗机构当场给予警告。 （王姝凡）

爱国卫生

【概况】 2019年，丹徒区加快推进省级卫生村创建工作，高资街道、谷阳镇、上党镇落实各项措施，把握时间节点，共创建省级卫生村14个。世业镇被确定为2019年健康江苏建设示范点。省、市下达丹徒区改厕任务2000户，共涉及5个镇(高桥镇、辛丰镇、谷阳镇、上党镇、宝堰镇)2个园区(江心洲生态农业园区、荣炳盐资源区)和2个街道(宜城街道、高资街道)，计40个行政村，年初成立以分管区长为组长的丹徒区农村改厕工作领导小组，各项目镇具体负责改厕工程招标、样板池建设、户厕改造工程监督、改厕镇级逐户验收、受益农户公示等工作，至9月底，全区100%完成省、市下达的改厕任务数。通过省健康教育学习测评网大众健康知识知晓问卷调查，知识知晓率和行为形成率分别为

86.91%和96.20%。指导医疗机构健康处方覆盖率门诊病人10%以上，住院病人100%。设计发放健康教育宣传展板“健康素养66条”100套，完成新闻稿30篇，与媒体合办专栏(1个电视台、2个广播电台)播放116次。开展现场宣传和病媒生物防制整治工作，共计发放宣传材料3万余份，统一设计制作健康知识展牌700张、灭鼠公告300余张，居民小区入口处或醒目位置张贴率100%。（王姝凡）

【控烟工作】2019年，丹徒区卫健委贯彻《江苏省爱国卫生条例》，按照集中培训、分类指导、统一考核的原则，全区实现无烟机关、无烟医院、无烟学校全覆盖。结合“世界无烟日”及各类卫生宣传日，宣传吸烟危害健康的科学知识，倡导无烟生活理念，强化公众对烟草危害的认识，促进形成不吸烟、不敬烟、不劝烟的社会风气。全年发放控烟标识2000张、控烟宣传画400张。（王姝凡）

妇幼卫生

【概况】2019年，丹徒区卫健委做好预防艾滋病、梅毒和乙肝母婴传播项目，降低母婴传播率。加强现场质控，提高项目实施效果。新增叶酸补服1202人，完成全年任务100.17%。“两癌”筛查妇女20678人，完成全年任务数103.39%。筛查出乳腺癌7例、宫颈癌5例。孕妇孕期“三抗”检测1985人，住院分娩产妇“三抗”检测391人。免费接种免疫球蛋白11支。依托区域内医联体建设，完善服务模式，推进区级医疗机构与基层医疗机构妇幼健康服务纵向联合工作，建立双向转诊绿色通道，实行分级诊疗服务。规范出生医学证明发放管理。贯彻落实《中华人民共和国母婴保健法》《计划生育技术服务管理条例》等法律法规，依法加强对助产技术、计划生育技术、产前诊断(筛查)等母婴保健技术服务的监管，严把技术和人员的准入关。规范开展避孕方法知情选择，落实免费计划生育基本技术服务。强化技术服务管理，为符合生育条件对象提供终止避孕措施服务。避孕药具不良反应监测报告率达到600例/百万人口，监测工作覆盖率100%。（王姝凡）

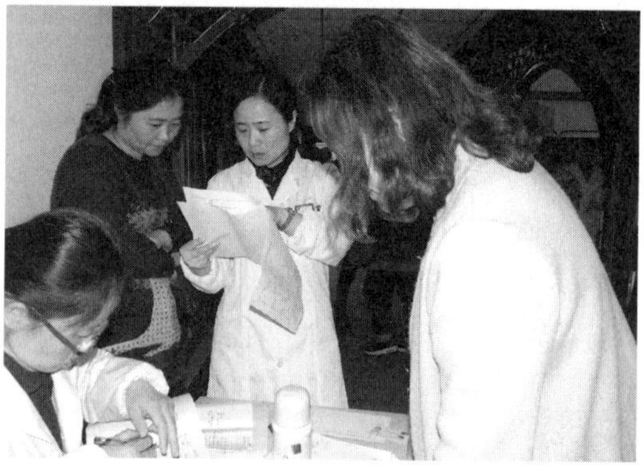

图89　2019年，宜城社区卫生服务中心开展两癌”筛查活动（宜城社区卫生服务中心）

【“预防出生缺陷，提高人口素质”宣传活动】2019年5月20日，丹徒区卫健委和丹徒区妇幼计生中心在丹徒区民政局结婚登记处举办“预防出生缺陷，提高人口素质”宣传活动。丹徒区人民政府预防出生缺陷综合防治民生实事项目，推出免费婚前医学检查、孕前优生健康检查、免费增补叶酸、产前血清学筛查、新生儿疾病筛查等覆盖孕前、孕期、新生儿期的婚育全程的多项免费的惠民措施，旨在提高出生人口素质。活动现场，通过发放宣传资料、优生优育咨询、免费婚前医学检查抽血等方式，向近100余对新人宣传婚育政策，帮助其了解婚前保健和孕前保健的重要性，做好出生缺陷三级预防措施，生育健康宝宝，降低出生缺陷率。（王姝凡）

图90　2019年5月20日，丹徒区卫健委和丹徒区妇幼计生中心在丹徒区民政局结婚登记处举办“预防出生缺陷，提高人口素质”宣传活动（丹徒区卫健委）

医疗机构选介

【丹徒区人民医院】 丹徒区人民医院占地面积4.8万平方米，该院科室设置齐全，配备西门子1.5T磁共振系统、西门子64排128层螺旋CT、飞利浦数字摄片机(DR)、C臂X光机、美国HOLOGIC乳腺机、钬激光、德国卡尔史托斯腹腔镜、宫腔镜和鼻窦镜系统、奥林巴斯电子胃镜和肠镜、电子喉镜、阴道镜、膀胱镜、西门子S1000彩色超声诊断仪、贝克曼Au680全自动生化分析仪、发光免疫分析系统、西门子呼吸机、多功能麻醉工作站等大型仪器设备。开设消化内科、内分泌科、普外科、甲乳外科、泌尿外科、骨科、手外科、妇产科、康复科、健康管理中心等特色专科，同时培养和引进多名专家、硕士研究生。2019年，该院有编制床位400张；有职工470余人，其中卫生专业技术人员384人，有高级职称60余人、中级职称160余人；年门诊量40余万人次，年出院人数万余人次。8月14日，丹徒区人民医院与江苏省研究型医院协会胃肠肿瘤MDT专业委员会临床专家团队举行签约仪式。 （王姝凡）

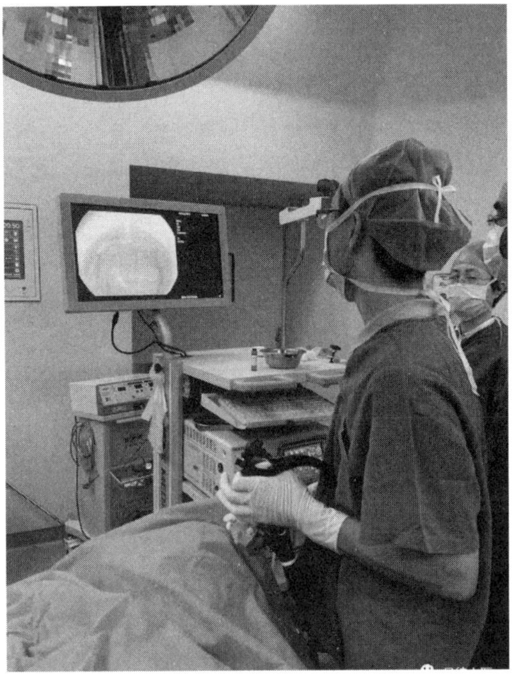

图91　2019年，丹徒区人民医院胃肠镜手术

（丹徒区卫健委）

【丹徒区中医院】 丹徒区中医院又名丹徒区中西医结合肾病医院，创建于1983年，是国内成立最早的县级肾脏病专科医院，是丹徒区唯一的一所集医疗、科研、保健为一体的“二级乙等”中医医院，位于丹徒新城健康公园西侧，占地面积3300平方米。该院坚持中西医结合的办院方向，注重发挥中医药特色优势，传承中医国粹，开展中医药传统疗法，在中医治疗常见病、多发病、肾脏病等方面形成特色。至2019年底，开设省高级专家工作室、镇江市名中医工作室、周逊专家工作室以及肾病科、血液净化科、内科、外科、中医内科、中医妇科、针灸科、口腔科等临床科室，开设中医肾病激光治疗室、肾病结肠透析室、肾病实验室、检验科、影像科、中药制剂室等医技辅助科室。拥有美国进口西门子彩超、全自动酶标仪、全自动生化分析仪、自动尿液定量分析仪、r计数器、超低温冰箱、低温离心机、血液透析机、结肠透析机、血透仪、体外冲击波碎石机、肾病治疗仪、除颤仪、心电监护仪等各类先进设备。2019年，该院核定病床位80张；有职工82人、医技人员68人，其中江苏省中医药学会、中西医结合学会委员5人，老年病学委员1人、镇江市护理学会委员5人；副高职称以上专业技术人员12人，中级职称专业技术人员21人；聘请省级中医专家3人、市级中医专家5人。全年完成门急诊5.1万人次。 （王姝凡）

社会生活

责任编校 李东东

民 政

【概况】 2019年，镇江市丹徒区民政局(以下简称丹徒区民政局)践行“为民、爱民”服务理念，推动民政事业改革创新，各项民政工作取得阶段性成效。推进自然灾害“惠润万家”保险项目，完善“主动发现、及时介入、精准救助”社会救助机制，推进地名普查工作，推进居家养老服务提档升级。年内，丹徒区民政局获得丹徒区“落实党风廉政建设先进单位”“落实意识形态责任制先进单位”“领导班子和领导干部‘五好五争’先进典型”“实施乡村振兴战略行动先进集体”“政法工作先进集体”“信访稳定工作先进单位”等荣誉称号。

（崔笑月）

【社会救助】 2019年，丹徒区民政局推进社会救助改革提高救助保障水平，有效保障困难群众基本生活。7月1日起，丹徒区城乡低保标准由每人每月710元提高至每人每月750元。至12月底，全区城乡低保在保1971户3215人；全年发放城乡低保金1922.91万元、临时救助63万元、自来水补助50.6万元、春节期间普惠性和市级专项慰问金230.76万元、物价补贴202万元。（张 峰）

【残疾人权益保障】 2019年，丹徒区民政局开展残疾人权益保障工作，推进落实困难残疾人生活补贴和重度残疾人护理补贴政策。提高家庭人均收入低于低保标准2倍以内的一户多残、依老养残特殊困难残疾人生活补贴标准，由每人每月426元提高至每人每月450元；至12月底，全区有4543名残疾人享受残疾人生活补贴，其中享受重度残疾人护理补贴3613人，全年发放区级残疾人生活补贴1776.15万元、残疾人护理补贴524.15万元，有效改善困难残疾人家庭的生活质量。（张 峰）

【困境儿童保障】 2019年底，丹徒区有困境儿童52名，其中社会散居孤儿2名，其他类困境儿童50名。丹徒区民政局全年发放困境儿童生活补助金额425507元。社会散居孤儿生活补助金额由每人每月1646元提高至每人每月1773元。父母监护缺失的儿童生活保障标准、父母无力履行监护职责的儿童生活保障标准和重残、重病儿童生活保障标准分别按照社会散居孤儿生活保障标准的80%、60%和50%发放。（汤 文）

【特困人员供养】 2019年底，丹徒区有特困人员707人，其中农村特困人员696人、城市特困人员11人。自7月1日起，全区城市户籍特困人员供养标准由每人每月1498元提高至每人每月1611元；农村分散特困人员供养标准由每人每月852元提高至每人每月975元。全年发放特困人员供养经费774.02万元。（赵 敏）

【社会组织管理】 2019年底，丹徒区登记的社会组织有377家，其中社会团体205家、民办非企业单位172家。年内，丹徒区民政局开展社会组织管理各项工作，推进行业协会商会与行政机关脱钩，开展对校外培训机构专项整治及联合执法，推进社会组织党建工作，重点监管养老、教育培训类社会组织的成立、审批和审核工作，引导动员社会组织参与脱贫攻坚。以公益项目的形式提供专项资金，推动社会组织开展精准扶贫项目，改善困难群体生活质量；加大社会组织新闻宣传力度，提升社会组织品牌建设；为社会组织参与各类公益项目提供专项辅导。在2019年度市级公益创投项目的投标中，丹徒区社会组织有4个项目入选。 （贾志红）

图92　2019年12月6日，丹徒民政局在丹徒区社会组织孵化基地组织开展“品牌社会组织培育扶持项目”的第五批次的活动 （丹徒区民政局）

【“和谐社区”达标建设】 2019年，丹徒区民政局按照动态管理原则，复检验收全区90个社区综合服务中心，其中89个达到省定“和谐社区”建设标准。全区农村社区83个，达标82个；城市社区7个，全部达标。 （汤江华）

【特色社区试点建设】 2019年，丹徒区民政局推进特色社区建设。以上党镇丰城村、宝堰镇宝堰村为试点，开展“助老型特色社区”建设；以世业镇世业村为试点，开展“法治型特色社区”建设；以高桥镇京江村为试点，开展“特色产业社区”建设；以宜城街道姚庄社区为试点，开展“自治性特色社区”建设；以宜城街道西麓村、高资街道西斛村为试点，开展“农村社区试点建设”。各社区(村)围绕创建主题，特色社区创建有序推进。 （闫玉梅）

【村(居)委会统一信用代码证到期换证工作】 2019年，丹徒区民政局按照按照江苏省、镇江市工作要求，针对符合换证条件的村(居)民委员会，开展统一信用代码证到期换证工作。年底，丹徒区民政局完成7个居委会、74个村委会的换证工作，发放社区统一信用代码证81张。 （闫玉梅）

【“双全”社工培训考核】 2019年，丹徒区民政局推广“全科+全能”社区治理方式，针对宜城街道部分城市社区工作者，完成第一批“双全”社工理论培训考核。11月，35名参训人员中，有27名通过考核，获得丹徒区城市社区“双全”社工资格证书。（汤江华）

【殡葬管理】 2019年，丹徒区民政局制定下发《丹徒区2019年清明节工作方案》，推行文明低碳祭扫，实现安全、文明、和谐、有序的祭扫工作目标；根据《关于进一步规范镇江市区惠民殡葬有关政策的通知》要求，免除“十一类人员”减免殡葬基本服务项目费用，每人最高减免额度2000元，全年为1834位符合减免条件的逝者家庭减免殡葬费用214.82万元。推进违规殡葬设施整治工作，成立殡葬改革领导小组，制定下发《丹徒区殡葬领域突出问题专项整治行动方案》，全年累计整治清理“两沿”散坟19140个，其中平坟1066个，迁坟1371个，其余16703个散坟采取了绿化遮挡等方式进行整治。 （王本刚）

【区划地名】 2019年，丹徒区民政局开展区划地名各项工作，提升地名管理的标准化和规范化水平。继续完善区、镇、村三级界线界桩维护管理责任网络，签订界线界桩维护协议，牵头完成丹徒扬中段联检工作方案，召开界线联检联席会议，推进“平安边界”工作；全年完成9家小区的门楼牌配套工程竣工交付验收评定工作。地名命名实行备案制，完成住宅区初审地名3条、地名正式命名6条。年内设置历史地名保护碑12块、界线文化墙1块，

弘扬历史地名文化。（丁祺雯）

【社会工作者队伍建设】 2019年，丹徒区社会工作者队伍建设有序开展。全年有21人通过全国社会工作者职业水平考试，其中取得社会工作师(中级)证书6人、助理社会工作师(初级)证书15人。至年底，全区有社会工作专业者119人，每万人拥有社工人才数4.1人。（吴　晶）

【福利彩票销售】 2019年，丹徒区民政局以巩固站点销量为重点，落实站点安全管理责任，提高销售人员业务能力，推进全区福利彩票销售工作。至年底，全区有福利彩票投注站点53个，其中专营店18个、兼营店27个、双彩店8个。全年福利彩票总销售额2035万元，筹集公益金200余万元。

（汤　阳）

【婚姻登记服务】 2019年，丹徒区民政局完成建国以来婚姻登记历史数据补录工作，全年办理各类婚姻登记3467对，其中结婚类登记2494对，离婚类登记973对。全年婚姻家庭辅导室调解165对离婚夫妻放弃办理离婚登记。配合区卫健委，推广新婚夫妻"免费婚检"及"优生优育"双检查立卡工作，全年建卡600余对。（凌　云）

养老服务

【概况】 2018年，丹徒区常住人口总数32.23万人，户籍人口总数为29.02万人，其中60岁以上老年户籍人口78715人，占户籍人口总数的27.09%。老年人群体呈现基数大、增速快等特点，对多样化、多层次的社会养老服务提出新要求。（赵　敏）

【社会福利中心养老服务】 2019年，丹徒区民政局以《老年人社会福利机构基本规范》为准则，对照《养老院服务质量检查表115项》实施全程监控，规范护理服务流程，提高服务质量，细化护理内容。在丹徒区社会福利中心设立护士站，提升福利中心软硬件服务。至年底，丹徒区社会福利中心有员工12名，员工专业岗位持证率100%。中心全年接收老人23人，其中"三无"(无劳动能力、无生活来源、无赡养人和抚养人)老人1人、社会寄养老人22人。（凌　琴）

【居家养老服务】 2019年，丹徒区普通型社区居家养老服务中心覆盖率100%，提档升级标准化居家养老服务中心4个，新建社区老年人助餐点14个，完成高资街道老年人日间照料中心建设工作。整合线上线下服务，提高服务的效率，全年丹徒区智能养老院接收信息呼叫 33012人次，开展助餐服务12508人次，康复理疗服务15535人次，居家上门服务9997次，参加老年兴趣班10160人次，参加老年旅游2218人次；开展端午节、重阳节等各类节日活动和公益活动48场次。（赵　敏）

图93　2019年9月24日，上党镇老年人助餐点
（丹徒区民政局）

【养老机构建设和管理】 2019年，丹徒区民政局牵头开展养老机构安全专项整治暨养老院服务质量提升专项行动，明确丹徒区养老机构服务质量层级，落实整改责任，加强养老服务体系建设。至年底，全区养老机构床位总数1993张，其中护理型床位1234张，护理型床位比重为61.9%。（赵　敏）

【老年人优待工作】 2019年，丹徒区民政局落实老年人优待服务政策，做好老年优待证申请办理和尊

老金统计发放工作。完善全区办理老年优待证操作流程，简化办证手续，提高服务质量，全年免费为60周岁以上老年人申办老年优待证665人次。全区尊老金发放实行1次登记2次打卡发放的政策，全年惠及11818人，发放尊老金800.2万元。

（赵　敏）

【安康关爱行动】 2019年，丹徒全区通过政府统保方式，支付经费51.4万元，继续保持65周岁以上老年人意外保险保障全覆盖；全区2.1万名老年人自费购买老年人意外伤害保险，丹徒安康关爱老年险总体参保覆盖率居全市首位，全区老年人抵御风险的能力有效提高。（赵　敏）

关心下一代工作

【概况】 2019年，丹徒区关心一代工作委员会(以下简称丹徒区关工委)加强“五老”(老干部、老战士、老教师、老专家、老模范)人员队伍建设，提高“五老”人员关心下一代的工作能力和业务水平，全年举办各类培训班31期。开展“传承红色基因，共话新时代，放飞青春梦”主题教育活动。丹徒区关工委报送的《红领巾向军旗献礼》、丹徒区关工委和丹徒区教育局关工委联合报送的《做新时代好少年》活动视频，分别获得江苏省关工委“全省校外教育辅导站优秀活动项目和特色活动品牌”一等奖和二等奖；丹徒区教育局关工委获江苏省教育系统“2019年度关工委优秀工作团队”。年内，丹徒区关工委系统活动情况被省、市、区新闻媒体报导80余篇(次)。（卞美岗）

【“传承红色基因，共话新时代，放飞青春梦”主题教育活动】 2019年，丹徒区各级关工委开展“传承红色基因，共话新时代，放飞青春梦”主题教育活动。开展主题宣讲，推进主题教育活动。利用本地红色资源、改革开放成就以及先进模范人物事迹等资料，编写宣讲稿320余篇，分发到各镇、村、校关工委。组织“五老”宣讲团、老教师宣讲团、大学生宣讲团、志愿者组织宣讲团22个，村、校宣讲组96个，到各学校、村辅导站开展主题教育宣讲。区关工委以会议形式，面向各镇(街道、园区)关工委主任、副主任开展主题教育宣讲培训。各镇(街道、园区)关工委统一培训镇、村宣讲员。丹徒区教育局关工委开展全区中学、小学关工委主任、副主任培训，30余人参训。全区开展主题教育宣讲410余场，听讲学生4.2万余人次。（卞美岗）

【“传承爱国精神，争做‘三有’新人”主题教育活动】 2019年，丹徒区各级关工委面向全区青少年，开展“传承爱国精神，争做‘三有’新人”主题教育。全区成立宣讲团26个，组织宣讲员156人；各镇、村和学校成立宣讲组110个，组织宣讲员300余人。全区宣讲430余场次，听讲学生4.3万人次。以庆祝新中国成立70周年为契机，组织开展演讲会、故事会、朗诵会、图片展览、书画展览、征文比赛、主题夏令营、文艺演出、参观走访等活动，面向青少年开展爱国主义教育活动。全年举办演讲会72场，听讲5000余人；故事会92场，听讲4500余人；朗诵会86场，听讲6000余人；黑板报、橱窗、图片展180余期，观看1.2万余人；书画展22场，观看人数2600余人；征文比赛35场，征文1000余篇；主题夏令营75期，参加学生5800余人，参加家长1600余人；文艺演出150余场，演出节目1000余个；参观走访300余次，参加学生1.5万余人次。（卞美岗）

【“我为祖国点赞”征文活动】 2019年，丹徒区关工委与丹徒区文明办、丹徒区教育局联合举办“我为祖国点赞”主题征文竞赛活动。征文活动分小学组(四年级以上)、初中组、“五老”组3个组进行。经初步筛选，丹徒区关工委收到小学组稿件88篇、初中组89篇、“五老”组39篇。经征文活动评委会评审，小学组有44人分获一、二、三等奖和优秀奖；初中组有38人分获一、二、三等奖和优秀奖；“五老”组有29人分获一、二、三等奖和优秀奖。（卞美岗）

【校外辅导活动】 2019年，区关工委加强“四项建设”（班子队伍建设、硬件设施建设、管理制度建设、项目特色建设），强化“校站结合”（学校与辅导站相结合），提高全区校外辅导整体水平。除极少数因拆迁居民未回迁以外，全区89个村中心辅导站与当地中小学实现“校站结合”全覆盖，其中30余个村中心辅导站与驻镇高校和社会组织实行“校站结合”和结对共建。有30余个村调整充实辅导站班子，优化辅导队伍，增加辅导次数。年内，高资街道石马村、世业镇兴隆村、辛丰镇东街村、上党镇古洞村4个村中心辅导站被批准为“区示范校外辅导站”。至年底，全区创建“区示范校外辅导站”38个。 （卞美岗）

【青年农民帮扶工作】 2019年，丹徒区建立“五老”科技人才库275人中，各镇(街道、园区)建立健全3～5人的“五老”科技组，各村建立健全了5～7人的“五老科技服务队”，建立“五老”科技工作者与青年农民联系点196个。组织“五老”科技工作者开展青年农民农业科技培训，全年举办种植业、养殖业、果木业等各类农业科技培训班76期，参加培训青年农民近3000人次；举办农业科技讲座65场，参加听讲青年农民1800余人次。丹徒区农业农村局关工委成立关心下一代志愿者服务队，开展农业科普教育下乡活动14次，发放各类农业科技手册、宣传资料8000余份，接受农民咨询4200余人次。 （卞美岗）

【为青少年做好事、办实事】 2019年，区各级关工委关爱青少年弱势群体，通过多种渠道筹措资金90余万元，其中老同志捐赠12万余元。全区开展法治教育370余场，受教育青少年3.5万余人次。各镇、村关工委成立帮教和矫正小组，配合司法部门，面向全区22个帮教对象和78名矫正对象开展帮扶活动。针对全区180余名在校“双差生”（品行差、成绩差），就思想道德、心理健康、学法守法、才艺培训等方面开展教育辅导。 （卞美岗）

应急管理

【概况】 2019年2月，按照《镇江市丹徒区机构改革方案》，在原丹徒区安全生产监督管理局基础上，成立丹徒区应急管理局。根据《镇江市丹徒区应急管理局职能配置、内设机构和人员编制规定》，丹徒区应急管理局在原区安监局的基础上整合了应急管理委员会办公室职责、公安局消防管理职责、民政救灾职责、国土资源地质灾害防治职责、水利农机局水旱灾害防治职责、农委森林防火职责、地震局抗震救灾职责、防汛防旱、减灾、抗震救灾、护林防火指挥部(委员会)职责，划出了职业安全健康监督管理职责。负责全区应急管理工作，指导全区各级各部门应对安全生产类、自然灾害类等突发事件和综合防灾减灾救灾工作，负责全区安全生产综合监督管理工作等共 17 项具体工作。但因原承担划转职责的职能部门无机构、人员转隶到我局，目前区应急管理局在履行原安监局职责(不含职业安全健康监督管理职责)的基础上实际承担应急管理及民政救灾职能，并参与相关单位牵头开展的地质灾害防治、防汛防旱、森林防火等工作，未承担消防工作。 （鲍苏宁）

【安全生产监管执法】 2019年，丹徒区全面排查辖区内所有危险化学品生产、使用、运输、经营带储存企业(包括加油站)和烟花爆竹仓储、零售单位安全隐患。实施重点化工(危险化学品)企业本质安全诊断治理专项行动。推进危险化学品企业风险评判与承诺公告制，接受社会监督。组织危险化学品行业及其他重点行业领域的企业负责人参加安全生产培训及相关安全生产工作会议，接受警示教育。开展冶金铸造、粉尘涉爆、船舶修造等重点行业领域专项治理行动。摸排工贸企业使用危险化学品情况，建立底册；面向烟花爆竹禁放区内退出经营的零售店，实施“回头看”行动。做好辖区内加油站双层罐改造安全监管及茂源化工、天龙化工、华元焦化等化工生产企业关闭拆除相关安全监管工作，以及相关环境案件应急处置工作。全年立案54件，其中事前立案46件(5万元以上案件5件)，罚款总额196.66万元，其中事前罚款75.13万元。开展新一轮安全生产应急预案修编工作。继续推进基层应急能力标准化达标建设，累计完成全区10个镇(街道)和79个村(社区)的标准化建设任务。加强灾害信息报送体系建设，做好台风“利奇马”防御工作，准确报送受灾信息，减少群众财产损失。 (鲍苏宁)

图94 2019年7月11日，丹徒区应急管理局在高桥镇永庆船厂开展执法检查 (丹徒区应急管理局)

【安全生产大排查大整治及安全生产专项整治】 2019年，丹徒区围绕企业安全生产主体责任落实，开展大排查、大整治工作。面向全区所有行业领域的生产经营单位，以化工(危险化学品)、烟花爆竹、交通运输、建筑施工、消防安全、以及冶金铸造、粉尘涉爆、有限空间作业等为重点行业领域，排查安全隐患，落实防控措施，确保生产事故隐患整改到位。落实企业排查治理制度，按照“生产经营单位应当建立健全生产安全事故隐患排查治理制度”的规定，要求企业自觉落实风险隐患排查治理主体责任，确保取得实效。重点围绕企业是否严格执行建设项目安全设施，企业主要负责人是否履行安全生产第一责任人职责，企业安全生产责任制是否建立健全、是否落到实处等安全生产主体责任核心内容，开展隐患排查治理。制定丹徒区“1+31”安全生产专项整治方案体系(1个总方案、31个重点行业领域整治方案)，成立以各分管副区长负总责、16个牵头部门主要领导为第一责任人的31个重点行业领域专项整治工作组，建立督查督导、统计汇总、协同联动等工作机制。在全区各镇(街道、园区)和重点单位开展安全生产巡查，落实安全生产属地党委政府领导责任、部门监管责任和企业主体责任。 (鲍苏宁)

【安全生产宣传教育】 2019年，丹徒区加大安全生产宣传教育培训力度，强化生产经营单位主体责任意识，营造全社会共同关注、共同参与安全生产的氛围。6月，围绕“防风险、除隐患、遏事故”主题，开展“安全生产月”活动，通过设置咨询台、发放宣传品等方式，面对面解答群众关心的安全生产问题，宣传交通安全、食品药品安全、消防安全、用电安全、防灾减灾等安全科普常识，以及应急处置和自救互救方法，发放宣传资料4000余份，接受群众咨询1600余人次。6月27日，开展“安全生产公众开放日”活动，邀请社会各界代表走进江苏镇江发电有限公司，参观安全设施，提高安全意识。组织全区规模以上企业主要负责人参加“提升安全基础，落实主体责任”培训班，向全区所有企业寄发《关于做好当前安全生产工作的提醒函》及《丹徒区生产安全事故警示》，强化企业的安全生产主体责任意识。 (鲍苏宁)

【应急救援】 2019年，丹徒区消防救援队伍出警705起，占全市接警总起数22.4%。其中一般火灾31起，抢险救援96起，社会救助(马蜂窝和开门)134起，山火、垃圾草坪火及其它接警444起。接警总数比上年(362起)上升94.75%，抢险救援与上年持平，社会救助比上年(69起)上升94.20%。中队成功处置辖区“11•15”扬溧高速槽罐车塑化剂泄漏事故、“11•30”扬溧高速CNG清洁能源客车火灾事故、“12•1”沪蓉高速氢气槽罐车火灾事故和“12•9”大学城天然气泄漏事故。 (丹徒消防)

【消防安全管理】 2019年，丹徒区发生一般火灾31起，比上年(39起)下降20.51%；直接财产损失约35.79万元，比上年下降48.22%。其中：居民住宅火17起，汽车火灾8起，办公场所2起，工业场所1起，商业场所1起，养老机构1起，其他场所3起；起火原因主要以居民生活用火用电不慎，汽车车祸引燃为主。全年发生山火5起，比上年(2起)上升150%；垃圾草坪火377起，比上年(139起)上升171.2%，山火和垃圾草坪火引起的主要原因为焚烧秸秆和杂草。其中，上党98起，比上年(43起)上升127.9%；谷阳83起，比上年(30起)上升176.7%；辛丰68起，比上年(45)上升51.1%；高新园区65起，比上年(50起)上升36%；高资32起，比上年(25)上升28%；高桥12起，比上年(10)上升20%；宝堰10起，比上年(9起)上升11%；荣炳9起，比上年(7起)上升28.57%。夏季(5～6月)和冬季(10～12月)是垃圾草坪火的高发时期。

丹徒区消防救援大队落实国务院办公厅、省政府办公厅《消防安全责任制实施办法》，全年开展冬防工作、夏防工作、化工专项治理、高层建筑专项治理、电动车专项治理、“防风险保平安迎大庆”、“国庆70周年消防安保行动”等消防专项执法行动，开展行业消防安全检查工作；联合区应急管理、民政、卫健委、教育、住建等部门开展易燃易爆场所、社会福利机构、医院、学校和建筑施工工地的消防安全专项治理工作，开展联合检查26次，检查单位104家，督促整改火灾隐患250余处。重要节点下发执法建议函13份，推动各行业部门落实“一岗双责”，指导各部门开展消防安全检查，落实单位主体责任、火灾隐患消除和消防安全宣传。加大重点单位消防微型站建设力度，87家二级消防安全重点单位年内全部完成建设任务。在丹徒化工集中区、宝龙城市广场建成区域联防联勤组织，覆盖重点单位17家，定期开展检查、培训和灭火演练工作。结合开展的国庆安保、冬防、春夏火灾防控、电动自行车消防安全整治、高层建筑专项检查、大型商业综合体和商场市场消防安全专项整治以及博物馆、文物建筑消防安全大检查等专项行动，采取明查暗访、随机抽查、检查与执法相结合等方式，排查安全隐患和突出问题，检查社会单位1623家次，发现火灾隐患或违法行为2644处，督促整改火灾隐患2688处，临时查封43家，责令三停11家，罚款11.2万元，行政拘留4人，挂牌4家重大火灾隐患单位，11月前全部整改销案结束。推进电动自行车集中充电设施安装和简易设施安装工作，建成电动车集中充电装置99处，安装独立式感烟报警831只，安装简易喷淋66套；落实电气消防安全专项整治行动工作要求，签订消防安全承诺书120余份，安装电气火灾监控装置80套；完成石马小学消防安全教育体验馆建设，完成新四军纪念馆智慧消防设施建设。（丹徒消防）

【消防宣传】 利用电子显示屏、橱窗建立固定宣传阵地180余处，发动社会群众关注消防官方微信，开展广场消防咨询38次，发放宣传资料1.5万余份，开展灭火演练102次，开放消防站39次，受教育人次2万余人，组织“六类人员”(县、乡分管领导；市、县两级消防安全委员会成员单位负责人；公安局分管领导、派出所消防民警；全市火灾高危单位及消防安全重点单位消防安全责任人；全市火灾高危单位及消防安全重点单位消防安全管理人，专职消防队队长、微型消防站站长)消防安全知识培训1500余人。联合丹徒区卫健委赴丹徒区人民医院开展防火宣传和灭火演练工作；联合民政局召集全区养老机构集中开展消防教育培训和火灾警示教育，组

图95　2019年10月，学生接受消防教育
（丹徒消防）

织开展灭火演练，并在福利中心召开全区养老机构消防规范化管理现场会；联合区妇女联合会、妇儿工委会、留守流动儿童学校和首骏教育开展“关注消防、为爱行走、温暖丹徒”消防安全公益徒步宣传活动；联合属地政府和行业部门组织高桥镇雪地靴生产企业、高新园和宝堰镇有关企业开展消防培训和疏散演练工作。（丹徒消防）

民族·宗教

【概况】 2019年底，丹徒区有少数民族32个，有民族村、民族社区各1个，有少数民族1080余人。全区有依法登记的宗教活动场所30个，其中佛教场所15个、道教场所6个、基督教9个，有区佛教协会、道教协会、基督教三自爱国运动委员会3个宗教团体。年内，丹徒区民族宗教事务部门以“民族团结一家亲、同心共筑中国梦”为主题，宣传党和国家的民族政策，服务和保障少数民族群众合法权益。学习宣传《宗教事务条例》，贯彻落实党的宗教政策法规。强化宗教工作法治化管理，建立健全区、镇(街道、园区)、村(社区)三级宗教工作管理网络，落实镇、村两级宗教工作责任制，明确各级宗教工作管理人员和工作职责，将宗教工作纳入网格化社会治理。持续推进宗教团体与宗教活动场所规范化建设，指导宗教活动场所弘扬社会主义正能量。以宗教场所安全隐患排查为重点，化解宗教活动场所各类安全隐患，确保宗教领域安全稳定。（唐亚军）

【卫星村少数民族特色村寨建设】 2019年，丹徒区民族宗教事务部门指导世业镇卫星村开展少数民族特色民宿建设。争取中央、省少数民族发展资金110万元，打造集观光、休闲、度假、民族文化宣传、农业实践学习和农家生活体验的民族特色乡村游项目，推进卫星民族村特色乡村旅游业发展，并带动周边村民就业，增加村民经济收入。年内，该村被国家民族事务委员会评为第三批“中国少数民族特色村寨”。（唐亚军）

【清真饮食补贴】 2019年，丹徒区民族宗教事务部门根据省民族事务委员会、省财政厅、省人社厅、省商务厅《关于妥善解决回族等10个少数民族清真饮食问题的意见》精神，按时向符合条件的少数民族居民发放补贴。年内，全区10个镇(街道、园区)少数民族居民429人获得生活补贴62388元。（唐亚军）

【宗教事务管理】 2019年，丹徒区民族宗教事务部门依法开展宗教事务管理各项工作。指导区道教协会、区佛教协会换届选举，按照政治合格、业务丰富、能力全面要求，充实中青年人才。支持宗教团体加强团体建设，设立办公场所，配置办公设备，健全管理制度，完善财务管理，推动团体正规化建设，发挥宗教团体管理与指导宗教活动场所的监管作用。开展宗教活动场所“四进”活动，推动中华人民共和国国旗、宪法和法律法规、社会主义核心价值观、中华优秀传统文化进宗教活动场所，促进宗教发展与社会主义社会相适应。以“星级宗教活动场所”创建为重点，推动宗教团体和宗教活动场所健全管理组织，落实管理制度，完善财务管理，场所规范化建设取得成效。以宗教活动场所安全隐患大排查为重点，开展宗教活动场所安全隐患排查与整治工作，明确安全主体责任，健全安全管理措施，消除安全隐患。（唐亚军）

见义勇为

【概况】 2019年，丹徒区见义勇为基金会表彰奖励见义勇为人员111人次，其中包含“基层保安辅警人员见义勇为一案一奖”专项奖励57人次，发放奖金9.62万元。在高温季节开展“送清凉”活动，采用集中开展座谈会形式，慰问受到市级以上表彰的见义勇为人员25人次，发放慰问、困难补助金7.5万元。11月27日，省见义勇为基金会理事长弘强赴丹徒慰问身患重病的“省见义勇为英雄”刘金城，鼓励其坚定信心，与病魔抗争，争取早日康复，要求各级见义勇为基金会帮助解决生活困难，对因见义勇为牺牲、伤残和有特殊困难人员或家庭开展重点帮扶。年内，通过见义勇为人员的作为，抓获各类违法犯罪嫌疑人40人，协助公安机关破获盗窃案件48起，案值29.44万元，缴获赃款赃物价值5.8万元；施救落水人员11次，挽救他人生命8人；挽救危急病人和交通肇事受害者10人；扑救火灾9起，抢救人员1人，挽回经济损失21万余元。为受到镇江市以上表彰的见义勇为人员办理意外伤害保险，江苏省首届"十佳见义勇为好司机"韩小云意外跌倒住院治疗，相关保险公司及时赔付医疗费4200余元。打造见义勇为活动宣传阵地，在谷阳村建成以"六个一"(一个村、一条路、一个俱乐部、一排宣传栏、一个主题公园、一套管理制度)为载体的见义勇为活动阵地，在缪家甸社区建成以"五个一"(一个小区、一个俱乐部、一套宣传牌、一个英雄榜、一套管理制度)为载体的见义勇为宣传阵地。（丹徒区见义勇为基金会）

【《江苏省奖励和保护见义勇为人员条例》学习宣传活动】 2019年，丹徒区见义勇为基金会2次召开理事长办公会议，专门召开理事成员单位学习座谈会，组织学习《江苏省奖励和保护见义勇为人员条例》(以下简称"条例")精神。全区10个见义勇为协会开展《条例》宣传活动，发放《条例》1886本、《简明问答》2400份、宣传手袋800多个，并悬挂横幅标语132条，在相关平台宣传40余次。丹徒区见义勇为基金会在全区各派出所，各镇(街道、园区)，各村级便民服务中心放置《条例》简明问答，扩大《条例》知晓度，确保《条例》宣传覆盖全区。

（丹徒区见义勇为基金会）

【丹徒区见义勇为基金会第三届理事会第三次会议】 2019年10月16日，丹徒区见义勇为基金会召开第三届理事会第三次会议，审议通过丹徒区见义勇为基金会第三届理事会成立一年以来的工作报告、经费收支情况报告，选举原区教育局党委书记、局长曾明泉为新任理事长，补选区人社局局长周锋为常务理事，区司法局局长盛莉莉、区住建局局长王欣为理事。丹徒区副区长、区公安局局长贺文主持会议，区见义勇为基金会第三届全体理事、监事出席会议。

（丹徒区见义勇为基金会）

慈　善

【概况】 2019年，丹徒区慈善总会落实镇江市《全市慈善组织助力脱贫攻坚奔小康的实施意见》和镇江市慈善总会《精准助力脱贫攻坚实施细则》，调动各级组织及社会各阶层积极性，推动慈善工作。开展以慈善典型人物、典型事例和重点品牌救助项目为重点的宣传工作，镇江市级媒体用稿8篇，丹徒电视台播出6次。全年接收社会捐款935.87万元，支出慈善资金605.11万元(含省、市支持资金)，救助2.6万人次，年底账面结存资金4235.88万元。（胡　瑞）

【善款募集工作】 2019年，丹徒区慈善总会推进善款募集工作。继续开展"基层慈善组织建设年"活动，全年村(社区)工作站到账资金496.5万元，累计募集慈善资金近2200万元；开展"企业慈善基金募集"活动，在区委、区政府重视下，到账资金189万元(含协议捐款)；4～6月，继续在全区党政机关和事业单位开展"慈善一日捐"活动，实现慈善收入230.97万元，所有镇(街道、园区)完成募集指导计划。社会捐款方面，丹徒区华润房地产有限公司继续向2019年入学的部分大学(专)生捐赠助学款，资助人数12人，捐赠总额8万元；宜一润滑油有限公司主动向丹徒区慈善总会捐助1万元；同泰会计师事务所向区慈善总会捐赠助学、助困款各1000元；丹徒区居民卜伟国、栾宏祥、冯冬喜、韦月平主动捐赠兴教助学款各500元；7月，私营企业主陈正乐与丹徒区慈善总会签订为期5年、总额50万元的冠名基金协议，并完成首次10万元捐赠。（胡　瑞）

【慈善救助】 2019年，丹徒区慈善总会实施"温暖行动"救助，为全区709人弱势群体和困难群众发放慈善款114.4万元；实施"情暖江苏"春节慰问活动，在春节前，救助家庭成员患重特大疾病或遭遇意外突发事件的低保户、低保边缘户，发放救助资金6万元，惠及61人；实施“慈善助孤”救助，为2名孤儿发放养育费3.2万元；实施“慈善助医”救助，发放全区低保户及低收入户医疗费和贫困户大病、儿童大病救助资金139.4万元，惠及2.13万人次；为符合儿童大病救助条件的3名儿童发放救助资金27.2万元；开展“慈善圆梦助学”行动，救助学生35人，发放助学资金9.4万元；实施临时救助，每月为帮助遭遇重大疾病或意外突发事件的困难群众开通救助通道，实施临时救助651人次，支出救助金104.4万元；实施“助残”行动，为4名残疾人安装假肢，为低保家庭成员7人申请“复明行动”，支出2.65万元；全区各分会、村(社区)工作站慈善救助困难群众3200户，发放救助金158.248万元；开展定向救助，万向集团向辛丰镇孤寡老人、孤儿和贫困儿童67人发放慈善救助资金15.12万元；助力重点项目扶贫，支持政府对建档立卡户实施危房改造，向辛丰镇黄泥村、上党镇东沛村的4户贫苦户发放救助款3万元；12月，为全区9个敬老院增添电器设备23件，棉衣、被子41套及大米5700斤，食用油310桶，价值近10万元；对遭受重病及自然灾害的并连续参与“慈善一日捐”活动的部门单位工作人员，参照镇江市慈善总会《关于参加“慈善一日捐”部门单位工作人员家庭重大特殊困难慈善应急救助办法》，先后救助4人，支出2.1万元；落实丹徒区政府对口支援要求，为澄城县阳光学校购置空调18台，为敬老院添置棉衣棉裤150套，价值近10万元。（胡　瑞）

【慈善基层组织建设】 2019年是丹徒区开展“慈善基层组织建设年”活动的第三年。8月，丹徒区在上党镇上党村召开慈善基层组织建设推进会，丹徒区政府副区长陈静参加会议并讲话。至年底，全区所有村(社区)慈善基金均达到10万元以上。(胡　瑞)

收入与消费

【概况】 2019年，丹徒区人民生活水平稳步提高。根据住户抽样调查，全体居民人均可支配收入39527元，比上年增长8.4%，全体居民人均消费支出24392元，比上年增长6.2%。按常住地分，城镇常住居民人均可支配收入51907元，比上年增长7.8%，其中工资性收入31271元，比上年增长6.5%；经营净收入6209元，比上年增长2.7%；财产净收入5737元，比上年增长12.9%；转移净收入8690元，比上年增长13.5%，城镇常住居民人均消费支出30011元，比上年增长5.5%；农村常住居民人均可支配收入24136元，比上年增长8.2%，其中工资性收入14855元，比上年增长7.6%；经营净收入4799元，比上年增长4.7%；财产净收入1104元，比上年增长11.8%；转移净收入3378元，比上年增长14.8%。农村常住居民人均消费支出17261元，比上年增长6.2%。（丹徒区统计局）

表25　2019年丹徒区城镇常住居民调查主要指标情况　单位：元/人

指标	绝对值
可支配收入	51907
一、工资性收入	31271
二、经营性收入	6209
三、财产净收入	5737
四、转移净收入	8690
消费性支出	30011
一、食品、烟酒	7974
二、衣着	2174
三、居住	6462
四、生活用品及服务	1650
五、交通通信	4668
六、教育文化及娱乐	4774
七、医疗保健	1341
八、其它商品和服务	968

表26　2019年丹徒区农村常住居民家庭调查情况

指标	绝对值（元/人）
一、全年可支配收入	24136
（一）工资性收入	14855
（二）家庭经营收入	4799
（三）财产性收入	1104
（四）转移性收入	3378
二、生活消费支出	17261
（一）食品	4374
（二）衣着	1034
（三）居住	3993
（四）家庭设备、用品	1267
（五）交通和通讯	2625
（六）文化教育、娱乐	2290
（七）医疗保健	1008
（八）其它商品和服务	670

镇·街道·园区

责任编校 李东东

高桥镇

【概况】 高桥镇位于镇江市丹徒区东北部,南连长江与镇江新区大港港口隔江相望,东临长江与扬中市新坝镇遥望,西接长江与江心生态园区毗邻,北倚扬州新区江广新城相连。总面积42.79平方公里,耕地面积1047.68公顷,集镇面积0.9平方公里,辖6个行政村,1个居委会。年末总户数6989户、总人口19444人(其中男9340人,女10104人),有少数民族11个、32人。人口出生率5‰,死亡率8‰,人口净增率-2‰,计划生育率100%。

综合经济指标 地区生产总值144693万元,比上年减少4.4%,其中,第一产业增加值15319万元,第二产业增加值75211万元,第三产业增加值54163万元。公共财政预算收入7661万元,公共财政预算支出5460万元。

农业农业 总产值28333万元。粮食总产12335吨,蔬菜总产5852吨,水产品总产980吨,出栏生猪10头、家禽0.45万羽。水利、农田基础建设投入35万元,维修、加固堤岸5500米,疏浚河道4条2公里,完成土方1.28万立方米。

工业 全镇有工业企业315家,职工总数8709人。完成规模以上工业总产值7.8亿元,营业收入7.57亿元,实现利税3636万元。完成固定资产投资9亿元,比上年增长15%,其中规模以上工业固定资产投资0.5亿元,比上年增长20%。年销售额2000万元以上企业13家,拥有固定资产1.6亿元,职工3530人。个体工商户726户,从业人员2904人。外贸出口企业12家,外贸进出口总额1.02亿美元。外商投资企业3家,工商注册外资及港澳台资147万美元。

集镇建设 新修农村道路8公里。完成镇村污水管网22.2公里。有线电视用户2713户,有线电视覆盖率39%。

科技与社会事业 全镇有科技人员123人,年内获4项科技成果。有中学1所、小学1所、幼儿园1所,教职工95人,在校中学生248人、小学生527人。有卫生院1所,病床62张,医卫人员17人。有文体活动中心1个。自来水普及率100%。全镇村村通公路。参加农村社会养老保险9096人,参加新型农村合作医疗12641人,参保率65%。

人民生活 农村常住居民人均可支配收入25480元,职工人均可支配收入49879元。农民人均住房面积25平方米,集镇居民人均住房面积18平方米。各项储蓄存款余额12.99亿元,人均储蓄66807元。

(孙 彤)

【江苏省皮革协会年会暨第三届高桥雪地靴文化节】 2019年12月7日,江苏省皮革协会年会暨第三届高桥雪地靴文化节开幕式在高桥镇中心小学举行,该届文化节活动以“冰‘靴’奇缘·温暖高桥”为主题,由江苏省皮革协会和丹徒区人民政府联合主办。开幕式现场,举办视频宣传、现场发布、模特走秀等活动,各地游客2500余人参与。当日,江苏省皮革协会六届二次会员代表及理事会议在高桥镇新时代文明实践所一楼礼堂召开,大会审议通过相关工作报告,并为协会理事单位授牌,并举行中国

图96　2019年12月7日，第三届高桥雪地靴文化节开幕　（高桥镇）

雪地靴产业发展研讨会。2019年，丹徒区高桥镇生产各类雪地靴突破1000万双，完成年总产值18亿元，全球市场占有率超过35%。　（周蓓玉　孙　彤）

【2019江苏省老年人体育节丹徒区高桥分会场开幕式】 2019年4月26日，2019年江苏省老年人体育节丹徒区高桥分会场活动在高桥镇启动。该次体育节以"积极体育健身 温暖健康高桥——我们都是追梦人"为主题，旨在推动全区老年人体育健身活动创新发展。该次体育节持续至10月，期间举办乒乓球、气排球、门球、掼蛋、钓鱼等多种形式的活动。开幕活动中，文体爱好者们表演舞蹈、健身操、柔力球等节目，庆祝活动开幕。　（周蓓玉　孙　彤）

表27　2019年高桥镇村（居）委会情况

名称	组数（个）	户数（户）	人口（人）	耕地（公顷）
安丰村	28	979	2834	130
高桥村	28	1036	2716	140
京江村	38	1322	3877	206.68
康泰村	13	736	2112	142.2
四方桥村	25	1239	3686	260
镇扬村	34	991	3048	168.8
集镇居委会	1	686	1171	-

（孙　彤）

表28　2019年高桥镇骨干企业情况　单位：万元

企业名称	产值	销售收入	利税
维达斯裘革鞋业有限公司	4200	4201	-240
镇江爱可信皮业有限公司	3725	3725	78
镇江宏联电工有限公司	25238	25156	1658
镇江正军电器有限公司	5058	4592	284
江苏新威电子有限公司	10339	10339	318
镇江佳信皮业有限公司	2838	2812	234
镇江永乐裘皮有限公司	3530	3531	69
振兴海洋船舶重工有限公司	2783	2783	196
镇江高海生物药业有限公司	4336	3719	420
镇江恒源木业有限公司	2089	2089	81
江苏八达电子有限公司	3079	3031	254
镇江旺达鞋业有限公司	3492	3503	90
镇江德倪鞋业有限公司	2430	2340	126

（孙　彤）

辛丰镇

【概况】 辛丰镇位于镇江市丹徒区东南部，东临镇江新区丁岗镇，南连丹阳市经济开发区，西接谷阳镇，北倚京口区谏壁街道。总面积79.4平方公里，耕地面积2537公顷，集镇面积5.5平方公里，辖15个行政村，1个居委会。年末总户数15267户、总人口45273人(其中男22347人、女22926人),有少数民族6个、149人。人口出生率2.76‰,死亡率3.54‰,自然增长率-0.78‰,计划生育率100%。农村常住居民人均可支配收入25040元。

综合经济指标 地区生产总值57.81亿元,其中,第一产业增加值3.7亿元,第二产业增加值37.5亿元,第三产业增加值16.6亿元。公共财政预算收入9813万元,一般财政预算支出2425.64万元。

农业 农业总产值6.85亿元。粮食总产22409吨,油料总产740.6吨,蔬菜总产7016吨,水产品总产701吨,果品总产386吨,家禽362.4万羽,出栏生猪5202头,羊486只。完成高标准农田建设333.33公顷(5000亩),总投资1750万元。新建灌溉泵站7座,新建U型渠道8.9公里、矩形渠道3.5公里、滚水坝10座、涵闸9座、挡土墙400米,塘坝清淤2.5万方,新建田间道路7公里,防护林0.16万株。开展镇村两级河塘清淤整治,总投资105万元,总土方17.5万方。

工业 全镇企业1062家,完成规模以上工业总产值22.63亿元,营业收入22.90亿元。完成规模以上投资2.05亿元,其中规模以上工业投资0.9亿元。年销售额2000万元以上企业29家,拥有固定资产7.0亿元,职工3315人,实现利税1.55亿元。

集镇建设 新划停车位200余个,新建公共停车场2处;新建公厕1座,改造升级公厕3座,总投资约20万元;新建垃圾箱12个;新装辛黄二线路灯120盏,修缮路灯100余盏;按照运河水环境整治要求,改造升级镇垃圾中转站设施,总投入150万元;集镇范围补栽绿化约2000平方米;行道树修剪树枝600余棵。

科技与社会事业 全镇有科技人员738人,其中初级技术职称123人、中高级技术职称265人,年内获市级科技成果2项。有中学2所、小学2所、幼儿园2所,教职工282人,在校中学生816人、小学生2360人。有卫生院1所,病床100张,医卫人员105人。有镇文体活动中心1个,影剧院2座。自来水普及率100%。全镇村村通公路。城乡居民医疗保险参保人数30239人,筹集资金5428740元,新农保参保人数10428人,其中2019年新增新农保264人城乡居民医疗保险参保人数30239人,筹集资金5428740元,新农保参保人数10428人,其中2019年新增新农保264人。 (姜国平 刘 怡)

【科技转型】 2019年,辛丰镇扶持实体经济发展,提高企业市场的竞争力,激发企业自主创新能力,推进企业科技转型。年初分三批次申报高新技术企业10家,全年通过认定9家,净增高新技术企业6家。至年底,全镇有高新技术企业17家,占全镇应税销售500万元以上企业总数10%以上。江苏省2019年第四批认定的高新技术企业名单中,镇远大传动、钱潮轴承、安邦电子3家企业通过认定。 (姜国平 刘 怡)

【基础建设】 2019年,辛丰镇推进各项基础设施建设。辛丰镇人行桥完成主跨钢构整体吊装,该桥跨越苏南运河Ⅲ级航道,净宽80米,净高7米,为刚性系杆刚性拱刚性吊杆。经供电、航道、海事等多部门配合,选用两艘起重能力分别为500顿、600吨的起重船,完成了人行桥主跨钢构整体吊装工作。黄高线(x307)辛黄段中大修工程开工建设,该工程全长3.98公里,路宽7米,总投资389万元,由镇江润扬交通工程处负责实施,12月底竣工。总投资550万元,完成大叶沟整治工程,该工程总长2公里,疏浚土方3万方,新建渠道1.45公里、涵闸16座、滚水坝4座、灌溉泵站3座、砂石道路3.1公里,新增高效节水灌溉面积50公顷(750亩),新建经济林10.67公顷(160亩)。完成下方、辛桥、石城、东街4个村456户改厕项目,通过镇江市级验收。 (姜国平 刘 怡)

【"一室一厅"建设】 2019年,辛丰镇激发多元主体参与社会治理,推进"一室一厅"(个人调解工作室和党群议事厅)建设,创新社会共建共治模式,解决行政手段、法律手段难以解决的问题。在15个行政村、1个住宅小区设置20个议事厅,年度参与议事人员544人次,议事或调解矛盾65项,议题涉及垃圾分类、矛盾协调、村容村貌、道路建设等群众关注的问题。全年个人调解工作室协助调处各类矛盾纠纷32起。 (姜国平 刘 怡)

【生态环境】 2019年，辛丰镇采取多项举措，提升生态环境。完成运河两侧50米红线范围内违规种植清除工作，种植绿化树木4万余棵，开展运河复绿志愿活动，新增运河绿地11公顷(165亩)。与西卡等13家运河两侧100米生态红线内企业签订强制减排责任状。完成半月沟辛丰农民公园、前进河2座泵站建设并试运行，清运固废堆场8处，取缔21家“散乱污”企业(包括8家轧石企业)，整治提升21家工业类企业、9家物品回收和露天洗车类企业。

（姜国平　刘　怡）

图97　　整治后的古运河两岸　　(辛丰镇)

表29　　2019年辛丰镇村委会情况

名称	组数（个）	户数（户）	人口（人）	耕地（公顷）
于南村	26	1185	3669	227
辛丰村	8	1689	4623	77
辛桥村	12	885	2435	104
南岗村	21	876	2782	205
黄泥村	15	706	2560	137
下方村	22	619	1782	187
东街村	27	834	2746	230
石城村	26	1247	3655	146
黄墟村	34	1478	4266	146
德胜村	17	668	2096	123
山北村	37	1383	3586	228
龙山村	22	1137	3540	94
中心村	18	989	2881	243
北於村	25	927	2749	210
星棋村	14	644	1903	180

（姜国平　刘　怡）

表30　　2019年辛丰镇骨干企业情况　　单位：万元

企业名称	产值	销售收入	利税
西卡（江苏）建筑材料有限公司	43284	43290	6577
江苏希西维轴承有限公司	38208	39437	3576
江苏铭宏道路材料有限公司	6655	6425	-226
镇江旭日能源有限公司	9563	8983	-448
镇江苏禾容器有限公司	2464	2710	154
镇江市丹徒区鑫凯铜业有限公司	2880	2852	105
镇江安邦电子有限公司	2849	2705	72
镇江睿鑫科技新材料有限公司	4912	4322	331
江苏甬润工具有限公司	3158	3049	137
镇江中磊钢管制造有限公司	7324	7941	88
镇江亨威混凝土有限公司	10802	10802	371
江苏苏建路桥机械有限公司	7372	7393	201

续表

企业名称	产值	销售收入	利税
江苏钱潮轴承有限公司	8506	9341	968
镇江斯威特金属制品有限公司	5626	5626	257
镇江大洋玻璃制品有限公司	4584	5589	-789
镇江鑫龙光伏电力有限公司	2857	3692	1189
镇江华东热镀锌有限公司	5249	5304	-561
镇江市华展电子科技有限公司	5376	5377	151
镇江华浩通信器材有限公司	6147	5455	292
镇江步升鞋业有限公司	6656	6656	226
镇江宝瑞轴承有限公司	5044	5044	99
镇江通达电子有限公司	3122	3147	47
镇江市丹徒区百盛制刷厂	3747	3855	75
镇江润茂钢球有限公司	4340	4312	217
镇江市黄墟锚链有限公司	3650	3910	132
镇江骏驰专用汽车有限公司	3476	3513	83
上豪包装机械（镇江）有限公司	8628	8351	2212
镇江金星鬃刷有限责任公司	4343	4547	26
镇江新镇棉纺织有限公司	3640	3498	-18

（姜国平　刘　怡）

谷阳镇

【概况】 谷阳镇位于镇江市丹徒区中部，南与上党镇、丹阳市毗邻，东与辛丰镇交界，西至十里长山，北与丹徒新城相连。2019年，谷阳镇总面积50.68平方公里，耕地面积1813公顷，集镇面积5.31平方公里，辖11个行政村，1个居委会。年末总户数9858户，总人口27532人，其中集镇人口15141人、农村人口12391人。人口出生率5.3‰，死亡率5.7‰，人口净增率-0.4‰。

综合经济指标 地区生产总值26.5亿元，比上年减少3.64%，其中，第一产业增加值1.72亿元，第二产业增加值17.13亿元，第三产业增加值7.66亿元。公共财政预算收入8515万元，公共财政预算支出2833.44万元。社会消费品零售总额5.71亿元，应税销售29亿元，农村人均可支配收入25045元。

农业 农业总产值3.19亿元。粮食总产16022吨，油料总产1764吨，蔬菜总产8137吨，水产品总产1568吨。实施农田改造600余公顷。开展黑臭水体整治，治理长度6.6公里。开展中心河上游北支流胜利河、中心河上游南支流小金河以及中心河干河清淤工程，清淤里程19.14公里，总投入210万元。完成谷阳镇中心河沿线12条村级河流清淤工程，清淤长度17.6公里，清淤土方8.2万方，总投入200万元。

工业 全镇有企业675家，工业企业334家。完成规模以上工业总产值16亿元，营业收入15.55亿元，实现利税6715万元。研发经费支出8273万元，高新技术产值9.41亿元。

完成固定资产投资2.71亿元，比上年增长1.1%，其中规模以上工业固定资产投资2.01亿元，比上年增长1%。年销售额2000万元以上企业20家，拥有固定资产7.1亿元，职工1947人。

科技与社会事业 全镇有科技人员327人，研发工作人员180余人，申报科技副总1人，“金山英才”计划1项，区“长山计划”项目3个。有中学1所、小学1所、幼儿园3所，教职工203人，在校中学生280人、小学生1120人。有卫生院1所，病床34张，医卫人员52人。有文体活动中心12个。自来水普及率100%。全镇村村通公路。参加农村社会养老保险6908人。

人民生活 农民年人均可支配收入25045元，

职工人均可支配收入48358元。农民人均住房面积46平方米，集镇居民人均住房面积31平方米。人均储蓄8.8万元。（蔡一凡）

【项目建设】 2019年，谷阳镇聚焦转型升级，营造“引导+帮扶+服务”营商环境，提升经济质态。隆续机械、索达机械、远东集成房屋3个重点产业项目完成投资2.99亿元，全部建成投产。签约远东、威立克等亿元以上项目2个。拉网式走访摸排全镇200余家工业企业，掌握全面情况。搭建智慧园区综合管理云平台，针对工业园区内38家企业占地面积、营收状况、亩均效益等具体信息，形成“线上+线下”的“一企一档”基础台账和资源分布图。依托存量资源，引进项目5个，盘活土地1.6公顷(24亩)、厂房1.54万平方米。依托谷阳商会，搭建政企联席服务体系，形成单月走访，双月座谈的联系服务机制，掌握企业需求，化解企业困难。挖掘优质潜力企业，扶持培育翰铭通讯、银海科技等优质小微企业，促使优质小微企业成长壮大。（蔡一凡）

【民生建设】 2019年，谷阳镇推进民生优先的发展理念，开展各项民生建设。乡道Y001丹上线道路两侧路肩整平、亮化绿化工程完工，三山集镇湖山路改造升级工程进场；完成农村分散式污水处理设施建设10个、农村改厕180户，夏侯污水涵闸改造工程完工；集中拨付中心改扩建工程投入使用；化解信访矛盾，接待群众来访51批次，通过镇村联动机制化解矛盾47件、人民来信件10件；组织参与网络《学习强国知识竞赛》2次，开展“百姓名嘴”理论宣讲活动10场，开展身边好人、“好公婆、好儿媳”、“文明户”等各类评选，举办“共话新时代，放飞青春梦”、第十五届“双阳”文化艺术节、“七夕”文化旅游节暨民俗文化季等活动。（蔡一凡）

【乡村振兴】 2019年，谷阳镇围绕乡村振兴，开展各项工作。推进农村垃圾治理，做好农村生活垃圾日产日清工作，农村生活垃圾无害化处理率100%；集中整治全镇范围的暴露垃圾及焚烧点，清理龙腾小区等失管区域废品堆放点，完成前七里山废品收购点厂房拆除和地面复绿推进公共空间治理，每月开展一次集中拆违行动，拆除违章建筑2.6万平方米。开展镇域范围“散乱污”企业集中治理，整治提升“散乱污”企业23家；针对12家锅炉企业、7家工业窑炉，开展专项整治行动；关闭轧石企业7家、物回企业12家、塑料粒子加工企业3家。推进中心河流域水环境治理工程，完成杨溪河1000米河段清淤整治和生态修复工作，完成莱金河、中心河清淤整治，推进跃进河及支流水环境整治工程；完成21条村级河道清淤疏浚，黑臭水体得到整治。全镇50户122人建档立卡户全部脱贫，脱贫率100%。3个经济薄弱村立足自身实际，运用市区帮扶资金和帮扶政策，村集体每年可新增收入30余万元。（蔡一凡）

【“情缘槐荫·七夕东方”七夕节文艺演出暨第三届“董永传说”民俗文化季活动】 2019年8月7日，作为2019中国丹徒旅游文化节系列活动之一，“情缘槐荫·七夕东方”七夕节文艺演出暨第三届“董永传说”民俗文化季活动在丹徒区谷阳镇槐荫村拉开序幕。整场演出分为三个篇章，用视频短片结合文艺演绎的方式，向游客呈现槐荫村的自然风貌、人文底蕴。（蔡一凡）

图98 2019年8月7日，“情缘槐荫·七夕东方”七夕节文艺演出暨第三届“董永传说”民俗文化季活动在丹徒区谷阳镇槐荫村开幕（谷阳镇）

表 31　　2019 年谷阳镇村委会情况

名称	组数（个）	户数（户）	人口（人）	耕地（公顷）
谷阳村	9	1451	4964	220
槐荫村	17	766	2175	106
千里村	18	917	2705	69
黄序村	28	1671	3885	287
金河村	10	630	1531	125
东湖村	10	751	2232	155
莱村村	18	750	1927	160
湖滨村	20	809	2248	229
湖马村	12	830	2336	173
华村村	21	734	1831	176
庄泉村	13	549	1900	113

（蔡一凡）

表 32　　2019 年谷阳镇骨干企业情况　　单位：万元

企业名称	产值	销售收入	利税
镇江市丹徒区北极铝材厂	58385	61343	65
江苏百瑞吉新材料有限公司	80345	85744	76
镇江大力液压马达股份有限公司	234543	254345	1345
镇江银海科技材料有限公司	84232	88554	87
镇江金豪路桥配套工程有限公司	48823	53554	56
镇江德和传播设备有限公司	24343	29574	125
镇江天爱钼业有限公司	50342	58343	65
镇江合力汽车紧固件有限公司	180232	204345	985
镇江华联制刷有限公司	18734	21434	12
镇江尚沃电子有限公司	60434	75452	96
江苏领先电子有限公司	214506	243344	765
江苏威孚智造科技有限公司	26544	32343	245

（蔡一凡）

上党镇

【概况】 上党镇位于镇江市丹徒区南部，南连宝堰镇，东临丹阳市，西接句容市，北倚谷阳镇。总面积112.6平方公里，耕地面积4808.18公顷，集镇面积7.75平方公里，辖15个行政村，2个居委会。年末总户数15713户，总人口49921人(其中男24417人，女25504人)，有少数民族23个434人。人口出生率4.4‰，死亡率6‰，人口净增率−1.62‰，计划生育率100%。

综合经济指标　地区生产总值48.96亿元，其中，第一产业增加值3.12亿元，第二产业增加值24.49亿元，第三产业增加值21.36亿元。公共财政预算收入1.19亿元，公共财政预算支出0.29亿元。

农业　农业总产值5.75亿元。粮食总产28484吨，油料总产3412吨，蔬菜总产12987吨，水产品总产2305吨，果品总产2494吨，出栏生猪14581头、羊150只、家禽335.6万羽。水利、农田基础建设投入2200万元，实施农田改造200公顷，新修农田排灌渠道3000米，维修、加固堤岸3000米，疏浚河道4条10公里，完成土方4万立方米。

工业　全镇有工业企业827家，职工总数14168人。完成规模以上工业总产值24.87亿元，营业收入27.74亿元，实现利税9539万元。完成固定资产投资24.15亿元，比上年增长271.54%，其中规模以上工业固定资产投资19.75亿元，比上年增长265.4%。年销售额2000万元以上企业31家，拥有固定资产16.2亿元，职工4283人，实现利税3.4亿元。私营企业796个，年产值15.36亿元，实现利税1.41亿元。个体工商户2235户，从业人员6572人。外贸出口企业10家，外贸进出口总额1200万美元。外商投资企业5家，年内引进外资及港澳台资项目2个，实到外资及港澳台资4450万美元。

集镇建设　投入1.3亿元，建成金河御景住宅小区二期，开发商住楼10幢3.2万平方米。新修农村道路5公里。完成镇村污水管网20公里。完成小金河绿化650米。

科技与社会事业　全镇有科技人员220人，其中初级技术职称150人、中高级技术职称90人，年内获科技成果7项。有中学2所、小学2所、幼儿园2所，教职工344人，在校中学生922人、小学生1752人。有卫生院2所，病床52张，医卫人员93人。有文体活动中心2个、影剧院1座。自来水普及率100%。全镇村村通公路。参加农村社会养老保险19740人，其中当年新增466人。参加新型农村合作医疗33234人，参保率66.6%。

人民生活　农村常住居民人均可支配收入25035元。农民人均住房面积48.5平方米，集镇居民人均住房面积54平方米。（李　进）

【产业发展】 2019年，上党镇适应经济发展新形势，坚持稳增长主基调，主要经济指标实现突破。全年完成地区生产总值48.96亿元，比上年增长6.87%；完成一般公共预算收入1.19亿元，增长6.06%；完成工业应税销售收入35.34亿元，增长12.6%；完成固定资产投资24.15亿元，增长271.5%；农村居民人均可支配收入25035元，增长8.02%；实到外资4450万美元，列全区第一；新增国家高新技术企业2家、市级"专精特新"企业1家。省重点项目北汽麦格纳多客户智能纯电动乘用车项目有序推进；北汽动力电池、德国海拉车用电子模块、镇江元沣海洋工程设备制造等区重点产业项目投产；总投资3.54亿元的国网思极紫光镇江云数据中心、总投资2.5亿元的海斯坦普新能源汽车后车架等11个优质项目签约。（李　进）

【镇村建设】 2019年，上党镇推进集镇综合整治三年行动计划，开展"精美镇江"创建，重点整治提升集镇环境卫生、交通秩序、基础设施。投入50余万元，开展上党农贸市场专项整治，改造提升农贸市场内部管网、房顶、墙面等基础设施；投入80万元，实施小金河北侧汤家桥至镇荣公路段绿化节点建设工程，提升集镇形象；投入150余万元，在集镇新建截流井14个、提升泵站1座，铺设污水管网1.5公里，确保集镇晴天污水不下河；持续推进农路提档升级，完成宝庄线、对庄线、上东线、曹马线农路建设5.4公里；完成镇荣公路三期拆迁配合工作；开展违法违规用地专项整治，查处各类违章建筑70余起，拆除违建11起，拆除违建面积1350平方米。（李　进）

【农文旅融合发展】 2019，上党镇以农文旅融合发展为重点，推进乡村振兴。围绕"南园北茶""一村一品"（以村为基本单位，按照国内外市场需求，充分发挥本地资源优势，通过大力推进规模化、标准化、品牌化和市场化建设，使一个村拥有一个市场潜力大、区域特色明显、附加值高的主导产品和产业）生产布局，强化产业引领，运用"互联网+"、"旅游+"发展模式，提升五塘阳光稻米、敖毅黄桃、翰雅有机蔬菜、其一花卉等上党特色农产品知名度；打造"美丽宜居乡村"，投入440万元，推进上会行政村东宝庄、毛家榨"省级特色田园乡村"和敖毅行政村高陵"市级特色田园乡村"建设，上会行政村"400亩稻虾共作项目"投产达效；推进坞庄"美丽库区　幸福家园"项目建设，打造上党镇"万亩茶园"南大门；举办第二届茶文化节、第四届桃花节、首届稻虾丰收节。（李　进）

【生态环境治理】 2019年，上党镇完成中央、省环保督查交办问题整改任务，初步形成生态环境网格化监管机制。开展大气污染防治，完成夏、秋季秸秆禁烧任务；实施“蓝天保卫战”，对全镇12家工业企业、69处燃煤生物质锅炉、22家重点行业企业实施限产或专项治理；开展水环境治理，落实“河长制”工作要求，完成老人沟、十八沟、三仙桥河、莱金沟、小金河义村段共计8.4公里河道和11个沟塘清淤整治，中心河水质长期稳定达标；高质量完成34个农村分散式污水处理设施建设和354户三格式无害化卫生户厕改造任务；加大农村垃圾分类处置力度，农村生活垃圾分类投放设施覆盖率在70%以上，实现农村生活垃圾集中收运处理全覆盖；开展土地治理修复工作，完成仙人山、西南片区石灰窑、宕口复垦复绿工作。　（李　进）

【社会治理】　2019年，上党镇压实安全生产工作责任，坚持“三管三必须”（管行业必须管安全、管业务必须管安全、管生产经营必须管安全），开展安全隐患“大排查大整治”行动，在冶金、铸造、涉粉、镀锌等重点领域实施专项整治，全年面向200余家企业，组织第三方机构及行业专家开展多轮安全生产培训和专项检查，发现、整改安全生产隐患105个；开展“扫黑除恶”专项斗争，高频次开展传销、扫黄、禁赌等专项清查行动10次，摧毁恶势力犯罪团伙4个；加大重点地区集中整治力度，对各类犯罪形成高压态势，破获各类刑事案件37起，抓获刑事作案成员44名，公众安全感测评满意度96%；推进“七五”普法，全镇村规民约、自治章程修订率100%；发挥基层人民调解组织作用，有效化解社会矛盾；网格化社会治理初见成效，全年处置民生信息1.5万条，累计对225名特殊群体开展关爱服务3126人次。　（李　进）

【民生建设】　2019年，上党镇坚持以人民为中心的发展理念，完成年初确定的6件为民办实事项目。东贪村、墅山村、东沛村创建成为“省级卫生村”；加强校车运行安全，投入160万元，拓宽改造道路6条，安装护栏900米，保障学生出行安全；提升强村富民“达新标”工作实效，全部完成11户建档立卡低收入户危房改造，444户建档立卡低收入户和10个经济薄弱村实现稳定脱贫；依法调处拖欠农民工工资案件3起，维护百姓利益；推进产权交易市场规范化运作，全年平台累计交易额4644万元。

（李　进）

【“万亩茶园”南大门建设】　2019年，上党镇投入630余万元，推进坞庄村“美丽库区　幸福家园”项目建设，打造上党镇“万亩茶园”南大门。坞庄村是古洞村10个自然村之一，地处上党镇“万亩茶园”最南端，紧依上党凌塘水库。坞庄村有“4千1百”的地理优势和产业特色：一有千亩茶园，建有茶叶专业合作社2家、加工坊10余家；二有千年村落，坞庄村因其树木成荫，乌黑一片故名“坞庄”，建村有900余年历史；三有千年白果树，村中的1株千年白果树枝叶繁茂；四有千米水岸樱花大道，沿凌塘水库道路，每年花季繁花似锦；五有百亩毛竹林。“美丽库区　幸福家园”项目围绕坞庄村“茶产业、茶文化、茶饮休闲”定位，打造提升山水、田路基础环境，建设村内景观绿化、道路系统，修复旧建筑，打造茶产业与茶文化传播、观光休闲与高效农业发展相结合的乡村生态文旅产业。

（李　进）

图99　上党镇“万亩茶园”采茶季　（上党镇）

【小金河整治】　2019年，上党镇按照市区两级关于河长制工作要求，紧紧围绕“河畅、水清、岸绿、景美”的工作目标，继续推进小金河整治工程。自2018年以来，该镇结合库区移民后扶项目专项资金，累计投入4000多万元，实施小金河整治一、二、三期工程，综合整治水下、岸上、周边环境，实现河道水质长期稳定达到Ⅲ类水目标。投资3750万元，实施农业面源污染综合治理试点项目，完成小金河上游7条主要河道生态净化工程，完成上游1466.67公顷(2.2万亩)区域农业面源污染治理；完成小金河上游6个规划布点村污水管网建设，关闭沿河10家畜禽养殖场；完成沿线5条支流、8.4公里河道清淤整治工程，确保河道通畅。加强河道两侧巡查管护，先后投入300余万元，拆除违建22起、4000余平方米，清理岸坡种植1.6万平方米。实施集镇生活污水截留工程，先后投入170万元，新建污水提升泵站1座，铺设集镇污水管网1.5公里，整治沿岸生活污水排口14个，有效收集集镇生活污水，实现旱流污水不下河。全面排查沿线工业企业环保基础设施建设以及纳管情况，强化工业企业污水处理设施运行监管，持续做好沿线排口巡查，确保水质长期稳定达标。投入360万元，整治提升沿岸基础设施和沿河两岸环境，按照城市景观桥标准新建汤家桥；投入80万元，提升北岸绿化，建设文化活动广场1个；投入35万元，出新北岸民房立面，打造小金河风光带。 （孙如泽 张敏）

表33 2019年上党镇村委会情况

名称	组数（个）	户数（户）	人口（人）	耕地（公顷）
上党村	56	3382	9220	1262.19
东贠村	28	921	3225	349.4
东沛村	44	1430	4759	341.4
古洞村	30	1149	3582	203.33
五塘村	31	520	1621	149.33
墅山村	17	1057	3143	209.53
枫庄村	13	621	1911	234.8
东方村	43	1126	3892	534.67
敖毅村	8	765	2464	268.07
合偶村	17	510	1720	153.33
其一村	12	443	1423	133
上会村	12	1314	4695	209
丰城村	34	759	2750	367
盘荣村	7	716	2025	190.2
薛村村	11	1000	3491	202.93

（李 进）

表34 2019年上党镇骨干企业情况 单位：万元

企业名称	产值	销售收入	利税
江苏欧文斯彩砂科技有限公司	4224	4298	379
镇江市古洞热镀有限公司	3271	3154	252
镇江新光新材料科技有限公司	4391	4342	282
镇江市丹徒区天润碳素有限公司	7709	6309	711
镇江德海工业材料有限公司	3765	3765	393
镇江华端电气设备有限公司	2446	2416	205
镇江鑫运新型建材有限公司	3318	3926	422
江苏宝山重型机械制造有限公司	2817	2904	250
镇江鸿泽杆塔有限公司	5863	22652	587
镇江市迈琪汽车零部件有限公司	4732	4732	194
镇江市丹徒区环宇轧辊厂	5255	5066	449
威灵施（镇江）精细化工有限公司	2090	2040	147
镇江市鑫源热镀锌有限公司	4766	4592	391

续表

企业名称	产值	销售收入	利税
镇江市丹徒区金昌碳素制品厂	5192	5213	435
镇江市红墙建材有限公司	2468	2426	225
江苏路鑫达交通设施有限公司	3716	3852	96
镇江新浪潮精密机械有限公司	2892	2792	242
江苏万源新材料有限公司	16230	12506	264
镇江市丹徒区金港墙材有限责任公司	2348	2227	250
镇江顶新家居用品有限公司	2858	2796	231
镇江兴盛铸钢有限公司	3176	3268	224
镇江市华铖旅游用品有限公司	13399	13043	352
江苏振光电力设备制造有限公司	99468	122877	864
镇江市丹徒区九鑫毛纺厂	2305	2303	61
江苏语诣光电科技有限公司	3678	3196	152
镇江市丹徒区广发建材厂	4965	3334	157
镇江盛德钢结构有限公司	8336	8905	607
镇江云帆包装有限公司	6861	6861	101
镇江巨茂分子筛有限公司	2715	2697	377
江苏佳创纳米科技有限公司	5863	5750	311
镇江元沣机械设备有限公司	3158	3133	111

（李　进）

宝堰镇

【概况】 宝堰镇位于镇江市丹徒区南郊，南连荣炳盐资源区，东临丹阳市延陵镇，西接 句容市春城镇，北倚 句容市白兔镇。总面积 40.19 平方公里，耕地面积1786公顷，集镇面积2.5平方公里，辖6个行政村，1个居委会。年末总户数8620户、总人口23465人(其中男11620人，女11845人)，有少数民族19个、94人。人口出生率4.6‰，死亡率13.3‰，人口净增率 -8.7‰，计划生育率100%。(可增加年内获得的重要荣誉和特色荣誉情况)

综合经济指标　地区生产总值15.41亿元，比上年增减 4.38%，其中，第一产业增加值2.12亿元，第二产业增加值5.86亿元，第三产业增加值7.43亿元。公共财政预算收入4002.91万元，公共财政预算支出2310.53万元。

农业　农业总产值3.92亿元。粮食总产16735吨，油料总产368吨，蔬菜总产5611吨，水产品总产2168吨，出栏生猪2015头、羊342只、家禽7.8万羽。水利、农田基础建设投入1271万元，实施农田改造330公顷，新修农田排灌渠道1404 米，完成土方5.7万立方米。

工业　全镇有工业企业181家，职工总数5156人。完成规模以上工业总产值2.19亿元，营业收入2.15亿元。完成固定资产投资1.7亿元，比上年增长26.7%，其中工业固定资产投资1.2亿元，比上年增长16.9%。年销售额2000万元以上企业6家，拥有固定资产3595亿元，职工348人，实现利税899万元。私营企业360个，从业人员3121人。个体工商户1538户，从业人员3247人。

集镇建设　启动省级重点及特色镇发展项目世纪大道外立面提升改造工程。完成新四军四县抗敌总会纪念馆周边改造工程，建成景观小品1座，完成周边道路修复和镇阳路黑色化工程。开发商住楼1幢2400平方米。完成镇村污水管网32公里。新增垃圾分类亭31个。

科技与社会事业　全镇有有中学1所、小学1所、幼儿园1所，教职工108人，在校中学生254人、小学生586人。有卫生院1所，病床40张，医卫人员29人。有文体活动中心2个，影剧院1座。自来水普及率 100 %。全镇村村通公路。参加农村社会养老保险9928人，其中当年新增142人。参加新型农村合作医疗15816人，参保率98%。

人民生活　农村常住居民人均可支配收入

24060元。农民人均住房面积46.2平方米，集镇居民人均住房面积42.3平方米。各项储蓄存款余额10.43亿元，人均储蓄39711元。（王致远）

【项目建设】 2019年，宝堰镇项目建设有序推进。全年新签约项目完成总投资5亿元。盘活海通化工、宝利来等闲置土地和厂房，拓展项目落地空间，总投资6000万元的瑞泰墙体材料项目、总投资5000万元的环际铝模板项目相继签约。市重点项目大成渔业特种养殖项目总投资1.2亿元，占地16.67公顷(250亩)，年内该项目109栋温室大棚全部建成，第一批甲鱼苗投放养殖。区级重点项目江苏春迈建筑轻质墙板项目总投资1.1亿元，该项目盘活宝锐光电闲置厂房2万平方米，并于年内投产，具备年产100万平方米轻质墙板能力。朗悦塑业PVC地板项目总投资1亿元，部分设备在“达新标”标准化厂房进场调试，项目建成后可年产PVC地板300万平方米。（王致远）

【高效农业】 2019年，宝堰镇完成万亩高标准农田项目建设。完成鲁溪村20公顷(300亩)蔬菜基地建设。配套高标准农田建设，新建电站19座、农桥17座、滚水坝6座、渠道46.3公里、大小涵洞294座、田间道路40.73公里。建成66.67公顷(1000亩)省级绿色防控试验区，验收绿色优质农产品基地1.13万亩。实行场地育秧14.67公顷(220亩)，推广机插秧1466.67公顷(2.2万亩)，机插率80%以上；完成秸秆机械化还田1733.33公顷(2.6万亩)，全部实行机械化种植、收割。（王致远）

【镇村建设】 2019年，宝堰镇完成16个自然村污水管网管道铺设及污水处理池建设。推进省级重点及特色镇发展项目，实施世纪大道外立面提升改造工程。S265省道宝堰段7.7公里全线施工。配套红色旅游发展，改善新四军纪念馆周边道路2300平方米、新建仿古围墙40米、大理石栏杆30米、路肩覆土及绿化2000平方米。完成《2021～2025农村道路建设计划》编制。完成汛前应急抢险通济河通北涵维修加固工程及通济河通北排涝站维修加固工程。完成改厕任务145座，全镇无害化改厕覆盖率95.1%。完成绿化造林面积14.67公顷(220亩)。（王致远）

【环境治理】 2019年，宝堰镇投入20万元，新增垃圾分类亭31个，全镇垃圾分类亭覆盖率75%。集镇范围内新增监控设10处，新增机动车停车位90个、非机动车停车位800个。规范流动摊贩经营秩序，整治车辆乱停乱放，提升集镇环境。以“河湖长制”为重点，开展“两违”(违法圈圩、违法建设)“三乱”(乱占、乱建、乱排)集中整治行动，整治销号“两违”12处、“三乱”9处。清理通济河道迎水坡、堤顶种植面积12.67公顷(190亩)。老通济河清淤整治工程完成方案初步设计并立项。投入57万元，完成村庄河塘清淤6座。投入44.45万元，管护农村河道10条36.8公里、骨干河道3条32.18公里。（王致远）

【民生建设】 2019年，宝堰镇140户建档立卡户全部脱贫。全年审批住房15户，完成危房改造8户。投入121万元，完成徐巷村王巷“2019区级美丽乡村”建设。完成2018年市级农补项目团结村石塘大坝维修工程、禄食村水系沟通项目、“一事一议”前隍村河塘清淤项目。投入33万元，完成2019年市级维修项目墓东水库溢洪河万子圩滚水坝维修工程。实现全镇6个行政村居家养老服务中心全覆盖。建立退役军人事务服务站，实现行政村退役军人工作服务站全覆盖。（王致远）

【社会文化事业】 2019年，宝堰镇实施农家书屋提升工程，实现农家书屋与丹徒区图书馆通借通还。新建团结村体育文化广场1500平方米，南宫村丁角自然村体育公园成功申报镇江市体育公园。推进新时代文明实践所(站)建设工作，创设5类工作平台(理论宣讲、教育服务、文化服务、科技科普、健康促进)，组建7类志愿服务团队(理论宣讲志愿者队伍、教育服务志愿者队伍、文化服务志愿者队伍、科技科普志愿者队伍、健康促进志愿者队伍、爱心帮扶志愿者队伍、乡风文明志愿者队伍)。利用蓝梦成长中心、残疾人之家、新四军四县抗敌总会、敬老院等“新时代文明实践点”，整合社会各界的志愿力量，开展理论宣讲、志愿服务、文化演出等活动，引导广大群众在生活中知文明，讲文明，倡文明。举办江苏省老年体育节丹徒区宝堰会场闭幕式。举办第三届宝堰美食生活节，通过镇江苏宁广场展销会、“寻觅中华甲鱼王“争霸赛、幸福百家宴、宝堰一日游等活动，继续打造“食在宝堰”金字招牌，扩大宝堰乡村旅游影响力，带动富民增收。（王致远）

【2019江苏省老年人体育节丹徒区分会场闭幕式】 2019年9月28日，江苏省老年人体育节丹徒区分会场闭幕式在宝堰举行。闭幕式以“与时代同行，与祖国同庆，我们都是追梦人”为主题，来自全镇10个艺术团的700余名演出人员参与节目展示，《宝堰双推车》《南乡田歌：我跟爷爷唱甜歌》等节目展现宝堰镇独特的文化底蕴。（王致远）

【宝堰第三届“美食生活节”】 2019年10月26日～11月2日，宝堰镇举办第三届“美食生活节”活动。该次美食节以“舌尖之旅•寻味宝堰”为主题，展现手工米酒、宝堰牛肉、宝堰面条等传统美食及十余种农副特产。活动通过“进城推介宝堰美食文化＋组织游客下乡体验”城乡联动的宣传模式，串联古镇历史底蕴和生态资源。以“宝堰甲鱼”入围江苏省餐饮行业协会评选的镇江“十大地标菜”为契机，组织“中华甲鱼王”厨艺争霸赛，活动现场有8位选手参与角逐，其中4名选手是宝堰当地饭店的当家大厨，宣传“宝堰甲鱼”招牌。活动结束当天，数百市民参与“幸福百家宴”、古镇宝堰“一日游”等活动。（王致远）

图100 2019年9月28日，江苏省老年人体育节丹徒区分会场闭幕式在宝堰镇举行 （宝堰镇）

图101 2019年11月2日，宝堰镇第三届美食生活节活动现场 （宝堰镇）

表35 2019年宝堰镇村委会情况

名称	组数（个）	户数（户）	人口（人）	耕地（公顷）
鲁溪村	45	1149	3682	400.8
南宫村	40	1156	3568	239
团结村	29	873	2930	244.1
宝堰村	26	3047	5778	101.3
徐巷村	47	1137	3666	300
前隍村	40	1258	3841	331

（王致远）

表36 2019年宝堰镇骨干企业情况 单位：万元

企业名称	产值	销售收入	利税
镇江宏立电力设备制造有限公司	2917	3481	134
镇江伟豪机械有限公司	2447	2447	304

续表

企业名称	产值	销售收入	利税
镇江市长城碳素制品有限责任公司	7958	7712	215
镇江市华星刀具制造有限公司	3627	3181	65
镇江嘉豪服饰有限公司	2844	2607	181
江苏河冶工具有限公司	2406	2406	

（王致远）

世业镇

【概况】 世业镇位于镇江西部，四面环江，南对高资街道、润州区七里街道，北对扬州市刊江区，润扬大桥穿境而过，总面积52平方公里，其中圩内面积29平方公里，耕地面积1317.1公顷，集镇面积1.2平方公里，辖5个行政村。年末总户数4538户、总人口14898人(其中男7285人、女7613人)，少数民族主要是回族、苗族、蒙古族等，分布在卫星村，共507人。人口出生率3.93‰，死亡率3.71‰，人口净增率0.22‰，计划生育率100%。

综合经济指标 地区生产总值8.94亿元，其中，第一产业增加值1.47亿元，第二产业增加值0.24亿元，第三产业增加值7.23亿元。公共财政预算收入3575万元，财政总收入3606万元，公共财政预算支出2040万元。

农业 农林牧渔业总产值2.72亿元，粮食总产12495吨，油料总产158吨，蔬菜总产9232吨，水产品总产778吨，果品总产4550吨，家禽2.4万羽。水利、农田基础建设投入955万元，疏浚河道10.98公里，完成土方26.45万立方米。

工业 全镇有工业企业10家，职工总数101人，完成工业总产值0.36亿元，销售收入2974万元。当年私营企业111个，新增15个，个体工商户750户，其中当年新增94户，新增私营注册资本6240万元。

集镇建设 有中型超市3个。年邮政业务360万元，程控电话6474门，其中当年新装电话10门，电话普及率99%。有线电视用户1595户，当年新增8户。改造升级道路9公里，改造新装路灯300盏。

科技与社会事业 全镇有科技人员278人，其中，初级技术职称181人，中高级技术职称97人。有实验学校1所，教职工66人，中学在校生247人、小学在校生413人。有幼儿园1所，入园儿童202人，教职工21人。有卫生院1所，病床30张，医卫人员38人。有文体活动中心6个。自来水普及率100%。全镇村村通公路。参加农村社会养老保险3524人，其中当年新增225人。参加新型农村合作

图102　2019年12月15日，“一颗初心”首届世业洲草莓节暨2019丹徒旅游文化节闭幕式
（世业镇）

医疗8083人，参保率100%。

人民生活　农村常住居民人均可支配收入23920元，职工人均可支配收入34176元。农民人均住房面积44平方米，人均储蓄11435元。（薛斌斌）

【“一颗初心”首届世业洲草莓节暨2019丹徒旅游文化节闭幕式活动】 2019年12月15日，“一颗初心”首届世业洲草莓节暨2019丹徒旅游文化节闭幕式在世业镇先锋村四季春高效农业园举行。草莓节开幕式上，世业镇结合“不忘初心、牢记使命，以农促旅、以旅兴农”的旅游产业品牌定位和发展目标，举办文艺演出、“万名市民走进世业采摘一日游”发团仪式、世业洲“一颗初心”草莓品牌LOGO揭牌仪式、世业洲特色农产品展销多项活动。2019丹徒旅游文化节闭幕式上，丹徒区颁发2019年度“最具影响力”“最具地域特色”“最受游客喜爱”旅游节庆品牌等奖项，世业洲草莓节获2019年度“最具地域特色”旅游节庆品牌。（薛斌斌）

【“江苏省体医融合示范基地”落户世业】 2019年12月13日，第二届健康江苏健步走活动在镇江市丹徒区世业镇启动，来自全省体育、卫生部门以及体育社会组织的500余人参加5公里健步走活动。活动现场，省体育局、省卫健委向世业镇授予江苏省首个“江苏省体医融合示范基地”称号。（薛斌斌）

【民生建设】 2019年，世业镇加快完善民生实事建设，改善镇村面貌。总投资110余万元，升级改造农贸市场，更换市场顶棚，按不同品类经营原则统一调整市场内部摊位；总投资300余万元，建成镇南健康体育公园；改建还青洲路2公里(含支线)、卫星路1公里、先锋路3.8公里，改造桥涵5座；总投资50余万元，完成先锋路、卫星路亮化提升工程，安装路灯100盏；清理和提升中心河等骨干河网河道10公里。（薛斌斌）

【垃圾分类试点】 2019年，世业镇按照“组保洁、村收集、镇转运”的原则，全镇推进农村生活垃圾治理，建设垃圾分类亭36个，摆放垃圾分类桶1278组，购置封闭式垃圾清运车3辆。与专业环保公司开展合作，通过入户调查、面对面互动、发放宣传单等形式，收集反馈意见建议，促进垃圾分类试点工作落实。（薛斌斌）

表37　2019年世业镇村（居）委会情况

名称	组数（个）	户数（户）	人口（人）	耕地（公顷）
兴隆村	10	1114	3681	295.5
东大坝村	7	810	2676	233
世业村	9	950	4075	289
卫星村	6	595	1764	214.6
先锋村	5	626	1979	285
集镇居委会	—	443	723	—

（薛斌斌）

高资街道

【概况】 高资街道位于镇江市丹徒区西郊，南连上党镇，东临润州蒋乔街道，西接句容下蜀镇，北倚长江。总面积93.66平方公里，耕地面积1623公顷，集镇面积6.4平方公里，辖12个行政村，1个居委会。年末总户数15054户、总人口42451人(其中男20843人，女21608人)，有少数民族18个、195人。人口出生率5.0‰，死亡率6.7‰，自然增长率-1.7‰，计划生育率100%。

综合经济指标　地区生产总值91.4亿元，比上年增5.18%，其中，第一产业增加值2.9亿元，第二产业增加值60.9元，第三产业增加值27.6亿元。

公共财政预算收入4.23亿元，公共财政预算支出0.65亿元。

农业 农业总产值5.41亿元。粮食总产8448吨，油料总产1553吨，蔬菜总产10414吨，水产品总产2088吨，果品总产1256吨，出栏生猪9856头、羊152只、家禽18.7万羽。水利、农田基础建设投入1000万，维修农田排灌渠道3.2公里，加固长江堤防(吴家大坝)645米，加固土方量16000立方，疏浚河道4.5公里，疏浚土方3.5万立方，农村河塘疏浚土方量2.3万立方米，合作坝水库除险加固工程投入资金505万元。

工业 全镇有工业企业189家，职工总数7896人。完成规模以上工业总产值146.91亿元，营业收入149.89亿元，实现利税23.78亿元。完成社会固定资产投资13.5亿元，比上年增长2.8%，其中规模以上工业固定资产投资9.7亿元，比上年增长1.9%。年销售额2000万元以上企业37家，拥有固定资产187.6亿元，职工6778人，实现利税28.51亿元。私营企业181家，实现年产值163亿元、利税28.2亿元。个体工商户1378户，从业人员2907人。外贸出口企业 15家，外贸进出口总额35098万美元。外商投资企业7家。

集镇建设 完成绿化21万平方米，开发商住楼8幢5.43万平方米。新修农村道路10.7千米。完成镇村污水管网15.2千米。年邮政业务141.48万元，程控电话容3521门，其中当年新装电话25门，电话普及率100%。有线电视用户7272户，其中当年新增50户，有线电视覆盖率92%。

科技与社会事业 全镇有科技人员1459人，年内获科技成果7项。有中学2所、小学2所、幼儿园2所，教职工241人，在校中学生822人、小学生1324人。有卫生院2所，病床52张，医卫人员53人。有文体活动中心13个，影剧院1座。自来水普及率100%。全镇村村通公路。参加农村社会养老保险1801人，其中，当年新增231人。参加新型农村合作医疗21996人，参保率100%。

人民生活 农村常住居民人均可支配收入25700元，职工人均可支配收入47211元。农民人均住房面积47平方米，集镇居民人均住房面积45平方米。各项储蓄存款余额4.72亿元，人均储蓄11157元。 (侯 飞 徐 昀)

【民生建设】 2019年，高资街道稳步推进民生建设。提档升级农村公路8条、10.35公里，新建农村道6条、6公里，整治河塘河道21条(座)，新建垃圾分类亭75座、路灯98盏，打造市、区级“特色田园乡村”3个，推进集镇污水管网一、二期工程建设，改善人居环境。兑现民生承诺，建设8个村级联动指挥中心，加快网格治理实体化运作。修建垃圾中转站临时储运大棚，完善垃圾渗滤液处置系统。新建闻捷纪念馆、青山健身广场、铁炉老年活动中心等公共文化设施，完成改厕422户。(侯 飞 徐 昀)

【第三批省级“星创天地”认定工作】 2019年9月，高资街道两家公司被江苏省科技厅认定为省级“星创天地”。其中镇江市水木年华现代农业科技有限公司与南昌大学付桂明教授合作，研发的高品质系列抹茶产品申请国家发明专利，拥有自主知识产权；江苏智农食品科技有限公司依托南京农业大学研究生工作站联合南农—智农全谷物研发中心，在深化谷物营养的技术研发和市场开发方面取得成绩。 (侯 飞 徐 昀)

表38 2019年高资街道村(居)委会情况

名称	组数(个)	户数(户)	人口(人)	耕地(公顷)
正东村	21	1293	3926	187.6
勤丰村	19	1095	3215	91
高资村	9	839	2274	21.8
唐驾庄村	20	852	2784	24.5

续表

名称	组数（个）	户数（户）	人口（人）	耕地（公顷）
巢凰村	23	991	2927	132.6
营春村	15	1032	3065	46
陈丰村	22	1218	3788	167.6
西斛村	23	1143	3563	186.7
巫岗村	25	1158	3659	234.1
厚固村	13	694	2109	121.3
石马村	20	903	2887	56.5
水台村	14	573	2103	127
集镇居委会		3263	6151	226.3

（侯飞 徐昀）

表39 2019年高资街道骨干企业情况 单位：万元

企业名称	产值	销售收入	利税
江苏镇江发电有限公司	235645	232760	47312
镇江李长荣综合石化工业有限公司	81943	80332	9521
江苏鹤林水泥有限公司	335465	334613	152343
江苏长三角精细化工有限公司	67646	60887	123
镇江城科新型建材有限公司	16565	16876	768
江苏苏菱铝用阳极有限公司	68988	67768	375
金海宏业（镇江）石化有限公司	142765	202325	2768
江苏苏润高碳材股份有限公司	79654	75768	1897
江苏苏亚迪炭材有限公司	955453	93297	10543
江苏北固海螺水泥有限公司	31278	29231	2054
二重集团（镇江）重型装备厂有限责任公司	70123	70993	-546
江苏李裕碳素有限公司	37543	36220	3267
镇江利德尔复合材料有限公司	31542	30161	1098
中盐镇江盐化市有限公司	38987	38792	6574

（侯飞 徐昀）

宜城街道

【概况】 宜城街道是丹徒主城区，位于镇江市南部，东、南、西被谷阳镇包围，北与润州区官塘街道接壤。2019年，宜城街道区域面积49.8平方公里，下辖15个村和社区，其中有5个村(西麓村、镇南村、张巷村、长山村、陆村村)、5个“村改居”涉农社区(姚庄社区、驸马庄社区、缪家甸社区、光明社区、诈输社区)和5个城市社区(宜和社区、丹桂社区、崇文社区、丹盛社区、湖畔社区)；年末户籍人口45858户，总人口90161人，出生率3.3‰，死亡率3.2‰，自然增长率0.1‰。

综合经济指标 实现地区生产总值121.3亿元，比上年增长9.1%。全年实现一般公共预算收入7.37亿元，一般公共预算支出3888.28万元。

农业 全年实现农业生产总值2.36亿元，粮食总产量1471吨，油料总产量106吨，蔬菜总产量1872吨。

项目建设 2019年，宜城街道全年完成新城范围内项目报批16宗，涉及项目14个，面积32.76公顷(491.47亩)。项目供地15宗，总面积34.28公顷(514.18亩)，缴纳出让金11亿元。完成上市成交地块12宗，出让面积37.83公顷(567.45亩)，成交总价6.9亿元。

居民生活 城镇常住居民人均可支配收入51907元，比上年增长7.8%；农村常住居民人均纯收入25760元，比上年增长8%，参加农村社会养老保险501人。

社会事业　有中学2所、小学3所、幼儿园10所，教职工1083人、在校中学生2664人、小学生6852人；卫生院1所，病床20张，医卫人员72人(在编45人)，文体活动中心13个，参加新型农村合作医疗25948人。　(赵　宇)

【城市管理精细化】 2019年，宜城街道完成社区区划重新布局工作，配备专人负责，建立月度调度工作机制，将城市管理职能向社区下沉，调整后共有10个社区、2个已批准的筹备组；成立综合执法大队，制订印发《街道综合执法大队城市管理考核办法》，成立环卫、防违和环保安全3支专业辅队伍，推动执法人员向一线倾斜；完善小区管理，落实失管小区月度考核，建立不达标物管公司退出机制。以党建为引领，加强指导小区业委会工作，提升小区内部管理。实行生活垃圾分类管理，联合城管部门在4个试点小区推行垃圾分类试点，改善小区环境。　(赵　宇)

【农村工作】 2019年，宜城街道优先发展农业农村，提升乡村治理水平，加强农村“三资”(农村集体资金、农村集体资产和农村集体资源)管理，实行财务公开制度；深化农村集体产权制度改革，至年底有10个村、社区完成并挂牌；加强农村产权交易平台建设，严格规范村集体资产资源交易及工程项目建设，全年交易总数128笔，金额912.56万。　(赵　宇)

【人居环境整治】 2019年，宜城街道完成胜利河、团结河、站岗沟等河道清淤整治，清淤总长度6.35公里，清淤总量6.95万方米；整治中心河“两违三乱”(河湖违法圈圩、违法建设，乱占、乱排、乱建)现象，拆除违章建筑1200平米，清理违法种植6.67公顷(100余亩)，清除暴露积存垃圾200余吨；建设分散式污水处理设施，解决农村生活污水入河现象，在西麓行政村的白露自然村投资400万元，涉及280户，年内完成工程量的85%；加强拆迁地块管理，清运光明、张巷等地拆迁未使用地块偷倒垃圾；投入180万元，对未利用地块实施围挡工程，美化周边环境；推进农村改厕工作，完成区政府下达的全年改厕任务149户，其中西麓村60户、长山村50户、陆村村39户。　(赵　宇)

【民生关怀】 2019年，宜城街道推动公办养老服务业发展，建立村、社区居家养老服务中心，足额准时发放尊老金。全年为居民办理老年人优待证120张；加强对城乡低保户的动态管理，全年取消低保户106户、188人，年底有低保户155户、263人；加强对残疾人关怀，确保各项补贴政策落实到位；建立各村(社区)慈善工作站，开展“慈善一日捐”活动，全年发放慈善救助金8.3万元，救助51人。　(赵　宇)

【新增市场业态管理】 2019年，宜城街道打造特色集市，广泛征求群众意见和建议，科学选址，启动建设“镇江集聚‘烟火味’特色集市”——光明邻里集市(菜场)。该集市参照新型智慧型标准化菜场和网红菜场，建成后可为市民提供买菜、购物、休闲、餐饮、社交“五位一体”的全新体验式服务；推进龙山路便民服务点建设，该项目总建筑面积约1000平方米，设有摊位130余个，建成后可以解决当地占道经营现象，并为涉农社区居民销售农产品提供便利；联合市场监督局、城管、商务等部门，开展城区菜市场环境、卫生、内部管理的整治提升行动，解决环境卫生管理不到位、检测公示不及时、小广告治理不彻底等问题，营造良好的购物环境。　(赵　宇)

【全要素网格化社会治理工作】 2019年，宜城街道以平安建设为工作重心，维护社会和谐稳定大局。根据实际，划分出128个自然网格和1个专属网格，促进街道均衡协调发展；成立综合指挥中心，整合综合执法大队、公安、组织、纪检、宣传、信访、司法、综治、民政等多单位、部门，统一调度，联合办公；依托“全要素网格通手机APP”完成事件处理，实现“微小问题快办，上报问题交办”；会同相关部门定期分析本地区治安形势，重点化解城市管理、环保、拆迁安置、土地补偿、防违拆违过程中的

矛盾纠纷事项，形成“上下一盘棋”的矛盾纠纷多元化解和社会治理新格局。（赵　宇）

图103　2019年5月，宜城街道联合区城管等部门，在华山街沿街店铺周边环境开展集中整治活动　（宜城街道）

【文化建设】 2019年，宜城街道通过生态丹徒网、丹徒区全媒体管理平台及公众号“宜城之声”等平台，做好信息公开、制度公开、政策法规公开等工作；树立先进典型，挖掘来自基层一线的典型人物和事迹，以“宜城之声”为载体，分别以党建主题、群众生活主题、城市建设主题，并结合新中国成立70周年主题，开展各类线上报道及宣传活动；丰富社区文化生活，举办第九届“宜康杯”老年人健身运动，组织街道各村、社区200余名老年人开展3公里健步走、拔河、乒乓球、象棋等比赛项目，为老年体育事业发展创造良好的环境和条件；在每个城市小区、每个自然村开展社区“周周乐”活动，全年举办21期，吸引观众2万人次。（赵　宇）

表40　2019年宜城街道村（居）委会情况

名称	组数（个）	户数（户）	人口（人）	耕地（公顷）
西麓村	23	952	3854	280
张巷村	17	232	884	61.73
镇南村	33	623	2308	10.27
陆村村	21	624	2300	76.72
长山村	27	842	2902	391.67
姚庄社区	13	6548	11456	45
驸马庄社区	12	4832	8216	0
缪家甸社区	14	4521	9988	14.45
光明社区	21	1031	2900	100
诈输社区	11	268	850	10.63
宜和社区	0	4298	7851	0
丹桂社区	0	7419	12478	0
崇文社区	0	6804	10278	0
丹盛社区	0	3078	6324	0
湖畔社区	0	2446	4892	0
长安社区（筹备组）	0	1340	2680	0

（赵　宇）

江心洲生态农业园区

【概况】 江心洲生态农业园区位于镇江市区东北，为长江沉积沙洲，四面环江。南与京口区谏壁镇相望，东南对大港外贸码头，西望焦山，北对新民洲农场。总面积13.46平方公里，耕地411公顷，集镇面积0.78平方公里，辖3个行政村、1个居委会。2019年末总户数2845户，总人口7489人(其中男3762人，女3727人)，有少数民族4个、8人。人口出生率0.07‰，死亡率1.85‰，人口净增率−1.78‰，计划生育率100%。

综合经济指标 地区生产总值4.29亿，比上年减少4.4%，其中农业增加值1.24亿元，第二产业增加值1.71亿元，第三产业增加值1.35亿元。全口径财政收入4216万元，财政支出2198.6万元。

农业 农业总产值2.29亿元。粮食总产4139吨，油料总产1987吨，蔬菜总产36953吨，水产品总产472吨，果品总产706吨。水利、农田基础建设投入2022万元，实施农田改造133公顷，疏浚河道3条4.5公里，完成土方13万立方米。与亚夫团队、日本农协合作，长期以“合作社+农户”模式，为园区柑桔种植户提供实用技术指导。

工业 全园区有工业企业19家，职工总数641人。完成工业总产值8010万元，营业收入7930万元，实现利税590万元。完成社会固定资产投资5083万元，其中规模以上工业固定资产投资593万元。年销售2000万元以上企业1家，职工45人，实现利税87万元。个体工商户202户，从业人员455人。外贸出口企业1个，出口产品交货额558万美元。

集镇建设 新修农村道路6.9公里。年邮政业务6.5万元。程控电话容量2337门，其中当年新装电话2门。宽带用户2125户。有线电视用户1945户，其中当年新增6户，入户率78.6%。自来水普及率100%。实现村村通公路。

科技与社会事业 全园区科技人员186人，其中初级技术职称136人、中高级技术职称50人，年内获6项科技成果。有实验学校1所，教职工28人，在校学生145人；幼儿园1所。有卫生院1所，病床20张，医卫人员8人。有文体活动中心4个。参加农村社会养老保险2782人。参加新型农村合作医疗4593人，参保率100%。

人民生活 农村常住居民人均可支配收入23910元。农民人均住房45平方米。各项储蓄存款余额18860万元，人均储蓄24277元。

生态旅游 江心生态旅游是周边地区闻名遐迩的金字招牌，以野菜节、无花果节、柑橘节为代表的主题节庆旅游已形成品牌效应。有景观特色型、乡野田园型、文化体验型、艺术展览型等不同类型民宿13家，全年上岛游客58万人次，实现旅游总收入7.56亿元。

（吉卜赛）

【江心洲第十二届野菜节】 2019年3月17日～4月14日， 江心洲生态农业园区举办江心洲第十一届野菜节。本次野菜节延用“置身事外　采撷春天”主题，持续打造特有的节庆文化活动品牌。该次野菜节活动现场设置“春日风筝会”“包荠菜饺子赛”等趣味主题活动，并邀请镇江市文联开展文艺志愿服务活动，组织数十名书法家、美术家、摄影家上岛写生采风，创作彰显江心文化特色的文艺作品。

（吉卜赛）

【江心洲第五届无花果节】 2019年8月16日至9月底，江心洲生态农业园区举办2019“盛夏果实　江心味道”中国丹徒旅游文化节暨江心洲第五届无花果节。该次节庆开幕式在丹徒新城广场举行，活动现场播放以“江心十二时辰”为主题的视频短片，宣传江心洲的优美生态，现场设置“江心好物　特惠展销”区域，展示售卖无花果、葡萄等江心洲优质果品，并联合携程网发布江心旅游相关产品，打造“小气候　大果肉”江心水果品牌。

（吉卜赛）

图104　2019年8月16日，江心洲第五届无花果节开幕式在丹徒新城广场举行　　（江心洲生态农业园区）

【江心洲第十二届柑橘节】 2019年11月9日，江心洲生态农业园区举办的江心洲第十二届柑橘节启幕。该次节庆围绕“以节促游、以游旺农”，依托2019镇江金山文化旅游节品牌，借助“美丽镇江乡村游”嘉年华活动，打造富民节庆活动。节庆期间，举办首届“美丽镇江乡村游”嘉年华暨第十二届江心洲柑橘节开幕式演出，推出“骑行醉美江心·点赞乡村振兴”骑行、“美丽镇江乡村一日游”之万名市民采橘团活动，以及“晒晒家乡照 发现乡村美”摄影大赛、“江心乡旅直通车”、“江心柑橘我最甜·寻找最甜抖音人”抖音线上挑战等活动。江心洲生态农业园区与苏宁易购合作，在“苏宁易购中华特色馆·镇江馆”上线江心柑橘产品，推广江心柑橘。活动期间，接待旅客约26万人次，实现旅游综合收入约1.66亿元，销售柑橘约3600吨。　（吉卜赛）

图105　2019年11月9日，江心洲第十二届柑橘节启幕　（江心洲生态农业园区）

【长江岸线违法建筑整治】 2019年7月2日，江心洲生态农业园区联合丹徒区防汛防旱指挥部等13个部门，强制拆除2017年被江苏省河长办列入整治清单、但未整改到位的镇江大江船舶制造有限公司，保障汛期长江航道安全。该行动调用臂长30米长臂液压剪1台、液压钳机2台、混凝土破碎机2台、叉车2辆，拆除近30米高、重约100吨的超高超重钢结构龙门架1座，以及9000余平方米钢结构厂房、二层办公楼、配电房等违建。　（吉卜赛）

【首批省乡村旅游重点村建设】 2019年，江心洲五套村入选首批省乡村旅游重点村名录。列入该名录的重点村，可以优先享有项目建设、品牌打造、市场推广和信贷支持等相关政策，并择优参加全国乡村旅游重点村名录遴选。近年来，五套村发展特色产业，提升环境品质，培育特色文化，先后获得“全国防灾减灾示范村”“江苏省级特色示范村”“省级首批农家乐集聚示范村”“江苏最具魅力休闲乡村”等荣誉称号，橘江里建成国家AAA级景区，百之味农场被评为省级自驾车露营基地，“江心源”牌镇江江蟹获“国家地理标志”称号。年内，该村完成骨干河、中心河全长清淤整治近3公里，提升水环境特色。至年底，五套村有特色民宿10家、农家乐示范户13家，并建有“初心驿站”团建基地、精品柑橘示范基地、文化长廊、廉政文化园、昆虫认知园，形成“水里可划船、园里可采摘、院里农家乐、屋里有民宿”的特色乡村旅游格局。　（吉卜赛）

表41　2019年江心洲生态农业园区村（居）民委员会情况

名称	组数（个）	户数（个）	人数（人）	耕地（公顷）
五套村	18	1365	3548	187
五墩村	15	788	2286	128
益平村	9	484	1280	96
集镇居委会	1	208	375	-

（吉卜赛）

表42　2019年江心洲生态农业园区骨干企业情况　单位：万元

企业名称	产值	销售收入	利税
镇江三阳装饰材料有限公司	8010	8010	222

（吉卜赛）

荣炳盐资源区

【概况】荣炳盐资源区位于镇江市丹徒区南部，南连金坛市直溪镇，东临丹阳市延陵镇，西接句容市茅山镇，北倚宝堰镇。总面积45平方公里，耕地面积1610公顷，集镇面积4.3平方公里，辖5个行政村。年末总户数6148户、总人口19250人(其中男9658人，女9592人)，有少数民族111人。人口出生率5.09‰，死亡率8.94‰，人口净增率-8.65‰，计划生育率100%。年内，荣炳大米获评2019年“江苏好大米”十大品牌，曲阳村建成2019年度“先进慈善工作站”。

综合经济指标 地区生产总值14.29亿元，其中，第一产业增加值1.62亿元，第二产业增加值7.17亿元，第三产业增加值5.49亿元。公共财政预算收入5374万元，公共财政预算支出5374万元。

农业 农业总产值3亿元。粮食总产14419吨，油料总产900，肉类总产519吨，禽蛋总产113吨，蔬菜总产6523吨，茶叶总产16吨，水产品总产2218吨，果品总产1750吨，出栏生猪1514头、羊500只、家禽17.7万羽。水利、农田基础建设投入1929万元，实施农田改造533公顷，新修农田排灌渠道31公里，电站新建改造34座、压力管道2335米，机耕道路建设8.87公里，维修、加固堤岸850米，疏浚村庄河塘6座1.9公顷(28.5亩)，完成土方15.5万立方米。

工业 全镇有工业企业105家，职工总数5113人。完成规模以上工业总产值3.70亿元，营业收入3.73亿元，实现利税2954万元。完成固定资产投资1.5亿元，比上年增长0.2%，其中规模以上工业固定资产投资1.07亿元。年销售额2000万元以上企业9家，拥有固定资产3.32亿元，职工446人，实现利税2100万元。私营企业172个，年产值55亿元，实现利税4.33亿元。个体工商户510户，从业人员1100人。外贸出口企业5家，外贸进出口总额500万美元。外商投资企业1家，引进外资及港澳台资项目1个，工商注册外资及港澳台资29万美元，实到外资及港澳台资120万美元。

集镇建设 投入3.5万元，完成高速道口美化亮化。投入2.2万元，用于绿化管护，治虫、栽种、补种树木。投入10万元，用于5个行政村垃圾清运，美化环境。修复破损道路3公里，完成园区内桥梁检查，完善桥梁超载事项警示标志，消除危桥安全隐患1座，完成校车及镇村公交临塘临水护栏建设0.9公里；完成镇村污水管网42公里。年邮政业务430万元，程控电话容量7010门，电话普及率84%。宽带用户1255户，有线电视用户4750户，高清电视用户780户，有线、高清电视覆盖率90.04%。

科技与社会事业 全镇有科技人员377人，其中初级技术职称285人、中高级技术职称76人，年内获157项科技成果。有中学1所、小学1所、幼儿园1所，教职工78人，在校中学生182人、小学生342人。有卫生院1所，病床20张，医卫人员26人。有文体活动中心1个。自来水普及率100%。全园区村村通公路。参加农村社会养老保险6367人，参加新型农村合作医疗12597人，参保率65.44%。

人民生活 农村常住居民人均可支配收入24010元，职工人均可支配收入48200元。农民人均住房面积50平方米，集镇居民人均住房面积30平方米。各项储蓄存款余额5.61亿元，人均储蓄29143元。(乐祥安　彭庆云)

【项目建设】2019年，荣炳盐资源区推进重点项目建设。全年完成固定资产投资1.5亿元，研发经费支出2200万元，新增规模以上企业2家(日达鞋业、坤美新材料)，2个区重点项目按序时完成全年任务，完成投资1亿元。协助完成苏科贷续贷500万元，推进江苏省综合金融服务平台注册工作，完成企业注册目标任务60家，举行银企对接活动，为小微企业拓展融资渠道。总投资5000万元的坤美新材料一期项目投产；总投资3.6亿元的水云间生态康养中心项目，签订意向协议，并通过丹徒区项目评审会预审；总投资1.4亿元的瑞鑫医用敷料项目完成投资主体公司注册，签订项目正式协议。(乐祥安　彭庆云)

【民生建设】2019年，荣炳盐资源区推进民生各项工程建设。以镇荣公路三期工程建设为契机，各村结合实际开展农村路网整治，修复平整受损道路3公里；推进冬春水利工程建设，完成河道清淤、河塘整治等工程；完成东西棚、上坝自然村美丽乡村建设和小流域治理等工程，提高乡村生态涵养；推进荣炳幼儿园维修改造，推广敬老院“医养结合”模式，完善基本医保、大病保险和医疗救助保障体系，减轻困难群众医疗负担；建成荣炳新时代文明实践所和曲阳村、蒲圩村新时代文明实践站；建设胜利文化礼堂，完善各村文化礼堂综合服务功能，拓展农民健身广场文化、法治内涵；在5个经济薄弱村、122户建档立卡户全面实现脱贫基础上，开展精准脱贫“回头看”工作，巩固提升脱贫成果。（乐祥安　彭庆云）

【旅游事业】 2019年，荣炳盐资源区发展旅游事业，全年旅游接待18万人次，实现旅游总收入2.8亿元，分别比上年增长5.89%和2.1%。4月6日，第二届“山水荣炳乡村旅游节”在荣炳曲阳村开幕。该届“山水荣炳乡村旅游节”依托荣炳油菜百亩花海资源，举办“花之魂·第二届山水荣炳乡村旅游节开幕式”“花之韵·第二届山水荣炳少儿绘画大赛”“花之趣·花海寻宝”“花之味·花田集市特色农业品牌展销会”“花之乐·‘发抖音·晒金花’抖音挑战活动”“花之魅·花田快闪”等系列活动，串联荣炳油菜花海、上坝水库、水杉林、桃花园、梨花园、竹林、麦田等景观，向市民游客推介、展示荣炳山水资源。（乐祥安　彭庆云）

图106　荣炳油菜花海　（荣炳盐资源区）

【文化振兴建设】 2019年，荣炳盐资源区推进文化振兴建设。开展文明村、文明户等各类群众性精神文明创建活动，完成“乡贤”“最美村民”“身边好人”“最美人物”等评选活动，1人获“江苏省最美人物”、1人获“丹徒区微美人物”、1人获“江苏好青年”，1户获“省级文明家庭”、5户获“丹徒区文明家庭”、2户获“丹徒区最美家庭”。完成3个村的党建标准化提升工作，完成胜利村、高庄村党建标准化建设工作，拓展党群综合服务中心服务范围，提升公共服务内涵；在曲阳村法治文化广场举办“宪法日暨七五普法”宣传活动，开展“文化暖心惠民行动”，组织各类文艺社团举办庆新春、助残等公益演出10余场，开展“扫黄打非”宣传进村、进学校5场，推动群众开展健身活动。（乐祥安　彭庆云）

表43　**2019年荣炳盐资源区村（居）委会情况**

名称	组数（个）	户数（户）	人口（人）	耕地（公顷）
高庄村	33	1165	3723	321.67
蒲圩村	39	1371	4236	373
胜利村	27	794	2487	265.2
曲阳村	34	1299	4092	292.67
曙光村	53	1221	3939	357.46
集镇居委会	-	298	773	-

（彭庆云）

表44　**2019年荣炳盐资源区骨干企业情况**　单位：万元

企业名称	产值	销售收入	利税
镇江恒顺酒业有限公司	20323	20678	12050
镇江市欧泊服饰有限公司	10214	10198	300

（彭庆云）

人物·名录·荣誉栏

责任编校 王雪松 李东东

新任区级领导

黄子来

2019年12月，任丹徒区政协党组书记、主席。

1965年6月出生，江苏苏州人。1987年8月参加工作，1995年4月加入中国共产党，大学本科学历。1987年8月至1989年9月，任镇江市第十三中学教师。1989年9月至1992年2月，任丹徒县司法局公证处公证员。1992年2月至1995年8月，任丹徒县政法委办公室办事员。1995年8月至1996年5月，任丹徒县综合治理办公室副主任。1996年5月至1997年1月，任丹徒县宝堰镇镇长助理。1997年1月至1998年11月，任丹徒县上会镇副镇长。1998年11月至2001年11月，任丹徒县上会镇党委副书记。2001年11月至2003年8月，任丹徒县(区)宝堰镇党委副书记、镇长。2003年8月至2005年12月，任丹徒区宝堰镇党委书记。2005年12月至2012年2月，任丹徒区委组织部副部长(正科级)。2012年2月至2012年3月，任丹徒区政府党组成员、区委组织部副部长。2012年3月至2012年4月，任丹徒区政府党组成员、副区长，区委组织部副部长。2012年4月至2014年7月，任丹徒区政府党组成员、副区长。2014年7月，任中共扬中市常委、组织部部长，2016年7月，兼任统战部部长。

姚恒清

2019年11月，任丹徒区政府党组成员、副区长，公安局党委书记、局长、督察长，区委政法委副书记。

1970年9月出生，江苏扬中人。1991年8月参加工作，1998年11月加入中国共产党，在职党校大学学历。1991年8月至1993年10月，在江苏第十四劳改支队工作。1993年10月至1997年7月，在镇江市公安局看守所工作。1997年7月至1998年1月，在镇江市公安局刑警支队工作。1998年1月至1999年7月，在镇江市公安局经案支队二大队工作。1999年7月至2001年1月，任镇江市公安局经侦支队驻税办副主任。2001年1月至2002年3月，任镇江市公安局经案支队侦审大队大队长。2002年3月至2002年9月，任镇江市公安局经济犯罪侦查支队侦审大队大队长。2002年9月至2004年12月，任镇江市公安局经济犯罪侦查支队支队长助理兼侦审大队大队长。2004年12月至2006年10月，任镇江市公安局经侦支队副支队长。2006年10月至2012年4月，任镇江市公安局京口分局党委委员、副局长。2012年4月至2016年4月，任镇江市公安局法制支队支队长。2016年4月至2016年11月，任镇江市公安局法制支队(直属分局)支队长(局长)。2016年11月至2017年12月，任镇江市公安局京口分局局长。2017年12月至2019年11月，任京口区副区长、公安分局局长。

组织机构及领导人名录

区领导班子

区　委

书　记　谢继步(2019.12～　)
　　　　张映桥(　～2019.12)
副书记　马振兵(2019.12～　)
　　　　谢继步(　～2019.12)
　　　　韩宏亮(2019.3～　)
常　委　殷利民(　～2019.8)
　　　　陈平才
　　　　包荣军
　　　　李莉珺(女)
　　　　洪　伟
　　　　朱　彤
　　　　贺　文(2019.11～　)
　　　　陈　勇(2019.12～　)
　　　　刘　东(　～2019.12)
　　　　任永前(挂职，　～2019.6)

丹徒区人大常委会

主　任　李幸福
副主任　杨伟民
　　　　王卫方(女)
　　　　宋守雷
　　　　程道云

丹徒区人民政府

区　长　马振兵(2019.12～　)
　　　　谢继步(　～2019.12)
区委常委、常务副区长　马振兵(　～2019.12)
副区长、区公安局局长　姚恒清(2019.11～　)
　　　　　　　　　　　贺　文(　～2019.11)
副区长　贺丽娟(女)
　　　　陈　静(女)
　　　　梅　放
　　　　邵建海
　　　　任永前(挂职，　～2019.6)
　　　　卢英敏(女，挂职)
　　　　张　军(挂职，　～2019.7)
　　　　张　莅(挂职，　～2019.11)

政协丹徒区委员会

主　席　黄子来(2019.12～　)
　　　　徐新祥(　～2019.12)
副主席　叶向东
　　　　郭祥明
　　　　江　灿(　～2019.5)
　　　　李晓娟(女)
　　　　任金华

纪委　监委

纪律检查委员会

书　记　李莉珺(女)
副书记　孙建中
　　　　许　辉(　～2019.11)
常　委　杨龙寿
　　　　朱志文
　　　　周丛山
　　　　张云飞(2019.9～　)
　　　　任苏宁(女，　～2019.9)

监察委员会

主　任　李莉珺(女)
副主任　孙建中
　　　　许　辉(　～2019.11)
委　员　杨龙寿
　　　　周丛山
　　　　张云飞(　～2019.9)
　　　　朱　平
　　　　马庆军(2019.9～　)

派驻机构

区纪委、区监委派驻区委办纪检监察组组长
曹　啸(2019.9～　)
区纪委、区监委派驻区政府办纪检监察组组长
史惟蓉(女)
区纪委、区监委派驻区人大机关纪检监察组组长
王飞雪(女)
区纪委、区监委派驻区委组织部纪检监察组组长
李　枫(女)
区纪委、区监委派驻区委宣传部纪检监察组组长
陆　景(女)
区纪委、区监委派驻区公安局纪检监察组组长
靖慕中
区纪委、区监委派驻区人民法院纪检监察组组长
蒋素明
区纪委、区监委派驻区住建局纪检监察组组长
龚恋淇(女)
区纪委、区监委派驻区农业农村局纪检监察组组长
张国俊(2019.9～　)
朱　莉(女，　～2019.9)
区纪委、区监委派驻综合监督纪检监察组组长
王玲华(女)

区委工作机关及直属单位

区委办公室

主　任　赵　斌
副主任　黄育新
严　峰
周　飞(2019.6～　)
刘　飞(2019.2～　)

巡察办

副主任　朱　茜(女)

巡察组

组　长　杨　凯
朱丹凤(女)
徐正辉
副组长　孙立中
钟　辉(女)
许涵静(女)
杨明凤(女)
骆邦栋(2019.9～　)

机要保密局

局　长　何朝阳
副局长　周明波

督查室

主　任　毛世醒

组织部

部　长　陈平才
常务副部长　王正平
副部长　缪其国
许南江
陈卫平
区公务员局局长　缪其国
区人才工作领导小组办公室主任　许南江
区人才工作领导小组办公室副主任　余银俊
区委非公有制企业和社会组织工作委员会书记
陈卫平
区委非公有制企业和社会组织工作委员会副书记
颜圳杰
区委党建工作领导小组办公室主任
沈洪林(2019.9～　)
区委党建工作领导小组办公室副主任
王伟东(2019.9～　)
区考核办副主任　彭　俊(2019.6～　)

宣传部

部　长　包荣军
常务副部长、区新闻出版局(区版权局)局长
陈　煜
副部长、区委网信办主任　董　帅
副部长、区文明办主任　朱广昌
区文明办副主任　张国琪

互联网信息办公室主任　马　峰(　~2019.9)
区委网信办副主任　马　峰(2019.9~　)
区政府新闻办副主任　陶丽娟(女,2019.9~　)
区新闻中心主任　陆　萍(女)

统战部

部　长　朱　彤
常务副部长　唐　维(女)
　　王　军
　　傅雅明
　　徐　松(女)

侨　办

主　任　王　军

机构编制委员会办公室

主　任　龙　飞
副主任　朱　军
　　纪倩雯(女,2019.9~　)
　　徐　琳(女)

党　校

校　长　韩宏亮(2019.3~　)
　　谈沁磊(　~2019.3)
常务副校长　朱祥洪
副校长　沈漪之(女)
　　吴慧勇

行政学校

校　长　马振兵(2019.3~　)
　　韩宏亮(　~2019.3)
常务副校长　朱祥洪

机关工委

书　记　吴富祥
副书记、区纪委区级机关纪工委书记　陈　新
副书记　王　妍(女)

史志办公室

主　任　陈　刚
副主任　王雪松
　　丁素娟(女)

老干部局

局　长　王正平
副局长　王　俊(女)
　　潘月红(女)
区委离退休干部工委书记　刘佳明
区委离退休干部工委副书记　何百平

台　办

主　任　王　翼
副主任　尹桂裕(2019.9 ~　)

区档案馆

馆　长　张　晖(女)

区人大常委会工作机构

人大常委会办公室

主　任　殷　峰
副主任　张荣辉

财政经济工作委员会

主　任　赵虎山

农村经济工作委员会

主　任　王建锁

内务司法工作委员会

主　任　费海新

社会事业工作委员会

主　任　朱金凤(女)

人事代表联络工作委员会

主　任　姚永洪

副主任　吴建军(2019.9～　)

城建环保工作委员会

主　任　刘苗苗(女)

区政府工作部门及有关单位

区政府办公室

党组书记、主任　汪　洋

党组成员、大数据管理局局长　谢　军

党组成员、副主任　赵桂荣

施凯兵

辛学俊

黄德新

副主任　戴　伟

党组成员　史惟蓉(女)

区政府督查室主任　袁　斌

行政审批局

党组书记、局长　赵中田

党组成员、副局长　朱林林(女)

陈如金

公共资源交易中心副主任　王　莹(女)

信访局

党组书记、局长　戴　伟

党组成员　朱智谋

党组成员、副局长　尹润忠

陈　龙

地方金融监督管理局

党组书记、局长　段　炼

党组成员、副局长　时小燕(女)

党组成员、副局长　陶　晨

机关事务管理中心

主　任　张叶飞

副主任　潘　莉(女)

赵院生

李昌鹭

经济发展局

党委书记、局长　高超文

党委副书记　庄斓鸷

党委委员、副局长　邓鹏林

邓世琴(女)

唐宏秋

周雷明

郑　瑶(女，　～2019.9)

党委委员　王文治

汪　勇

汤杏祥

余　平

党委委员、副局长、区粮食和物资储备局局长

王俊峰

党委委员、重大项目服务中心主任

施　皓(2019.9～　)

区粮食和物资储备局副局长

蒋　莹(女，2019.9～　)

商务局

党组书记、局长　吴宏昱

党组成员、副局长　卢贤军

周步祥

杨　杰

党组成员　巫　斌

刘正国

曹　媛(女)

闪　静(女)

招商服务中心

主　任　吴宏昱

副主任　曹　媛(女)

闪　静(女)

工业资产管理总公司

党委书记、总经理　王文治

党委委员、副总经理　祝九庚
贡云明
杜　宇(女，2019.6～　)
党委委员　卢　勃
朱国斌(2019.9～　)

商业资产管理总公司

党委书记、总经理　刘正国
党委副书记、纪委书记　马荣明
党委委员、副总经理　王志强

应急管理局

党组书记、局长　朱昌斌
党组成员、副局长　丁廷华
谢朝红
胡卫民
朱晓毅(2019.12～　)
党组成员　陈　玲(女)

市场监督管理局

党委书记、局长　张荣健
党委委员、副局长　唐兴国
丰建林
孟建平
黄羽田(女)
副局长　张　俊(女)
党委委员　曹　俊
陶迎春(女)
朱　俊
王美琴(女，2019.9～　)
区知识产权局局长　孟建平
宝堰分局分局长　朱　江
辛丰分局分局长　汤炳昀
高桥分局分局长　巫智斌
宜城分局分局长　刘　俊
高资分局分局长　朱玉新
谷阳分局分局长　殷成俊
上党分局分局长　徐　俊
世业分局分局长　刘　涛

科技局

党组书记、局长　巫五才
党组成员、副局长　唐小平
吕　杰
党组成员　邱德祥
刘　琳(女)

人力资源和社会保障局

党组书记、局长　周　锋(2019.6～　)
缪其国(　～2019.6)
党组成员、副局长　童韶琴(女)
丁利胜
吕　庆
党组成员　孟　涛(　～2019.6)
仇　霞(女)
陈　远(　～2019.9)
党组成员、社保中心主任　姚克仁
党组成员、就业中心主任　陈　曦
党组成员、人才中心主任
张林霞(女，2019.6～　)

统计局

党组书记、局长　鲍玉荣
党组成员、副局长　朱秀文
潘叶平
吴秋红(女)
党组成员　赵韩雪(女，　～2019.6)
彭　俊(　～2019.6)

住房和城乡建设局

党委书记、局长　王　欣
党委副书记、区人防办主任　李雪义
区地震局局长　周　忠
党委委员、副局长　周　忠
姚建明
侯晓敏
王牧原(女)
党委委员　谢晓彬
庄　超

龚恋淇(女)
张庆华
季荣生
马鹏举
顾文辉
房屋征收服务中心主任 马鹏举(2019.9～)

建设投资有限公司
党委书记、董事长 殷国祥
总顾问 滕俊浩
党委委员、总经理 韦建云
党委委员、纪委书记 夏 明
党委委员、副总经理 韦建云
陈 杰
刁永华
陈保生
倪卫龙
袁子霈
宋 雷
董 事 韦建云
夏 明
陈保生

城 投
总经理 赵育文
副总经理 李 军
副总经理 陈爱波

城市管理局
党组书记、局长 陈东伟
党组成员、副局长 韦建平
蒋国耘
张建华
党组成员 刘海燕

交通运输局
党委书记、局长 洪家同
党委委员、副局长 丁建平
袁学军
王卫东
杨 飞
党委委员、公路管理处主任 吴林华
党委委员、运输管理处主任 戴 峰
党委委员 张文娟(女)

农业农村局
党委书记、局长 孙 铁
党委副书记 孙永忠
党委委员、副局长 唐本旭
傅金平
李 超
副局长 徐英姿(女)
党委委员 张素燕(女)
张国俊(2019.9～)
朱 莉(女， ～2019.9)
尹桂裕(～2019.9)
吴国胜
殷 冰(2019.9～)

水利局
党委书记 戴雨平
局 长 徐 洁
党委副书记 吴秋方
党委委员、副局长 侯 军
韦 辉
张 明
党委委员 陈 杰
党委委员、办公室主任 戴 伟

财政局
党委书记、局长 殷一斐
党委委员、副局长 伏柏林
沈 杰
李 娜(女)
赵 清(2019.9～)
党委委员 潘 坚
刘文斌
史小燕(女，2019.9～)

金志云(女，2019.9～)

审计局

党组书记、局长 张 宾

党组成员、副局长 吴文胜(2019.9～)

赵志强

纪剑华

党组成员 吴文胜(～2019.9)

张金凤

顾国林

茧丝绸总公司

总经理 吴国胜

副总经理 陈庆赟

陆 炜

供销社

党委书记、主任 庞金玉

党委委员、副主任 丛 松

李罗双

党委委员 徐小平

教育局

党委书记、局长 张长庚

党委副书记、区政府教育督导室主任 尹 鹏

党委委员、江苏省大港中学校长 仲伟贵

党委委员、副局长 朱品辉

常建军

方纪敏

副局长 李 军(女)

党委委员 蔡玉军

苏爱国

江建翔(2019.9～)

区政府教育督导室副主任 贺 濛

卫健委

党委书记、主任 傅忠宇

党委委员、副主任 殷 琰

党委委员 赵亚军

朱 莉(女，2019.9～)

卞有根

神学慧

胡小忠

区人民医院院长 卞有根

文体广电和旅游局

局 长 王继富

党组书记 林炳雷(2019.3～)

党组副书记 印海飞

党组成员、副局长 王 军

葛希娟(女)

王 燕(女，2019.3～)

党组成员 徐小刚(～2019.3)

赵国栋(～2019.6)

蔡 扬

杨 延(女)

副局长 张晓红(女)

广播电视台

台 长 蔡 扬

副台长 崔华东

宫晶晶(女)

民政局

党组书记、局长 姚遇平

党组成员、副局长 洪云国

张建红(女)

江雪峰

退役军人事务局

党组书记、局长 陈 健

党组成员、副局长 朱先其

董洪文(2019.12～)

任锁林

凌 青

党组成员 韦才荣

区政协工作机构

办公室

秘书长　蔡怀根
主　任　霍国庆
副主任　张义鸿
　　　　黄　纬

提案工作委员会

主　任　张正平
副主任　张　芸(女)

经济科技委员会

主　任　李厚金
副主任　庄维红(女)

社会事业委员会

主　任　王成福
副主任　张　燕(女)

文史资料委员会

主　任　殷　明
副主任　陈珍娜(女)

港澳台侨工作委员会

主　任　卢建军

宜城街道

党工委书记　戴益峰
党工委副书记、办事处主任　张网保
人大工委主任　魏国平
党工委副书记　王　飞
　　　　　　　杨　林(挂职,2019.9～　)
党工委委员　刘兴中
党工委宣传委员　洪　敏(女)
党工委委员、人武部部长　李　京
党工委组织委员、统战委员　余　琴(女)
党工委委员、纪工委书记　蒋朝晖
党工委政法委员　谢正斌
党工委委员、副主任　朱亚明
　　　　　　　　　　卢玉金
　　　　　　　　　　朱东亮
　　　　　　　　　　王先亚
　　　　　　　　　　皮玉琢(女,挂职,2019.5～　)
党工委委员　蔡扣成

丹徒经济开发区

党工委书记　张　蕾(女,2019.11～　)
　　　　　　洪　伟(　～2019.11)
党工委副书记、管委会主任　王志坚(2019.11～　)
党工委副书记　徐江平
党工委委员、管委会副主任　崔常富
　　　　　　　　　　　　　徐　峰
　　　　　　　　　　　　　徐志文
　　　　　　　　　　　　　赵　平
党工委委员、纪工委书记　殷　俊
党工委委员、总工会主席　朱亚兵
党工委委员、党群工作部部长　曹　斐
党工委委员　汤　振
　　　　　　周　文

世业洲旅游发展总公司

副总经理　虞亚军
旅游管埋处副处长　凌　秀(女)
规划国土环保管理处副处长　魏进亮

江苏省镇江世业洲旅游度假区管理委员会

党工委副书记(主持工作)　王志坚(　～2019.11)
党工委委员、副主任　方　彬(女,　～2019.6)
党工委委员、开发建设处副处长　杨建君
办公室副主任　陆　涛

丹徒高新技术产业园管委会

党工委书记　江达贤

党工委副书记、管委会主任　朱　敏
党工委副书记　戴　圆
党工委委员、副书记　佘广文(2019.8～　)
党工委委员、管委会副主任　吴毅峰
龚向华
吴瑞霞(女)
蓝　军
巫正云
党工委委员、纪工委书记　张　舒(女)
管委会副主任　严　慧(女)
创业服务中心主任　韦晓俊(女)
项目招商部主任　景　涛
经济发展部主任　朱军民
党工委委员、办公室主任　魏欲同

长山科教文化产业园管理委员会

党工委书记　王锁清(　～2019.6)
党工委委员、副主任　杜　宇(女，　～2019.6)
副主任　严树根(聘用，～2019.6)

长山文化产业发展有限公司

董事长　陈　杰(2019.6～　)
总经理　方　彬(2019.6～　)
副总经理　严树根(2019.6～　)
杨　扬(2019.6～　)
孙涛毅(2019.6～　)

长山文化产业发展有限公司党委

党委书记　陈　杰(2020.3～　)
党委副书记　方　彬(2020.3～　)
党委委员、纪委书记　严树根(2020.3～　)
党员委员、组织委员　杨　扬(2020.3～　)
党员委员、宣传委员　孙涛毅(2020.3～　)

政法系统

政法委

区委常委、书记　贺　文(2019.11～　)
韩宏亮(　～2019.11)
常务副书记　薛恒初
副书记　姚恒清(2019.11～　)
神俊武
王锁平

公安局

副区长，区委政法委副书记，区公安局党委书记、局长、督察长　姚恒清(2019.11～　)
贺　文(　～2019.11)
党委副书记、政委　景国栋
党委委员　王益峰
党委委员、副局长　张瑞芳
朱建军
党委委员　田　霖
党委委员、副局长、交巡警大队大队长　於伟荣
党委委员、政治处主任、办公室主任　吴明虎
党委委员　靖慕中
党委委员、副局长、城区派出所所长　田建国
党委委员、高资派出所所长　许　峰
党委委员、副局长、刑侦大队大队长　张利民
党委委员、警务保障室主任　朱荣俊

检察院

党组书记、检察长　黄　进
党组副书记、副检察长　周桂林
党组成员、副检察长　朱静波
党组成员　冷　勇
党组成员、政治处主任　赵　霞(女，　～2019.6)
党组成员、政治部主任　赵　霞(女，2019.6～　)
党组成员、检委会专职委员
纪　飞
王　玲(女，2019.3～　)

法　院

党组书记、院长　汤国生
党组副书记、副院长　李东升
党组成员、副院长　孙旭东
张　镇(2019.5～　，挂职)

眭咏梅(女，2019.6～　)
党组成员　蒋素明(女)
党组成员、政治部主任　金华俊
党组成员、审判委员会专职委员
眭咏梅(女，　～2019.6)
步跃刚(　～2019.6)
李　卉(女，2019.6～　)
党组成员　步跃刚(2019.6～　)
党组成员、执行局局长　张　敏(女，2019.6～　)

司法局

党组书记　马成龙
局　长　盛莉莉(女)
党组成员　刘建军
党组成员、副局长　田　文
张永忠
朱慧芳(女)
倪　杰
党组成员　汤　敏
区委全面依法治区委员会办公室副主任
吴新中(2019.6～　)

民主党派　工商联

民革丹徒总支部

总支主委　李　军(女，2019.6～　)
贾金海(　～2019.6)

民盟丹徒基层委员会

主　委　徐　俊
副主委　肖　涛
姚　凯
邹国俊

民建丹徒区基层委员会

主　委　纪桂发
副主委　何为民
蔡正飞

农工民主党丹徒区基层委员会

主　委　戴文妍(女)
副主委　张　剑(女)
崔　萍(女)

致公党丹徒总支部

主　委　盛莉莉(女)

九三学社丹徒支社

主　委　严　慧(女)
副主委　郑　琴(女)

工商联

党组书记　唐　维(女)
主　席　殷晓丹(女)
副主席　张　盛
吕永忠
缪文华
王兴文
朱　翔
周亭宇
吴　祥
陈　炜
徐　洋
董春宝
姜松亭

社会团体

总工会

主　席　张芙萍(女)
副主席　韩　蓁(女)
张　剑
吕复环

团　委

书　记　解　冉(女)
副书记　李　颖(女)
王超然(女，2019.6～　)

妇　联

主　席　邱栋婷(女,2019.9～　)
　　　　张　雯(女,　～2019.9)
副主席　卢建萍(女)
　　　　王丽君(女)

科　协

主　席　钱立宪
副主席　江其顺
　　　　倪羽欣(女)

文　联

主　席　蔡　敏
副主席　吴呈昱
　　　　束鹏芳

侨　联

主　席　张　军(2019.9～　)
　　　　邱栋婷(女,～2019.9)
副主席　朱坚强
　　　　李　俊
　　　　马江华

残　联

理事长　窦峰云
副理事长　许慧敏(女)

红十字会

会　长　贺丽娟(女)
常务副会长　朱　俊

见义勇为基金会

理事长　曾明泉(2019.8～　)
　　　　冷安康(　～2019.8)
副理事长、秘书长　丁发林
副理事长　景国栋

慈善总会

会　长　龚玉华
副会长　朱　彤
　　　　姚遇平
　　　　付久成
　　　　洪云国
秘书长(兼)　付久成

商业联合会

会　长　巫东海
秘书长　李俊勤(2018.6～　)
　　　　丁德萌(　～2018.6)

镇江市茅山老区兴教助学协会

会　长　徐伟珍
副会长　卞祖荣
　　　　魏祥林
秘书长　孔荣喜
监　事　江建翔

区老区开发促进会
区扶贫开发协会
区宜农扶贫基金会

会　长　许志涛
副会长　黄菊英(女)
　　　　魏兴来
秘书长　庄　芳
　　　　田耀昌(2019.6～　)

垂直系统

税务局

党委书记、局长　丁东生
党委副书记、副局长　叶胜先(正科级)
党委委员、副局长　任　林
　　　　徐永国
　　　　辛正平
　　　　谢　芳(女)
　　　　王春生
　　　　朱志兵
　　　　贾　军
党委委员、纪检组长　孙贵康

丹徒国土分局

党委书记、局长 季道远（ ～2019.7）
党委副书记、副局长 高富根（ ～2019.7）
党委委员、副局长 徐 蓉（女， ～2019.7）
仇建农（ ～2019.7）
马志勇（ ～2019.7）
纪振东（ ～2019.7）
党委委员 吕 梅（女， ～2019.7）
神玉龙（ ～2019.7）

丹徒规划分局

党组书记、局长 方俊锡（ ～2019.7）
党组副书记 李建伟（ ～2019.7）
党组委员 周 新（ ～2019.7）

丹徒自然资源和规划分局

召集人 季道远（2019.7～2019.12）
党委书记、局长 季道远（2019.12～ ）
党委委员 方俊锡（2019.12～ ）
党委副书记、副局长 高富根（2019.12～ ）
党委委员、副局长 仇建农（2019.12～ ）
唐本旭（2020.3～ ）
党委委员 李建伟（2019.12～ ）
马志勇（2019.12～ ）
纪振东（2019.12～ ）
吕 梅（女，2019.12～ ）
神玉龙（2019.12～ ）
党委委员、副局长 周 新（2019.12～ ）

生态环境局

党组书记、局长 窦云峰
党组副书记、纪检组长 杨 翔
党组成员、副局长 丰晓静
杜林利
党组成员 吴 淳
副局长 戴文妍（女）

丹徒区烟草专卖局

局长、经理、党支部书记 赵 军（2019.10～ ）
李 演（ ～2019.10）
副局长 华 薇（2019.10～ ）
赵 军（ ～2019.10）
副经理 郭 卫

气象局

局 长 徐 峰
副局长 张宏康
汤 俊

中国电信股份有限公司丹徒分局

总经理 方 辰
副经理 许 砚

移动镇江公司丹徒分公司

总经理 戴 宁
副总经理 封振旭
李 明

镇 街道 园区

高桥镇

党委书记 刘永利
党委副书记、镇长 万成辉
人大主席 徐君有
党委副书记 陆 俊
党委委员、副镇长 殷 聪
党委委员、人武部长 张 俊（2019.9～ ）
张国俊（ ～2019.9）
副镇长 孔庆峰
政法委员 薛 军
党委委员、纪委书记 朱 斌
组织委员、统战委员 李佳佳（女）
宣传委员 龚 啸
副镇长 徐海云
李昌新
高桥临港产业园党工委副书记 孙晓东
高桥临港产业园党工委委员、管委会副主任
王 林

赵志翔
金荣鑫

辛丰镇

党委书记　马云飞
镇　长　赵　晨
党委副书记　赵　晨
黄　永(2019.9～　)
沈洪林(　～2019.9)
李永斌(　～2019.9)
人大主席　郑健红(女)
党委委员、副镇长　江镇祥
党委委员、人武部长　韦春荣(2019.6～　)
副镇长　纪倩雯(女，　～2019.9)
徐　斌
付　超
陈　凯(2019.6～　)
政法委员　陈小明
组织委员、统战委员　张　阳
宣传委员　肖　芳(女)
党委委员、纪委书记　任　敏(女)

上党镇

党委书记　江学军
党委副书记、镇长　张源之
人大主席　王鲁君
党委副书记　韩　文
组织委员、统战委员　许开飞(2019.9～　)
史小燕(女，　～2019.9)
党委委员、纪委书记　胡　兵
宣传委员　曹志平
政法委员　徐建斌
党委委员、人武部长　王　振
副镇长　陈　欣
曾高鹏
朱礼军
赵汗正(2019.6～　)

谷阳镇

党委书记　殷宝玉(2019.6～　)
周　锋(　～2019.6)
党委副书记、镇长　马　波(2019.6～　)
赵　斌(　～2019.6)
人大主席　陈金平
党委副书记　史　文
谢　平
党委委员、副镇长　殷若成
宣传委员　赵宏伟
政法委员　魏昌玉
组织委员、统战委员　杨光耀
党委委员、纪委书记　曹　莉(女)
党委委员、人武部长　陆骏毅
副镇长　吴习文
王　毅
芮　婧(女)
周　飞(　～2019.6)
温守信(2019.11～　)

宝堰镇

党委书记　徐鹏程
党委副书记、镇长　王　珏(女)
人大主席　任　锁
党委副书记　夏　俊
党委委员、副镇长　江雪峰(　～2019.9)
副镇长　王海峰
严　冬
邓小鹏
肖向平
孙长林
张　青(女，2019.9～　)
组织委员、统战委员　孙寅秋(女)
党委委员、纪委书记　王晓燕(女)
宣传委员　倪　立
党委委员、人武部长　戴　江

世业镇

党委书记　王志坚(　～2019.11)

党委副书记、镇长　张　彦
人大主席　郑桂勤
党委副书记　黄国栋
政法委员　庄盛忠
党委委员、纪委书记　张浩东
党委委员、人武部长　王　文
党委委员、副镇长　张　辉
宣传委员　潘　伟
组织委员、统战委员　朱　超(2019.9～　)
副镇长　王　平
　　聂永平

高资街道

党工委书记　张　蕾(女，2019.11～　)
　　洪　伟(　～2019.11)
党工委副书记、办事处主任
　　李永斌(2019.9～　)
　　殷宝玉(　～2019.6)
人大工委主任　章玉湘
党工委副书记　狄　磊
党工委委员、办事处副主任　侯白羽
党工委委员、纪工委书记　杨胜辉
党工委委员、人武部长　张　峰(2019.6～　)
　　韦春荣(　～2019.6)
政法委员　陈　龙
宣传委员　沙冬梅
组织委员、统战委员　张　乐
党工委委员、石马村党总支书记　金来宝
办事处副主任　梁　青(女)
　　踪晓文

江心洲生态农业园区

党工委书记　王　成
党工委副书记、管委会主任　魏雪峰
人大工委主任　徐松林
党工委副书记　邓　超(2019.9～　)
　　黄　永(　～2019.9)
党工委委员、管委会副主任
　　邓　超(　～2019.9)
　　张　俊(　～2019.9)
　　刘　刚(2019.6～　)
　　王　宇(2019.9～　)
党工委委员、纪工委书记　陈昱含
组织委员、统战委员　赵　静(2019.9～　)
　　张　盛(　～2019.9)
宣传委员　翟　佳(女，2019.9～　)
　　许开飞(　～2019.9)
政法委员　苏　汛
党工委委员、人武部部长　张　盛(2019.9～　)
　　赵　静(　～2019.9)

荣炳盐资源区

党工委书记　仲　梅(女)
党工委副书记、管委会主任　姚震刚
人大工委主任　张云凤(女)
党工委副书记　乐祥安
党工委委员　王　治
政法委员　李　奎
党工委委员、人武部长　丁贤俊(2019.6～　)
　　张　峰(　～2019.6)
党工委委员、纪工委书记　罗小军
党工委委员、管委会副主任
　　陈海燕(女)
　　王环宇
　　董瑞光(2019.6～　)
　　杨玉洁(女，2019.9～　)
　　丁　静(女，～2019.9)
组织委员、统战委员
　　冯　涛(2019.9～　)
宣传委员　陈　越(2019.9～　)
　　王　伟(　～2019.9)

注：自本期起，党政机关只收录实职科级以上干部。

（区委组织部）

荣誉栏

表 45　　2019 年丹徒区获镇江市委、市政府以上表彰先进集体情况

单位	荣誉称号	授奖年月	授奖单位
丹徒区第四次全国经济普查领导小组办公室	国家级先进集体	2019.12	国务院第四次全国经济普查领导小组
丹徒区纪委监委	2019 年度全省扫黑除恶专项斗争成绩突出集体	2020.2	省扫黑除恶专项斗争领导小组
丹徒区政法委	2019 年度全省扫黑除恶专项斗争成绩突出集体	2020.2	省扫黑除恶专项斗争领导小组
丹徒区气象局	江苏省文明单位	2019.12	江苏省文明委
丹徒区信访局	2019 年度全省信访系统人民满意窗口	2019.12	省政府信访局
丹徒区信访局	2019 年度信访工作先进单位	2019.12	省政府信访局
丹徒区科协	2019 年江苏省“全国科普日”优秀组织单位	2019.12	省科协
丹徒团区委	“新时代江苏青年精神”征集活动中荣获优秀组织奖	—	共青团江苏省委
丹徒团区委	2019 年度省级团属报刊宣传工作先进单位	—	共青团江苏省委
丹徒法院	2019 年度江苏省公共机构能效领跑者单位	2019.12	省机关事务管理局、江苏省工业和信息化厅、江苏省财政厅
丹徒区检察院	2016-2018 年度“江苏省文明单位”	2019.12	省精神文明建设指导委员会
丹徒区司法局行政复议应诉科	全省行政复议应诉工作先进集体	2019.12	省司法厅
丹徒区辛丰镇劳动争议调处中心	江苏省 2018 年劳动人事争议优秀基层调解组织	2019.1	省人力资源和社会保障厅
丹徒区农业农村局科教与质监科	2019 年度全省农民教育培训工作先进集体	2019.12	省农业广播电视学校
丹徒区气象局	2019 年全国酸雨观测质量样品考核优秀	2019.8	中国气象局综合观测司
丹徒区大港汽车轮渡管理处	服务质量推荐示范单位	2019.5	省广播电视台（集团）
渡管所	2018 年度江苏省“安康杯”竞赛优胜单位	2019.2	省总工会、省应急管理厅
丹徒生态环境局	江苏省文明单位	2019.12	省精神文明建设指导委员会
丹徒区支显宗学校	全国“家校(园)共育”数字化试点校	2019.12	国家教育行政学院
丹徒区支显宗学校	江苏省节水型学校	2019.2	省水利厅、省教育厅
镇江市丹徒实验学校	江苏省文明校园	2019.12	省精神文明建设指导委员会
丹徒区石马中心小学	江苏省文明校园	2019.12	省精神文明建设指导委员会

续表

单位	荣誉称号	授奖年月	授奖单位
江苏省大港中学	江苏省文明校园	2019.12	省精神文明建设指导委员会
丹徒区高桥中心小学	“新时代好少年”主题教育读书活动“我为祖国点赞”示范学校	2019.8	教育部关心下一代工作委员会
丹徒区文体广电和旅游局	2019年度全省境外卫星电视节目传播秩序专项整治工作先进单位	2019.12	省广播电视局
丹徒区文体广电和旅游局	2018年度全省境外卫星电视节目传播秩序专项整治工作先进单位	2019.1	省广播电视局
丹徒区文体广电和旅游局	2018年度省级节水型单位	2019.8	省水利厅、省机关事务管理局
丹徒区文体广电和旅游局	2018年度体彩工作先进单位	2019.1	省体育彩票管理中心
丹徒区税务局	国税地税征管体制改革先进集体	2019.9	国家税务总局江苏省税务局
丹徒区税务局	2016～2018年度江苏省文明单位	2019.12	省文明办
丹徒区市场监督管理局	2016-2018年度江苏省文明单位	2019.12	省精神文明建设指导委员会
自然资源局丹徒分局	2016—2018年度江苏省文明单位	2019.12	省精神文明建设指导委员会
江苏丹徒经济开发区	江苏省知识产权示范园区	2019.9	省知识产权局
丹徒区人社局	2015～2017年度镇江市文明单位	2019.4	市委、市政府
江心洲生态农业园区五套村	首批江苏省乡村旅游重点村	2019.10	省文化和旅游厅、省发展和改革委员会
江心洲生态农业园区五套村	江苏省文明村	2019.12	省精神文明建设指导委员会
世业镇	“2019年十一黄金周体育旅游精品线路”称号	2019.9	国家体育总局、文化和旅游部
世业镇	2019江苏最美跑步线路	2019.9	省体育总会
世业镇	入选江苏省第三批共建体育健康特色小镇	2019.3	省体育局
世业镇	江苏省体医融合示范基地	2019.12	省体育局、省卫健委
世业镇	中国老年宜居环境建设先进单位	2019.12	中国老年学学会老年宜居环境委员会
世业镇	江苏省文明乡镇	2019.12	省精神文明建设指导委员会
上党镇	2016～2018年度江苏省文明乡镇	2019.12	省精神文明建设指导委员会
辛丰镇劳动争议调处中心	2018年度江苏省优秀基层调解组织	2019.1	省人力资源和社会保障厅
世业镇	镇江市第九届双拥模范镇	2019年1月	市委
先锋村	镇江市第九届双拥模范村	2019年1月	市委

（各单位提供）

表 46　　2019 年丹徒区获镇江市委、市政府以上表彰先进个人情况

姓名	性别	工作单位（职务、职称）	荣誉称号	授奖时间	授奖单位
眭咏梅	女	镇江市丹徒区人民法院党组成员、副院长	全国维护妇女儿童权益先进个人	2019.11	中华全国妇女联合会
蒯忠山	男	江苏省大港中学	江苏省“五一”劳动奖章	2019.4	省政府
张瑞芳	男	丹徒分局党委委员、副局长	新中国成立 70 周年大庆全省安保维稳工作先进个人	2019.11.15	省政法委
吴　晶	男	丹徒分局谷阳派出所民警	第六届“镇江最美警察”、个人二等功	2019.3.1	省公安厅
李　刚	男	丹徒分局谷阳派出所民警	第七届“镇江最美警察”、个人二等功	2019.8.19	省公安厅
金留明	男	刑侦大队东中中队中队长	2018 年度全省公安机关“扫黑除恶”专项斗争个人三等功	2019.5.5	省公安厅
宗士飞	男	司法局普法与依法治理科科长	全省司法行政系统新闻宣传工作先进个人	2019.12	省司法厅
王卫东	男	镇江市丹徒区交通运输局党委委员、副局长	江苏省交通运输行业优秀共产党员	2019.6	中共江苏省交通运输行业委员会
刘　萍	女	丹徒区大港汽车轮渡管理处财务科	全省交通运输系统先进工作者	2018.12	省人力资源和社会保障厅、省交通运输厅
李　洁	女	荣炳统计站	基层统计岗位标兵	2019.1	省统计局
夏　艳	女	荣炳妇联	江苏省妇女儿童工作先进个人	2019.7	省政府妇女儿童工作委员会
王　宁	男	荣炳党政办、曲阳村委会	江苏好青年	2019.7	共青团江苏省委、省文明办、省通信管理局、省青年联合会
马　玥	女	镇江市丹徒区白蚁防治所	先进个人	2019.12	江苏省房地产业协会
付久成	男	镇江市丹徒区慈善总会	第二届“镇江慈善奖”优秀慈善工作者	2019.9	市政府
王正兵	男	丹徒区高资中学	镇江市十佳教师	2019.9	市政府
王关生	男	丹徒区辛丰中心小学	镇江市优秀教育工作者	2019.9	市政府

（各单位提供）

统计资料

责任编校 李东东

表 47

2019 年丹徒区基本情况

项目	单位	数量
一、全区总面积	平方公里	617.08
其中：水面	平方公里	75.5
二、耕地面积	万亩	36.09
其中：水田	万亩	18.77
旱地	万亩	17.28
三、总户数	户	103526
四、年末总人口数	人	290163
年平均人口数	人	290348
在年末总人口数中：		
男	人	142172
女	人	147991
城镇人口	人	135138
本年出生人口数	人	1817
本年死亡人口数	人	1900
本年人口净增率	‰	-0.29
本年人口出生率	‰	6.26
本年人口死亡率	‰	6.55
五、常住人口	万人	32.23
六、镇政府（街道、园区）	个	10
村（居）民委员会	个	88
村（居）民小组	个	1884

（丹徒区统计局）

表 48

2019 年丹徒区国民经济主要指标完成情况

指标	计量单位	绝对值
一、地区生产总值（现价）	亿元	404.89
一、人均地区生产总值（现价）	元/人	125625
二、工农业总产值	亿元	569.93
其中：农业总产值	亿元	38.31
三、粮食总产量	万吨	13.68
四、固定资产投资	亿元	81.69
五、社会消费品零售总额	亿元	63.62
六、财政总收入	亿元	56.08
其中：一般公共预算收入	亿元	23.41
七、财政支出	亿元	54.87
其中：一般公共预算支出	亿元	30.65
八、实际利用外资	万美元	4595
九、进出口总额	万美元	70116
其中：出口	万美元	65610
十、农村常住居民人均可支配收入	元/人	24136
十一、城镇常住居民人均可支配收入	元/人	51907

（丹徒区统计局）

表 49

2019 年丹徒区地区生产总值完成情况（现价）

单位：亿元

项目	2019年	2018年	增长%
地区生产总值	404.89	3800	5.5
第一产业	20.71	20.38	1.2
第二产业	208.32	195.99	7.9
其中：工业	172.52	163.67	6.6
建筑业	35.8	32.32	15.4
第三产业	175.87	163.62	3.1
其中：交通运输仓储业	17.9	17.02	2.4
批发和零售业	36.4	33.85	8.5
住宿和餐饮业	4.16	3.85	7.3
房地产业	23.85	22.19	-1.3
其它服务业	51.39	50.53	-2.9

（丹徒区统计局）

表 50 **2019 年丹徒区各镇（街道、园区）地区生产总值情况（现价）** 单位：万元

镇(街道、园区)	地区生产总值	其中		
		第一产业	第二产业	第三产业
合计	4033906	207113	2073197	1753596
高桥	144693	15319	75211	54163
江心	42906	12371	17066	13469
辛丰	578092	37023	375048	166021
谷阳	265105	17234	171296	76575
上党	489552	31063	244856	213633
宝堰	154056	21185	58613	74258
荣炳	142893	16236	71714	54943
高资	914176	29231	608852	276093
世业	89385	14684	2352	72349
宜城	1213048	12767	448189	752092

（丹徒区统计局）

表 51 **2019 年丹徒区全部独立核算年销售收入 2000 万元及以上工业企业分地区主要指标情况** 单位：万元

镇(街道、园区)	工业总产值(当年价格)	营业收入	平均用工人数(人)	流动资产合计	固定资产合计	合计	
						利税总额	其中：利润
合计	3540148	3628605	27840	2220179	1070522	357582	249369
高资街道	1469125	1498917	5103	759658	666070	237759	173814
高桥镇	78025	75661	1852	45351	12430	3636	1228
辛丰镇	226327	228993	3509	139714	70460	15655	10176
谷阳镇	159959	155498	2076	100474	30346	6729	4802
上党镇	248726	277374	2665	151081	37733	9539	3977
宝堰镇	21895	21530	353	11741	1765	1145	558
世业镇	—	—	—	—	—	—	—
宜城街道(含高新园)	1272013	1306104	11531	980461	234957	76312	49522
江心洲生态农业园区	8010	7930	43	2567	1790	83	73
荣炳盐资源区	36973	37312	417	16881	11424	2954	1907
粮食局	16624	15924	146	6112	1138	735	374
农林局	2474	3364	145	6141	2410	3035	2938

（丹徒区统计局）

表 52

2019 年丹徒区主要工业产品产量情况

产品名称	单位	产量
原盐	吨	1567960
酱油	吨	2719
服装	万件	975.24
商品混凝土	立方米	437163
水泥	吨	10114376
饮料酒	千升	53629.54
饮料	吨	119710
饲料	吨	17398
钢材	吨	6977
铸铁件	吨	5535
食醋	吨	278053
砖	万块	13313
皮革鞋靴	万双	207.12
石墨及碳素制品	吨	172299
轴承	万套	1411.46
方便面	吨	13317

（丹徒区统计局）

表 53

2019 年丹徒区农业总产值情况

单位：万元

项目	现价	可比价
合计	383068	379020
1、农业产值	174395	172668
2、林业产值	13036	12901
3、牧业产值	84868	83779
4、渔业产值	70830	70129
5、农林牧渔服务业	39939	39544
合计中：粮棉油产值	46697	46230
多种经营产值	336371	332790

（丹徒区统计局）

表 54

2019 年丹徒区农作物种植面积与产量情况

项目	面积（亩）	单产（公斤）	总产量（吨）
一、粮食作物合计	290975	470	136782
（一）夏收粮食	98543	317	31266
1、小麦	96511	320	30864
2、元大麦	246	390	96
3、蚕豌豆	1786	171	306
（二）秋收粮食	192432	548	105516
1、水稻	148118	616	91243
2、玉米	29027	401	11640
3、豆类	12662	131	1661
其中：大豆	12198	133	1620

续表

项目	面积(亩)	单产(公斤)	总产量(吨)
4、薯类(五折一)	2625	370	972
二、油料合计	44127	157	6913
1、花生	1591	150	238
2、油菜籽	41163	160	6576
3、芝麻	1373	72	99
三、蔬菜	55425	2070	114744
四、瓜果类	2235	1791	4003
五、其它农作物	1058	—	—

(丹徒区统计局)

表 55 2019 年丹徒区多种经营产品产量情况

项目	单位	数量
茶园面积	亩	16500
茶叶产量	吨	345.5
果园面积	亩	16501
水果产量	吨	10836
造林面积	亩	2169
零星植树	万株	30.5
年末森林覆盖面积	万亩	19.4
出栏肥猪	万头	5.48
猪肉产量	吨	4170
年末生猪存栏	万头	1.35
大牧畜年末头数	头	1038
羊出栏数	万只	0.29
羊年末头数	万只	0.26
羊肉产量	吨	29
牛奶产量	吨	4020
家禽当年出售和自宰数	万只	670.43
禽蛋产量	吨	5523
淡水养殖面积	亩	28455
水产品产量	吨	16525
其中:鱼类	吨	13068
甲壳类	吨	2304
贝类	吨	773
其它	吨	380
人工育珠	公斤	1000

(丹徒区统计局)

表 56　　2019 年丹徒区农业机械拥有量情况

项目	单位	数量
一、农业机械总动力	万千瓦	25.41
1.柴油机动力	万千瓦	17.09
2.汽油机动力	万千瓦	1.44
3.电动机动力	万千瓦	6.88
二、拖拉机及配套机械		
1.大中型	台/千瓦	1027/62346
2.小型	台/千瓦	1147/8430
3.配套农具	部	5848
三、种植机械		
1.播种机	台	1216
2.插秧机	台/千瓦	1020/14994
3.排灌动力机械	台	7737
4.稻麦联合收割机	台/千瓦	519/33387
5.玉米联合收获机	台/千瓦	8/328
6.油菜籽收获机	台/千瓦	108/3906
7.秸杆粉碎还田机	台	1728
8.谷物烘干机	台/千瓦	191/1633
9.保鲜储藏设备	套/千瓦	43/297
10.连栋温室	平方米	1550
四、农产品初加工作业机械		
1.粮食加工机械	台	567
2.油料加工机械	台	134
3.茶叶加工机械	台	445
五、畜牧养殖机械		
饲草料加工机械	台/千瓦	715/8023
挤奶机	台/千瓦	36/252
六、渔业机械		
1.增氧机	台/千瓦	4297/861
2.投饵机	台/千瓦	2657/531
七、农田基本建设机械	台/千瓦	76/5831
八、植保无人机	架	29

（丹徒区统计局）

表 57

2019 年丹徒区实有农村劳动力及分行业情况

	合计	1、农林牧渔业	2、工业	3、建筑业	4、交通和邮政	5、批发与零售	6、住宿餐饮业	7、其他非农行业
总计	144820	31550	66487	14247	4911	2816	4699	20110
高桥	11505	1241	8709	391	184	86	70	824
江心	4119	1155	1845	227	147	70	62	613
辛丰	27196	4416	17833	848	549	491	271	2788
谷阳	18011	1983	11982	2741	205	49	193	858
上党	25963	9372	4990	2410	754	716	2028	5693
宝堰	11833	3712	3727	1502	536	274	359	1723
荣炳	9531	1705	2377	2280	685	321	300	1863
高资	19009	4674	7531	2275	1112	130	540	2747
世业	8302	1719	2495	555	279	265	464	2525
宜城	9351	1573	4998	1018	460	414	412	476

（丹徒区统计局）

表 58

2019 年丹徒区财政收入情况

单位：万元

指标	数量
财政总收入合计	560786
一、税收收入	358883
二、非税收入	199903
1、专项收入	17528
其中：其他收入	8051
教育费附加收入	5648
地方教育附加收入	3829
2、其他收入（含罚没收入）	2781
3、行政性收费收入	9013
4、国有资源（资产）有偿使用收入	7730
5、政府性基金收入	162851
三、国有资本经营收入	2000
在总计中：一般公共预算收入	234050

（丹徒区统计局）

表 59

2019 年丹徒区财政支出情况

单位：万元

指标	数量
合计	548699
一、一般公共预算支出	306472
1、一般公共服务	33561

续表

指标	数量
2、国防	1446
3、公共安全	21126
4、教育	70041
5、科学技术	8301
6、文化旅游体育与传媒	4611
7、社会保障和就业	45590
8、卫生健康	16427
9、节能环保	8900
10、城乡社区	28521
11、农林水	34204
12、交通运输	10624
13、资源勘探信息等支出	2144
14、商业服务业等支出	1505
15、金融支出	68
16、援助其他地区支出	1634
17、自然资源海洋气象等支出	429
18、住房保障支出	10981
19、粮油物资储备支出	1269
20、灾害防治及应急管理支出	1404
21、其他支出	
22、债务付息支出	3665
23、债务发行费用支出	21
二、政府性基金支出	242227

(丹徒区统计局)

表 60 **2019 年丹徒区计划总投资 500 万元及以上投资项目完成情况** 单位:万元

指标名称	数量
一、施工项目(个)	66
二、施工项目计划总投资	2801769
三、施工项目本年完成投资	611326
(一)按构成分	
建筑工程	317676
安装工程	79211
设备工器具购置	139045
其它费用	76074
(二)按登记注册类型分	

续表

指标名称	数量
内资企业	555302
港、澳、台商投资企业	18238
外商投资企业	25278
（三）按国民经济行业分	
第一产业	—
第二产业	477172
其中：工业	477172
第三产业	339685
四、本年施工房屋面积（万平方米）	28.99
五、本年竣工房屋面积（万平方米）	7.69

（丹徒区统计局）

表 61　2019 年丹徒区固定资产投资分行业及地区情况　单位：万元

镇（街道园区）	固定资产投资	其中：高技术制造业投资
合计	816857	91521
高桥	90031	4998
江心	5003	—
辛丰	28101	9382
谷阳	27075	1001
上党	241538	42080
宝堰	15195	—
荣炳	15026	—
高资	140717	5023
世业	10072	—
高新园	244099	29037

（丹徒区统计局）

表 62　2019 年丹徒区房地产业投资、资金来源、销售及待售情况　单位：万元

指标	数量
一、本年完成投资额	205531
1、建筑工程	152832
2、安装工程	20360
3、设备器具购置	3284
4、其它	29055
二、资金来源	

续表

指标	数量
1、上年末结余资金	264596
2、国内贷款	22575
3、利用外资	—
4、自筹	70697
5、其他资金来源	186207
三、本年施工面积（平方米）	594067
其中：住宅（平方米）	468656
本年竣工面积（平方米）	534547
其中：住宅（平方米）	401185
四、商品房销售面积（平方米）	220852
其中：住宅（平方米）	187784
五、商品房销售额	184164
其中：住宅	158496
六、商品房待售面积（平方米）	530210
其中：住宅（平方米）	411368

（丹徒区统计局）

表63 **2019年丹徒区交通运输情况**

指标	单位	实绩
公路总里程	公里	1055.734
其中：高速公路	公里	
一级公路	公里	103.338
二级公路	公里	97.834
三级公路	公里	111.28
四级公路	公里	743.282
内河航道里程	公里	52.775
客运量	万人/次	190
客运周转量	万人/公里	10315
货运量	万吨	1445
货运周转量	万吨公里	161289
港口吞吐量	万吨	450

（丹徒区统计局）

表 64

2019 年丹徒区文化广播事业情况

项目	单位	数量
一、图书馆	个	1
藏书	万册	34.8
二、文化馆	个	1
乡镇文化站	个	10
三、文管会	个	—
文物藏品	件	106
四、职业剧团	个	1
五、影剧院	个	1
放映场次	场次	270
观众	万人次	6.83
放映收入	万元	8.6
六、广播电台	个	1
乡镇广播站	个	—
七、电视台	座	1

（丹徒区统计局）

表 65

2019 年丹徒区各类学校及在校学生情况

分类	学校（所）	在校班级（个）	学生（人）	本年招生（人）	本年毕业结业（人）
1、普通中学	13	254	10291	3606	3070
高中	3	86	3763	1451	1047
初中	10	168	6528	2155	2023
2、小学	12	370	15341	2606	2306
3、幼儿园	26	246	7993	2046	2728

（丹徒区统计局）

表 66

2019 年丹徒区计划生育及晚婚情况

项目	单位	数量
一、已婚育龄妇女	人	38326
二、当年出生人数	人	2043
三、计划生育率	%	100
1、一孩率	%	100
2、二孩率	%	100
四、已采取节育措施人数	人	29679
五、节育率	%	94.83

（丹徒区统计局）

表 67

2019 年丹徒区卫生机构、床位和技术人员数情况

分类	机构（个）	床位数（张）	卫生技术人员（人）
总计	19	783	1103
区医院	1	300	409
中医院	1	80	67
中心卫生院	5	208	274
乡镇卫生院	7	175	221
社区卫生服务中心	1	20	58
卫生监督所	1	0	13
疾病预防控制中心	1	0	27
妇幼计生服务中心	1	0	32
卫生进修学校	1	0	2

（丹徒区统计局）

表 68

2019 年丹徒区体育事业情况

项目	单位	数量
1、举办区以上运动会	次	1
2、参加各类体育项目培训人数	人	800
3、体育传统项目学校	所	6
4、各项运动中破市记录	人/次	—
5、各项运动中破县记录	人/次	—
6、各项运动中获金、银、铜牌数	块	3
其中：金牌	块	1
银牌	块	2
铜牌	块	—
7、达二级运动员标准	人/项	2
达三级运动员标准	人/项	28
8、电脑体彩销售站点	个	76
9、全年各类彩票销售收入	万元	10024

（丹徒区统计局）

附 录

责任编校 刘 芳

民生服务

宜城街道城市社区名称变更及管理区域范围

1 调整中心社区范围，并更名为宜和社区。

社区命名：宜居宜业，社会和谐，家庭和睦。
管理范围：东至瑞山路、西至九华山南路、北至龙山路、南至盛丹路。
调整后，社区下辖9个小区，现居民人数约8000余人，办公地点设在永安新城西区(爱民路163号)，社区办公用房面积833.90平方米。

2 诈输社区(涉农)。

社区命名：保留原命名。
管理范围：东至九华山南路，西至茅以升路，北至金润大道，南至马鞍山路西段以北。另有老G312以北的九华山庄、诈输新村。
调整后，社区下辖3个小区，现居民人数将近4000人，办公地点设在景泉印象(马鞍山路西段)，社区办公用房面积639.14平方米。随着马鞍山路西段以北的逐步开发，城市人口将达到6000～8000人。

3 驸马庄社区(涉农)。

社区命名：保留原命名。
管理范围：东北端起金谷路、东南端起瑞山路，西至九华山南路，北至金润大道，南至龙山路。
调整后，社区下辖11个小区，现居民人数约1.3万人，办公地点设在原驸马庄社区(马鞍山路东段)，社区办公用房面积近2000平方米。该片区还有马鞍山路东段两侧大片土地没有开发，后续开发完成后，社区规模依然偏大。

4 缪家甸社区(涉农)。

社区命名:保留原命名。

管理范围:东起沪宁高速镇江支线,西临架谷山路,北至金润大道,南至谷阳大道。

调整后,社区下辖6个小区,现居民人数近7000人,另有高庄未拆迁。办公地点设在润城国际花园(宜城大道以东),社区办公用房面积802.17平方米。该片区还有恒大南北两片土地没有开发。驸马庄社区和缪家甸社区今后需要分设部分,成立新的社区。

5 新设崇文社区。

社区命名:境内有多所学校、安置小区,意寓崇尚文化、崇尚文明。

管理范围:东起架谷山路,西临瑞山路,北至驸马街,南至谷阳中大道。

调整后,社区下辖18个小区,现居民人数约1.2万人,办公地点设在原缪家甸社区(龙山路东延),社区办公用房面积939.2平方米。

6 姚庄社区(涉农)。

社区命名:保留原命名。

管理范围:东起九华山南路,西临茅以升路,北至马鞍山路西段以南,南至谷阳中大道。

调整后,社区下辖17个小区,现居民人数约1万余人,办公地点设在龙山庄园(青山路与驸马街的交汇处),社区办公用房面积1080平方米。

7 原风景城邦社区更名为丹桂社区。

社区命名:丹桂飘香,风景如画。

管理范围:东起九华山南路与丹徒实验学校东侧,西至茅以升路,北至谷阳中大道,南环谷阳湖。

调整后,社区下辖13个小区,现居民人数约1.2万人,办公地点设在原风景城邦社区(天王山路),社区办公用房面积400平方米。

8 新设丹盛社区。

社区命名:丹徒商贸业繁荣昌盛之地。

管理范围:东起宜城大道,西临瑞山路,北至谷阳中大道,南至长香中大道。

调整后,社区下辖13个小区,现居民人数近1万人,办公地点设在彩虹城(金谷路),社区办公用房面积879.68平方米。

9 光明社区(涉农)。

社区命名:保留原命名。

管理范围:东起沪宁高速镇江支线,西临宜城大道,北至谷阳东大道,南至恒顺大道和广园路。

调整后,社区下辖2个小区(其中1个是建投承建的43万平方米安置房),现居民人数约1000余人(不包括原光明社区未拆迁及已安置未入住的居民数约4000余人),待安置小区建成交付后,光明、张巷、镇南、陆村等棚户区拆迁居民安置后,预计社区居民人数1万人以上,办公地点设在光明景园(光明路),社区办公用房面积1000平方米。

10 新设湖畔社区。

社区命名:取谷阳湖畔之意。

管理范围:东起宜城大道,西至谷阳湖东北段,北起盛丹路,南至杨溪河。

调整后,社区下辖10个小区,现居民人数约6000人,办公地点设在蓝波湾(长香中大道165号),社区办公用房面积400平方米。随着中南缇香漫、华府紫源等小区建成入住,该片区预计达到9000人。

11 新设长安社区。

社区命名:驻长山之首,保一方安宁,取长治久安之意。

调整后,社区下辖长香水岸、长山小镇、拿云山、长山郡4个小区,现居民人数约2000余人,办公地点设在长香水岸小区,社区办公用房面积3700平方米。随着安置居民的入住及二期的加快开发,特别是九年制学校的建成开学,社区人口预计达到1万人以上。

12 新设高校社区。

社区命名:由高校园区命名。

管理范围:高校园区建成区。调整后,社区主要服务高校园区师生及周边居民。

(丹徒区史志办摘录)

表 69　　丹徒区道路命名情况

序号	名称 (原名)	起止点	命名年份	所属乡镇 (街道、园区)
1	盐府东路	—	1995	荣炳乡
2	盐府西路	—	1995	荣炳乡
3	幸福路	—	1995	荣炳乡
4	荣西南路	—	1995	荣炳乡
5	荣西北路	—	1995	荣炳乡
6	荣登路	—	1995	荣炳乡
7	墨香路	—	1995	荣炳乡
8	新鹤巷	—	1995	荣炳乡
9	茗楼巷	—	1995	荣炳乡
10	景阳巷	—	1995	荣炳乡
11	后巷	—	1995	荣炳乡
12	庙巷	—	1995	荣炳乡
13	长盛街	—	1995	石桥乡
14	通达路	—	1995	石桥乡
15	新村路	—	1995	石桥乡
16	同兴路	—	1995	石桥乡
17	镇南巷	—	1995	石桥乡
18	镇中巷	—	1995	石桥乡
19	镇北巷	—	1995	石桥乡
20	冷遹路	—	1995	黄墟乡
21	德胜路	—	1995	黄墟乡
22	健康路	—	1995	黄墟乡
23	解放路	—	1995	黄墟乡
24	育才街	—	1995	黄墟乡
25	幸福巷	—	1995	黄墟乡

续表

序号	名称 (原名)	起止点	命名年份	所属乡镇 (街道、园区)
26	圌山路	自来水厂至许弄桥	1997	大路镇
27	长江路	汽车站至一号桥	1997	大路镇
28	迎江路	老渡口至一号桥	1997	大路镇
29	建业路	建行大楼至省道	1997	大路镇
30	新港路	加油站至邵家榨	1997	大路镇
31	街南东路	自来水厂至江南商厦	1997	大路镇
32	街南西路	江南商厦至兽药厂	1997	大路镇
33	中街	江南商厦至老街	1997	大路镇
34	老街	小学校至汽车站	1997	大路镇
35	闽南街	北巷口至大路闸	1997	大路镇
36	街北巷	北巷口至影剧院	1997	大路镇
37	运河西路	镇土管所大楼至镇预制厂	1997	辛丰镇
38	夏南路	供销社百货大楼至南岗村委会	1997	辛丰镇
39	辛翼路	辛丰汽车站至辛丰工艺笔刷厂	1997	辛丰镇
40	运河东路	辛丰村北头至辛丰村南三扇桥	1997	辛丰镇
41	兴富路	辛丰齿轮厂至殷洪林家	1997	辛丰镇
42	育英路	辛丰中学至辛丰幼儿园	1997	辛丰镇
43	兴岛路	中天路南端至辛丰村小岛组	1997	辛丰镇
44	前进河路	辛丰食品站	1997	辛丰镇
45	中天路	辛丰加油站至黄墟乡鱼陶	1997	辛丰镇
46	康乐路	中天轴承厂至辛丰老年活动中心	1997	辛丰镇
47	辛皇庙巷	辛丰包装厂至辛丰村北头	1997	辛丰镇
48	影院巷	运河西路至镇商品房南住宅区	1997	辛丰镇
49	石马北路	石马岔路口至石马中队	1998	石马乡
50	石马南路	石马岔路口至信义村	1998	石马乡

续表

序号	名称 (原名)	起止点	命名年份	所属乡镇 (街道、园区)
51	石马西街	石马岔路口至兽医站	1998	石马乡
52	石马东街	石马岔路口至前巷村	1998	石马乡
53	石西路	石马北路至地质队	1998	石马乡
54	竹林路	石马北路至竹林山	1998	石马乡
55	府前路	石马北路至焦坟村	1998	石马乡
56	庙塘巷	石马南路至石马南巷	1998	石马乡
57	石马庙巷	石马细节至石马南路	1998	石马乡
58	焦坟路	石马北路至焦坟村	1998	石马乡
59	石东路	石马西路至贡巷村	1998	石马乡
60	镇中路	九里山至县砖瓦厂	1998	上会镇
61	前丰东路	皮件厂至镇中路三角区	1998	上会镇
62	前丰西路	新镇荣公路至镇中路三角区	1998	上会镇
63	上陶街	上会中学至镇中路三角区	1998	上会镇
64	丁家巷	镇中路菜场北至农户住宅区	1998	上会镇
65	中新路	农户住宅区至镇中路采购站	1998	上会镇
66	西边山路	镇中路至西边山	1998	上会镇
67	陈甲巷	陈甲农户居住区至镇中路	1998	上会镇
68	包家巷	派出所至农户居住区	1998	上会镇
69	土桥路	农户居住区至镇中路交管所	1998	上会镇
70	上元路	镇中路至自来水厂	1998	上会镇
71	湖山路	乡政府至312国道	1999	三山乡
72	育英路	乡派出所至中心校新址	1999	三山乡
73	辛三路	彩印厂至312国道	1999	三山乡
74	萃苑路	乡食品厂南侧至乡中学	1999	三山乡
75	光明路	汽车站至轧钢厂	1999	三山乡

续表

序号	名称 (原名)	起止点	命名年份	所属乡镇 (街道、园区)
76	黄序街	乡政府至轧钢厂	1999	三山乡
77	陈南巷	通讯设备厂至陈家自然村	1999	三山乡
78	陈东一巷	汽车站南至陈家自然村	1999	三山乡
79	陈东二巷	灯泡厂男至陈家自然村	1999	三山乡
80	南岗西巷	黄序街至南岗自然村	1999	三山乡
81	湖屯一巷	湖山路至湖屯住宅区内	1999	三山乡
82	湖屯二巷	湖山路至湖屯住宅区内	1999	三山乡
83	湖屯三巷	湖山路至湖屯住宅区内	1999	三山乡
84	湖屯四巷	湖山路至湖屯住宅区内	1999	三山乡
85	兴麓街	兴麓中街至乡自来水厂	1999	西麓乡
86	兴麓中街	西麓加油站至西麓公路桥	1999	西麓乡
87	麓东路	兴麓中街至金河路	1999	西麓乡
88	金河路	麓南路南端至西麓水库	1999	西麓乡
89	景佳路	兴麓街至西麓水库	1999	西麓乡
90	镇溪路	兴麓街至新镇荣公路	1999	西麓乡
91	麓南路	金河路至西石公路	1999	西麓乡
92	学海东巷	麓东路至学海北巷	1999	西麓乡
93	学海西巷	麓东路至学海北巷	1999	西麓乡
94	学海北巷	金河路至兴麓中街	1999	西麓乡
95	人才巷	麓东路至中心校	1999	西麓乡
96	蔡陈巷	麓南路至金河路	1999	西麓乡
97	学府东巷	麓南路至麓东路	1999	西麓乡
98	学府西巷	麓南路至麓东路	1999	西麓乡
99	兴资东路	南方桥至邮局	2000	高资镇
100	兴资西路	邮局至京阳路北	2000	高资镇

续表

序号	名称 (原名)	起止点	命名年份	所属乡镇 (街道、园区)
101	区政中路	邮局至用电站	2000	高资镇
102	区政南路	南分洪河桥至312国道	2000	高资镇
103	区政东路	唐家庄至缪家边	2000	高资镇
104	区政西路	缪家边至西环路	2000	高资镇
105	资政路	镇政府西至地税分局	2000	高资镇
106	南环路	312国道经南分洪河桥至沙地	2000	高资镇
107	蕴才路	食品站中心校至西环路	2000	高资镇
108	希望路	农贸市场至中心校	2000	高资镇
109	双拥路	东兴楼至高资港堤	2000	高资镇
110	西环路	312国道至高资港务处	2000	高资镇
111	高资街	影剧院至中学	2000	高资镇
112	通江路	312国道(色巷窑)至镇江发电厂	2000	高资镇
113	京阳路	312国道(莫山)至京阳水泥厂	2000	高资镇
114	广播巷	王杨俊住宅至胡陆宝住宅	2000	高资镇
115	油坊巷	肖玉贵住宅至姜必理住宅	2000	高资镇
116	华家巷	高资村部至杨祖宜住宅	2000	高资镇
117	开发巷	史发明住宅至夏连喜住宅	2000	高资镇
118	马家巷	供销社办公室至马顺宝住宅	2000	高资镇
119	商场巷	供销社商场至甘善亮住宅	2000	高资镇
120	通街巷	高资大酒店至李兆龙住宅	2000	高资镇
121	通政巷	居锦元住宅至戴春林住宅	2000	高资镇
122	函阳沟巷	水利站至高资大酒店	2000	高资镇
123	蕴才巷	农行至幼儿园	2000	高资镇
124	便民巷	刘启成住宅至卢年宝住宅	2000	高资镇
125	北京路	渡口至江心中学	2006	江心园区

续表

序号	名称(原名)	起止点	命名年份	所属乡镇(街道、园区)
126	六套路	原南号1组至五套12组	2006	江心园区
127	五墩路	鞠福祥至水厂	2006	江心园区
128	益平路	毛刷厂至治坍	2006	江心园区
129	五套路	食品站至五套小学	2006	江心园区
130	水利路	毛刷厂至水利站	2006	江心园区
131	水厂路	水厂至花秀珍小店	2006	江心园区
132	果园路	敬老院至原南号六组	2006	江心园区
133	前进河北路	辛丰至金湖	2006	辛丰镇
134	辛丰路	辛丰转盘至辛丰大桥	2006	辛丰镇
135	基冯路	辛丰至基冯	2006	辛丰镇
136	辛庄路	辛丰至庄泉	2006	辛丰镇
137	辛南路	南岗桥至南岗村	2006	辛丰镇
138	横山凹路	西石至三茅宫	2006	辛丰镇
139	石城东路	辛三路至沿江公路	2006	辛丰镇
140	华联路	华村前韦至辛三公路	2006	辛丰镇
141	黄沈路	德胜路至沈家组	2006	辛丰镇
142	北於路	西黄至至小新	2006	辛丰镇
143	徐家路	辛丹路至徐家村小组	2006	辛丰镇
144	刘徐路	辛丹路至刘家村民小组	2006	辛丰镇
145	湖马路	胡马大楼至胡马片各村组	2006	辛丰镇
146	钱般路	辛庄路口至钱家组	2006	辛丰镇
147	佳兴路	夏家建材厂至辛桥夏2组	2006	辛丰镇
148	新民路	辛黄公路至小新村委	2006	辛丰镇
149	中天外环路	基冯路至中天路	2006	辛丰镇
150	享威路	辛丰河西公路至南岗桥	2006	辛丰镇

续表

序号	名称 (原名)	起止点	命名年份	所属乡镇 (街道、园区)
151	西麓兴街	老镇宝路至镇荣路	2006	谷阳镇
152	湖山路	312国道至老三山政府	2006	谷阳镇
153	周张路	张寺至周岗	2006	谷阳镇
154	谷湖路	312国道至湖滨路	2006	谷阳镇
155	立宝路	镇工业园	2006	谷阳镇
156	铁塔路	镇工业园	2006	谷阳镇
157	园区中路	镇工业园	2006	谷阳镇
158	三山老街	老三山镇政府至农具厂	2006	谷阳镇
159	党泰东路	上党汽车东站至老百货大楼	2006	上党镇
160	党泰西路	上党大酒店至老百货大楼	2006	上党镇
161	仁知北路	上党制杆厂至老百货大楼	2006	上党镇
162	仁知南路	上党农业公司至老百货大楼	2006	上党镇
163	金河路	上党镇政府至新镇荣公路	2006	上党镇
164	东贪路	上党至墓头至东贪	2006	上党镇
165	铜涵路	东沛至铜涵至周岗	2006	上党镇
166	力山路	古洞至坞庄片小力山煤矿	2006	上党镇
167	槐荫路	新镇荣公路至槐荫村	2006	上党镇
168	里墅路	上石路至里墅	2006	上党镇
169	双牌路	东贪至双牌李甲至双牌韦甲	2006	上党镇
170	牧马路	东贪至牧马口至南岗	2006	上党镇
171	后庄路	东贪至后庄	2006	上党镇
172	上河路	上党至义村至蒲村至莱村	2006	上党镇
173	上黄路	上党至东沛至黄村	2006	上党镇
174	上青路	上党至凌塘至姚墅至五塘	2006	上党镇

续表

序号	名称 (原名)	起止点	命名年份	所属乡镇 (街道、园区)
175	上石路	上党至谭赵至曹付至海燕至石马	2006	上党镇
176	会东路	上会地税所至农服公司	2006	上党镇
177	振兴路	上会中心校至新镇荣路	2006	上党镇
178	陶巷路	上会至其益至合偶至陶巷	2006	上党镇
179	枫庄路	陶巷至枫庄	2006	上党镇
180	会滨路	上会至丁子岗至东会至东滨	2006	上党镇
181	会荣路	上会至丰城至倪庄	2006	上党镇
182	郦庄路	上会至郦庄	2006	上党镇
183	伏牛山路	薛村至伏牛山	2006	上党镇
184	元庄路	新镇荣公路至元庄	2006	上党镇
185	红胜路	薛村至红胜	2006	上党镇
186	兴业路	新镇荣路至阳溧高速	2006	上党镇
187	朝阳路	镇荣路至蒋岗村	2006	宝堰镇
188	邓巷路	镇荣路至邓巷村	2006	宝堰镇
189	鲁禄路	镇荣路至禄食村	2006	宝堰镇
190	团结路	镇荣路至王巷村	2006	宝堰镇
191	刘甲路	镇荣路至光华村	2006	宝堰镇
192	南宫路	镇荣路至南宫庙村	2006	宝堰镇
193	扬渡路	镇荣路至扬渡	2006	宝堰镇
194	坞村路	镇荣路至坞村	2006	宝堰镇
195	庄巷路	镇荣路至庄巷、杨巷、古塘	2006	宝堰镇
196	后亭路	镇荣路至后亭村	2006	宝堰镇
197	前隍路	镇荣路至前隍村	2006	宝堰镇
198	天陆路	镇荣路至唐甲村	2006	宝堰镇

续表

序号	名称 (原名)	起止点	命名年份	所属乡镇 (街道、园区)
199	盐府路	酒厂至管委会	2006	荣炳园区
200	卧龙路	洋湖化工厂至卧龙桥	2006	荣炳园区
201	胜利路	镇荣公路至卧龙桥	2006	荣炳园区
202	森林路	茹墅桥至北刘巷	2006	荣炳园区
203	高庄路	镇荣公路至高庄村委会	2006	荣炳园区
204	曙光路	镇荣公路至官舍自然村	2006	荣炳园区
205	华山军民路	西华山1组至西华山7组	2006	荣炳园区
206	洋湖路	洋湖化工厂至通济河	2006	荣炳园区
207	赵甲路	镇荣公路至埝坡桥	2006	荣炳园区
208	高正路	正东夹山至高资集镇	2006	高资镇
209	二道堤路	通港路至通江港	2006	高资镇
210	通江路	312国道至224省道	2006	高资镇
211	新河路	沙堵巷至马家港	2006	高资镇
212	杨陈路	312国道至陈岗自然村	2006	高资镇
213	杨家边路	312国道至蔡家窑自然村	2006	高资镇
214	爱乡路	243省道至西斛至南墩桥	2006	高资镇
215	东新路	243省道至东斛自然村	2006	高资镇
216	继发路	南墩桥至巫岗徐湾自然村	2006	高资镇
217	四丰路	石马兽医站至南巫路	2006	高资镇
218	石东路	石马集镇至东古自然村	2006	高资镇
219	东青路	东古自然村至青山自然村	2006	高资镇
220	世中路	南气渡口至九龙大沟	2006	世业镇
221	江州南路	跃进桥至兴隆村	2006	世业镇
222	江州北路	跃进桥至洋灯河电站	2006	世业镇

续表

序号	名称 (原名)	起止点	命名年份	所属乡镇 (街道、园区)
223	世政路	用电站至东大坝村	2006	世业镇
224	内环南路	大桥公园至用电站	2006	世业镇
225	康泰路	高红公路至七七堤	2006	高桥镇
226	高桥路	汪家圩至七七堤	2006	高桥镇
227	乾德路	京江边河堤至高红公路	2006	高桥镇
228	京江路	伏定圩至高红公路	2006	高桥镇
229	通港路	镇扬沙滩至四方桥东风组	2006	高桥镇
230	荷花池路	高红公路至七七堤	2006	高桥镇
231	文昌路	顾家圩至七七堤	2006	高桥镇
232	驸马路(纬一路)	长山路北端至镇荣公路	2002	丹徒新城
233	千禧路(纬二路)	润扬大桥引线至镇荣公路	2002	丹徒新城
234	龙山路(纬三路)	大桥路至镇荣公路	2002	丹徒新城
235	谷阳大道(城中路)	润扬大桥引线至镇荣公路	2002	丹徒新城
236	盛丹路(纬五路)	大桥路至镇荣公路	2002	丹徒新城
237	杨溪路(纬六路)	爱民路至勤政路	2002	丹徒新城
238	金谷东路(环城路)	312国道至环城路与盛丹路交叉口	2002	丹徒新城
239	金谷南路	环城路与勤政路交叉扣南部环状道路	2002	丹徒新城
240	金谷西路	千禧路至环城路与盛丹路交叉口	2002	丹徒新城
241	瑞山路(经四路)	驸马路至镇荣公路	2002	丹徒新城
242	勤政路(经五路)	千禧路至镇荣公路	2002	丹徒新城
243	爱民路(经六路)	千禧路至大桥路	2002	丹徒新城
244	长山路(经七路)	312国道至大桥路	2002	丹徒新城
245	宜侯路(经八路)	千禧路至城中路	2002	丹徒新城
246	华山路(经十路)	千禧路至爱民路	2002	丹徒新城

续表

序号	名称 (原名)	起止点	命名年份	所属乡镇 (街道、园区)
247	湖滨路(经十一路)	盛丹路至爱民路	2002	丹徒新城
248	大桥路(经十二路)	千禧路暂至爱民路,后将向南延伸	2002	丹徒新城
249	人民路(资政路)	地税至政府	2002	高资镇
250	闻捷路(蕴才路)	食品站至三高化工厂	2002	高资镇
251	迎宾大道(希望路)	312国道至老农贸市场	2002	高资镇
252	香山大道 (区政南路中路)	312国道至邮政局	2002	高资镇
253	梓里路 (区政东路西路)	唐驾庄至缪家边	2002	高资镇
254	玉书路 (兴资东路西路)	自来水厂至公用车站	2002	高资镇
255	双仙路(南环路)	镇标向西	2002	高资镇
256	香江路(通港路)	312国道至集镇西十字路口	2002	高资镇
257	双仙河(南分洪河)	镇标向西	2002	高资镇
258	天观桥(南分洪河桥)	—	2002	高资镇
259	盛园路(园区二路)	北起谷阳大道东延交叉口,南至勤政路南延交叉口	2005	丹徒新城
260	精功路	镇荣公路至沪宁高速	2005	上党镇
261	精诚路	镇荣公路至沪宁高速	2005	上党镇
262	精业路	镇荣公路至沪宁高速	2005	上党镇
263	精汽路	镇荣公路至西环路南延	2005	上党镇
264	盛丹路(纬五路东延)	镇荣公路至312国道	2005	丹徒新城
265	光明路(东经一路)	北起谷阳大道东延交叉口,南至盛丹路东延交叉口	2005	丹徒新城
266	兴园路(园区一路)	312国道至盛丹路东延	2005	丹徒新城
267	府前路	勤政路至爱民路	2005	丹徒新城
268	瑞山东路 (瑞山路南延)	312国道至镇荣公路	2008	丹徒新城
269	广园路(勤政路南延)	312国道至镇荣公路	2008	丹徒新城

续表

序号	名称 (原名)	起止点	命名年份	所属乡镇 (街道、园区)
270	华园路(园区三路)	瑞山路至谷阳大道	2008	丹徒新城
271	恒园路(纬八路)	312国道至白露河	2008	丹徒新城
272	长香路(长香路)	东至杨溪路,西至高资	2008	丹徒新城
273	茅以升大道(大桥路)	南起西石路,北至312国道	2009	丹徒新城
274	冷通路(经十二路)	南起312国道,北至南纬七路	2009	丹徒新城
275	镇东路	邮局至中巴停车场	2009	宝堰镇
276	仁商路	锁厂至农贸市场	2009	宝堰镇
277	仁堪路	农民健身广场至新四军抗敌总会遗址	2009	宝堰镇
278	仁和路	宝堰中级法庭至变电所	2009	宝堰镇
279	通济路	新镇荣公路至一字沟	2009	宝堰镇
280	仁让路	千禧龙大酒店至新镇荣公路	2009	宝堰镇
281	振兴一路	老镇荣公路至宝成注浆厂	2009	宝堰镇
282	中天北路	镇中心转盘至338省道	2010	辛丰镇
283	二重大道	运粮河桥至便民河桥	2010	高资镇
284	宜城大道	原镇荣公路北段,北起312国道,南至沪宁高速上党路口	2012	宜城街道
285	长山路	北起山南路,南至新312国道	2012	宜城街道
286	长云路	长山路东侧,北起山南路,南至规划道路长晖路	2012	宜城街道
287	架鼓山路	位于金谷路东侧,北起驸马街,南止谷阳中大道	2012	宜城街道
288	马鞍山路	位于马鞍山北侧,东起九华山南路,西至茅以升路	2012	宜城街道
289	天王山路	位于茅以升路南段东侧,北起盛丹路,南至湖滨路	2012	宜城街道
290	丹梧路	位于长香东大道西段南侧,西起白露河,东至312国道	2012	宜城街道
291	宜安路	位于盛园路东侧,西起盛园路,东转东南至恒园路	2012	宜城街道
292	宜宾路	位于宜春路西侧,北起谷阳东大道,南至长香东大道	2012	宜城街道

续表

序号	名称 （原名）	起止点	命名年份	所属乡镇 （街道、园区）
293	宜冬路	位于宜春路东侧，北起谷阳东大道，南至宜通东大道	2012	宜城街道
294	宜乐路	位于宜歌路东侧，北起谷阳东大道，南至宜通东大道	2012	宜城街道
295	宜平路	位于宜乐路东侧，北起谷阳东大道，南至宜通东大道	2012	宜城街道
296	宜夏路	位于智慧南大道北段东侧，北起秀山路，南止丹桂路	2012	宜城街道
297	宜游路	位于宜夏路南段东侧，北起金润大道，南止丹桂路	2012	宜城街道
298	宜真路	位于宜游路东侧，北起秀山路，南止丹桂路	2012	宜城街道
299	丹枫路	位于丹桂路北侧，西起智慧南大道，东至上隍路向南延伸段	2012	宜城街道
300	丹桂路	位于高新园区，西起智慧南大道，东至上隍路向南延伸段	2012	宜城街道
301	长香西大道（长香路）	西起243省道，东至茅以升路	2012	宜城街道
302	长香中大道（杨溪路）	西起茅以升路，东至宜城大道	2012	宜城街道
303	长香东大道 （瑞山路、瑞山东路）	西起宜城大道，东至智慧南大道	2012	宜城街道
304	谷阳中大道 （谷阳大道西段）	西起茅以升路，东至宜城大道	2012	宜城街道
305	谷阳东大道 （谷阳大道东段）	西起宜城大道，东至沪宁城铁丹徒站	2012	宜城街道
306	宜通东大道 （广园路东段）	西起白露村西北角，东至智慧南大道	2012	宜城街道
307	茅以升路 （茅以升大道）	北起312国道，南至西石公路	2012	宜城街道
308	九华山南路（长山路）	北起312国道，南至长香中大道	2012	宜城街道
309	金谷路（金谷东路）	北起312国道，南转西南至勤政路	2012	宜城街道
310	青山路（金谷西路）	北起驸马街，南至盛丹路	2012	宜城街道
311	驸马街（千禧路）	西起茅以升路，东至宜城大道	2012	宜城街道
312	华山街（华山路）	北起驸马街，南至长香中大道	2012	宜城街道
313	智慧南大道（冷通路）	北起金润大道，南至312国道	2012	宜城街道
314	恒顺大道 （宜通东大道）	西起白露村西北角，东至智慧南大道	2013	宜城街道
315	瑞泰路	西起瑞山路，东经瑞安家园小区南门口，南至谷阳中大道	2014	宜城街道

续表

序号	名称 (原名)	起止点	命名年份	所属乡镇 (街道、园区)
316	瑞泰支路	西起瑞安家园小区南门口,东至金谷路	2014	宜城街道
317	金华路	起点为世业江堤西段,止点为内环北路	2017	世业镇
318	真洲路	起点为世业江堤南段,止点为先锋村	2017	世业镇
319	中学路	中学路起点为内环南路,止点为内环北路	2017	世业镇
320	高峰路	起点为世业江堤,止点为内环北路	2017	世业镇
321	世兴路	起点为内环南路兴隆村委会,止点为内环北路	2017	世业镇
322	内环北路	起点为内环南路转南向东,止点为世业用电所	2017	世业镇
323	长征路	起点为益平路,止点为益平六组	2017	高桥镇
324	新街路	起点为六套路,止点为五套村委会	2017	高桥镇
325	御隆路	起点为无套路,止点为水厂路	2017	高桥镇
326	柳洲路	起点为高红公路,止点为高桥江堤东侧	2017	高桥镇
327	高桥疏港路	起点为高红公路,止点为福德圩向北转至与扬州交界处	2017	高桥镇
328	开沙路	起点为高桥小学东侧,止点为文昌路	2017	高桥镇
329	北街	起点为高红公路,止点为梧桐苑小区	2017	高桥镇
330	梧桐路	起点为高红公路,止点为梧桐苑小区	2017	高桥镇
331	庠门路	起点为文昌路,止点为高桥中学	2017	高桥镇
332	共建路	起点为高红公路,止点为刘家圩	2017	高桥镇
333	永泰路	起点为高桥加油站,止点为金德利鞋业	2017	高桥镇
334	安丰路	起点为高红公路,止点为高桥江堤	2017	高桥镇
335	永兴路	起点为宏联电子西道路,止点为八达电子	2017	高桥镇
336	前湖路	起点为前进河北路,止点为谏辛线	2017	辛丰镇
337	大圣寺路	起点为大圣寺西,穿越贺家北,止点为丹徒区新源供水公司辛丰营业所	2017	辛丰镇
338	勤广路	起点为勤政路,止点为广场东路	2017	宜城街道

续表

序号	名称 (原名)	起止点	命名年份	所属乡镇 (街道、园区)
339	庆丰路	起点为盛丹路,止点为谷阳大道	2017	宜城街道
340	铭东路	起点为架谷山路,止点为镇荣公路	2017	宜城街道
341	勤民路	起点为丹徒区民政局,止点为勤政路	2017	宜城街道
342	元章路	起点为茅以升路,止点为茅以升路	2017	宜城街道
343	官庄路	起点为元章路,止点为兰亭墅	2017	宜城街道
344	诈输路	起点为312国道,止点为诈输新村	2017	宜城街道
345	东湾路	起点为长香路,止点为十里长山	2017	宜城街道
346	宜安路	起点为恒源路,止点为韦家巷	2017	宜城街道
347	宜宁路	起点为恒源路,止点为江苏新美达控股公司	2017	宜城街道
348	马迹路	起点为智慧大道,止点为经十三路	2017	宜城街道
349	宜乐路	起点为长香东大道,止点为谷阳东大道	2017	宜城街道
350	仙人山路	起点为上河路,止点为金河路	2017	谷阳镇
351	杨溪村路	起点为镇荣公路,止点为杨溪村	2017	谷阳镇
352	后北路	起点为冷通路,止点为谷阳东大道	2017	谷阳镇
353	宜游路	起点为金润大道,止点为京沪高铁	2017	谷阳镇
354	宜春路	起点为瑞山东路,止点为谷阳大道	2017	宜城街道
355	燕丹路	起点为北汽集团,止点为上党大道	2017	上党镇
356	马甲村路	起点为伏牛山路,止点为马甲村	2017	上党镇
357	西林寺路	起点为西林禅寺,止点为上青路	2017	上党镇
358	前官路	起点为镇荣公路,止点为官舍村	2017	宝堰镇
359	盐矿路	起点为高庄村,止点为凡石桥村东侧	2017	宝堰镇
360	后湖路	起点为扬溧高速公路,止点为通济河堤	2017	宝堰镇
361	小蒲圩路	起点为镇荣公路,止点为小蒲圩村	2017	宝堰镇
362	通达路	起点为盐府路,止点为引资路	2017	宝堰镇

续表

序号	名称 (原名)	起止点	命名年份	所属乡镇 (街道、园区)
363	花盛路	起点为盐府路,止点为引资路	2017	宝堰镇
364	墨香路	起点为盐府路,止点为三岔湖	2017	宝堰镇
365	南赵路	起点为曙光路,止点为幸福河堤	2017	宝堰镇
366	上大坝路	起点为老镇荣公路,止点为上坝村	2017	宝堰镇
367	南岗山路	起点为南岗山村,止点为曲阳村	2017	宝堰镇
368	荣高路	起点为镇荣公路,止点为高庄	2017	宝堰镇
369	西华山路	起点为王甲村,止点为华山军民路	2017	宝堰镇
370	汪甲村路	起点为镇荣公路,止点为胜利路	2017	宝堰镇
371	下坝路	起点为老镇荣公路,止点为下坝村	2017	宝堰镇
372	曲阳路	起点为镇荣公路,止点为老镇荣公路	2017	宝堰镇
373	丹桂路	起点为智慧南大道,止点为宜游路	2017	谷阳镇
374	洲圩路	世业镇环岛公路,东至润扬大桥公园,自北向西至真洲西南角,再转至润扬大桥公园路	2017	世业镇
375	东居路	开发区范围内,南至312国道,北至沿江高等级公路	2017	高资街道
376	长风路	位于长香东大道北侧,西起文正路,东至扬溧高速	2019	宜城街道
377	长晖路	位于长宜路北侧,西起文汇路,东至文湖路	2019	高资街道 上党镇
378	长宜路	位于长晖路南侧,西起文汇路,东至文湖路	2019	高资街道 上党镇
379	文汇路	位于文治路西侧,北起长风路西延,南至长宜路	2019	宜城街道
380	文治路	位于文汇路东侧,北起长风路西延,南至长宜路	2019	宜城街道 高资街道
381	文选路	位于文治路东侧,北起文正路,南至长宜路	2019	宜城街道 高资街道
382	文正路	位于文选路东侧,北起长风路,南至文选路	2019	宜城街道 高资街道
383	文津路	位于文正路东侧,北起长风路,南至长宜路	2019	宜城街道 上党镇
384	文湖路	位于文津路东侧,北起长风路,南至长晖路	2019	宜城街道

说明:该表格上限始自1995年,下限止于2019年,包括命名时在丹徒辖域内的部分地名

(丹徒区民政局)

外宣工作选编

2019年，丹徒区外宣工作围绕区委、区政府中心工作，以学习宣传贯彻习近平新时代中国特色社会主义思想和中共十九大精神为主线，突出产业发展、环境保护、民生建设等主题，创新宣传思路、宣传形式和宣传视角，发挥新闻宣传舆论阵地作用，为建设"强富美高"新丹徒营造良好舆论氛围。

年内，先后组织策划产业强区、打造新动能•推动丹徒高质量发展等主题宣传活动。围绕新中国成立70周年，组织开展"不忘初心，丹徒阔步新时代"主题宣传，展示新中国成立70年来丹徒区经济社会发展的生动实践和成就经验；通过文字、图片等形式展现丹徒人民积极向上、奋力拼搏的建设精神，并报送一批重点稿件刊发在《新华日报》《扬子晚报》《镇江日报》和学习强国江苏平台等主流媒体的重要版面。以省、市、区重要决策和重大活动为契机，紧抓宣传时机，正面宣传报道丹徒，如江苏发展大会、镇江市民营经济发展大会，丹徒新闻中心对接《新华日报》《镇江日报》等媒体，从丹徒区营商环境日益优化、生态环境越加优良等角度推出多种形式的宣传报道，展示丹徒区良好的投资环境和宜居宜业形象。立足每周二镇江日报"宜风瑞气新丹徒"专版宣传阵地，集中时间、力量、篇幅，为丹徒高质量发展提供强有力的舆论支持；在妇女节、劳动节、国庆节等重要节庆日，适时推出系列节日报道，增强报道时效性与可读性；配合省、市、区组织的主题宣传活动，在主流媒体重要版面刊发，同时利用专版从其他角度采写新闻报道，如"不忘初心、牢记使命"主题教育中，专版开设"不忘初心、牢记使命"和先锋谱等专栏，展现主题教育践行成功和传达主题教育新动态；

全区在国家级媒体发稿13篇，其中分别在《人民日报》《光明日报》《经济日报》国家级媒体上刊发头版头条3篇；省级媒体《新华日报》发稿18篇，其中头版6篇；在市级媒体《镇江日报》头版发稿61篇，其中头版头条发稿25篇(头版头条发稿量位列辖市区第一方阵)。全年在学习强国江苏平台发稿70篇。

丹徒区外宣工作成果丰硕，为丹徒经济社会事业发展进步做出贡献，提升丹徒的知名度和美誉度。(以下外宣报道均按新闻媒体原文摘要收入)

全民健康，迈进美好生活

——习近平总书记牵挂的民生事之"病有所医"篇

陈　聪　邱冰清　梁晓飞　金津秀　岳冉冉

"没有全民健康，就没有全面小康"——习近平总书记关于健康中国建设的这一重要论述，赢得全社会强烈共鸣。

回应民生期盼，把握时代脉搏。从印发《"健康中国2030"规划纲要》，到发布《健康中国行动(2019—2030年)》，党的十八大以来，以习近平同志为核心的党中央作出推进健康中国建设的重大决策部署，着力解决看病难看病贵问题，努力实现让人民群众"病有所医"的民生承诺。一幅健康中国的崭新图景正在一步步绘就。

2014年12月，习近平总书记来到江苏镇江丹徒区世业镇卫生院，了解农村医疗卫生事业发展和村民看病就医情况。

"当时天冷，握手时我本来只伸了一只手，另一只手揣在口袋里，但是他两只手握住我，我赶紧把另一只手也伸了出来。"

人民日报

全民健康，迈进美好生活

团结互助是对党最好的感恩

外部势力干预是香港社会之祸

光明日报

全民健康，迈进美好生活

追逐太阳的人

经济日报

全民健康，迈进美好生活

挖掘中国人的信用富矿

2019年8月10日

星期六 头版

在镇上，但也可以接受到市级医院的治疗。”老魏前一阵膝盖疼，卫生院副院长郑文慧给他拍了个片子，当即传送至镇江市第一人民医院，一分多钟医生诊断已经回传：骨质增生。“从挂号到拍片，我只用了5分钟，花了12块钱。这在以前想都不敢想！”

镇卫生院之变，折射出镇江医改向前迈出的坚定步伐。通过远程会诊、分级诊疗，基层医院和当地三甲医院建立起联合诊疗机制，老百姓越来越享受到家门口“15分钟医疗圈”的更多便捷实惠。

当时在场的魏定瑜老人感受到的，不只是习近平总书记手心的温度：“那天，总书记除了询问身体情况，还关心我们看病方便不方便、医疗费用贵不贵、对农村医疗卫生工作满意不满意。”

4年多后的今天，75岁的魏定瑜还时不常来到卫生院，在自助设备上测血压，心里还牢牢记着总书记的叮嘱。

病有所医，是老百姓基本的需求，也是总书记深深的牵挂。

习近平总书记强调，要推动医疗卫生工作重心下移、医疗卫生资源下沉，推动城乡基本公共服务均等化，为群众提供安全有效方便价廉的公共卫生和基本医疗服务，真正解决好基层群众看病难、看病贵问题。

一点一滴的努力，跬步千里的跃升。近年来，世业镇卫生院与镇江康复医疗集团联合成立心血管、糖尿病等5个联合门诊，除配齐常规科室外，还配有彩超、全自动生化分析仪等医疗设备。

魏定瑜也明显感受到卫生院的变化：“虽然是

如今，世业镇居民在卫生院门诊就诊率由2015年前的63%，提升到2018年的81.6%。

家门口的卫生院建得好不好，直接关系群众的身体健康。

世业镇，浩浩长江中的“一座小岛”。在过去，全镇约1.4万老百姓“既怕病要命，也怕交通要命”。

2014年12月习近平总书记来到世业镇卫生院考察后，这家乡镇卫生院带给居民的“健康红利”正在逐渐释放，“小病不出岛”正变为现实。

魏定瑜所体验到的“分分钟联网挂专家号”，是如今很多基层医疗服务机构“强起来”的缩影——当前，我国已基本建成覆盖城乡的基层医疗卫生服务网络，着力打造家门口的“15分钟医疗圈”。老百姓对“病有所医”的期盼，正转化为看病就医实实在在的实惠。

2019年7月28日

星期日　学习强国江苏学习平台

江苏丹徒：新型农业经营主体助推现代农业高质量发展

中共镇江市丹徒区委宣传部　镇江市丹徒区农业农村局

盛夏的十里长山，草木繁茂，郁郁葱葱。行走在山坡茶垄间的江苏省镇江市丹徒区石马村村民花玮无暇感受山中难得的夏日凉意，他低头细细检视茶树生长状况，向记者估算着茶叶账：“今年合作社春季茶叶卖了800多万元，我家分得了七八万元。看样子明年又是个好收成，日子有盼头。”

山坡上的茶垄

在花玮看来，自家能“因茶致富”，得益于加入了当地农民专业合作社，“跟着合作社统一种植、统一管理、统一销售，力气省了，收入高了。”

汤忠清加入的丹徒区茗缘茶叶专业合作社，是当前全市规模最大的茶叶种植基地，日前刚被评为“2018年国家级农民专业合作社示范社”。合作社理事长汪月霞告诉记者，合作社由6个自然村的农户抱团组成，自2010年成立以来，规模从100多亩扩大到如今的千余亩，“仅茶叶一项，每年为每户增收上万元。”

与茗缘茶叶专业合作社一样，通过成立专业合作社抱团发展产业的农业经营模式，在丹徒大地已经遍地开花。据统计，丹徒现有804家农民专业合作社，其中国家级示范社6家，省级示范社20家，市级示范社33家，全区入社农户总数为6.7万户，农户入社比例98.8%。

茗缘茶叶合作社全景效果图

“这些农民专业合作社以及家庭农场、农业龙头企业等新型农业经营主体的一路壮大，为丹徒的现代农业发展注入了强劲动力。”丹徒区农业农村局党委副书记孙永忠告诉记者，“新农主”带动着农村经济生产组织方式、产销对接手段不断变革，在农业增效、农民增收方面发挥了积极作用，为丹徒的农村经济结构优化持续加码，也日渐成为乡村振兴的重要力量。

2018年李克强总理所作的《政府工作报告》中指出：“要培育家庭农场、农民合作社等新型经营主体，发展多种形式规模经营。”无疑，时代在为“新农主”提出更高要求的同时，也给予了新的成长机遇。为了抓牢用好这个时代机遇，丹徒在培育新型农业经营主体上可谓不遗余力，除给予资金补贴、贷款优惠的政策扶持外，积极开展农村土地流转相关知识培训，做好上门服务等指导工作，探索一套符合丹徒自身实际、运作规范高效的培育模式。

鼓励多元发展，丹徒抓住农村土地承包经营权确权登记颁证和村级集体资产清产核资全面完成的有利时机，因地制宜，着力发展多种形式的农地股份、社区股份两类股份制合作社，提高农民的财产性收入。

坚持融合发展，丹徒按照“以工促农，以旅带农”的思路，丹徒根据产业特点，让有实力的农业龙头企业、农民专业合作社、家庭农场发展农产品加工业、农业流通业、农业旅游等产业，培育一批产加销、农旅文一体化的农业经营主体，提高农业经营多环节的增值收益。茗缘茶叶专业合作社正在打造的“休闲茶旅”、恒顺醋业广受赞誉的醋文化博物馆等，正是这种发展方式在丹徒的生动实践。

恒顺醋文化博物馆

推动智慧发展，丹徒立足自身农业优势，大力推动互联网技术与农业生产的深度融合，不断提升农业生产过程信息化程度，推动农业物联网发展，抢占智慧农业发展先机。2018年，丹徒建成标准“益农信息社”88个，其中示范社10个，县级中心站1个，实现了全覆盖。多个省市级农业物联网项目正在积极申报中。

在用强有力的扶持政策给“新农主”吃下“定心丸”的同时，丹徒还鼓励他们放开手脚积极寻求自身的突破发展。“江心洲高祥家庭农场”农场主、江苏科技大学教师周卫鹏，继为他的“网红”农业——远程种菜，开发出“匠心菜园”APP及“爱心生鲜购”电子商务平台后，正在积极联合高校研发“种菜机器人”。他信心满满地憧憬道：“到时候不仅能种更多地，还能输出技术，让远程种菜成为更为高效省力的、可复制的农业经营方式。”

江心洲高祥家庭农场

多措并举下，一批新型农业经营主体正在丹徒蓬勃发展。数据显示，丹徒目前经农业部门认定的家庭农场有332家，经营面积达4.34万亩，且市级及以上示范家庭农场，以每年新添20家左右的速度不断增加。农业龙头企业达31家，其中国家级1家、省级5家、市级18家、区级7家。至2018年底，全区区级以上龙头企业实现全年销售总额31.8亿元，比2017年增长4.8%；实现利润3.2亿元，比上年增长5.8%；带动农户数13万余户，比上年增长8.6%。

丹徒：积蓄高质量发展红利

晏培娟 朱新法 朱秀霞 蔡 敏 陆 萍

新华日报
中共中央印发《中国共产党农村基层组织工作条例》
习近平同金正恩举行会谈
不断深入巩固提升拓展 把总书记重要指示进一步落实好
再监督，防止微权力腐败
以努力奔跑姿态和求真务实作风 把"强富美高"新江苏建设不断推向前进
中天钢铁率先实现超低排放
盐城警方：全力守护群众平安
丹徒：积蓄高质量发展红利

2019年1月11日

星期五 头版

镇江市丹徒区近日传来好消息——2018年全区签约产业项目40个，其中亿元以上项目31个，市重点项目22个，规模以上工业企业销售收入预计380亿元，现有市工业企业"单打冠军"11家。全区全年工业应税收入415亿元，工业总产值预计586亿元，新兴产业产值预计增长8%，国家级高新技术企业新增22家、累计达78家。

丹徒区委书记张映桥表示，丹徒通过抓质效、招项目、建机制，实体经济发展稳中有进；通过严格推动环保督察整改、土地督察整改，解决一批发展难题；不拘一格"谋"人才，为丹徒高质量发展提供坚实的人才支撑。

2018年2月签约、6月搬迁、7月试生产、9月产品入市销售，当年实现销售约5000万元，江苏力信电气技术有限公司创下的这一速度令人惊叹。作为新能源汽车电机与驱动系统供应商，总投资5亿元的力信项目落户丹徒，对镇江打造汽车制造全产业链具有"补链""强链"的作用。

去年，丹徒签约亿元以上产业项目31个，江苏力信是其中之一。谈及落户丹徒原因，该企业总裁鲁克银直言："丹徒的营商环境，给我们树立了发展信心。"

丹徒着力发展实体经济，推动"产业强区"，连续出台"科技创新十条""支持实体经济发展八条"以及《招商体制改革工作意见》《重点产业项目奖励办法》等系列政策，对重点企业和项目实行"一位区领导挂钩、一张问题清单、一套推进方案"的精准服务，多措并举为项目建设保驾护航。去年签约产业项目40个，以智能制造、新材料、汽车零部件等先进制造业项目为主，北汽麦格纳、海优威新材料、菱创智能科技、新昊仓储等一批优质产业项目，为丹徒高质量发展注入强劲动力。

凡不符合主体功能区规划的项目坚决不上，不符合生态环保要求的项目坚决不上，不符合国家产业政策的项目坚决不上。坚定实施"生态立区"战略，推动经济发展由过去依靠低要素成本优势向综合竞争优势转变，成为丹徒在"产业强区"这篇大文章中浓墨重彩的一笔。

"确保投资一定是有效投资，项目一定是高质量项目。"丹徒区环保局局长窦云峰介绍说，丹徒认真实施"263""116"专项行动，并通过大气污染防治强化工作、京杭运河国考断面达标、中心河流域水质整治、长江经济带高质量发展行动等一系列举措，依法关停包括华元焦化、茂源化工等在内的"四厂一码头"，依法关闭851家畜禽养殖场(户)。

通过生态环保的一系列铁腕手段，丹徒生态环境优势日益凸显。腾出的绿色空间，吸引了更优质的项目。坐落在丹徒经济开发区的美好集团，是绿建新材料项目，总投资10亿元，产品销售覆盖扬子江城市群，便是丹徒"腾笼换凤"的成功案例之一。

丹徒为推进人才工作市场化引进的社会化引育机构"楼友会丹徒众创空间"，由丹徒高新园与杭州楼友会商务有限公司共同建立，成立时间不长，但已成功孵化不少初创型企业，比如，主要生产CEMS烟气、水质监测设备的镇江清远环保科技有限公司去年销售额达1000万元。

创新型企业的快速成长和可持续发展，既得益于政府搭建孵化平台，更离不开创新型人才的不断聚集。在招才培智上，丹徒"大手笔"频出——出炉新"长山计划"，拓宽人才资助面，紧贴区域产业结构，加大财政资助力度，优化选拔引进程序，资助资金提至最高500万元；依托大学城优势，聘请当地高校及镇江市人社局专家库的专家，为入驻企业量身定制“培训菜单”，开展职业技能培训3600多人次。

作为镇江范围内率先施行人才项目绩效评估的辖市区，丹徒区2015年出台《领军人才绩效评估办法》，综合三大指标、七项细则，对创新创业项目开展年度绩效评估，根据评估结果决定后续资金拨付情况。

丹徒区委常委、组织部部长陈平才介绍，去年全区引进省“双创计划”15人，综合数量位于全市第二，项目立项整体数量及质量实现较大突破；引进市“金山英才计划”16人，入选人数位居辖区第一；引进各类高层次人才63人。这些人才为丹徒汇聚高端人才、推动高质量发展打下坚实基础。

丹徒乡村旅游绘就富民新画卷

陆　萍　晏海雁　晏培娟

新华日报

“稳”字当头，江苏外贸提质增效

海安：人才高地托举产业高地

丹徒乡村旅游绘就富民新画卷

传承五四精神 担当时代重任 在“强富美高”新江苏建设中谱写青春华章

2019年5月3日

星期五　头版

墅山郁郁葱葱，茶场香沁满园，2019丹徒旅游文化节暨第二届上党茶文化节近日在上党镇万亩茶园拉开序幕。央视《美丽中国乡村行——走进丹徒》的专题片拍摄也同时开机。

近年来，以举办“旅游文化节”为载体，丹徒将乡村旅游作为推动乡村振兴、促进农民增收的有效途径，走出一条农业、旅游、文化“三位一体”的发展路径。全区旅游综合收入连续3年保持10%以上的稳定增长，节庆活动带动旅游人次超百万。

丹徒区委书记张映桥说，丹徒大力实施乡村振兴战略，推动“一村一品”“一镇一业”建设，培育乡村经济新动能，将打造一批现代农业集聚区、生态文明示范点、美丽生活样板区。

作为第二届上党茶文化节开幕式的主会场，上党镇墅山村里停满了私家车，游客们品鉴新茶、体验茶道、采摘新叶，热闹非凡。“我们的茶叶每年只产一季，现在已经供不应求了！”茶场场主马青松喜笑颜开地告诉记者。

作为丹徒茶叶行业的“领头羊”，里墅茶场年产值约600万元，吸纳用工30人。马青松2006年组织周边茶叶种植户成立春沁茶叶专业合作社，依靠先进的制茶加工设备，大大提高了茶叶的生产效率和质量，现合作社规模已发展至400户，有效提升了区域农户茶叶种植整体水平。

一片叶子，成就一个产业，富裕一方百姓，上党镇以“企业＋基地＋农户”的生产模式，带动农户对接市场，稳步提升生产效益。截至目前，上党镇境内茶叶种植面积达7500亩，年产值3000万元，带动周围农户就业3500多户，农户人均增收1800元左右，茶叶已经成为当地农民致富的支柱产业。

有山有谷、有丘有圩、有湖有洲，丹徒的自然禀赋得天独厚，既是招引八方游客的生态根基，更是用心呵护的一方水土。四面环江的世业镇，“元宝状”的地形好似一块“聚宝盆”。近年来，世业镇全面落实“共抓大保护，不搞大开发”的发展理念，没有引进一家工厂，明确划定饮用水源地保护区，全面叫停保护区内对水体产生污染的种植养殖业。

清洁的池塘、整洁的道路、白墙黛瓦的村居，与道路两旁郁郁葱葱的行道树相映成趣……如今走进世业镇世业村，眼前仿佛一幅美丽画轴在徐徐铺展。这既是省级特色示范村，也是丹徒美丽乡村整治的一大典型。村民吴宝龙高兴地说：“看着脏臭水变成清澈水，我们住着更舒服了。”

农业强、农村美，丹徒加快绿水青山向金山银山转化。“壮大特色产业，大力发展特色高效农业，促进一二三产融合发展，做大做强上党万亩茶园、江心生态农业、荣炳味稻小镇等特色品牌。”这是丹徒区区长谢继步在政府工作报告中提出的要求，也是丹徒因地制宜推动乡村振兴，实现富民强村的目标任务。

江心洲生态农业园区的果农们，这两年尝到乡村旅游的甜头。江心洲这块“江中浮玉”，依托当地丰富的农副产品和优良的生态资源，用心打造以无花果节、柑橘节为代表的主题节庆旅游活动，去年全岛人均可支配收入首次突破2万元。“刚刚过去的野菜节，登岛游客人数再创新高，过江汽渡开不停，直接拉动岛上消费、农副产品销售收入75万元！”长期从事文化旅游工作的园区党工委宣传委员许开飞告诉记者。

土地变成“聚宝盆”，农民口袋“鼓”起来。荣炳盐资源区凭借优良的水质、特别的“堰土”，产出的稻米口感软滑香醇，成为江苏首批“味稻小镇”，同时也孕育出一个个“种粮大户”。凡石桥村三八红旗手沈填证承包近400亩农田，机械化种植水稻、小麦，全年收入约80万元，实现了种粮致富。

去年，丹徒全区农民人均收入2万余元，较之上一年增长8.5%。世业开心农场、上党兆敬家庭农场等企业创成省星级乡村旅游区，江心洲百之味农场创成省级自驾游基地，上党北汽镇江新能源汽车工业旅游区创成省级工业旅游示范区……一批批具有丹徒地域特色的拳头产品成为乡村旅游的新亮点。

构建乡村产业体系，夯实发展根基；打造特色田园生态，让乡村有“面子”更有“里子”；拓宽富民新路子，让土地生出“金元宝”……乡村旅游，在丹徒大地上绘就一幅兴土富民的壮丽景象，为乡村振兴奏响昂扬的“前进歌”。

丹徒着力打造高质量实体项目

崔宁华

镇江日报

丹徒着力打造高质量实体项目

2019年9月15日

星期日　头版头条

——聚焦奋斗进行时

丹徒经济开发区板块26台，高新技术产业园板块21台，高桥沿江经济产业带14台，上党汽车产业园18台……截至目前，丹徒全区所有在建工程投入使用的塔吊数量达到127台。招商看注册资金，建设看塔吊数量，效益看入库税金。这些最基本、最直观、最简单的数字变化，真实地反映着一个地区经济发展状况。127台塔吊，如同127个写在天际线的惊叹号，诠释着丹徒“力争上游抓项目，实干图强谋发展”决心。

项目储备，远近结合梯次接续

为策划储备更多优质项目，提升发展后劲，丹徒以调整优化产业结构、延伸产业链为重点，谋划了一批大项目，项目储备硕果累累。截至8月底，全区新签约项目29个，总投资167.73亿元，亿元以上项目25个，总投资166.35亿元。

上月中旬，在深圳举行的镇江产业项目推介会上，丹徒区收获颇丰。其中，总投资60亿元的花联网国际鲜花产业园项目，将建设六大中心和一个电商交易平台，打造从花卉种植到花卉加工交易，再到花卉观光旅游一条龙的华东地区花卉旗舰，项目投产后年交易额不少于5亿元，年综合税收不少于5000万元。

在储备项目中，总投资20亿元的兴发铝业数字化智能新材料工厂项目，年产20万吨新型铝合金材料，可创造不低于20万元亩均税收；总投资10亿元的千禾味业高端调味品生产项目，年产10万—15万吨的千禾牌酱油、醋、料酒、黄豆酱等。一期达产后预计产值6亿元，税收6000万—8000万元，二期达产后预计产值达8亿元。正是有了一批高新技术产业、先进制造业、现代化服务业重大项目的储备，为丹徒高质量发展注入了强劲动力。

项目推进，对标对表抓细抓实

总投资60亿元的北汽麦格纳纯电动乘用车项目全部建成投产后，新能源汽车市场销量将达到150万辆，占据国内市场10%的销量。走进该项目现场，处处可以看见工人们热火朝天地的作业场面。按计划年内就能实现第一辆整车下线，这是“丹徒速度”在企业建设中的具体体现。

今年来，丹徒区在大干快上、互相赶超的浓厚氛围下，项目建设取得了显著成效。43个重点项目，年度计划投资65.7亿元，截至8月底实际完成投资41亿元。其中16个省市级重点产业项目，年度计划投资34.7亿元，截至8月底实际完成投资22.5亿元；1个省重点，年度计划投资15.4亿元，截至8月底实际完成投资10.7亿元。

数据背后，是丹徒人“鼓足干劲力争上游”的项目建设追求。为此，全区通过“一线工作法”“挂图作战法”“督察考核法”的推进实施，将一个个项目“施工图”变成高质量发展的“实景图”。

项目服务，干字当先实字当头

体量大、数量多、质量好，丹徒项目建设之所以形成高歌猛进的局面，在于各地、各部门汇集资源要素投向项目建设主战场，服务企业、服务项目、服务基层在全区蔚然成风。

“在丹徒，服务项目建设‘没有局外人’。”丹徒区经济发展局一名干部向记者介绍说，全区为此建立了区领导挂钩重点项目机制和服务项目三项机制，由区领导带头、板块部门协调推进，围绕产业项目，上下齐心协力服务企业、服务项目。

同时，该区先后制定印发了《丹徒区重点产业项目奖励办法(试行)》《2019年丹徒区招商引资工作意见》，完善了产业项目生成机制，全面推进“3550”改革向“2440”改革目标提档升级。

在具体的项目推进过程中，区领导班子更是把一线当战线，阵地前移，靠前指挥，现场办公，为企业排除客观要素制约障碍，保证项目建设进度。如今，打造高质量实体项目，让软环境变成硬实力，已成为丹徒不断追赶超越的重要手段。

辉煌七十年　扬帆再出发——丹徒工业建设成果综述

王雪松　崔宁华

辉煌七十年 扬帆再出发

镇江日报

2019年10月8日

星期二　五版

走进总投资60亿元的北汽麦格纳纯电动乘用车工业项目建设现场，处处可以看见工人们热火朝天的作业场面。补充厂房、试验中心、冲压设备施工、整车制造设备采购、原有车间改造等工程均齐头并进，“当年投资、当年建设、当年生产”，这是“丹徒速度”在工业建设中的具体体现。

工业素有“百匠之首”之称，一直被认为国民经济的主导力量。回顾丹徒工业建设发展历程，70年来披荆斩棘，70年来砥砺奋进，70年来风雨兼程，主要成就发生恢弘巨变，谱写了一曲感天动地、气壮山河的奋斗赞歌。

1949年4月，丹徒全境解放。在区史志办，记者看到了一份史志资料，当时丹徒工业产值只有80万元，主要工业企业是火柴厂、面粉厂、碾米厂、电气公司等，以传统的手工作坊为主。新中国成立之后，丹徒人民以饱满的热情投入到社会主义建设之中，经历了由传统农业县向现代工业区的转型。至1978年，丹徒有独立核算工业企业257家，均为国有或集体企业，全部工业年产值1.14亿元。改革开放以后，地处苏南地区的丹徒，抓住了四次发展的机遇，实现了翻天覆地的变化。

史料显示，第一次机遇是上世纪80、90年代，在“苏南模式”的带动下，乡镇工业迎来了一次快速发展。以1985年为例，丹徒全县工业产值达到4.86个亿，比1978年增长319%，是1949年的607倍。工业产值占工农业总产值的比重，由1949年的2%上升到1985年的75%，这个数据充分说明了丹徒已经从农业时代走向工业时代。工业结构开始由重工业为主向轻型、节能、高效方向发展，轻工业占工业产值的比重，从1978年的40.45%上升到1985年的52.8%。

1984年，党的十二届三中全会提出了“有计划的商品经济”，商品经济第一次写进党的决议，改变了原来“计划经济为主、市场调节为辅”的提法，成为改革开放的纲领性文件之一。以此次全会为契机，丹徒迎来了工业发展的第二次机遇，并取得丰硕成果。从1986年开始，全县开始深化工业企业体制改革，完善企业内部经济责任制，扩大企业自主权，发展优势行业，开发新兴产业，扩大国内、国外两个市场。到1990年，丹徒已经初步形成了以电力、机械、轻纺、建材、化工、采矿、电子等行业为骨干，主要门类28个，产品300多个，当年完成工业总产值18.48亿元。其中，因当时全国最大的火力发电厂——谏壁发电厂在境内，为丹徒在电力行业争取了不凡的地位。同时，丹徒还赢得了“皮鞋之乡”的美誉，从县办、乡办、村办到联户办、户办的鞋厂有230多家，所产皮鞋有100多个品种，1985年生产皮鞋129万双，布鞋23.4万双，童鞋62.8万双，畅销29个省市、自治区，出口欧、美、东南亚以及日本、香港等16个国家和地区，占全省鞋类出口量的三分之一。此外，上世纪80年代开发生产的浸喷式自动洗瓶机、灭菌机、自分离磨浆机、电子程控电话交换机、电工程序锁等，具有国内先进水平；电熨斗、保险柜、乳胶布、碳酸氢铵、通芯玻璃绝缘子等，在省内占有重要地位；麻花钻、台虎钳、裘皮大衣、绣花服装、纱制品、柳制工艺品、棉浆粕、工艺笔刷、大理石薄板等均是出口产品。获部级优质产品1个，省级7个，市级18个。

1992年春，邓小平同志发表的南方谈话，如春风吹拂大地，极大地鼓舞了全党全国人民。随之，党的十四大明确提出了我国经济体制改革的目标是建立社会主义市场经济体制。对工业企业而言，已经开始从经营权的改革走向了更深层次的产权制度改革，丹徒紧紧抓住了第三次机遇，实现了又一次腾飞。从1992年开始，全县工业企业逐步实施产权制度改革，推行股份责任制，实行企业资产置换，产权整体向个人出售，组建股份有限责任公司。同时对一部分资不抵债、扭亏无望、产品无市场的企业依法施行破产。至1998年，全县有独立核算工业企业3914家，其中年销售收入500万元以上的规模工业企业105家。其中龙山鳗业联合公司、金香花集团、丹徒化肥厂和建民化纤有限公司4家企业年销售收入超亿元。全年实现工业总产值110.22亿元。

2002年4月，丹徒撤县设区。古邑丹徒由此站上了新起点、迎来了新机遇。至2004年，国有、集体企业改制1342家，改制率97.81%；乡镇企业改制991家，改制率99.5%；置活资产12.38亿元，置换职工身份3.2万人。2005年，全区有工业企业4785家，其中年销售收入500万元以上的规模企业209家，年销售10亿元以上的企业1家，5亿-10亿元企业2家，1亿-5亿元企业22家；形成汽车制造、石油化工、机械电子、新型材料、服装纺织等5大支柱产业和高新技术产业，涉及包括交通运输设备制造、电子及电器产品制造、金属制造、化学及塑料制品、纺织、服装、鞋帽等29个门类。全年实现工业总产值196.94亿元。

第四次工业发展机遇，是开放型经济和园区经济的形成。进入新世纪以后，伴随着对外开放的进一步加快，丹徒的外资、外经、外贸“三外”工作蓬勃发展，随着市企退城进区，丹徒重点工业板块发展迅猛，布局更加科学合理，工业也走上了集约化、园区化、科技化的道路。2018年，丹徒完成工业总产值517.9亿元。经过20年的发展，重点工业板块之一的丹徒高新园整个的经济总量、财税规模、固定资产投资也已经占到了全区的三分之一，做到了“三分天下有其一”，园区经济成为区域经济高质量发展的核心载体和重要引擎。

（丹徒区委宣传部）

丹徒名人选介

语法泰斗马建忠

爱国老人马相伯，长寿100岁，被尊称为“国家之光，人类之瑞”。他的弟弟马建忠，仅活了55岁，一生虽然相对短暂，但他对国家对社会的杰出贡献，仍然是值得大书特书的。他被人们称为“语法泰斗”，这是因为中国第一部较全面系统的语法著作《马氏文通》是他的传世之作。其实，他不仅是一位语言学家，而且是我国近代改革的思想家，他的一生是救国救民的爱国者探索奋斗的一生，丹徒同乡刘鹗、维新派领袖梁启超都把他引为知己。

留洋博士

马建忠，字眉叔，1845年2月诞生在丹徒一个商人家庭。他少年时代就勤奋好学，博览经史，后来，他目睹清廷的腐败，决心探求强国富民之道，转而攻读西学，得到洋务派领袖李鸿章的赏识。1876年，经李鸿章保举，他以出使英国大使郭嵩焘的随员身份赴英，继而又以郎中的身份留学法国学习交涉、例律等学。在政治学院的考试中，俱得优奖；在学位考试中，也取得优异成绩，引起了法国巴黎学界的注意。当时法国报纸评论说，来巴黎求学的东方人有日本、希腊、土耳其人，从来没有人考取文词秀才，如果要有，那将从马建忠开始。果然在1879年，马建忠考取文词第二科，为中国争得荣誉，第二年，他又参加法国理科学位考试，获得博士学位而后回国。

成功的外交活动

马建忠回国后，经李鸿章保奏，获赏二品衔候补道，“交军机处总理衙门存记”，一直为李鸿章帮办洋务，曾多次出使外国。1881年他奉命去西贡、新加坡、印度调查，商谈增加鸦片入关税及逐步禁止鸦片入口事项。当时统治印度的英国人中主持正义者，也觉得有理，虽未能立即应允，但“皆称其公”。1882年3月，偕北洋水师提督丁汝昌赴朝鲜，协助该国政府与美国订立通商条约，保护了朝鲜的主权和利益。6月，朝鲜大院君李是应发动政变，冲进王宫，杀害闵妃，并围攻日本使馆，日人亦有被害者。日本以此为借口，准备调集兵舰，入朝查办。马建忠出计谋一面诱拘了握有兵权的大院君长子戴冕；一面麻痹、稳住了日本公使花房义质；同时，在大院君回拜时将其拘捕，押送天津。10天内平定了朝鲜内乱，辅佐朝鲜国王李熙复位，使日本公使无隙可乘，从而抵制了日本的觊觎和殊求，出色地完成了外交任务。朝鲜国王高度评价马建忠的外交和军事才能，特派3名官员到北京敬献谢表。

引进外资的倡导者

1890年春，马建忠在《富民说》中提出了问题，他说，中国要想富强起来，就必先练兵；要练兵，就必先筹饷；要筹饷，就必先开源；而开源就必须先办工业、矿山、铁路等等。然而，要办这些事业国家又没有财力，怎么办呢？1897年，他撰写的《铁道论》和《借债以开铁道说》中，具体回答了上述问题。他从天时、地利、人力、物力、财力等方面论述了中国修铁路的可能性和必要性后指出：“铁路专由商办，而借债则官为具保。如是则阳为借债之名，阴收借债之效。”“用洋人之本，谋华民之生。取月增之利，偿岁减之息。”筹足款项修成铁路，不仅便于通货物、销矿产、便行旅、利工役、速邮递，而且还利于陆战、海防和河运，这样数年之后，就可以转贫为富，人民富裕了，国家就强大了。正当他竭力主张借洋资修铁路，为借汇丰银行之款修筑铁路而努力之时，却遭到当时大多数守旧官僚的责谤，甚至险遭杀身之祸，丹徒镇江籍寓京人士还开除了他的乡籍。100多年后，中华大地实行对外开放、吸收外资、搞活经济的政策，不能不使人联想到马建忠可贵的、恳切的金玉之论。

振兴工商业的实践者

1880年，李鸿章创办官督民办的上海机器织布局，资本银40万两，分4000股，每股百两，均已筹足。至1890年，织布局经营陷入困境，后马建忠被委为督办，才正式开始生产。他一到任就立即购置新机器，并加强管理，精心经营，织布局每昼夜可生产600多匹布，销路颇畅，利润也好，显示出马建忠办实业的才干。后来他又在徐家汇创办过布厂华纶局。

1893年，马建忠以10万两银子为资本，在丹徒城内开设元同钱庄，由他儿子小眉的塾师陶少南的父亲陶步蟾任经理，为故乡的经济发展作出了贡献。镇江商界名人陆小波和后来任江苏省财政厅厅长的李耆卿都曾是该钱庄的学徒。

《马氏文通》—中国系统语法之始

马建忠不但国学基础雄厚，还精通英文、法文、拉丁文，学贯中西。经过对中西文化、教育的比较研究，他认为我国的传统教育，由于不教语法，致使青少年学习语文事倍功半，如果能缩短这种学习年限，就能使学生腾出更多的时间学习自然科学和社会科学。于是他积10余年勤学探讨之力，写成我国第一部系统的语法著作《马氏文通》。全书10卷30万字，卷一《正名卷》，阐述了创立的语法术语和界说；卷二至卷九，是词类的分析研究；卷十是论句、逗的结构。马建忠精通古汉语，他在书中引用古汉语句例之多，没有任何一种有关语法著作引用句例能与之相比，可谓前无古人后无来者。全书引用经书、诸子、国语、国策等36种著作中的7326例句，除《史记》、《汉书》、韩愈文章例句外，先秦诸子百家著作中的用例也很多。其中《庄子》513例，《荀子》56例，《吕氏春秋》15例，《墨子》10例，《老子》3例，《韩非子》3例。马相伯说马建忠“经20年长期记录所发表的只是十分之二”，可见马建忠精通古汉语，烂熟于胸。《马氏文通》一书的问世，标志着我国古代语言学的终结和现代语言学的开端。自古以来，我国语法问题的若干零碎意见散见于历代的传、注中，没有专门的语法著作，有的只是少数的解释。《马氏文通》的出版，第一次证明中国古代的文章自有精密的语法，在中国语法学的研究和建设上揭开了崭新的一页。

后来有人对《马氏文通》的作者提出质疑，说此书是教育家马相伯所著。经专家考证，《马氏文通》的写成是马建忠的经历和学识的必然结果。当时在上海办《时务报》的梁启超，与马建忠比邻而居，每成一条，马氏即让梁氏先睹为快，有时还与梁有所商榷。但在成书过程中，马建忠也曾与马相伯切磋琢磨，马相伯并帮助修改，删去例句三分之二，此书的问世，他的功劳当然不能埋没。当年马建忠将其著作书名定为《马氏文通》，可能也包含这一因素吧。

博士之死

1900年，八国联军侵占天津、北京，东南各省督抚自行和帝国主义联系实行“自保”，李鸿章被授直隶总督北洋大臣，从广东来到上海主持东南各省事宜，召见马建忠至行辕办理公务。9月初，突然接到沙俄政府长达7000余字的电文，马建忠连夜翻译，竟因热症和劳累过度不幸去世，终年仅55岁。巨星陨落英年早逝，惜哉！

谴责小说家刘鹗

1857年农历九月初一，一声响亮的婴儿啼哭震动了长江北岸六合县的朱家宅院，刘鹗在他外祖家诞生了。喜讯很快传到了丹徒县城内镇江古运河畔“上河边”的刘家祖居的老屋内，传到在河南汝光道道台任上的父亲刘成忠那里。刘成忠企盼这第二个儿子能光宗耀祖，仕途显达。但是，他没有想到，这个儿子将以小说而名于世，将成为我国第一个有意识大规模搜集甲骨文的开拓者。

“穿破绫罗纱，方是官宦家”。生在诗书官宦之家，刘鹗的童年是幸运的，特别是为他受教育提供了良好的条件。他4岁从包氏二表姐素琴识字，7岁从博学而著述甚丰的丹徒名儒赵君举读书。刘鹗成年后给友人信中云：“幼得良师，实为人生一大幸事。”给了这位启蒙老师以极高的评价，也道出了他对老师的无限感激之情。

刘鹗天性聪颖，过目不忘，但不喜八股文。其父刘成忠精于算学，亦长于治河理论，对刘鹗的教诲和影响很多。鹗母朱氏，通音律，精医学，也对刘鹗有很大影响。清末国事的维艰，列强的侵略，民生的疾苦，又使他不屑一顾所谓的仕宦正途、功名举业，不喜欢当时那些规行矩步的人物，而留心于经世济民的实学。

24岁那年，刘鹗在扬州拜太谷学派传人仪征李光炘为师，慨然以天下为己任。他曾给太谷学派同学泰州黄荷年写信论学："圣功大纲不外教养二途，公以教天下为己任，弟以养天下为己任……从此同心同德，海枯石烂，无有二心。""养天下"，是刘鹗治学立身的宗旨，也应是刘鹗一生事业的概括。刘鹗步入社会以后，在淮安开过烟店，在扬州行过医，但均不如意。他31岁那年，在上海开设石昌书店，经营石印书籍，成为我国私人第一家石印书局。

次年，黄河在郑州决口，举国骇然。刘鹗以同知身份报效河道总督吴大澂。白天，他亲临灾区察看水情，晚上，他灯下殚精竭虑，苦思良策。经过多少个不眠之夜，他终于提出了"筑堤束水，束水攻沙"的主张，为吴大澂采纳。这一年冬天，黄河大堤合垅。两年后，刘鹗写成《治河七说》，提出了自己"治黄"的见解和主张。

步入仕途之后，刘鹗满怀酬大志、办大事的愿望。但是，他的"养天下"之志，主要寄托在借外资开矿筑路、兴办实业上。这与当时"洋务派"的思想不无影响。1896年，年届不惑的刘鹗风华正茂，应鄂督张之洞之召，筹办芦汉铁路，后辞归。也就是在这一年，他满怀振兴家乡的苦心，上书直隶总督王文韶，请筑京镇铁路，以天津为起点，镇江为终点。但因火车不能渡江，实际只能通到"京口瓜洲一水间"的瓜洲。此议一出，一些镇江籍的京官大哗，说镇江本是长江的水陆码头，繁华富庶。这样一来，无形中镇江市面将移至瓜洲，镇江人就没有饭吃了。于是群起反对，大肆攻讦建议人，并声言要开除刘鹗乡籍。苦心付诸流水，刘鹗扼腕叹息，感慨万分。

呜呼！倘若此路得以建成，津浦铁路将不复出现，南京、镇江岂不易势乎！历史总是以无情的事实嘲笑那些卑陋者。但是，历史警戒后人的又何止于此呢？刘鹗想依靠清廷和洋人办洋务，以求"养天下"，希冀"以渺渺之身转移运会于其间"，当然行不通。刘鹗的悲剧，有助于后人认识当时的社会，也对当时寻找救国道路的有识之士，不能不有所启迪。

1900年7月，八国联军入侵北京，清廷仓皇而逃，京城粮源断绝，百姓嗷嗷待哺。刘鹗为之痛心疾首，遂斥产捐款赴上海红十字会入京办赈。次年4、5月间，俄军占领太仓屋，拟尽焚仓米。刘鹗因向俄军洽购仓米，续办赈粜。京城居民赖以全活者甚多。罗振玉为刘鹗作传提及此事云："平生之所以惠于人者，实在此事。"然而，就是这"惠于人"的好事，竟成了日后酿成刘鹗冤案的"罪证"。

1907年，刘鹗51岁，他念念不忘浦口将成商埠之事，决心先期经营，以免又被列强索为"通商口岸"，就和戚友集资，共购浦口荒地与江中芦洲，并组织"三洲地皮公司"，全力经营。不久，津浦路议起，浦口实为终点，一时地价暴涨。刘鹗所购之土地，为浦口豪绅陈浏所觊觎。陈本在北京为御史，就唆使同官御史吴某，弹劾刘鹗"勾结外商，代为抢购浦口土地，牟取暴利"。而此时权势炙手可热的军机大臣袁世凯，也挟宿怨乘机扩大事态，重提以前散太仓米事，刘鹗遂以"私通敌军，偷售太仓陈储"和浦口购地案两罪并发，被逮进京，以汉奸罪充军迪化(今乌鲁木齐)。

1909年7月，刘鹗因脑溢血暴死于西陲，一代英才抱憾长逝。

人以文名，这大概是有道理的吧。刘鹗之所以名扬天下，靠《老残游记》一书。

1903年仲夏，刘鹗友人连梦青，因受沈荩案株连，避祸上海，以卖文度日。刘鹗知连经济拮据，但又耿介清廉，不愿受人资助，于是就草一小说相赠。这就是后被誉为"清末四大谴责小说"的《老残游记》。

刘鹗每晚回家，乘着酒后勃发的豪兴，信笔直书，尽吐胸中块垒。每晚完稿一回，次日即送连梦青处，从不推敲斟酌，也不复看修改。但其文艺革新的思想却溢于笔端。后因出版商商务印书馆违约，小说只写到13回中止。1904年到天津后，刘鹗在友人方药雨的多次怂恿下，又续作到20回，逐日在天津《日日新闻》上发表。此后因兴办北海公司失败，又复动手写二篇，共成十余回，仍逐日发表于《日日新闻》上(现通行本二集只印六回，十九回以下稿佚)。

《老残游记》借一个摇串铃的镇江籍医生老残在游历途中的所见、所闻、所为，反映了晚清社会的某些社会现实。全书以玉贤、刚弐两个酷吏的暴政为主要内容，写出了现实的黑暗。在艺术上，小说有其文笔生动、描写细腻的特点：白妞的歌喉，桃花山的月夜，黄河冰岸上的雪月生辉，特别是济南大明湖、千佛山明丽如画的春色，恰如鲁迅所评赞的“叙景状物，时有可观”，深深地感染了读者。尤其是小说中出现的长段刻画曲折心理的描写，明显地吸取了西方文学的技巧，是我国古代小说创作中少见的。

由于此书非一气呵成，加之刘鹗写作时信笔直书，所以情节缺乏提炼，结构比较松散，人物之间和情节之间还缺乏内在的有机联系，不能不令读者赞叹之余亦留下几分遗憾。

当然，由于刘鹗对封建统治和帝国主义的本质缺乏认识，以为搞洋务、办实业就可以救国，因而书中反对资产阶级革命和反对义和团反侵略斗争的倾向是很明显的，这是毋庸讳言的。

刘鹗还以一部《铁云藏龟》成为我国研究甲骨学的第一人。1899年，刘鹗的老师王懿荣在中药“龙骨”上发现刀刻文字，始重价收买甲骨。1900年，八国联军侵京后，作为国子监祭酒的王懿荣非常痛愤，和夫人一起投井殉难。王的儿子王翰甫变卖家藏文物，偿还债务，刘鹗把1000多片甲骨悉数买下。与此同时，刘鹗又托北京古董商代他收购，数年之间，共得甲骨5000多片。

1901年，已成为刘鹗亲家的罗振玉在刘家见到甲骨的拓本，就认为是汉代文字学家许慎所未能见的东西。1902年，刘鹗在上海寓所，拿出甲骨实物请罗欣赏，罗赞叹之至，竭力怂恿刘鹗拓印一部分公之于世。1903年秋，也就是《老残游记》发表的同一年，我国第一部著录甲骨文的六册专著，《铁云藏龟》问世了。从此，甲骨文才得以为世人所见，成为研究殷商社会和中国古文字学的重要资料。至今中外学者提到甲骨学，无不首举《铁云藏龟》之功。

在甲骨文研究上，王懿荣和刘鹗都首先确定了甲骨文是殷人刀笔文字，是开拓者。但王懿荣一字未识，刘鹗识了40多个，其中34个是正确的。他虽然识字不多，但首创之功，实不可没。

现人皆以为罗振玉为释甲骨文的第一人。其实据现存刘鹗日记，可知1902年10月，刘鹗曾为甲骨文考释，并有《说龟》之作数则。如此则刘鹗也应是第一解释甲骨文的人。惜乎其稿不存。

刘鹗第一次把甲骨文著录成书，为古文字研究提供了第一手资料，他称得上是一位有功于甲骨文字学的开拓者。

以小说和甲骨文研究而“养天下”万代子孙，刘鹗应该无所憾愧了。

刘鹗对故里丹徒一往情深。他在淮安的门壁上，一直悬有“丹徒刘宅”的木刻，他的所有学术著作都署名为“丹徒刘鹗”，就连《老残游记》的主人公，也以“江南徐州”(镇江)为籍。他十分关心家乡的振兴，他的修京镇铁路之议，他在家乡开办实业的举措，无不凝聚着对家乡的殷殷之情。

（丹徒区政协文史委）

索 引

责任编校：李东东

说 明

一、本索引采用主题分析方法编制，标引词按第一字汉语拼音字母音序排列。

二、标引词后的阿拉伯数字表示内容所在页码，数字后的英文字母 a、b、c 分别表示从左至右第一、二、三栏。

三、大事记、插照和彩色画页未作索引。

A

B

C

D

E

F

G

H

J

K

N

O

P

Q

R

S

T

W

X

Y

Z

镇江市丹徒区史志办公室

地　　址：镇江市丹徒新城府前路1号

电　　话：0511—88977321 88977322

邮　　编：212028

槐蔭
門
相